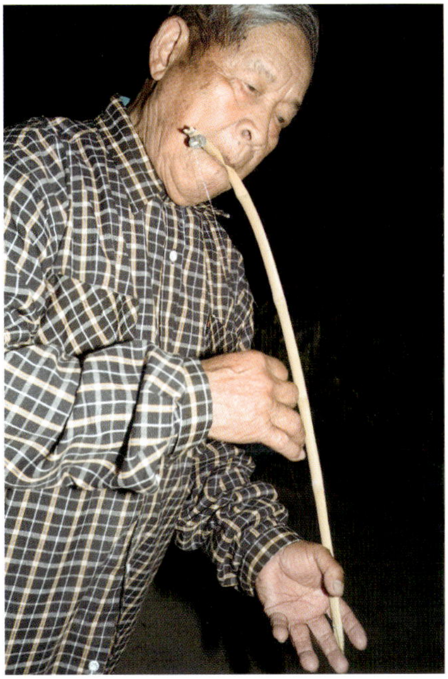

布農族弓琴，全村榮演奏，二〇〇九年南投縣信義鄉望鄉部落

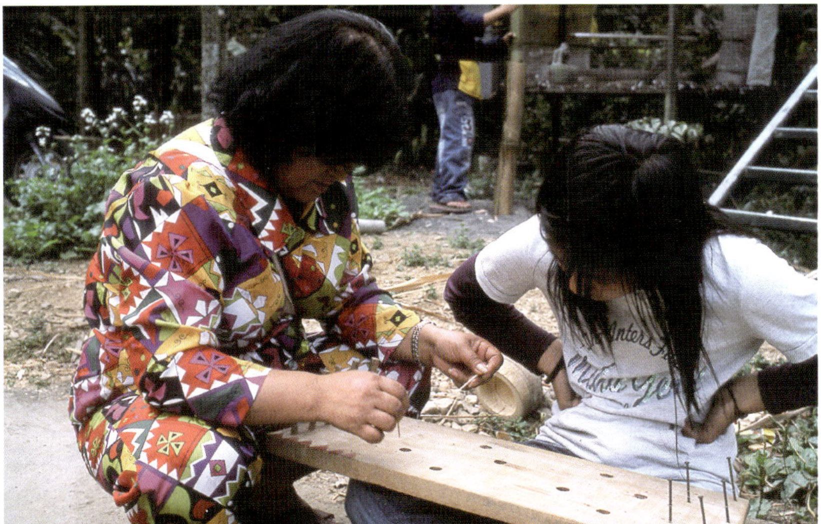

布農族五絃琴，白桂梅演奏，二〇〇九年南投縣信義鄉潭南村

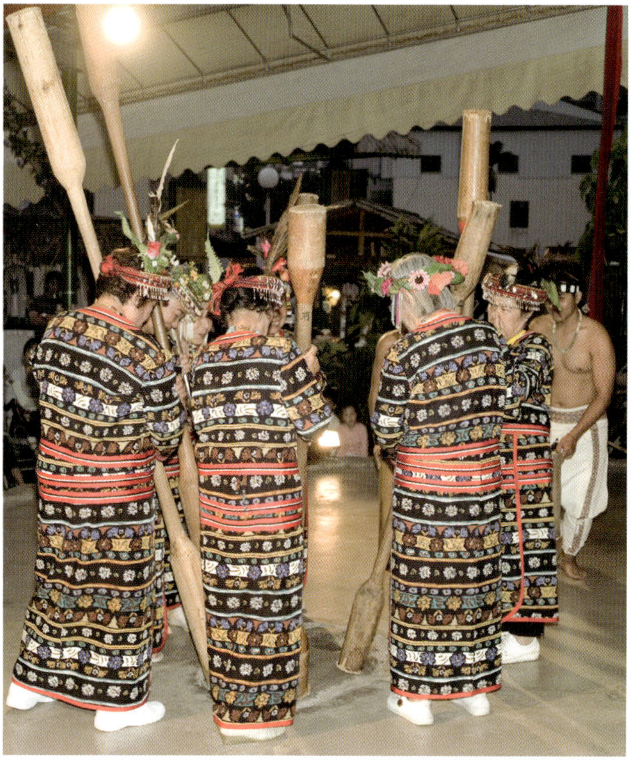

邵族杵音，二〇〇九年日月潭德化社

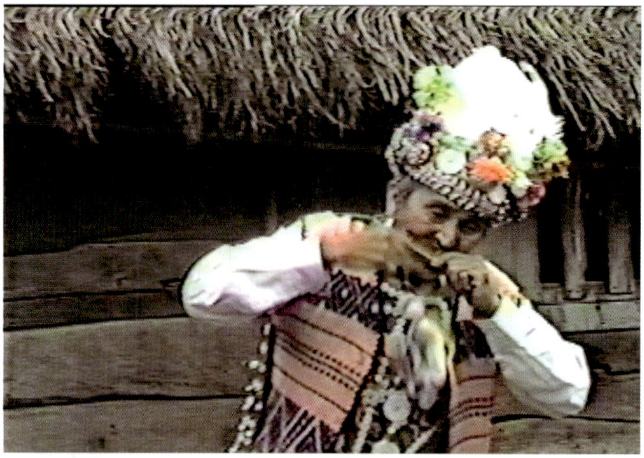

泰雅族四簧口琴，陳葉兆泉演奏，一九八三年宜蘭縣南澳鄉（擷取自李澤洋拍攝之錄影帶）

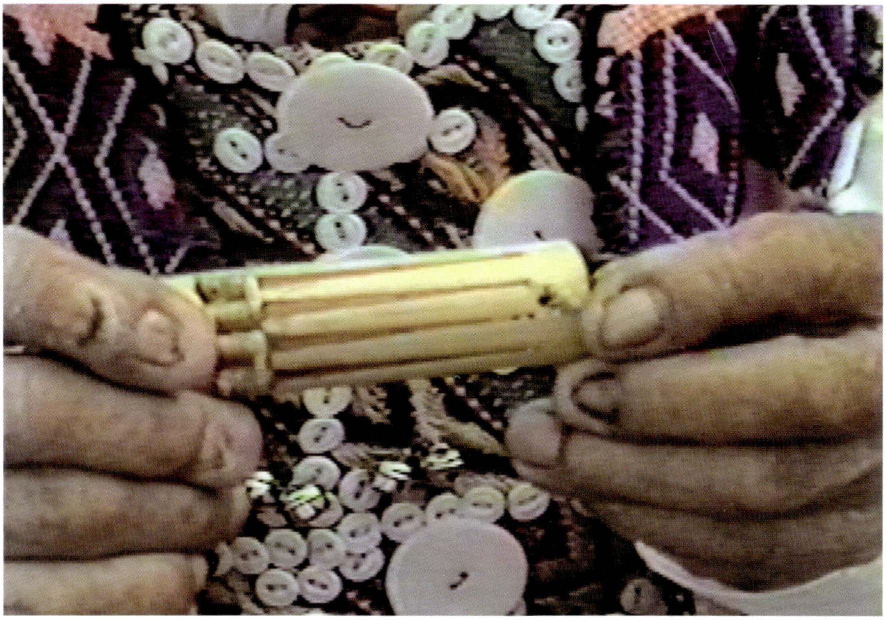

泰雅族四簧口琴形制，一九八三年宜蘭縣南澳鄉（擷取自李澤洋拍攝之錄影帶）

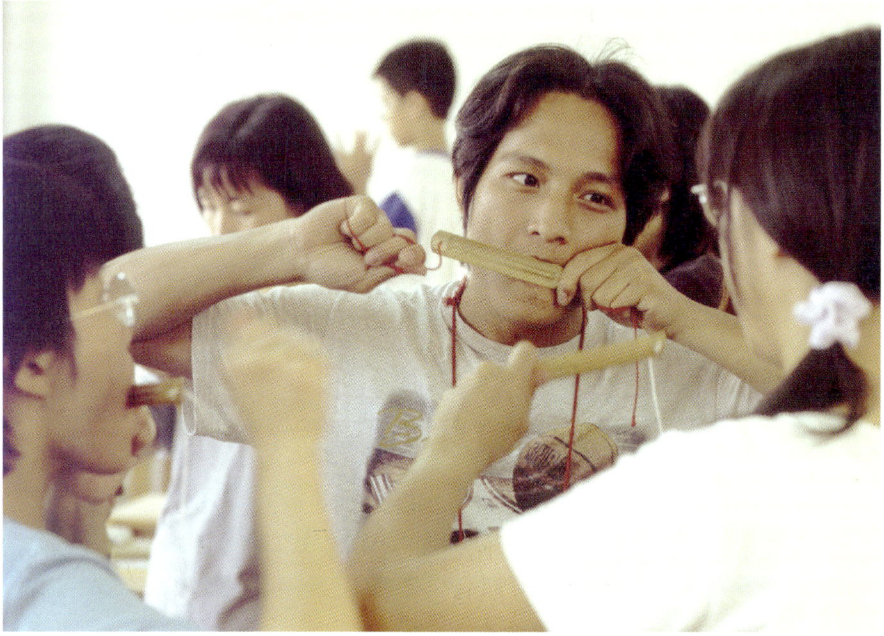

泰雅族口簧琴傳習，二○○○年於花蓮縣吉安鄉

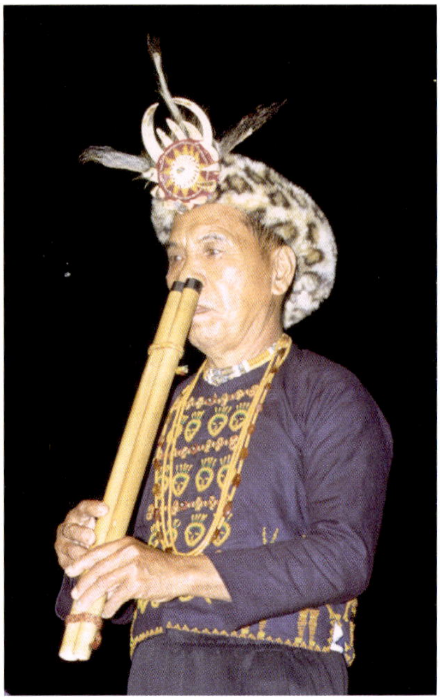

排灣族雙管鼻笛，鄭尾葉演奏，二○○一年於屏東市文化局演藝廳

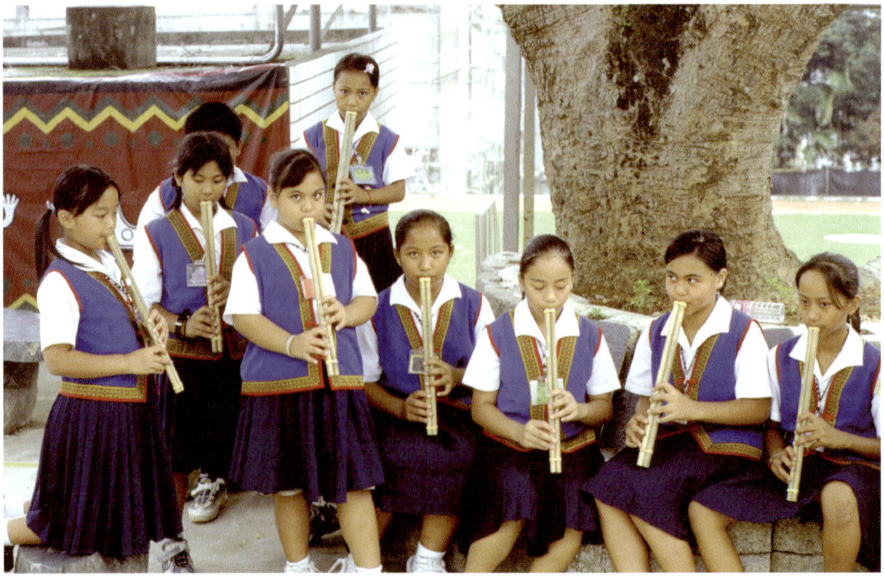

排灣族口鼻笛技藝傳習，二○○一年屏東縣三地國小

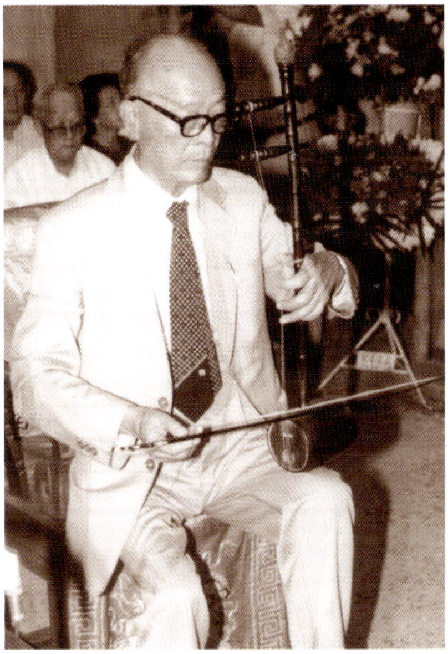

南管二絃持奏姿態，鹿港雅正齋黃根柏演奏，一九八三年於台南市南聲社

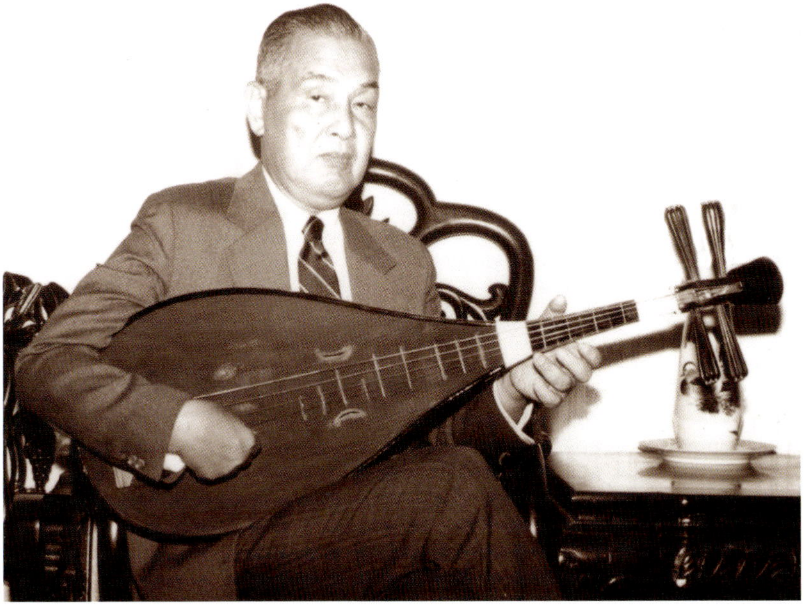

南管琵琶的抱持方式，曾省演奏，一九八一年於台北縣中和市

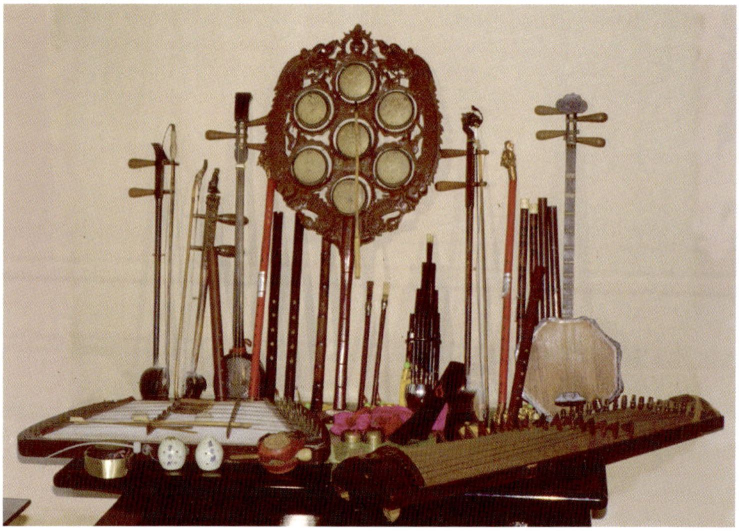

北管絲竹類樂器全套，台北市艋舺集音閣（已散館），一九九六年拍攝於王宋來宅第

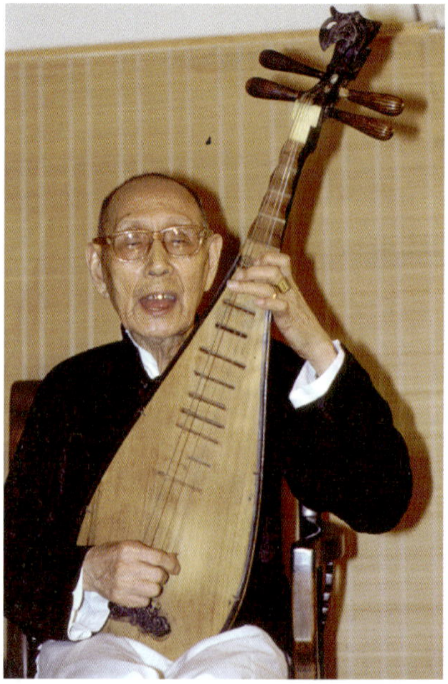

北管細曲的伴奏樂器之一：琵琶，王宋來彈唱，一九九六年於台北市艋舺自宅

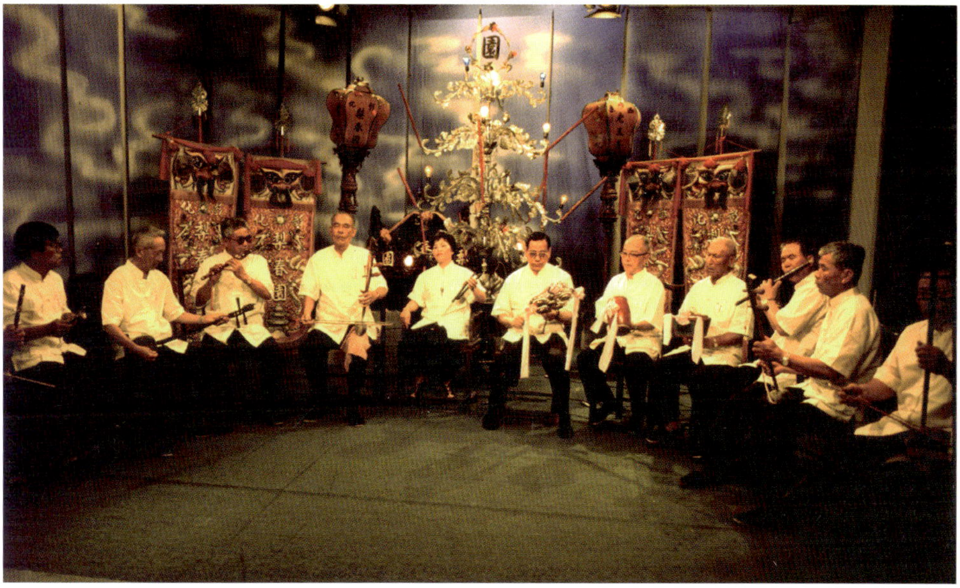

演唱北管細曲的伴奏樂隊，一九九六年彰化市梨春園

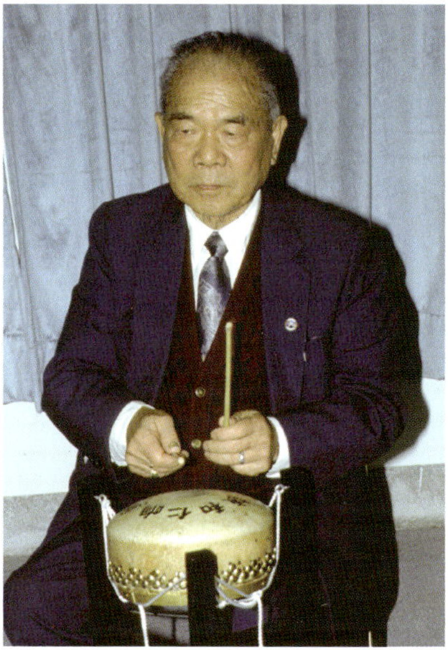

北管戲曲與牌子指揮樂器的小鼓（單皮鼓）奏姿，薪傳獎北管項藝師林水金一九九六年於台北藝術大學傳統音樂系

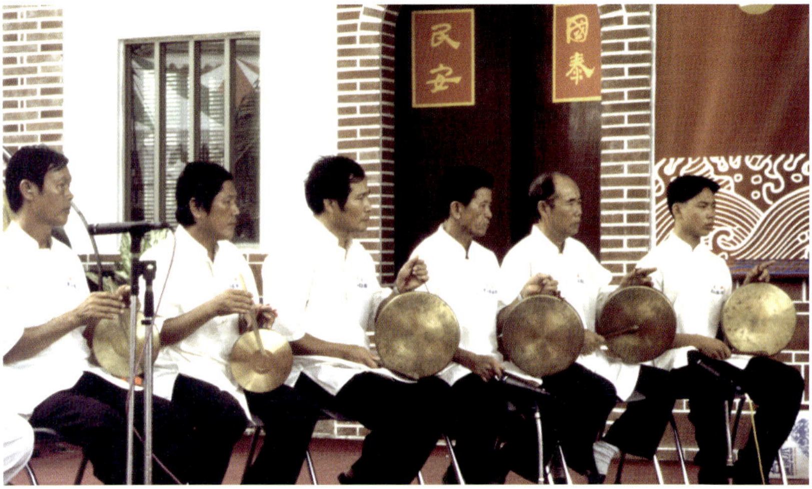

演奏北管牌子時的銅器群，二〇〇五年彰化市梨春園

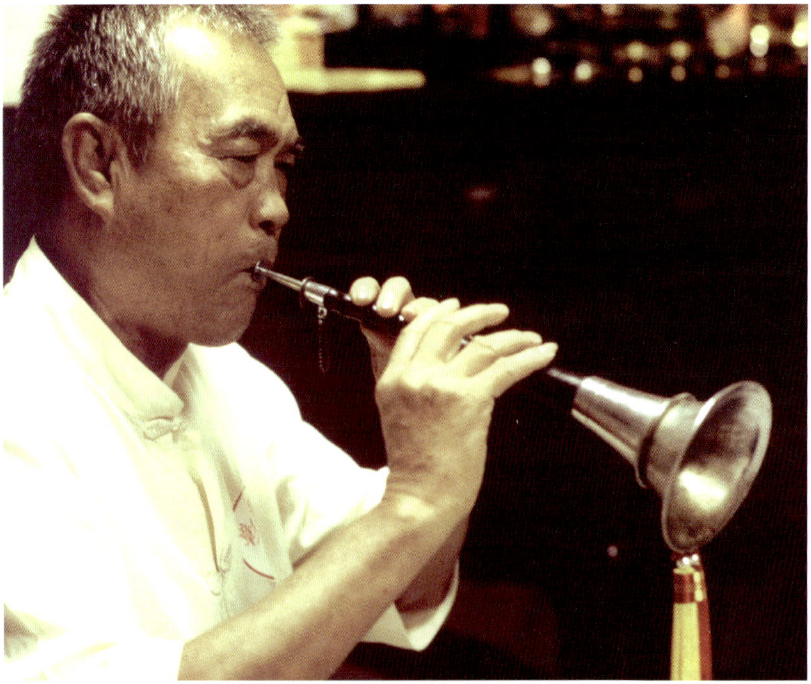

北管嗩吶的吹奏方式，重要無形文化資產北管音樂保存者陳助麟，一九九九年

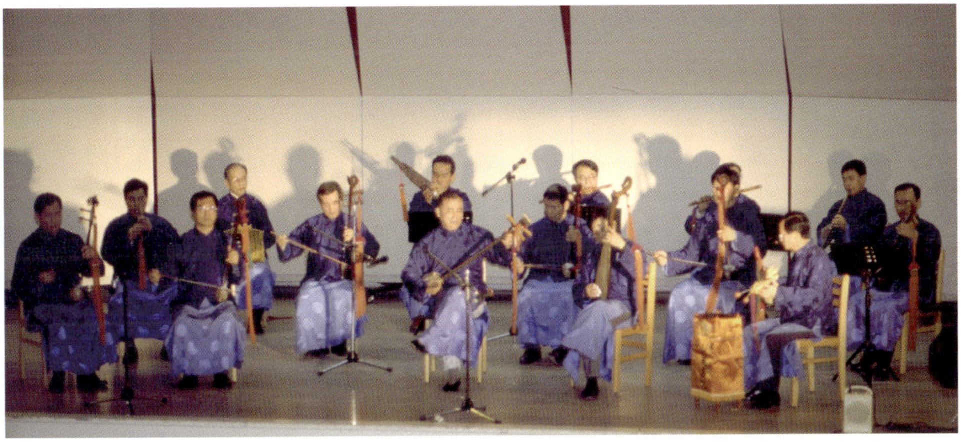

台南以成書院的十三音樂隊編制，二○○一年於國立台北教育大學

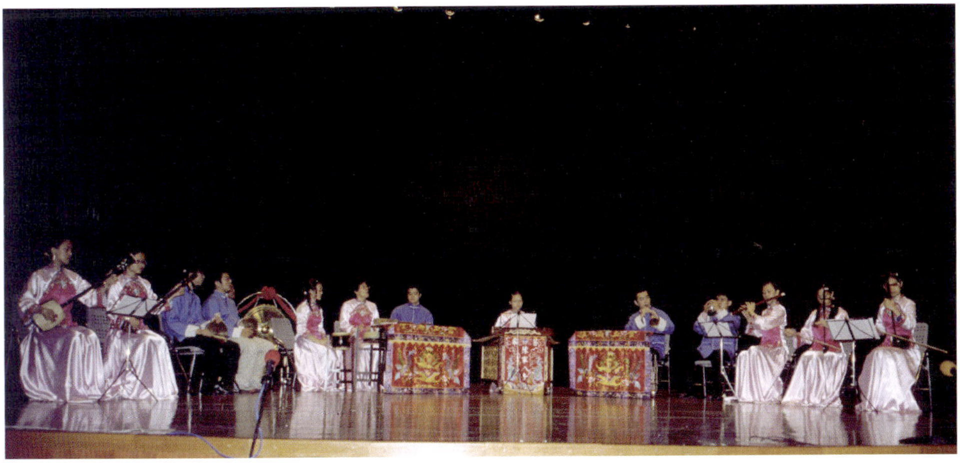

苗栗陳家客家八音班目前所見的樂隊編制，二○○一年苗栗縣文化局演藝廳

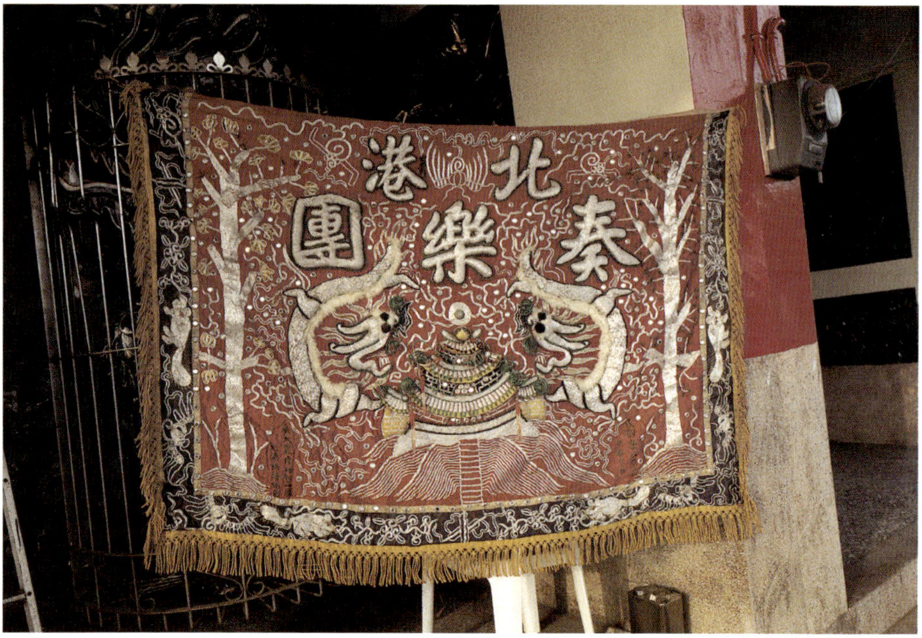

北管奏樂團馬隊吹的彩旗，一九九七年雲林縣北港鎮

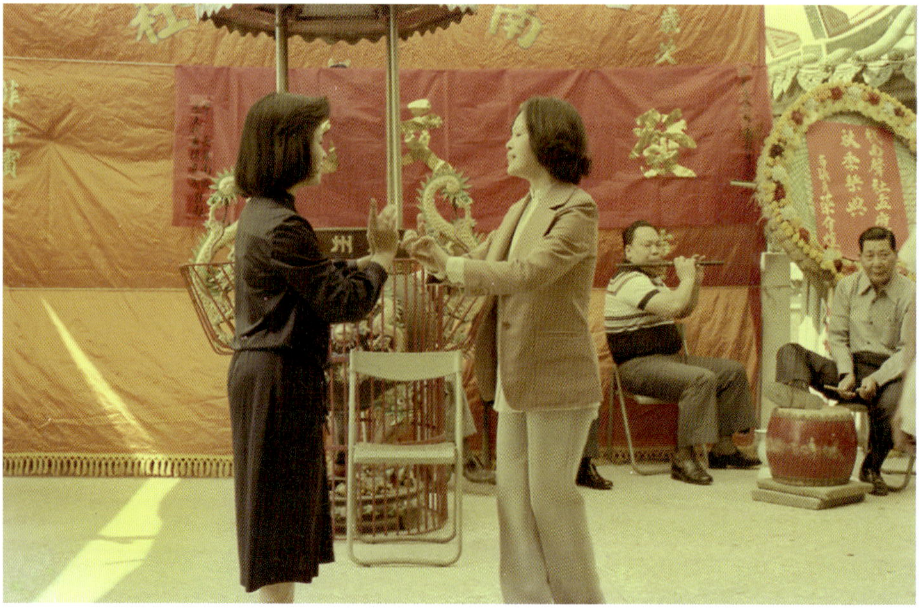

南管戲的後場與前場排練的情形，一九八一年南聲社於台南市廣州宮

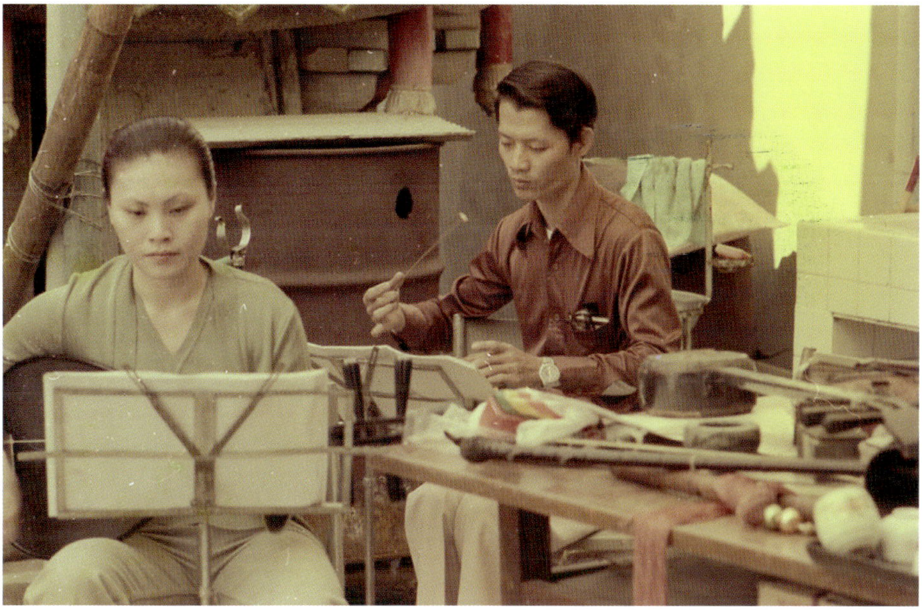

南管戲後場使用的旋律性樂器與節奏樂器，陳美娥彈琵琶／林政介演奏響盞，一九八一年南聲社於台南市廣州宮

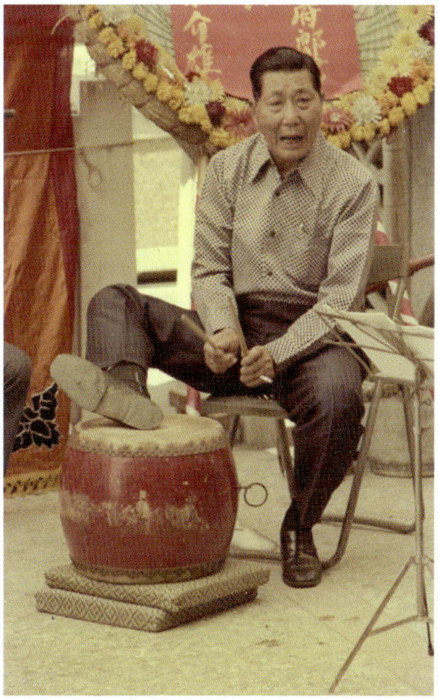

使用於南管戲的南鼓，一九八一年南管戲重要民族藝師李祥石演奏，於廣州宮的南聲社

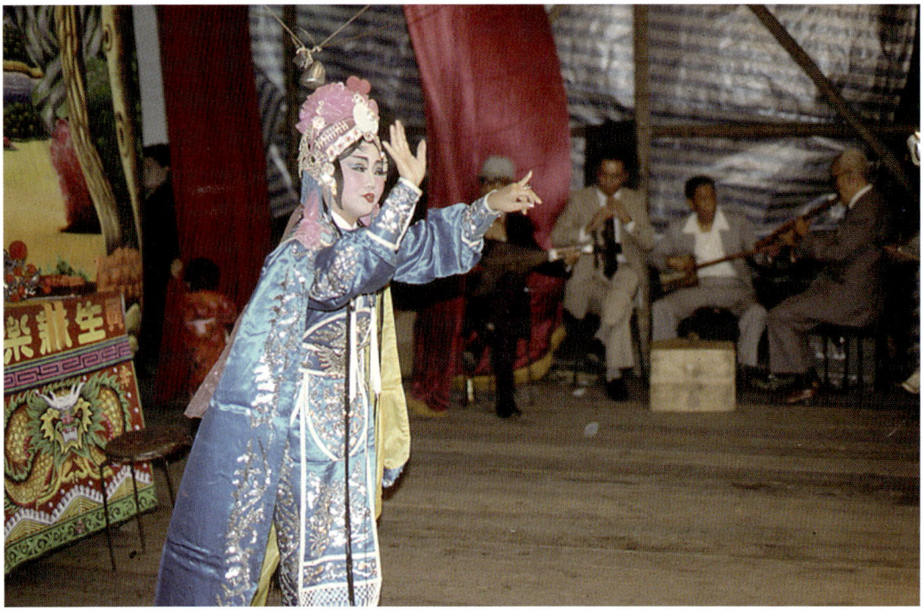

交加戲（高甲戲）演出時的後場使用南管系統樂器情形，一九八〇年員林生新樂劇團於台北市新公園

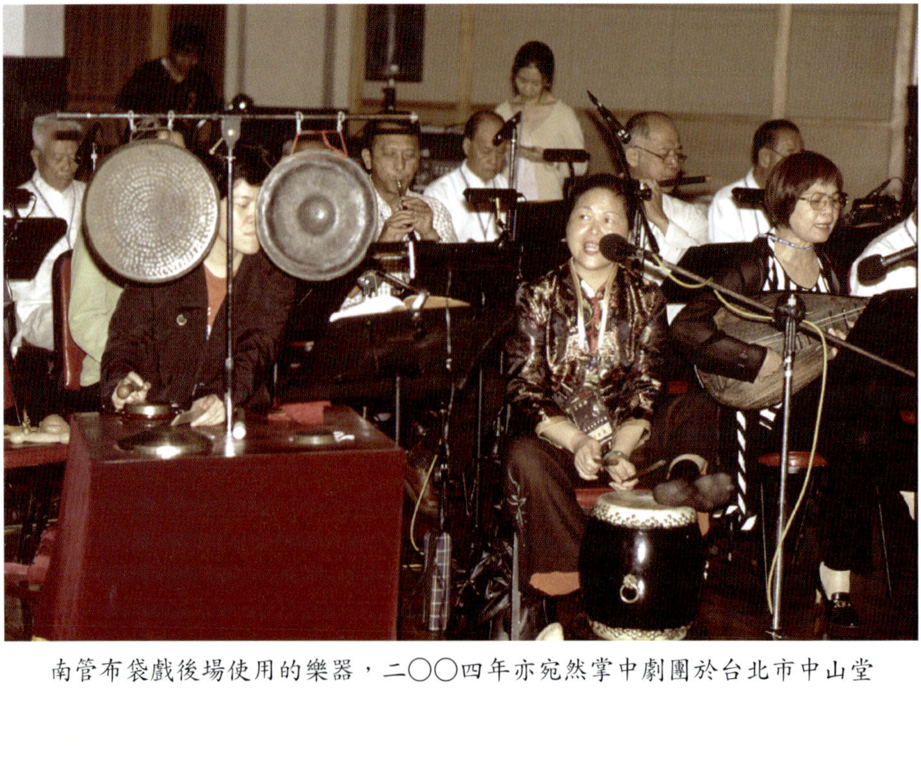

南管布袋戲後場使用的樂器，二〇〇四年亦宛然掌中劇團於台北市中山堂

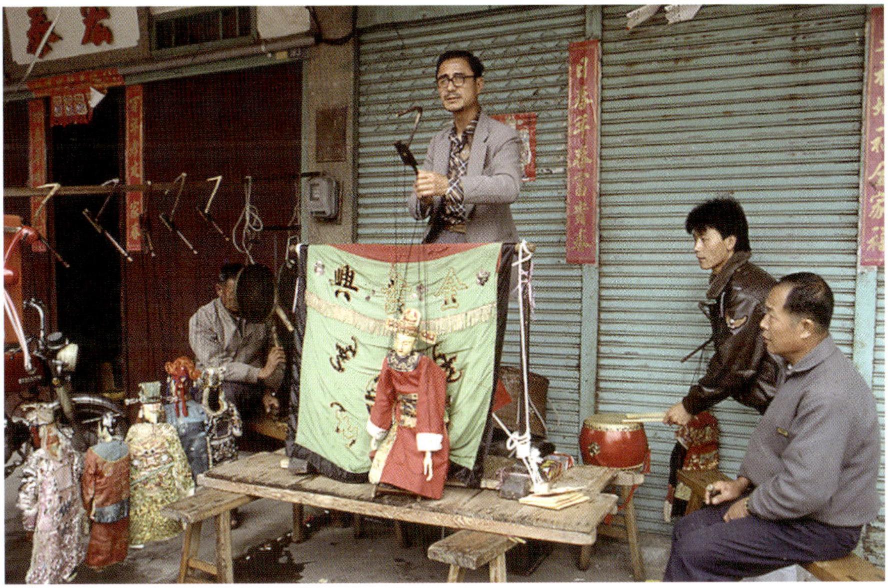

傀儡戲的後場樂器，一九八六年於金門城隍廟前

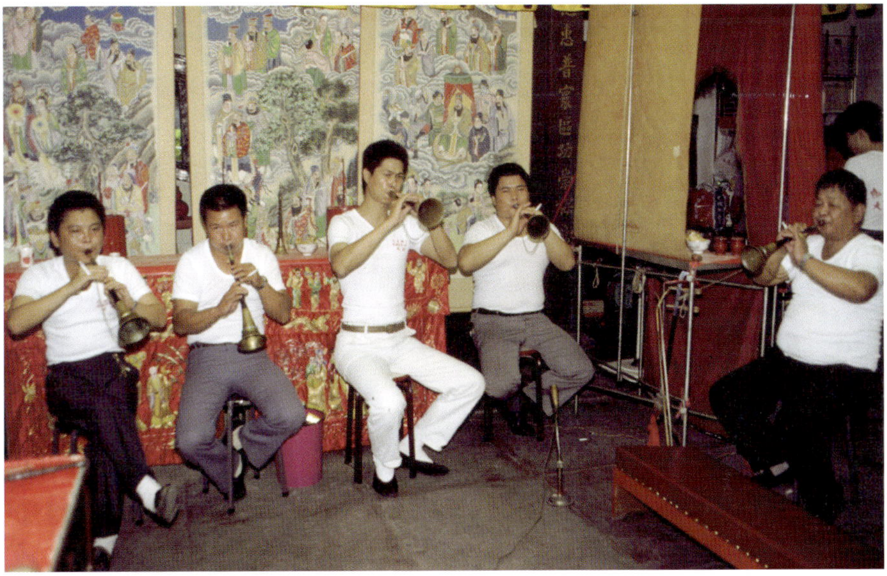

道教法會鬧壇：後場以五支嗩吶演奏的場面，一九九五年台北市大稻埕慈聖宮

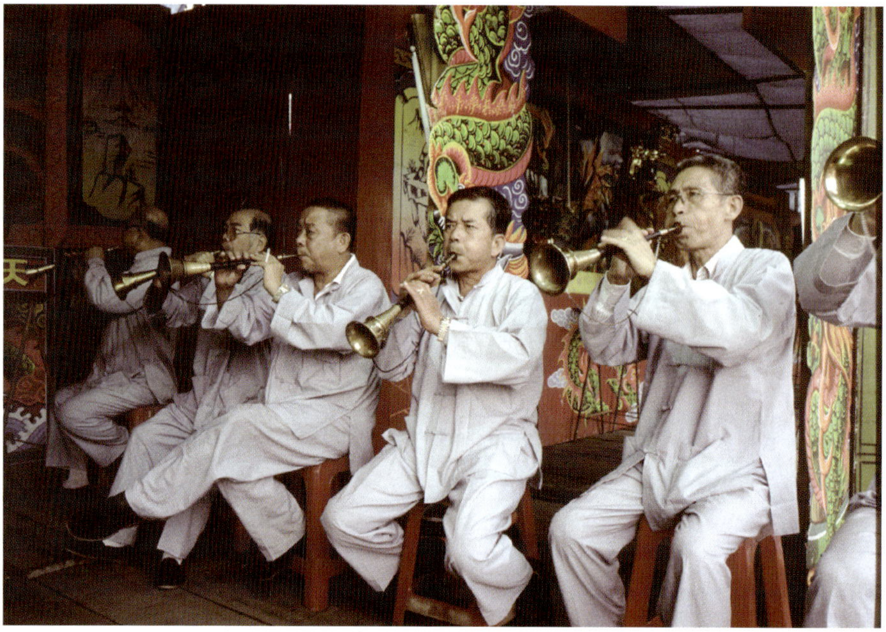

道教正一派儀式後場使用六支嗩吶的場面，一九九七年台北市北投鎮安宮

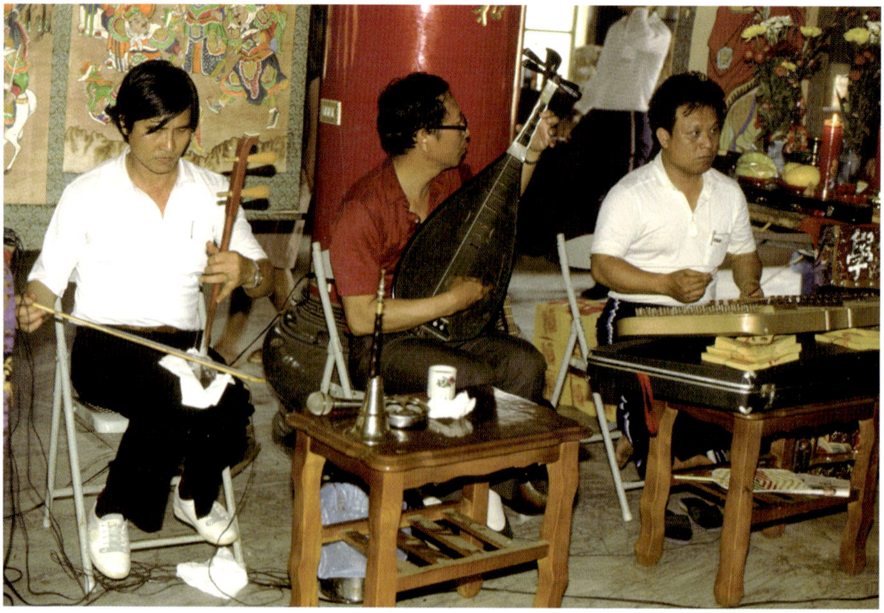

道教靈寶派儀式後場的文場樂器，一九八八年高雄縣茄萣鄉正順廟

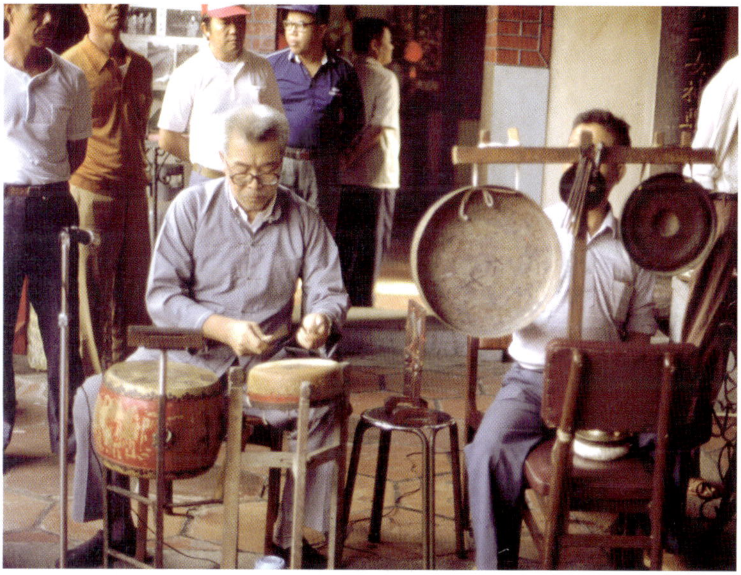

道教靈寶派後場武場的鼓類樂器與銅器，一九八七年鹿港天后宮

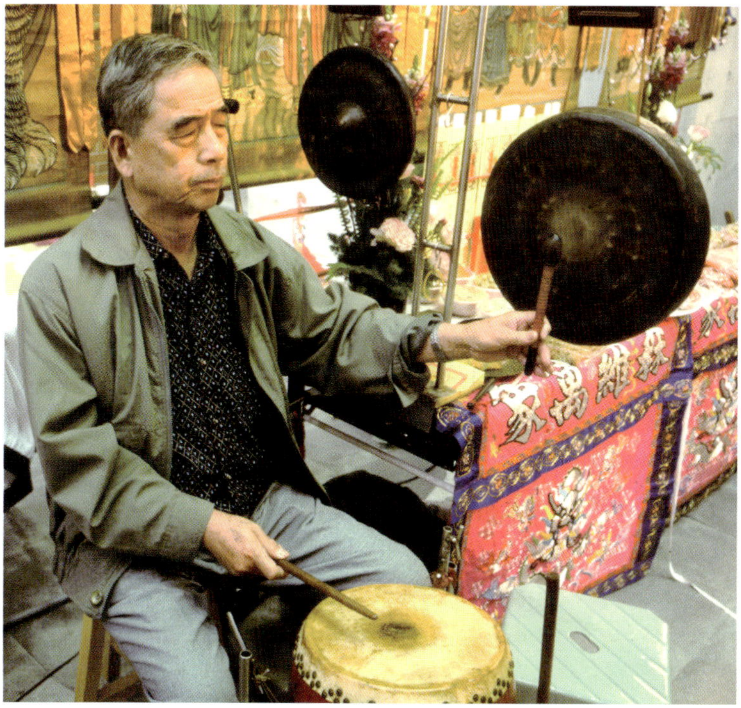

道教靈寶派後場的武場樂器，二〇〇〇年於宜蘭縣國立傳統藝術中心

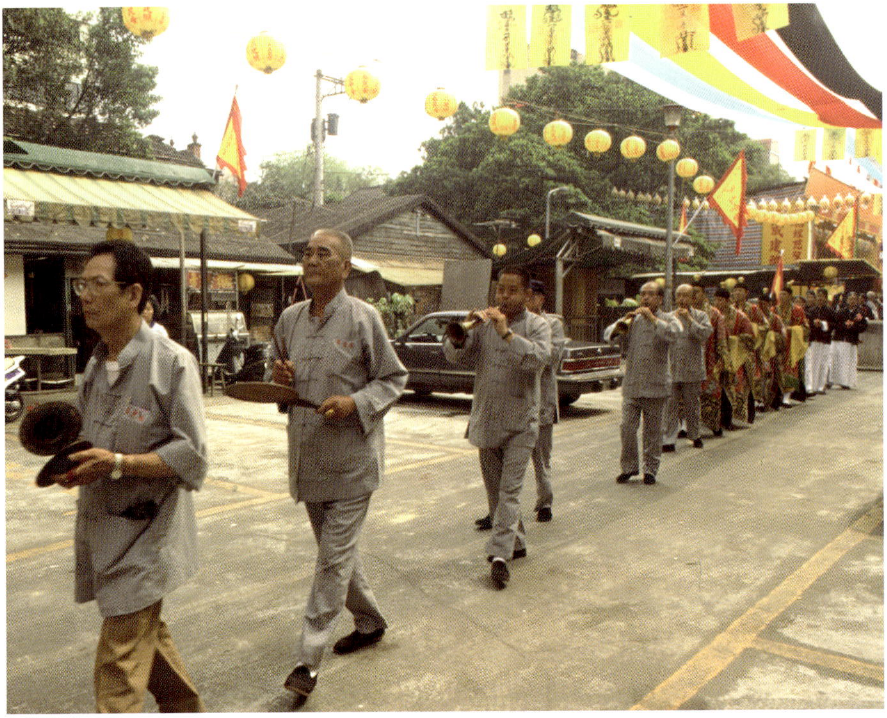

作為道教儀式導引鼓吹樂隊的場面，一九九四年台北市大稻埕慈聖宮

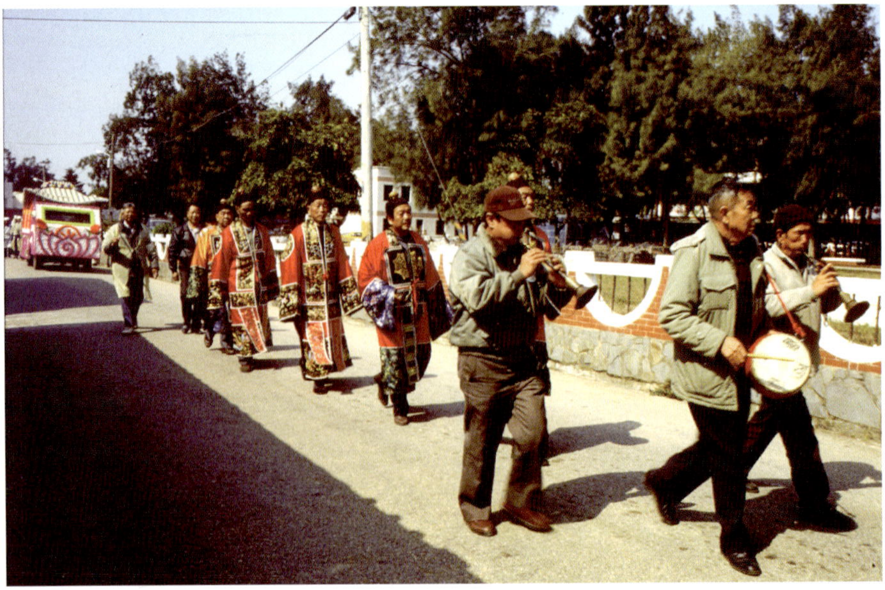

喪葬行伍的導引鼓吹，一九九七年於金門北山

台灣傳統音樂概論

Taiwanese Traditional Music：Instrumental Music

・器樂篇

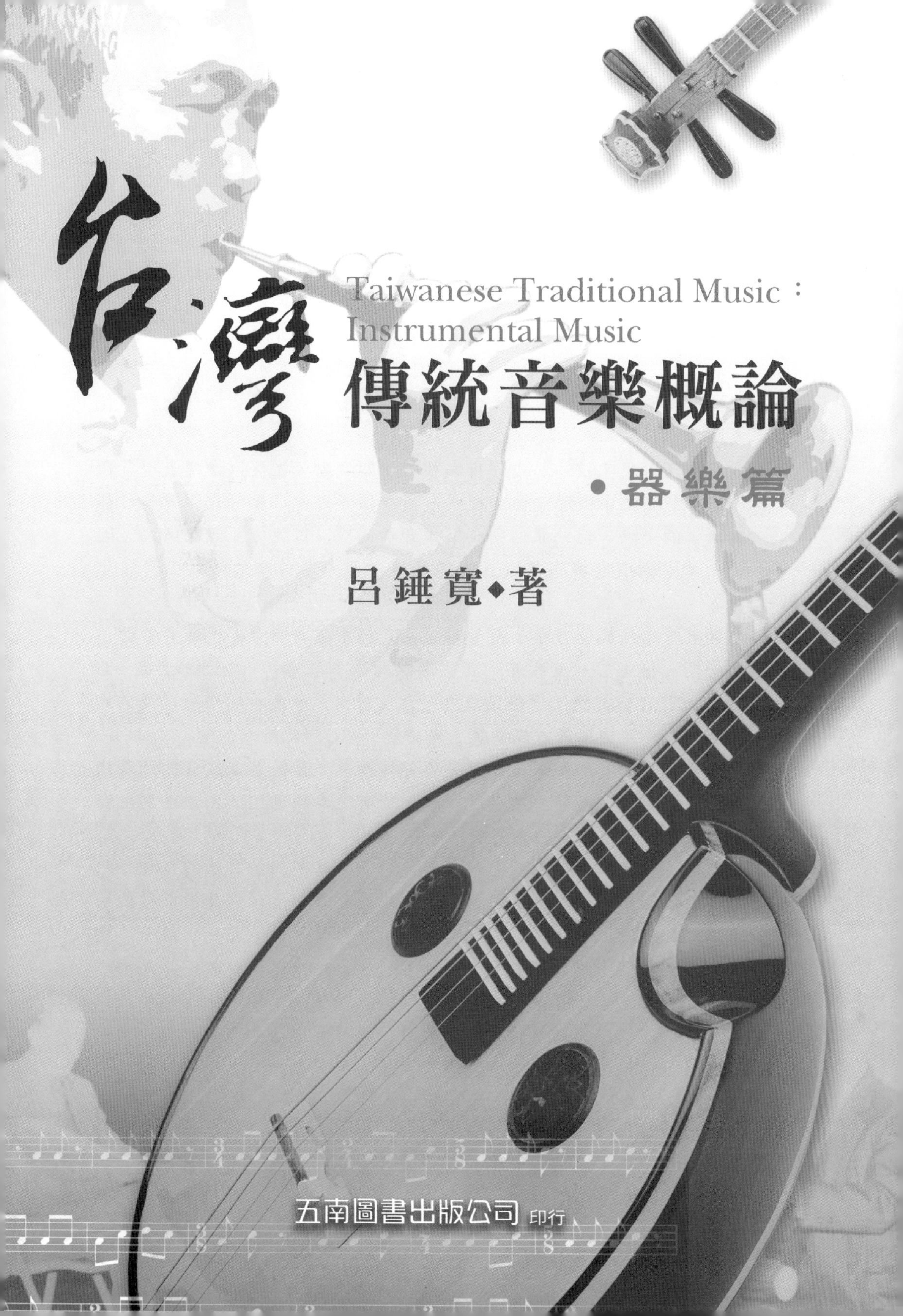

呂鍾寬◆著

五南圖書出版公司 印行

凡 例

一、本書敘述的內容，為台灣傳統音樂中的器樂部分，並不包括歌唱類音樂，如南管曲、北管戲曲唱腔，或太平歌等。章節的編排，以生態的顯隱情形，依序為原住民器樂、南管指套與譜、北管牌子與譜、客家八音、十三音與陣頭式器樂、戲劇過場音樂、漢族宗教儀式中的器樂。並以樂器分類法、樂器命名、樂器生態、台灣傳統樂器分類等作為總論。

二、內文除了以文字敘述，或分析樂種的相關現象，主要以樂譜表現各類台灣傳統音樂中的器樂曲調樣式。藝術類音樂中的南管或北管，雖都有傳統的樂譜，至於原住民或儀式音樂則皆以口傳，並無記譜法，因此，本書的所有樂譜都以五線譜呈現，而未以傳統的譜式工尺譜記譜。

三、有關五線譜的調性標示，南管屬於固定調系統的音樂，根據各首曲子的管門，倍士管、五孔管、五孔四仪管、四孔管等，分別以D調、G調、C調、F調記譜。原住民器樂、北管器樂、戲劇後場樂，以及儀式音樂等，由於皆屬於首調系統，樂譜統一以C調記譜。

四、器樂都是由所有的樂器從頭至尾不停地演奏，至於客家八音的演奏樣式則較為特殊，她與戲曲唱腔一般，仍有主奏與過門，為了區別主奏與過門，後者以縮小的音符表示。

五、樂譜中的拍子與速度標示：南管曲的拍子結構不同於其他的樂種，每拍實由兩個小拍組成，故其拍子單位以二分音符表示，其餘樂種的拍子單位都相同地為四分音符。速度方面，所有的樂曲都分別給予速度的標示，方法上為標示每分鐘多少拍（beat），而不採取規約式的標示，如：慢板、行板等。

六、本書的所有樂譜，都為作者親自採譜，故每首樂曲的作曲者欄位，都不再另行標示採譜者，該欄位所標示者，包括樂種（或劇種）名稱、演唱者、錄音日期，或錄音地點等。

七、文中偶以羅馬拼音標示某些專有名詞或術語，聲母與韻母所採用的標示符號，主體上與沈進富編輯之《彙音寶鑑》相同，至於對「蕭豪」

韻的韻母，則以au表之，而非ao，原因為：五線譜中如分析唱詞聲韻與曲調關係時，如根據唱詞與旋律的相應關係，將ao標示為a----o時，該組符號的聲音將不符合實際的語音。詞組後面上移的阿拉伯數字，表示語彙的聲調，上移的n表示鼻腔共鳴的語音，如天：thi^{n1}，至於鼻音字的n，仍標示於同位置，例如安：an^{1}。

八、關於年代的表示，一般性的行文以西元紀年，如為某項法規或政策，則以民國表示，例如：國立傳統藝術中心於民國八十五年執行、為期6年的『民間藝術保存傳習計畫』。

九、有關特殊字串的定義符號：

【】：單篇的樂曲單位，如【綿搭序】、【風入松】。

〈〉：多樂章組成的樂曲，或戲劇的折子，如南管譜〈梅花操〉、北管牌子〈倒旗〉；或單篇文章、專書的某一章。

《》：專著，如呂訴上著《台灣電影戲劇史》。

『』：政府頒訂的法規或計畫，如：『民間藝術保存傳習計畫』。

（）：對前面句子的補充文字，如：頭手絃（殼子絃）。

「」：樂種專用的名詞或術語，如「大倍」、「過枝曲」。

前　言

當下台灣的音樂，以分布的階層或空間審視之，可以概括地分為：學院以及音樂廳為主的歐洲藝術音樂，廣播電視、餐飲娛樂場所為主的通俗音樂，基層社會為主體的傳統音樂。三者生態的情形，要以通俗音樂最為蓬勃，如以個別樂曲生命觀之，也以此一音樂系統樂曲的生命最為短暫。歐洲藝術音樂的生態雖不能稱最為蓬勃者，所擁有的資源利益卻最大，每年政府部門與民間都編有大量的經費，予以傳習推廣與展演。傳統音樂生態的情況稍複雜些，有些已經枯萎消失，僅以記憶的方式存於若干中年以上的階層；有些雖尚存，在演奏唱者的技藝不精的情形下，對未曾欣賞過傳統音樂的民眾之觀感，猶如軀體蹣跚的老者，已不復展現當年娉婷高雅的嬌態。

傳統音樂文化，須賴自己加以維護，不論他人的看法態度如何。傳統音樂的價值，實際上出於自身的定義，在自信與肯定態度下的展現，將能使周圍的人感染以藝術的氛圍，猶如茅屋覆蓋之下的人類軀體，有自信者將如顏淵、陶淵明。個人在民國七十年代所接觸到的傳統音樂社會的人眾，不乏能展現音樂藝術才華者，而目前所看到的另一現象，亦即在她即將消失的前夕，政府部門予以若干經費挹注，有些樂種的若干團體，乃競相爭取傳習。在這種情形下，學習不到一年者就競相上舞台表演，演唱者的技藝與她（他）的態勢，予人的感覺，猶如被攙扶的老耄，尚且揮舞著那支撐身軀的枴杖，無法引起愛樂者的美感經驗或藝術活動中的尊重，這也許能視為台灣傳統音樂的新生態。

作者長年薰陶於傳統音樂的環境，欣賞日久之後，漸能體會她的藝術性，因而對台灣傳統音樂的若干品種產生了一定的情感，不過本書的主旨並不在鄉愿式地表述此情感，而是藉著客觀的資料呈現台灣傳統音樂曾經有過的諸多樂種，以及她的生態與音樂特徵。台灣傳統音樂係以生態特徵而群生，以及學術界所稱的「樂種」。樂種之外，劇種在生態微弱化之後，剩下的部分則為戲曲音樂，因此，以生態論之，台灣傳統音樂包括樂種音樂與戲曲音樂。

台灣傳統音樂所涵蓋的樂種，計有：原住民音樂、客家音樂、南管、北管、太平歌、車鼓、十三音等，戲曲音樂的劇種則有：南管戲、交加戲（高甲戲）、白字戲、歌子戲、客家採茶戲、布袋戲、皮影戲、傀儡戲等。當演出或表演時，她們係以群體，或此處所稱「種」的型態呈現，例如：南管音樂會、北管音樂會、原住民音樂會等。如另以曲目的群體或生態特徵觀之，除了原住民音樂，台灣的漢族傳統音樂，可以系統地分為歌樂與器樂，兩種不同的曲目系統且各自延伸至不同的樂種與劇種，例如南管的曲，除了保存於南管館閣，以一種藝術的形式流傳，也延伸於太平歌、車鼓、南管戲、交加戲、道教靈寶派儀式、釋教儀式，甚至若干曲調也能見於歌子戲、布袋戲。又如北管的牌子，除了保存於北管館閣，也延伸至交加戲、亂彈戲（北管戲的另稱）、白字戲、歌子戲、布袋戲、傀儡戲、皮影戲、道教儀式、釋教儀式等之後場。

為了呈現不同樂種與劇種之間的曲目關係，個人認為將台灣傳統音樂分為歌樂篇與器樂篇，能讓人們了解她們之間的彼此關係，不啻為最佳的論述方式。《台灣傳統音樂概論》中的歌樂篇，已於民國九十四年由五南書局出版，如將該書稱為上編，則本書屬於《台灣傳統音樂概論》的下編。本書論述所依據的材料，南管指套與譜、北管牌子與譜、陣頭式器樂、漢族宗教儀式中的器樂，大都是作者親自蒐集而來。原住民器樂、十三音、戲劇過場音樂中的部分資料，仍為作者的實地調查採集。

除了個人的實地蒐集，本書的若干章節也不同程度地援引相關學者的調查成果或著作。原住民器樂方面，引用了：黑澤隆朝、呂炳川、許常惠、李澤洋、吳榮順（風潮有聲公司）等教授的錄音資料，以及國立傳統藝術中心的泰雅族、排灣族、布農族等之保存傳習成果。十三音方面，引用了由台南市以成書院樂局曾經出版的樂譜與CD，以及賴錫中與杜潔明兩人的十三音著作。戲劇過場音樂所引用的資料，主要為中廣公司收藏的戲曲音樂資料。至於客家八音的部分，主要材料來自中廣公司高雄台的收藏物，以及鄭榮興與吳榮順兩位教授的蒐集研究成果。在此特別向上述被本書引用資料者表示感謝。

國立台灣師範大學
民族音樂研究所教授
呂鍾寬 謹識

目　錄

表目錄

第一章

總　論

以音樂的呈現方式言之，台灣傳統音樂分為歌唱類音樂與器樂，以表演形式論之，歌唱類音樂又可分為民歌、藝術歌曲、戲曲唱腔、說唱音樂，以及宗教儀式歌曲。如以音樂的型態、生態特徵等綜合考察，台灣傳統音樂中的歌唱類音樂可分為民歌、南管曲、北管戲曲與細曲、戲曲唱腔、宗教儀式音樂，該些音樂的內容與特點等，已見作者著《台灣傳統音樂概論·歌樂篇》。

台灣傳統音樂中的器樂，根據音樂文化背景、功能等方面的特徵，可分為原住民器樂、南管指套與譜、北管牌子與譜、客家八音、十三音與陣頭音樂、戲劇後場器樂、宗教儀式後場樂等。以曲目特點言之，原住民器樂自成體系，完全與漢族音樂無涉。至於漢族的器樂，以曲目論之，大體可概略分為南管系統與北管系統，南管系統的器樂，在南管館閣的排場演奏之外，也能見於南管戲、交加戲（高甲戲），而太平歌、道教靈寶派道場，偶也演唱南管的指套。北管系統的器樂，分布更為廣泛，交加戲、歌子戲、布袋戲、北部的傀儡戲等的後場樂，以及迎神賽會與喪葬的陣頭鼓吹，都吸收自北管的牌子或譜。

第一節 1

樂器分類法概述

樂器，是展現音樂的媒介，它包括人聲與器物，對人聲之分類，如欲強為之命名，可稱為肉類樂器，此一說法來源，可見於中國古代的分類性詞彙：「絲不如竹，竹不如肉。」[1]樂器的形制與種類，係隨著歷史的軌跡而發展，在數量逐漸增加之後，乃有分類法之設，以便於人們之認識或使用。由於樂器的重要性與豐富性，各個歷史古老的文化圈如中國、印度，

---

1 該詞彙可見於中國古代的若干音樂文獻，如唐·段安節所撰之《樂府雜錄》，或元·芝庵所撰《唱論》。

幾乎與民族歷史發展的同時，就已經出現了樂器的分類。到了二十世紀初，樂器的分類研究，也成為當時民族音樂學的主要論題。以此觀之，樂器的分類已經達到頗為完善的地步，今之人談及樂器時，只須引用前人的說法，如「八音」說，或套用博物館式「體鳴—膜鳴—絃鳴—氣鳴」的說法。而據信樂器的研究尚有頗為寬廣的空間，研究者可以從器物的使用方法、場合，甚或名稱等，進一步地觀察研究，提出一個架構雖較小，卻符合樂種文化特點的分類法。

由於樂器在人類社會的音樂生活中的地位，樂器的分類為各個民族的重要理論問題之一，樂器的分類研究，也共同地見於各個民族，故而，凡是以諸民族的樂器為研究範圍的論著，多有古今中外樂器分類之總述，如日・林謙三著《東亞樂器考》，即以專章〈樂器分類簡史〉，討論歐洲、印度以及中國的樂器分類[2]。法國學者特朗切弗（François-René Tranchefort）在其所著的《世界的樂器》（*Les instruments de musique dans le monde*），也相同地以〈樂器的分類〉（La classification des instruments de musique）作為起始[3]。知名的民族音樂學家內特爾（Bruno Nettl），也曾對樂器分類法進行評述，並提出樂器研究的諸面向[4]。

反觀以區域性為研究範疇的音樂論著，對樂器的分類研究顯得較為深入，張師勳有關韓國樂器的研究，採取了三種不同的分類：以製作材料的分類——即中國古代的八音分類法，音樂系統的分類法——分為雅部、唐部、鄉部，以演奏方式之分類——分為管樂器、絃樂器、打樂器[5]。伊拉克音樂學者哈桑（Schéhérazade Qassim Hassan），在所著伊拉克樂器的論著中[6]，除了引用霍恩博斯特爾（Erich Moritz von Hornbostel ）與薩克

2 參見日・林謙三著《東亞樂器考》，第11-25頁。

3 參見François-René Tranchefort著《世界的樂器》（*Les instruments de musique dans le monde*）第一冊，第15-19頁。

4 參見沈信一翻譯之《民族音樂的理論與方法》，第339-369頁，該書的英文原名為《Theory and Method in Ethnomusicology》（London, 1964）。

5 參閱張師勳著《韓國樂器大觀》，第一篇第一章之「國樂器分類」。

6 參見Schéhérazade Qassim Hassan著《Les Instruments de Musique en Irak et leur role dans la société traditionnelle》。

斯（Sachs Court）的樂器分類，系統地描述該國的樂器，並從社會與文化的角度，探討生命儀禮、魔術的施行、伊斯蘭儀式中的樂器功能。澤波（Hugo Zemp）在其專著《Musique Dan》，對居住於象牙海岸的民族——旦（Dan）的傳統音樂進行考察[7]，一方面以上述相同的分類為描述的依據，另一方面則分析音樂的語彙、樂器的神話起源、非人類世界的音樂、音樂的作用、音樂與音樂家的功能、生命儀禮中的音樂。

今日的音樂學或民族音樂學研究中，所稱的樂器分類，實際上觀察的面向，主要為樂器的音響或形制方面，樂器之分類研究中，涉及樂器的命名法或樂器的功能者尚不多，而後兩項正也是樂器生命的最主要特徵。職是之故，本文將以樂種文化特徵為出發，對樂器的音響－形制方面的分類，予以不同層面的觀察，另一方面則從樂器的命名與功能，進行初步的分析。

對樂器進行分類，乃基於實用上的理由，不論此一理由為藝術欣賞或知性的認識。細審目前所見的各種樂器分類法，個人認為中國古代的樂器分類法，實兼顧樂器形制特徵與音色特性，印度的四分法或霍恩博斯特爾與薩克斯共同提出的博物館式分類，所涉及的層面，都相同地為樂器的形制，或發出音響的方式。

一、中國古代的八音分類法

世界之主要樂系都有一套樂器之分類法，中國人早在周代即已對樂器進行分類，該一分類係將樂器分為八類，故稱之為八音。八音的詞彙普遍地用於先秦的音樂性文獻，並常與聲律連用，如《周禮》之〈大司樂〉[8]：

> 凡六樂者，文之以五聲，播之於八音。

---

7 根據Hugo Zemp所著《Musique Dan》的引論，旦族（Dan）居住於象牙海岸西部山區，以及利比里亞（Lyberia）交界處，為農耕的民族。

8 《周禮》的資料，分別見該書之卷22、卷23。

又同書的〈樂師〉：

> 大師掌六律、六同，以合陰陽之聲……皆文之以五聲：宮、商、角、徵、羽，播之以八音：金、石、土、革、絲、木、匏、竹。

稽之《周禮》，中國於上古時期對八音的分類總則與條目，都有明確的論述與描述。八音之中各類之主要代表樂器如下：

金：鐘、編鐘（成套之鐘）；

石：磬、編磬（成套之磬）；

土：壎

革：鼓

絲：琴、瑟、箏、琵琶、阮、月琴、三絃、奚琴、胡琴；

竹：笛、排簫、洞簫；

匏：笙、竽；

木：柷、敔、板、拍。

中國古代官修的音樂史，凡處理樂器的部分，皆採用八音的分類架構，一直至清代而無稍變異，只於宋時的音樂學家陳暘，在他編著的《樂書・樂圖論》中，提出了稍加修飾的分類法，他以雅部（宮廷之雅樂）、俗部（燕樂以及中國的民間音樂）、胡部（由外國傳入之音樂）為綱[9]，再以八音為目，分為雅部八音—俗部八音—胡部八音，其中的綱，實為音樂之系統，因此在各個音樂系統之內，分類法仍為古代八音之舊。

　　中國古代八音分類法的分類依據為何？相關史料並無交代，部分學者認為乃取樂器的構成材質為據，而認為該一分類缺乏科學性。事實上分類法皆有其實用性，並無法或似乎亦無必要慮及全面性。中國古代的八音分類法，音樂文化背景為統治階層的宮廷音樂，尤其是祭祀音樂（雅樂）中，對樂隊編制的原則性要求，它基本特徵為呈現音色的多樣性，「八音」應為中國古代社會的音樂生活中，對樂器音色最高要求的編制原則。

9　樂器分類以雅部、俗部、胡部為綱的方式，可參閱宋・陳暘撰《樂書》卷150。

有組織化的樂器集合體之最大者，當為中國唐代宮廷音樂，然而當時所使用於同一作品中的樂器，似乎並無聲部間的組織關係，僅屬同部色樂器的多件重疊，此一情況仍可見於今日的鼓吹樂的演奏，其中的嗩吶可由2件至20件，樂曲則只為單一聲部。中國歷代宮廷音樂之樂隊編制規模都相當大，由於樂曲的織體並未以不同曲調作為組合，因此，發展出以音色作為組織樂曲的規範，相信這是八音分類法在實際音樂活動中的基本功能。

二、歐洲藝術音樂之三分法

對樂器分類討論最多者，為當代的民族音樂學，在描述研究對象樂種的樂器時，似乎都不例外地要從分類切入。反觀稱為音樂學的研究，人們在分析巴哈（J. S. Bach）或史特拉汶斯基（Igor Stravinsky）的音樂作品時，即便提到樂隊編制，也未對樂器之分類所屬予以分類說明。至於目前民族音樂學界所討論的樂器分類，觀察的層面乃樂器的外型特徵，或使之發聲的方式。

一首樂曲中所使用的諸多樂器，彼此之間具有組織關係者，當為十六世紀以後的歐洲藝術音樂，不過在巴洛克時期的歐洲藝術音樂，合奏的音樂作品中，對樂器之分類運用似乎尚未成熟，仍處於實驗階段，由巴哈的管絃樂作品中可見其端倪：在素有音樂之父之稱的巴哈，其管絃樂作品已利用不同音色的樂器群組織樂曲，在他所寫的總譜中，樂器清楚地以群組分類，即管樂器、擊樂器、絃樂器，然而對樂器分類的用法尚未趨理論化。

巴哈所寫的四首管絃樂組曲中，前兩首僅用木管樂器與絃樂器，後兩首始加入銅管樂器。第一號組曲為雙簧管（兩部）加上絃樂器群，第二號為長笛（兩部）加上絃樂器群；至管絃樂組曲第三號，樂隊編制已較為擴大，其聲部的組織為：

管樂器：oboe Ⅰ、oboe Ⅱ、tromba Ⅰ、tromba Ⅱ、tromba Ⅲ

擊樂器：timpani

絃樂器：violino Ⅰ、violino Ⅱ、viola

此外，並有演奏「數字低音」的大鍵琴（continuo）。在第三號管絃樂組曲中，巴哈的樂隊編制順序為木管、銅管、擊樂器、絃樂器，在第四號管絃樂組曲中，樂隊的排序則為銅管樂器、擊樂器、木管樂器、絃樂器。巴哈的管絃樂作品顯示，巴洛克時期的樂器分類，似乎尚未定型。

古典時期的歐洲藝術音樂作曲家，對樂器的分類以及在作品中的運用情形，基本上承襲前一時期的經驗，就細節上觀之，仍呈現出作曲家作曲技術或音樂層次的差異性，以莫札特（Wolfgang Amadeus Mozart）的交響曲為例，在他的早期交響樂作品中（no.1-5），樂隊的編制為雙簧管（或單簧管及低音管）一部、法國號一部、絃樂器群，至後期的作品才形成較為固定的木管、銅管、擊樂器、絃樂器群的編制。莫札特的管絃樂作品，已呈現對樂器分類——管樂器、絃樂器、擊樂器的系統性運用，用於作品中的各類樂器，與稍後的貝多芬（Ludwing van Beethoven）不甚相同，交響曲中例如：布拉格（K.504）、g小調（K.550）、朱庇特（K.551），木管樂器用長笛、雙簧管、低音管；降E調（K.543）使用的木管樂器為長笛、單簧管、低音管；至於銅管樂器，都相同地為法國號、小號，擊樂器為定音鼓，絃樂器群為小提琴、中提琴、大提琴。

至貝多芬，對管絃樂器的分類使用手法，已經相當地固定，以他的知名交響曲第三號英雄、第五號命運以及第九號合唱為例，樂器的分類架構都相同地為：管樂（木管、銅管）—擊樂—絃樂，各類所用的樂器也都一致，除了第五號於第四樂章，木管部分多了短笛（piccolo）、倍低音管（contrafagotto），銅管的部分則加上長號（tromboni），第九號的終曲，擊樂器方面則加入三角鐵、鈸、大鼓。

二十世紀，歐洲的藝術音樂已經發展到極限，知名的作曲家如巴爾托克（Béla Bartók）的音樂語法，雖引入相當多的匈牙利傳統音樂素材，在管絃樂器的分類處理上，以管絃樂協奏曲（Concerto for Orchestra）為例，仍依循前代作曲家。到了史特拉汶斯基，傳統的歐洲藝術音樂語言幾乎被他顛覆，然而他對樂器運用，仍一如傳統，例如被譽為二十世紀經典創作的〈春之祭〉（Le Sacre du Printemps），最複雜結構樂段的聲部達到二十八行譜[10]，樂器的分類仍以三分法呈現：

管樂器——木管

短笛（piccolo）2、柔音長笛（flute gr）、中音長笛（flute alto）、雙簧管（oboe）、英國管（cor anglais或english horn）、高音單簧管（clarinet piccolo）、單簧管（clarinet）、低音單簧管（clarinet bas.）、低音管（fagotten）、倍低音管（contre fagotten）

管樂器——銅管

法國號（horn; cor）、高音小號（trompetten piccolo）、小號（trompete; trompette）、低音小號（trompetten bas.）、長號（trombone）、低音號（tuba）

擊樂器

定音鼓（timpanni）、大鼓（groose caisse）

絃樂器

小提琴第一部、小提琴第二部、中提琴、大提琴、低音提琴

從古典時期至浪漫派時期，管絃樂作品為作曲家的主要創作體裁，音樂史上重要的作曲家皆有一定數量的管絃樂曲，而多數作曲家管絃樂作品的樂隊編制，仍將樂器分為管樂器－擊樂器－絃樂器，其中管樂器皆相同地再分為木管與銅管。該一時期的歐洲藝術音樂，在三分法之下的樂器項目計有：

管樂器

木管樂器：長笛、雙簧管、單黃管、低音管各兩部，偶加上短笛（piccolo）

銅管樂器：法國號、小號各兩部為常見；偶用長號、低音號（tuba）

擊樂器：定音鼓一對；偶用小鼓

絃樂器：小提琴兩部、中提琴、低音提琴、倍低音提琴各一部

歐洲藝術音樂關於樂器之三類分法，乃巴洛克迄浪漫派時代的管絃樂作品之寫照，從巴哈經海頓（Joseph Haydn）、莫札特、貝多芬，以迄華

10 參見Stravinsky〈春之祭〉（Le Sacre du Printemps）倒數第27小節至終曲。

格納（Richard Wanger），兩百多年的歷史時期，管絃樂作品的風格雖經數次更遞，樂隊的組織並無基本的改變。透過古典時期管絃作品的歸納，可清楚地看出近代歐洲人關於樂器的分類，完全有實際的音樂經驗依據，換言之，該套樂器的分類法具有很高的實用性，同時又可作為理論指導原則。

三、博物館式樂器分類法

民族音樂學界對樂器分類的態度，為企望在一個分類架構下，涵蓋存在於不同時間的諸民族所有樂器，亦即透過物件的蒐集，再經過歸納排比，以建立一個具有科學性的分類系統。此一分類法所涉及的樂器，猶如博物館中的展覽品，為眾多的物件，這種分類法並不具有音樂欣賞的指導作用，主要為知識性的層面，或純粹為學術研究上的旨趣。

如果說中國音樂史乃以以二十五史中的樂志為主流導向，則從各個朝代儀式音樂生活的立場言之，中國古代音樂關於樂器的「八音」分類法，具有高度的實用性，它乃作為樂隊編制的指導原則，任一演奏如欲有豐富的音色，以八音組織樂隊將能獲得最理想的效果。離了雅樂的音樂系統，在統治階層的燕居音樂或常民的音樂中，以單一樂種言之，並不存在八音的樂隊，甚至某些階層的音樂生活中，只有若干件絲類或竹類樂器，因此，就實際的音樂生活角度觀之，一直為中國古代所沿用的八音分類法，也可視為中國人音樂世界中的博物館式樂器分類法。

古代的印度音樂學家，將樂器分為四類，其名目為：絃樂器（tata）、氣類樂器（susira）、皮類樂器（bhanda）、體鳴樂器（ghana）[11]，觀其分類的名目，仍衍生自印度的音樂語彙。十九世紀博物館興起之後，歐洲人在世界各地進行古物之蒐集，音樂性器物自也在歐洲人的蒐集物品之中，逐漸地乃有專門陳列樂器之博物館。在這種專門性的博物館中，面對囊括世界各地的樂器，來自不同文化體系下的樂器齊聚一

11 印度古代的樂器分類，可參見Sir George Grove《音樂及音樂家辭典》字典印度音樂之「樂器」條目。

處，原先由各民族所擁有的樂器，所形成的分類自無法適用。在此一背景下，十九世紀末二十世紀初期的歐洲音樂學者，如馬以勇（Victor-Charles Mahillon）、霍恩博斯特爾、薩克斯等，乃提出若干新的分類法。

綜觀馬以勇、霍恩博斯特爾、薩克斯等之樂器分類，他們的分類法雖有些細微的差別，基本上則皆一致，乃將樂器分為4個綱：體鳴式（德：Idiophone，法：instruments autophones）、膜鳴式（德：Menbranophone，法：instruments à menbranes）、氣鳴式（德：Aerophone，法：instruments a vent）、絃鳴式（德：Chordophone，法：instruments à cordes）[12]，再依據奏法演奏之時運動的方式（直接或間接，如棒擊或手擊）、運動形式（如撥絃彈或按絃彈）等，予以進一步地分類，例如體鳴樂器的第二級，又分為打奏體鳴樂器（struck idiophones）、摘奏體鳴樂器（pluck idiophones）、擦奏體鳴樂器（friction idiophones）以及吹奏體鳴樂器（brown idiophones）[13]。

在樂器博物館的概念下，薩克斯等人所訂定的分類法，固可將所有的蒐集品分門別類地展示，由於該分類法的細膩性與科學性，因此，歐洲藝術音樂以外的傳統音樂研究，學者多引用該系統，以處理研究對象的樂器，如黑澤隆朝與呂炳川的台灣原住民樂器研究，澤波的旦族（Dan）樂器研究，或哈桑的伊拉克樂器研究等。從知識性或實際音樂生活的角度言之，該分類法的作用仍有待觀察。

第二節 2

樂器命名及其生物與文化方面之特徵

在音樂文化之中，樂器具有一定程度的生命，它的生命意義，猶如人

12 歐洲於博物館學興起後的各種樂器分類法之綜述，可參閱林謙三著《東亞樂器考》，第14-18頁。

13 分類法的中文譯名，參照呂炳川教授著《呂炳川音樂論述集》，第16頁。

類在社會中的價值一般，各有不同層次的重要性，有地位高貴者，如中國的古琴，印度的西塔琴（sitar），或歐洲的小提琴、鋼琴。根據觀察，人們賦予樂器的意義，從命名上能窺知一二，猶如人名對家族而言所具有的意義。樂器名稱的命名方式，可以看出它在生物學方面的特徵，或在音樂文化圈的意義。

一、樂器形制命名的生物學特徵

形制，指樂器的製作材料以及各組成不同的特徵，屬於樂器的生物學的部分，因此，根據形制特徵與樂器命名，成為各民族命名樂器的主要方式。

(一)描述樂器主體材料來源

以樂器主要組成部分的材料作為樂器的名稱，台灣漢族傳統樂器中具代表性者為kha^{k4}-a^{2}絃，也簡稱為kha^{k4}-a^{2}，其中的kha^{k4}-a^{2}指構成樂器音箱的材料——椰子殼，因此，在福佬語音樂文化圈，都將該件樂器稱為殼子絃，語彙中最後音節a^{2}，乃語尾詞，無意義。以材料命名的外國樂器，如土耳其的ney或nay，名稱的意思為蘆葦，乃取義於樂器的製造材料，係來自蘆葦的管子[14]，至於伊朗的樂器ney，名稱的字意仍為蘆葦[15]。

在音樂文化圈中，樂器的分類，或準確言之，應為樂器的形制與音響特徵命名，大體上都以構成樂器的材料命名，如中國古代八音中的金、石、土、木、竹等五類，都指形成樂器整體的材料，至於革、絲二類，則以構成樂器發音部位的材料命名。歐洲藝術音樂的樂器分類名目亦然，管樂、絃樂也相同地指構成樂器的材料，即使被當前的民族音樂學界奉為圭臬的博物館式分類法，其中的膜鳴（Membranophone）、絃鳴（Chordophone）[16]，仍取義於發音部位的材料。

---

14 引自Kurt et Ursula Reinhard《Turquie》，第103頁。
15 引自 Nelly Caron Dariouche Safvate《Iran》，第177頁。
16 參見Curt Sachs《Handbuch der Musikinstrumentenkunde》。

㈡描述樂器的重要部位特徵

取形制中的重要部位特徵作為樂器的名稱，似乎為各個民族對樂器的主要命名方式。以形制特徵為名，常見於絃類樂器，中國古代的絃類樂器，多數都採用此方式命名，置彈類樂器如：獨絃琴、五絃琴、七絃琴、九絃琴、二十一絃琴等，台灣傳統樂器中的抱彈類如三絃，擦奏式樂器如二絃，都以發聲部位的絃數作為樂器的名稱。

絃類樂器以形制特徵命名的情形，也能見於伊朗，該國傳統樂器中的setar，字意為「三絃」，而這也正反映該件樂器的絃數，雖然在歷史的發展過程中，目前setar已為4根絃，即使如此，所加入的第四絃係作為共鳴以加強音量，實際上並不彈奏[17]。越南傳統樂器中的dàn dôc huyên，詞義指的就是該件樂器的形制特徵——獨絃琴[18]，其中的dôc huyên，據猜測當為漢文「獨絃」的廣東話讀音。

台灣傳統樂器中，以形制特徵命名最普遍者，當為小型的銅類樂器，如：單音、雙音、三音、七音，都是以小型的鑼所形成的樂器組，其中的七音也稱為雲鑼，用於北管的絲竹音樂，其餘的樂器多用於道教儀式。

除了以形制特徵命名樂器，若干樂種也以樂隊編制特徵作為樂種的名稱，如：八音、十音、十三音，基本的概念都是以所使用的樂器件數命名。從語法學的角度言之，八音或十音並非皆為樂隊編制的描述，作為樂種名稱的八音，也帶有象徵性的意涵，至於十音，口語稱為si^{p4}-yim^{1}或tza^{p4}-yim^{1}，如以後者為稱，則又帶有「多」或「雜」的意思。

二、樂器「人格」特徵

透過對音響的觀察，給予樂器命名，為台灣傳統樂器的主要命名法之一，根據名稱的取義，又分為聲音的描述與音色特徵。

---

17 Setar的形制以及演變，引自Nelly Caron Dariouche Safvate《Iran》，第166頁。
18 引自Tran Van Khe《Viet-nam》，第80頁。

(一)狀聲式

狀聲，指對聲音的客觀描述。聲音為自然界客觀存在的物理現象，然而將聲音表述時，則皆相同地須透過人們對該聲音的理解。由於對音樂的感知，甚或對社會文化背景認識的不同，例如農業狀態下的社會，人們經常接觸到最具音樂性之家禽——公雞啼叫聲，不但不同民族，即使同一群體人之描述，都有頗大幅度的差異，對樂器音響的理解，必然也有不同程度的差異。

台灣傳統樂器中，以音響命名者，主要為皮類樂器，如學術界所稱的單皮鼓，北管文化圈稱為小鼓，屬於形制命名。由於對音響認知的不同，小鼓的狀聲式名稱有多種，有些人稱為piek^{4}-ko^{2}或piak^{4}-ko^{2}，有人則稱為tak^{4}-ko^{2}，語彙中的第二節ko^{2}都相同地指通稱，第一音節不論為piek^{4}、piak^{4}或tak^{4}，都相同地為對樂器音響的描述，並以該音響特徵作為樂器的稱謂。由於認知的不同，在文字化之後，同一件樂器乃產生形形色色的書寫名字，如：拍鼓、答鼓、班鼓、北鼓等。如以歷史觀點視之，將小鼓書寫為拍鼓或北鼓並不妥當，宋代之時已有名為拍鼓的樂器[19]，「北鼓」如同北曲－南曲般，具有明確的地域性，而單皮鼓為中國各地的樂種或劇種共同使用的樂器，並非僅流傳於北方。

同樣以狀聲式命名，傳統音樂文化圈或學術界對另一件鼓類樂器，口語上都相同地稱為thong^{1}-ko^{2}，有趣的是，將該語彙文字化時，卻有種種不同的書寫形式，如：通鼓、堂鼓、唐鼓等。審之以語彙所指，該件樂器的書寫名稱應作通鼓為妥。

銅類樂器也有以音響命名者，如：tsau^{1}，以聲音描述的名稱，可作「鈔」。又如河北省固安縣禮讓店鄉屈家營村的音樂中，有柄的木架裝以一面小鑼的樂器，稱為鐺子，乃取意於發出的tang^{1}-tang^{1}音響。

(二)模擬式

以音響命名樂器，從而以直接的方式進行描述時，有時會有困難度，

19　參見陳暘撰《樂書》127卷〈樂圖論〉，胡部八音革之屬。

例如對猿猴或豬的叫聲，要以人類的語法予以描述，就不知所措。有些較為特殊的情況，民間樂人對樂器的描述，如：nai^{1}-ta^{n}i^{n1} kho^{k4}，以音譯作為樂器名稱頗有難度，因此，北管藝師王宋來先生都僅以音響特徵，稱該件樂器為nai^{1}-ta^{n}i^{n1} kho^{k4}，而同樣的樂器，南管文化圈則稱為叫鑼或kio^{2}-kiau^{3}。

北管文化圈中，作為新路戲曲唱腔主要伴奏的樂器，藝師皆將它稱為tiau^{2}-kui^{1} a^{2}，語彙中的第三音節，為福佬語的慣用語尾詞，並無意義。該件樂器的音響特徵，音調高且尖銳，很不同於以椰子殼製造的樂器——殼子絃，後者音色較圓潤柔和。台灣的傳統社會中，對小孩子高音且尖銳的叫聲，多稱以「像鬼在ki^{1}-ki^{1}叫」。因此，有理由相信，北管文化圈所稱的tiau^{2}-kui^{1} a^{2}，應為對該件樂器的尖銳音色，宛如鬼般聲音的描述，準此，該件樂器的書寫形式應以「吊鬼子」為貼切。

三、象徵化命名法

以漢人音樂文化圈觀之，樂器的象徵性主要透過形制表達，其中最複雜者莫過琴，從長度、絃數、外型等，都各有特定的意義[20]。經歷唐宋兩代的創作，琴逐漸成為藝術音樂的一環，而它在深層的中國文化中，則作為修身養性的工具，如《舊唐書・音樂志》所云[21]：

> 琴，禁也，夏至之音，陰氣初動，禁物之淫聲。

換言之，琴（khim^{5}）的命名，乃取義於「禁」（kim^{3}），兩詞的古音為諧音關係。

樂器名稱含有高度象徵意義者，雲鑼可為代表，根據主流的中國古代

---

20 琴，今日稱為古琴，它的形制所象徵的意義，可參見宋・郭茂倩《樂府詩集》第57卷的「琴曲歌詞」解題。

21 引自《舊唐書》卷29〈音樂志〉第16。

音樂史，該件樂器出現於元代，當時稱為雲璈[22]，為13面小鑼裝盛以一個有長柄的木架。另考之以南北朝時期的道教文獻，如陶弘景的《真誥》，或另一部佚名的著作《無上祕要》，已頻繁地出現雲璈。根據個人的研究[23]，雲璈或雲鑼為道教的固有樂器，該件樂器的命名法，並具有道教思想的象徵化。道教為求長生的宗教，終極目標為成為神仙，而神仙的故鄉為天界，該思想的圖像化，為神仙騰雲駕霧在虛空中，技術上為畫面裝飾以雲朵。將樂器象徵化，在物件表面紋之以雲飾，可能有音響學方面的困難，或視覺效果問題，因此，直接地透過樂器名稱表達該一想法，應為最具體可行。

四、源流命名法

曾經流行著「音樂為一種國際性語言」的說法，即使有些人並不同意。個人贊成音樂為語言形式的說法，因此之故，凡是經過接觸，或非計畫性的學習，對一種音樂系統都能有所了解，如果是經過嚴格的學院式訓練，對音樂細膩的部分，更能準確地予以掌握。由於音樂是一種語言，故具有擴散性，經過交流的途徑，能夠傳播至世界各地。經由交流能夠擴散的音樂組成，實體方面包括曲目、樂器，後者更是音樂交流中的重要媒介。

㈠以來源地命名

音樂交流中最顯而易見的層面為樂器，透過中世紀的中國音樂發展之觀察，可以看出樂器的固有成分與吸收項目，而吸收的部分又如何融入固有的音樂生活。然而即使消化能力強韌的漢民族，藉著樂器名稱的仔細檢查，仍可理出屬於吸收的外國樂器之軌跡。

以來源地作為吸收的樂器名稱者，中國音樂文化圈代表性的例子為奚

22 元代的雲璈及其形制，可參閱《元史》卷71〈禮樂五〉第九。
23 雲璈的專門研究，可參見呂錘寬著〈論中古時期的道教音樂及其發展〉：《2004國際宗教學術研討會論文集》，第234-236頁。

琴，根據宋代的音樂學者陳暘的論著，該件樂器為唐代中國北方的民族奚部族所喜好的樂器[24]，按：奚族為唐時河北、熱河一帶的民族[25]。可能出自地緣的關係，中世紀第一件出現於中國的擦奏式樂器，傳入韓國之後，名稱也相同地稱為奚琴[26]，至今依然。

以籠統的二分法觀念，將吸收的樂器標示以「外國」作為名稱者，如：胡笳、胡琴，後者在隋唐時期原作為傳自外國樂器的通稱，元代以後則作為樂器的專稱[27]。明清之後，兩根絃的擦奏式樂器，已成為中國漢族諸樂種與劇種的主要樂器，由於南北的地域性，造成音樂風格色彩的差異，該件樂器名稱也反映這一現象，然而名稱上不論二胡或南胡，都相同地保存了來自外國的語根「胡」字。

㈡音譯

關於吸收性樂器名稱的處理，最直接的方式就是以始傳的名字之漢譯為稱，今日國際交流頻繁的世界，對異國的人、事、物等，基本上都採取這種方式。在古代較為封閉的社會，採取音譯的方式，仍為處理音樂交流中各個技術層面的方法之一，包括樂曲、樂調、樂器等，隋唐時期的音樂都能找到這方面豐富的例子。

中國樂器名稱中，屬於音譯且分布最廣者，當以嗩吶為代表，它也曾被翻譯為蘇爾奈，該件樂器吸收自中國西方的國家，不同的名稱也能追查其傳入的路線。嗩吶為普遍流傳於印度以及阿拉伯世界的樂器，在土耳其，它被稱為zurna，為民俗音樂的主要樂器，也使用於軍樂，它的來源可能從印度傳入[28]。在伊朗，同形制的樂器名為sorna，根據 Nelly Caron Dariouche Safvate的研究，其名稱來自sûr-ney，意為「節日的笛子」（flûte

24 引自陳暘《樂書》卷128，樂圖論胡部八音絲之屬上。

25 唐時奚族的地理位置，參見譚其驤主編《中國歷史地圖集・隋唐五代十國時期》，第38頁之「元和方鎮圖」。

26 韓國國樂中的奚琴，參見《樂學軌範》卷第七。

27 胡琴首次作為擦奏式絃樂器的名稱，參見《元史》卷71〈禮樂志〉第八。

28 引自Kurt et Ursula Reinhard《Turquie》，第102-103頁。

de fête），特別用於民間的節慶活動[29]。

從嗩吶的不同譯名——嗩吶與蘇爾奈，兩個不同的名稱顯示兩者分別翻譯自sorna與zurna，且樂器的使用場合基本上也相同。根據François-René Tranchefort，土耳其的樂器zurna，它與davul的鼓類樂器所形成的組合，稱為Davul-Zurna[30]，按：davul為一件體積相當大的樂器，也稱為大鼓[31]，亦即軍樂隊中斜掛於腰際的大鼓。Davul-Zurna所組持的樂隊編制，如以樂器形制特徵將之漢譯，亦即鼓吹，這又顯示嗩吶除了名稱的語源，使用場合與編制方面，都相同於始傳地。

亞洲地區屬於漢音樂文化圈的國家，包括日本、韓國、越南等，吸收自中國的樂器，也多直接以音譯為名，如日本的biwa[32]、越南的ty bà[33]皆是，至於韓國的樂器中由中國傳入者，管樂器如洞簫、篪、壎，絃樂器如琴、瑟、琵琶、月琴，打樂器如編鐘、方響、雲鑼等，都沿用中國名[34]。

第三節 3

器樂的生態與功能

從樂曲的結構與音響觀之，隨著民族、時間、空間的差異，器樂每有不同的內容，如從生態方面考察，即使不同時代、不同民族的器樂，其曲目系統以及音樂的功能等，實有基本相同的面向。

29 引自Nelly Caron Dariouche Safvate《Iran》，第178頁。
30 引自Nelly Caron Dariouche Safvate《Les instruments de musique dans le monde》第二冊，第64-65頁。
31 引自Kurt et Ursula Reinhard《Turquie》，第117-118頁。
32 關於日本琵琶的資料，參閱Pièrre Landy著《Musique du Japon》，第114-117頁。
33 越南的琵琶，參閱Tran Vav Khe著《Viet-nam》，第93頁。
34 韓國的樂器名稱以及分類名目，引自張師勳著《韓國樂器大觀》。

一、曲目系統

曲目是器樂文化中的基本面向，它的意義或重要性，猶如一國的人口，屬於該國的重要組成，由於它的重要性，故人口普查成為各國政府的基本工作。曲目在音樂系統中的地位，正如同人口之於國家，故歐洲藝術音樂領域，每位作曲家的曲目，都有相關的作品編年。在台灣傳統音樂中，除了南管的指套與譜的曲目為已知，其餘樂種的曲目情形，都尚待全面蒐集與整理。

㈠理論曲目

理論曲目為相對於實際曲目而言，為一個樂種曾經產生的曲目總數，此一曲目隨著時間以及體裁的發展而遞增，參照以中國古代的音樂文學，如唐代的詩、宋代的詞、元代的曲等皆然。

理論曲目的建立，隨著樂種性質的差異而有不同的方法途徑。擁有寫傳的樂種如南管或北管，為透過抄本的調查，彙整之後，經過分類排比，去其相同曲目之後的結果。在具有寫傳的樂種中，論者經常將不同抄本（或樂譜集）的同一樂曲視為不同曲目，例如古琴的【陽關三疊】，就有被視為數十首的情形。

只藉著口耳相傳的樂種，如民歌或部分的儀式音樂，理論曲目的建立較複雜，大體上可分為報導人所能演唱的部分，以及該人雖無法演唱，但聽過或知道曾存在的曲子，也能予以蒐集。另一方面則為旁徵博引，蒐集音樂類或報導性的相關文獻的紀錄。

理論曲目的建立，須先對樂種的發展歷史做定義，尤其是器樂方面更須如此，不能以某件樂器（獨奏的樂種）或某一樂隊編制（合奏的樂種）為架構，而混淆了曲目系統內曲目之間的風格。以古琴或琵琶為例，我們不能將時間無限延伸，而稱：古琴曲／琵琶曲目，而應為：傳統古琴樂曲／傳統琵琶曲目，二十世紀之後確知姓名（相對於佚名）作曲者的創作，則應以「當代作曲家作品」規範，而不能含混地以「國樂作品」稱之。

㈡實際曲目

實際曲目，指真正在音樂文化圈流傳者。理論曲目與實際曲目的分野，前者為作曲家所曾創作的樂曲總數，後者為音樂欣賞者所知者，兩者雖不一定有明顯的差異，不過也非完全一致，尚須視樂種（或作曲家／體裁）而定。實際曲目與理論曲目的進一步觀察，可以中國古典音樂文學中，唐詩或宋詞作為參照，根據全唐詩與全宋詞，兩者的總數都在數萬首以上，而兩者實際在中國人的社會流傳者，都相同地約為三百首，換言之，唐詩或宋詞的理論曲目有數萬首，實際或較為人知的曲目則為三百首。另如從更具體的角度考察，喜好古典文學者即便是專家，所知曉的唐詩或宋詞數目，恐亦少有達三百首者。

實際曲目將有時、地、人事等差異，以南管音樂為例，在傳統音樂發達的民國四十至五十年代，鹿港鎮雅正齋或台南市振聲社（或南聲社）的館員中[35]，擁有「指譜全」者如郭炳南、吳再全，這類南管專家並不為少，而當時的「曲肚」所能唱的曲總數，也多在兩三百首之間。

二、曲目的組成

根據對漢族樂種與劇種曲調的了解，其曲目除了屬於該樂種或劇種的原創，仍有吸收自其他樂種，甚至通俗音樂的情形。

㈠固有曲目

固有曲目，指樂種所獨有，而不見於其他樂種者。如參照以歐洲藝術音樂，一位作曲家的作品都為他個人的創作，而有些作曲家在習作階段，有時會改編他人的作品，如將鋼琴曲改編為管絃樂，或反之，將管絃樂作品改編為鋼琴曲。這類作品就不能歸為該作曲家的原創作品，而屬改編樂曲。

漢族的各個樂種／劇種唱腔，其主要曲目的組成為本身所固有，以劇

---

35 此處所稱的振聲社，為館閣在台南市武廟者，而非民國九十二年復館的振聲社。

種言之，京劇以西皮與二黃為固有唱腔。判斷樂種曲目何者為固有，一方面為透過樂種體系內的考察，另一方面則須賴學術界的比較分析。以南管的指套論之，目前南管文化圈普遍認為其曲目總數為48套，實際上其中有兩套為儀式性曲目，僅用於特定的佛教或道教儀式，因此，如以曲目屬性論之，指套的固有曲目為46套。另以南管譜觀之，南管文化圈的認知之一為16套，其二為將13套視為內套，另外3套區別為外套，亦即固有曲目為13套，而如果進一步透過版本研究，則南管的固有譜實為12套，相關論述參見第三章。

㈡吸收的曲目

吸收的曲目，也可稱為非固有的曲目，指不屬於樂種／劇種所固有的部分，而為吸收自其他樂種或劇種。以京劇唱腔言之，西皮與二黃之外，崑腔、南梆子、高撥子、吹腔等對京劇而言，都屬於吸收的曲目。吸收的曲目又可區別為吸收自其他傳統音樂／戲曲，以及吸收自當代的通俗音樂。

區別樂種曲目系統中何者屬於吸收的部分，其困難度較高，尤其是產生的年代較久遠之樂種；相對地，晚近才出現的樂種／劇種，這方面的判斷即相對地容易，例如我們已經知道，南管譜之中四套屬於吸收者，但它們從何而來，目前仍未確知。至於歌子戲的唱腔，屬於吸收的部分很容易地能予以歸納，吸收自傳統樂種者來自南管曲、北管戲曲、漢族民歌，另一部分則吸收自各時期的流行歌，如【補破網】。

漢族樂種中，出現的年代最古老者如南管，欲考察哪部分的曲目為吸收自何處，是個較艱難的問題，不論如何，目前已能確定者，為指套與譜皆有吸收的部分。他如北管譜，也明顯地有吸收的部分，以目前的情況言之，能知道來源者，為吸收自廣東音樂，是否仍有其他來源則尚待研究。與北管譜有錯綜複雜關係的樂種——十三音與客家八音，其曲目除了來自北管譜（或相同於北管譜）之外，並有其他不同的來源，如漢族民歌、時曲，或其他戲曲唱腔等。

三、器樂的功能

以音樂欣賞的角度論之，樂器為欣賞娛樂時，藉以抒發旋律的媒介，以英文（musical instrument）或法文（instrument de musique）審視之，它似可做如是的定義：藉以呈現音樂的物件。如從人類各個層面的社會生活觀之，屬於人為並賦予意義化的音響世界，被學術界通稱為樂器的諸物件，彼此的基本作用並不相同，可能出自「無以名之」的緣故，權宜地將之歸納為樂器，猶如老子西出函谷關時所騎的獨角青色神獸，由於當時的世界無法找到對應的動物名稱，故將之命名為獨角青牛。

由人們在各種情況下，藉著音響性物件擊奏出來的音響，都被音樂的研究者所蒐集[36]，並解釋為「音樂」。從宏觀的音響世界言之，人們在特定意識下所演奏的各式音樂，實具有不同的功能，根據作者的初步看法，該些功能可分為：警示性、法事性、文藝性等三類。

㈠警示性

一般言之，作為警示的音樂皆為器樂，所使用的物件都為音響宏亮的打擊樂器，準確言之，這類音樂應屬於音響，屬於特殊社會狀態下的現象，以協助人們的居止坐息或勞動生活。

警眾　在若干社會生活中，為了提示或警醒參與活動者，須有能夠引起眾人注意的音響，而在長久的實踐過程中，該類音響逐漸地被音樂化，拍節被賦予有變化的節奏音型，於是，從原始單純的警示音響，乃轉化為音樂性的片段，這種情形常見於宗教性的儀式場合。

道教與佛教的法事活動，每次集會的時間多歷時數日，且從早至晚不停地舉行，每個儀式間在休息片刻之後，於即將繼續下個儀式之前，每有擊奏法鼓的小段法事，以警示法師與信士立刻進入道場以下一個儀式即將進行。台灣道教正一派的朝科中，都有「鳴法鼓三通」以聽「心詞」的法事節次，其中的鼓聲雖頗有變化且節奏複雜，作用仍為警示的。

---

36 這種情況多見於目前習稱「民族音樂學」的研究者，至於稱為「音樂學」的研究者，似並無此種情況。

醒眾　在特殊的社會生活，例如叢林的佛教寺院或道教宮觀，其中的全體人員須有齊一的坐息，他們每天皆須例行地舉行早課與晚課，以禮佛悟道，兩個宗教都相同地於清晨三點左右起床，以準備進行儀式。深山遼闊且幽靜的住宅空間，要喚起安歇於不同處所的僧尼或道眾，有效的方法為借助清澈宏亮的鐘聲，使其能從睡夢中清醒。

作者的實地調查中，曾住宿於四川省青成山與湖北省武當山，以調查天師洞、金頂太和宮道觀的早課，當清晨三點，宮觀的鐘聲大作，道眾即陸續地起床，以準備赴大殿做早課[37]。以音響言之，深山道教宮觀清晨的鐘聲極為宏亮，節奏的緩急也富於音樂性，然而其作用卻是為了醒眾。

逐趕　除雅美族之外，原住民各族皆有趕鳥器與信號器，趕鳥器的形制多相同，為一根粗竹，上繫若干繩子，使之隨風在空中飄動，以驅趕痲雀。信號笛為在山上打獵或互通信息時使用，泰雅族、布農族、鄒族、排灣族、魯凱族皆有此器。在農業社會時代，人們日出而作，日入而息，且農作物在生長過程以及收割之後，皆須防範禽鳥或走獸偷食，方能收成盈倉。

㈡法事性

在宗教儀式中，尤其是佛教與道教儀式，兩種宗教都有引用其他物件，以便能更有效地執行法事。儀式中主持法事者所用的器物，都被視為法器，至於後場樂師使用的物件，則一律被解讀為樂器。實際上法師所持用的音響器，並非皆為法器，相同地，樂師所操作的物件，也非始終都作為樂器。

法力性　宗教文化圈或當代的學術界，都將儀式中法師使用的所有物件都視為法器。其實法器乃具有法力性，它所涉及的物件有一定的範圍，如道教的天師劍、水盂、靈寶大法師印、帝鐘、獅刀、法索、靜板、五雷令、龍角等。這些物件屬於真正具有法力的法器，為了與另一類區別，可稱為法力性法器，它們各具有不同的功能：逐除、灑淨、宣召等。

37　青成山與武當山道教宮觀清晨醒衆的情形，參見呂錘寬著〈法器與鼓鑼在道教儀式中的功能〉：《傳統藝術研究》第一期，第160頁。

道教或法教的若干法力性法器，在執行過程中不會發出聲響（如雷令），或即使會發出聲響（如法索），其音響並無規律性的節奏。至於有些法器如帝鐘、獅刀、龍角，由於物件形制的關係，使用時自然地會發出聲音。另以音樂性為養成內容項目之一的道教文化圈觀之，道士常能以具有音樂性的節奏呈現法器的音響，其中尤以龍角最為顯著，吹奏該件法器時，不但有流暢的節奏，且有一定音高的律動，使得功能本極為明確的法力性法器，似乎也兼具樂器的功能。

讚頌性　佛教與道教靈寶派，儀式主持者都相同地使用木魚、銅磬、引磬、銛，道教靈寶派道士同時也使用相同於南管的叫鑼。這類物件皆由法師持用，因此，都被視為法器。事實上該些物件係用於經文的課誦，或讚偈的演唱，作為樂曲節拍的標示，或打板，或打撩，音響純粹為音樂性的節奏，將這類物件解釋為法器，將造成對其功能失察，為了正確地顯示其作用，有必要將之與天師劍或龍角等區別，由於它們的節奏如同後場的鑼鼓，故可稱為音樂性法器。

㈢文藝性

音樂性的物件，亦即通常所稱的樂器，屬於狹義的音樂性器物。用於閒居娛樂生活的音樂性器物，不受人、事、時、地、物等因素的制約，只要有時間以及閒情逸致，並有操作樂器的能力，都能拿起這類物件演奏賞玩一番。

目前被視為樂器的音響性器物，其中多數都是隨著人類社會的發展而逐漸產生的，最早出現於各個文化圈的樂器，它的原形通常都不是作為樂器而存在，如中國在春秋時代以前的鐘磬，乃統治階層的禮器，作為餽贈諸侯的物件。地位尊崇的琴亦然，在中國的文人社會中，與其說琴是一件藝術性的樂器，毋寧稱它為儀式性的法器為妥當，從演奏前的準備工作：沐浴潔身、淨地焚香、心除雜念等，處處都展現其儀式方面的特性。

第四節

4

台灣傳統樂器之分類

台灣傳統音樂，包括漢族與原住民，處於相同空間的不同環境，由於彼此的社會與歷史背景完全不同，塑造了兩種不同的音樂語言，且兩者的音樂特徵也有基本的不同：漢族音樂主要表現於器樂與戲曲，原住民各族多以歌唱為主體。台灣的原住民與漢族音樂，雖有上述的差異，從樂器的形制特徵觀之，個人認為透過相同的架構予以分類處理，似不至於違背物件的基本特性。

分類為一種需要，當樂器發展到相當數量之後，基於實際操作或學習上的方便性，乃孕育出分類的說法。南管音樂所使用的樂器數量並不多，可能由於歷史與人文背景的特殊性，故也形成一套二分的樂器分類。客家八音使用的樂器較多樣，自然地也有一套符合自身需要的分類，客家音樂的專家鄭榮興教授，長期研究北部地區的客家八音，他認為，依發聲原理的不同，客家八音的樂器可分為吹管樂器、擦絃樂器、彈絃樂器、打擊樂器[38]。另根據吳榮順教授的研究，南部客家八音藝人將樂器分為吹（$choi^1$）－絃（$hien^5$）－鑼鼓（lo^5ku^2）的三分法，吹分為大吹、小吹，絃分為高音的二絃，低音的胡絃[39]。

台灣的傳統音樂中，以北管系統使用的樂器數量最多，故該文化圈有一套固有的分類法，不但普遍用於各地的北管館閣，也為其他劇種、道教與釋教後場所共同使用。北管文化圈的樂器分為4類：皮類、銅類、線路、吹類，這一分類幾乎與印度傳統樂器的分類不謀而合。印度樂器也分為四大類：tala vadya（stringed instrument）、sushira vadya（wind

38 北部客家八音的樂器分類，引自鄭榮興著《苗栗地區客家八音發展史——由苗栗陳慶松家族的民俗曲藝探討之》，第71頁。

39 南部六堆地區客家八音的樂器分類，引自吳榮順教授著《台灣南部客家八音紀實系列精選集》，第50頁。

instrument）、avanaddha vadya（covered instrument or drums）、ghana vadya（solid instrument），亦即：絃樂器、管樂器、有覆蓋的樂器（或鼓）、固體樂器[40]。因此，本書將以北管的四分法為基礎，處理包括漢族與原住民族樂器在形制上的特徵，使台灣傳統樂器能有整體性的呈現。

一、鼓板類樂器

鼓板類包括鼓類與板類，兩類的形制不同，產生聲音的方式也不同，前者為皮膜振動，即博物館式分類法中的膜鳴樂器，後者為整個樂器體的振動，亦即體鳴樂器。

㈠皮類

發聲部位以皮革製之樂器，通稱以皮類，屬擊奏式，皆為棒擊。主要為北管文化圈的小鼓與通鼓，此外，為鑼鼓陣的大鼓，南管戲的南鼓，十三音中的扁鼓，道教儀式中的手鼓（也稱為扁鼓），法教儀式中的角鼓。罕見者為北管館閣中演奏絃譜的搏拊，為袖珍型之雙面鼓，形制類通鼓而小，鼓身並繫有耳，以便握持，奏時以一手持於胸前，以單鼓棒擊奏，該件樂器只見於彰化市梨春園，據信應為梨春園作為彰化市孔廟的祭典樂隊後才引進。根據黑澤隆朝與呂炳川的調查，原住民無皮膜類樂器。

㈡木類

主要為北管文化圈中的板、叩子，後者相同於梆子，以及南管文化圈中的拍、四塊。此外，佛教與道教靈寶派儀式中的木魚也屬之，道教靈寶派的木魚也稱為木鼓，有小型與大型兩種，大型者放置於科儀桌，由都講道士擊奏，小型者以手持奏。漢族的木類樂器中較罕見者為柷，該物件用於北管的絲竹音樂。

原住民的樂器屬木類者，以杵最具特色，根據呂炳川教授的研究，稱杵為原住民普遍使用的物件，其使用場合分為：音樂、祭典、搗粟、音樂

40 引自B. Chaitanya Deva《An Introduction to Indian Music》，第53頁。

兼搗粟等四類[41]，而真正能聽到杵的實際演奏者，呂炳川教授僅蒐集過邵族的【杵和杵歌】。另根據《布農族弓琴技藝保存計畫報告書》，布農族卓社群對該族弓琴產生的說法，認為是模仿杵音[42]，調查的成果影片中，也有布農族的杵音演奏。

原住民尚有一件木製的樂器，根據黑澤隆朝的調查，阿美族有一種稱為kokan的器具，由3根木棒編成，敲打以趕鳥[43]。

二、銅類樂器

整件樂器由銅錫合金打造而成者，通稱以銅器，即中國古代樂器分類法中的金類。除了極少數之例外，銅器類皆為節奏性樂器，共鳴方式屬體鳴，即擊奏後整件樂器振動並共鳴。以演奏方式之不同，可分為互擊式與棒擊式。

㈠互擊式

互擊式銅類樂器皆為成對使用，演奏時以兩件樂器互相擦擊。主要為北管文化圈的鈔，根據尺寸的大小，又分為大鈔與小鈔，此外，南管或十三音中的雙音也屬之，該件樂器也用於北管的絲竹音樂。

根據黑澤隆朝的調查，原住民諸民族也有鈴的使用，不過都屬於袖珍型，作為服裝上的裝飾。

㈡棒擊式

棒擊式銅器主要為節奏性，並以硬式棒子擊奏，最普遍者為北管文化圈中的鑼，根據尺寸大小，又分為大鑼、鑼、響盞。此外尚有南管十音演奏中的叫鑼，道教文化圈中的銅鐘、單音、雙音、三音，佛教文化圈中的引磬、銅磬。北管館閣所使用的七音，屬於雲鑼的一種，為旋律性樂器，

41 引自呂炳川著《台灣土著族音樂》，第17頁。
42 布農族杵的現況，可參閱《布農族弓琴技藝保存計畫成果報告書》，第16頁。
43 引自黑澤隆朝著《台灣高砂族の音樂》，第454-455頁。

以軟式棒子擊奏。

三、絃類樂器

發聲方式以絃材共鳴，並利用各種不同形狀及大小之木製音箱，作為擴大其音響之樂器，北管文化圈皆以線路或絃路為稱，即中國古代八音分類中之絲類。絃類樂器以其演奏方式之不同，可分為擦奏式與撥奏式，分別稱為豎線與倒線。絃類樂器為台灣漢族傳統音樂的主要樂器，原住民也有發聲部位為絃類的樂器如弓琴，不過它係透過口腔的共鳴產生樂音，以演奏方式觀之，應將它歸於吹類樂器。

㈠豎線

以馬尾製之弓擦琴絃，使之振動發聲，此類樂器演奏時之共同特徵為音箱置於大腿上，琴身與身體平行，故口語稱之為豎線。南管二絃、北管提絃與吊鬼子、和絃、大廣絃屬之，此外，尚有喇叭絃。

十三音與南部地區以潮調作為後場音樂的布袋戲，有一件4根絃的擦奏式樂器，稱為四絃，乃以兩根絃為一組，故實際與二絃一般。

㈡倒線

以手指或撥片撥絃，使之振動發聲之樂器，根據演奏時樂器與身體的關係，可分為抱撣式與置彈式。

1.

演奏時樂器置於彈奏者的身與腿之際。此類樂器形制之共同特徵為，琴體皆可區別為音箱與琴頸（或琴柄），兩者或一體成形，或以琴柄插入琴體之中，琴體覆以面板，作為導音至琴體內之空間，以將聲音擴大。琴絃張於琴柄與琴體之間，並藉著面板上之琴馬傳之於面板產生共振。抱彈式絃樂器屬西方樂器之魯特琴族（luth family）。主要為南管文化圈中的琵琶，北管文化圈中的三絃，說唱、太平歌、車鼓中的月琴。北管館閣也曾有琵琶[44]，用於絲竹音樂的演奏，今已不用。曾有琵琶的北管館閣計有：台北市艋舺集音閣、台中縣神岡鄉福樂軒、彰化市梨春園、北港鎮集雅軒。

2.

演奏時樂器置於琴桌或琴架，以指甲（或義指）或棒彈奏，其形制之共同特徵為琴體與音箱合為一體。此類樂器屬西方樂器之希塔琴族（Cithare family），計有：箏、洋琴，兩者皆用於北管譜的演奏，洋琴並普遍使用於道教儀式後場。北管文化圈所使用的箏，口語稱為sa[1]-chieng[1]，其中的sa[1]指以手抓，因此，其書寫樣式可作：抓箏。

根據黑澤隆朝的調查[45]，他曾在Tamarowan社的布農族，發現稱為toro-toro的五絃琴，其他布農族村落未見，該件樂器的形制為，寬12公分、長40公分的薄板，一端釘5根釘子，張以5根絃，其音階為sol-do-re-mi-sol。另根據『布農族弓琴技藝保存計畫』所錄製的錄影帶，有一件與黑澤隆朝所描述相同的樂器，不過琴絃只有4根，影片字幕與說白都將之稱為四絃琴，4根絃的定絃為：do-si-la-mi（或：fa-mi-re-la）。呂炳川教授在其論著中所提到的樂器，名稱亦作五絃琴[46]，在他的實地調查中，並未發現該件樂器。

四、吹類樂器

傳統上對吹類樂器的定義，為利用氣息吹奏，使空氣在管內振動以發聲之樂器的總稱。台灣原住民的部分樂器演奏方式，則改寫這樣的定義，根據共鳴方式之不同，可分為空氣柱振動、簧片振動、口腔共鳴。此類樂器包括中國古代八音分類中的土類、竹類、匏類。氣鳴式即馬以勇分類中

44 北管館閣所用的琵琶，形制基本上相同於南管琵琶，演奏方式則不同，以直抱方式彈奏。

45 布農族的弓琴資料，引自黑澤隆朝著《台灣高砂族の音樂》，第381-382頁。

46 參見呂炳川著《台灣土著族音樂》，第21頁，或〈台灣土著族之樂器〉：《東海民族音樂學報》第一期，第165頁。根據內文，五絃琴的資料係引用自黑澤隆朝的著作。

的Instruments à vent或薩克斯分類中的Aerophone；在兩者的分類中，氣鳴式係被置於第三或第四項，列於體鳴式與膜鳴式之後。

㈠空氣柱振動

藉著管身內空氣柱的振動，以發出聲音的樂器，根據振動方式的形式，可分為單純的空氣柱振動、借助竹膜振動。

1.

單純空氣柱振動，指僅藉著管身的空氣振動以產生聲音的方式，主要為南管文化圈的洞簫，以及北管文化圈的簫、籥、篪。籥與篪只見於台北市艋舺集音閣與彰化市梨春園，應為該兩館閣參與孔廟的祭典後所引用。

原住民的鼻笛、口笛、縱笛亦屬之。根據黑澤隆朝的調查，布農族、鄒族、排灣族、魯凱族皆有鼻笛，而以排灣族最為盛行，該族鼻笛稱為rarigudan[47]，由於多數鼻笛以兩支竹管組成，故我國學者的研究中，將之稱為雙管鼻笛[48]，而也有單管的情形。縱笛方面，泰雅族、布農族、排灣族、魯凱族、阿美族等都有該件樂器，名稱也多互不相同，而以排灣族的村落使用的最普遍[49]，該族的縱笛稱為pakuraru或pakoraru，該類樂器有單管與雙管兩種，當前我國學者的研究，將它們分別稱為單管口笛與雙管口笛[50]。至於橫笛，泰雅族、布農族、排灣族、卑南族有之，但根據黑澤隆朝調查的當時，受訪者多稱已經不使用該樂器了。

2.

竹膜振動，為利用貼於管身的竹膜，以及管身空氣柱的調協振動，以產生聲音的方式，南管與北管館閣的品（笛）屬之。

---

47 台灣原住民的口簧琴分布情形，參閱黑澤隆朝著《台灣高砂族の音樂》，第334-337頁，「高砂族の口琴名表解」。

48 雙管鼻笛之說，參閱胡台麗等著《排灣族的鼻笛與口笛》一書的介紹。

49 台灣原住民的縱笛分布情形，參閱黑澤隆朝著《台灣高砂族の音樂》，第405-408頁，「高砂族の縱笛名表解」。

50 單管口笛與雙管口笛名稱，參閱胡台麗等著《排灣族的鼻笛與口笛》一書。

㈡簧片振動

以簧片振動，並藉著樂器體（管子或音箱）的共鳴，以產生音響的樂器，根據簧片的構造，可分為竹簧與金屬簧。

1.

竹簧類的簧振樂器分為單簧與雙簧，台灣漢族傳統樂器屬於本目者為雙簧，計有哨吶與管子。哨吶族的樂器俗稱吹，形制大者稱為大吹，即通稱的哨吶，中型尺寸的吹稱為小吹，也稱為噯或玉噯，最小型的吹則稱為叭子（tat⁴）。

2. 金

北管文化圈如台北市艋舺的集音閣所使用的笙，屬於簧片振動，不過該件樂器並非台灣漢族的固有樂器，應為集音閣在民國四十年代作為台北市孔子廟的祭典樂隊後，才引用自國樂器。

㈢口腔共鳴

本目的樂器計有弓琴與口簧琴，都屬原住民樂器。根據黑澤隆朝的調查，原住民多個民族皆有關於弓琴的說法，至於實體的弓琴文化現象，則以布農族為普遍，弓琴的名稱ratoku或ratoko，紘以月桃莖製作，男女皆可演奏。弓琴的演奏方式，係以一手撥紘，另一手握於樂器的一端，該手配合撥紘時按放琴紘，使之產生不同的律高，並以口腔含著距琴弓一端約十五公分處，使紘振動後的聲音，能夠在口腔內共鳴。

原住民各族都以歌唱音樂為主，器樂方面，普遍為各族使用的樂器為口簧琴，根據黑澤隆朝的調查[51]，除雅美族外，台灣原住民各族都有口簧琴，其中又以以泰雅族的村落最為普遍，布農族次之。台灣原住民的口簧琴名稱，隨著民族的不同稍異，分別有robo、rubur、ububu、latok等。口

51　台灣原住民的鼻笛分布情形，參閱黑澤隆朝著《台灣高砂族の音樂》，第422-423頁，「高砂族の鼻笛名表解」。

簧琴的形制，為一個竹台安上簧片，簧片的數目隨著民族而異，根據呂炳川教授的調查，台灣原住民口簧琴的簧片數目，由單簧至五簧都有[52]，而賽德克族據云也有六、七、八簧片者，不過調查者都未親見實物。

口簧琴的演奏，以一手拉繫於竹台的繩子，使其牽動簧片，另一手以拇指與食指握持竹台的另一端，並含於口中，演奏過程中，藉著口腔的變化，以產生不同音色或泛音。口簧琴的演奏，李卉、呂炳川等人的研究中都稱為「吹奏」；《泰雅族口簧琴技藝保存計畫成果報告書》的〈口簧琴的吹奏法〉節次，以「吹奏的姿勢」、「吹奏時的呼吸法」，詳細分析演奏方法[53]。根據樂器形制的特徵，口簧琴以簧片振動，然而真正的聲音，尚須透過演奏者口腔技巧的處理，亦即最終呈現於演奏者或欣賞者的樂音，仍有異於簧片振動之初的聲音，以此觀之，將口簧琴的演奏方式稱為吹奏式較為貼切，也符合原住民族對該件樂器演奏方法的描述。

52 台灣原住民族的口簧琴簧片種類，參見呂炳川著〈台灣土著族之樂器〉，《東海民族音樂學報》第一期，第114頁。

53 參見《泰雅族口簧琴技藝保存計畫成果報告書》，第31頁。

第二章

原住民器樂

台灣原住民，為漢族之外族群的總稱，由於居住地的不同，過去被區分為高山族與平埔族，實際上被統稱為高山族的民族，有些仍居住在平原地區。概括論之，各個民族的主要居住地區，阿美族為花蓮、台東，泰雅族分布較廣，由北部的宜蘭、台北，一直到中部的台中、南投，屬於居住區較廣的民族。賽夏族、邵族、雅美族的居住地較小，分別為日月潭、新竹縣五峰鄉與苗栗縣南庄鄉、蘭嶼，居住於蘭嶼的雅美族，民族的名稱已更改為達悟族。鄒族曾被稱為曹族，分布於阿里山與高雄，也被區別為北鄒與南鄒。布農族的居住區也較廣，以中央山脈為中心，分布於山脈的中部、東部與南部地帶，為居住地最高的民族，是真正的高山族。排灣族與魯凱族的分布區則較小，主要群居於高雄縣與屏東縣的山區。

原住民樂器與器樂的相關論著，目前所見者，以日本學者黑澤隆朝的《台灣高砂族の音樂》最為全面，黑澤描述原住民各個擁有樂器民族的樂器分布、樂器形制之外，也有若干樂譜紀錄，該書可謂台灣原住民樂器的百科全書。以對台灣原住民音樂所投注的調查時間而論，呂炳川教授的研究最受矚目，他以14年的時間進行原住民音樂調查研究，除了以專著《台灣土著族音樂》與〈台灣土著族之樂器〉，對原住民樂器進行全面的考察，也留下豐富的錄音。單一民族的器樂文化之調查研究較深入者，當推胡台麗、錢善華、賴朝財合著的《排灣族的鼻笛與口笛》，該書對排灣族鼻笛與口笛的藝人技藝現況，有全面性的調查，並有若干採譜分析。

第一節 1

原住民器樂簡述

相較於歌唱類音樂的豐富性，台灣原住民的器樂並不發達，其中若干民族如居住於蘭嶼的達悟族（雅美族），甚至沒有器樂，而即使有器樂的民族，其體裁並不多。以現況論之，多數的原住民器樂已經失傳，而國立傳統藝術中心於民國八十六年至八十七年之間，曾舉辦布農族弓琴技藝保存、泰雅族口簧琴技藝保存、泰雅族口簧琴傳習、排灣族口笛鼻笛技藝保存、排灣族口鼻笛傳習等計畫，使該三項樂器的技藝獲得若干的傳承，以及相當程度的保存。

一、過去的調查研究

台灣原住民器樂的體裁與數量雖不多，由於音樂的特殊性，對音樂的起源、音樂的功能等之解釋，頗能提供具有價值的樣本，向為學術界所重視，從二十世紀初年以來，即不斷有學者進行實地調查，因此，過去台灣原住民樂器與器樂的情形，乃能留下較為完整的資料。

㈠樂器方面

由於台灣於十九世紀末、二十世紀中葉之前，曾被日本殖民50年，是否因統治上的需要，日本政府曾對台灣的社會民俗進行調查，音樂生活為常民休閒文化的重要一環，故日治時期的調查報告，每有關於原住民音樂的資料。以材料來源的可靠性，以及調查的專業性言之，最具代表性者，當為黑澤隆朝的調查及其論著《台灣高砂族の音樂》。黑澤隆朝曾於1943年1月赴台，進行為期3個月的台灣音樂調查，而以原住民音樂為主要對象[1]。根據黑澤隆朝的調查，民國三十年代，台灣原住民的樂器有口琴、弓琴、五絃琴、縱笛、鼻笛、橫笛，以及發聲器。黑澤隆朝論著中所稱的口琴即口簧琴，分布於泰雅族、賽德克族、賽夏族、布農族、鄒族、排灣族、魯凱族、卑南族、阿美族等。有弓琴的民族為：賽德克族、賽夏族、鄒族、布農族、排灣族、魯凱族、卑南族、阿美族。五絃琴只見於布農族。縱笛分布於泰雅族、賽德克族、賽夏族、鄒族、排灣族、魯凱族、卑南族、阿美族。鼻笛分布於泰雅族、賽夏族、布農族、鄒族、排灣族、魯凱族、卑南族。橫笛分布於泰雅族、賽夏族、布農族、鄒族、排灣族、魯凱族、卑南族、阿美族。以樂器的分布觀之，口琴的分布最廣，黑澤隆朝

1 黑澤隆朝在台灣調查3個月的過程與內容，可參閱其著作《台灣高砂族の音樂》的附錄〈台灣民族音樂調查記錄抄錄〉。

所稱的高砂族中，只有蘭嶼的雅美族沒有口琴，而五絃琴則為布農族獨用的樂器。

呂炳川教授的調查，可視為民國五十年代原住民音樂保存狀況的寫照，他在〈台灣土著族之樂器〉一文對原住民族樂器的論述，引用當前音樂學經常採用的博物館式樂器分類法，將原住民樂器分為：自振樂器、膜振樂器、絃振樂器、氣振樂器[2]，以建立他的完整樂器分類架構。觀其內容，多數為旁徵博引有關原住民樂器研究，親身調查所見者，所占比例較少。綜觀呂炳川教授對原住民樂器之描述，基本上相同於黑澤隆朝，唯他並未親見五絃琴，論著中所引用者，為黑澤隆朝發現的唯一例子。

㈡器樂方面

關於台灣原住民器樂的錄音紀錄與研究概況，黑澤隆朝在其《台灣高砂族の音樂》一書中，對若干原住民的器樂曾進行採譜：口簧琴方面，有賽德克族的舞蹈歌與工作之歌，布農族弓琴樂曲8首，布農族五絃琴1首，泰雅族直笛3首，排灣族直笛2首。他所蒐集的器樂錄音，也曾由日本勝利（Victor）唱片公司出版。黑澤隆朝的台灣原住民音樂論著，雖出版於1973年（昭和48年），他的實地調查則則進行於1943年，故其調查紀錄，可視為二十世紀第一個五十年代原住民器樂的情況。

繼日本學者黑澤隆朝之後，呂炳川教授的原住民音樂調查最受人矚目，他從民國五十五年開始從事原住民音樂調查，前後歷時14年，所蒐集錄音的精華，曾由日本勝利唱片公司出版為唱片，其中的解說部分，呂炳川並翻譯為《台灣土著族音樂》，由中華民俗藝術基金會出版，其中錄製的器樂曲目計有：布農族口簧琴與弓琴1首，邵族杵歌1首，泰雅族口簧琴5首，排灣族口笛1首，其情況如下表：

2　參見《東海民族音樂學報》第一期，第89頁。

表2-1 呂炳川蒐集之原住民器樂概況表

樂器別	民族別	樂曲長度	錄音地點
單簧口簧琴	布農族	0'57"	地利村
弓琴	布農族	1'11"	羅娜村
杵和杵歌	邵族	3'	德化社
口簧琴舞蹈	泰雅族	1'05"	澤仁村
單簧口簧琴	泰雅族	0'51"	春陽村
四簧口簧琴	泰雅族	1'18"	清流村
五簧口簧琴	泰雅族	0'53"	親愛村
口簧琴合奏	泰雅族	0'48"	親愛村
口笛（縱笛）	排灣族	0'38"	古樓村

民國五十六年，知名的音樂學者許常惠與史惟亮教授，曾發起原住民音樂採集，民國六十七年，許常惠教授又進行過一次較全面的原住民音樂調查。許常惠教授的原住民音樂調查的成果，也曾經採譜出版，內容都為歌唱類，並無器樂資料[3]，而檢視許常惠教授的錄音資料，其中的器樂情形如下表：

表2-2 許常惠蒐集之原住民器樂概況表

樂器別	民族別	樂曲長度	錄音地點
單簧口簧琴1	布農族	1'25"	南投縣信義鄉
單簧口簧琴2	布農族	1'21"	南投縣信義鄉
單簧口簧琴	泰雅族	1'49"	宜蘭縣南澳鄉崙埤村
雙簧口簧琴	泰雅族	0'50"	宜蘭縣南澳鄉崙埤村
雙簧口簧琴	泰雅族	1'27"	宜蘭縣南澳鄉崙埤村
四簧口簧琴	泰雅族	1'18"	宜蘭縣南澳鄉崙埤村
四簧口簧琴	泰雅族	1'34"	宜蘭縣南澳鄉崙埤村

3 參閱許常惠採編《台灣山地民謠》，共2集，於民國六十七年由台灣省山地建設學會出版，洪建全教育文化基金會贊助。

二、目前的情形

台灣原住民器樂於民國七十年代之後的情形，可以經由各大學各相關研究所的學位論文研究，以及近十年來政府部門的保存傳習類計畫，了解其全貌。

(一)音樂類學位論文相關的調查

民國七十年代之後，台灣的音樂學術研究興起，在音樂研究領域中，原住民音樂成為主要研究對象之一，總括從民國七十年代以來，原住民音樂的研究情形如下表：

表2-3　台灣原住民音樂研究概況表

分類	作者	論文名稱	年度	提出校所別
阿美族	駱維道	台灣的部落音樂——以阿美族及卑南族的風格為主	1982	美國加州大學洛杉磯校區博士論文
阿美族	林信來	台灣阿美族民謠謠詞研究	1983	台東
阿美族	林桂枝	阿美族里漏社Mirecuk的祭儀音樂	1995	國立台灣師範大學音樂系碩士班碩士論文
阿美族	明立國	阿美族多音性音樂之研究	1996	香港中文大學研究院音樂學部碩士論文
阿美族	林明美	阿美族巫師儀式舞蹈研究——吉安鄉東昌村Miretsek實例分析	1997	國立台北藝術大學傳統藝術研究所碩士論文
阿美族	許加惠	阿美及布農族長老教會現代聖詩之音樂研究	1998	國立台灣師範大學音樂系碩士班碩士論文
阿美族	王宜雯	從宜灣阿美族Jlisin（豐年祭）看變遷中之祭典音樂文化	2000	國立台灣師範大學音樂系碩士班碩士論文
阿美族	孫俊彥	阿美族馬蘭地區複音歌謠研究	2001	東吳大學音樂學系碩士論文
阿美族	巴奈・母路	靈路上的音樂——阿美族里漏社祭師歲時祭儀音樂	2002	福建師範大學博士論文
布農族	吳榮順	布農族的傳統歌謠及祈禱小米豐收歌的研究	1988	國立台灣師範大學音樂系碩士班碩士論文
布農族	李慧琪	奧福教學運用於布農族歌謠之實驗教學研究	1998	私立文化大學藝術研究所

分類	作者	論文名稱	年度	提出校所別
布農族	林怡芳	布農族射耳祭音樂之宗教與社會功能	2003	國立成功大學藝術研究所碩士論文
泰雅族	陳鄭港	泰雅族音樂文化之流變——以大嵙崁群為中心	1995	國立政治大學邊政學系碩士論文
泰雅族	劉克浩	泰雅族口簧琴音樂研究	1996	國立台灣師範大學音樂系碩士班碩士論文
泰雅族	賴靈恩	泰雅Lmuhuw歌謠之研究——以大漢溪流域泰雅社群為例	2002	國立台灣師範大學音樂系碩士論文
泰雅族	楊曉恩	泰雅族西賽德克群傳統歌謠之研究	2002	國立台北藝術大學音樂系碩士論文
排灣族	許哲雀	古樓村排灣族五年祭祭典及其音樂研究	1989	國立台灣師範大學音樂系碩士班碩士論文
排灣族	黃瓊娥	北排灣拉瓦爾雅族的傳統婚禮音樂研究：以大社、安坡、三地等三部落為對象	2005	國立台北教育大學音樂研究所碩士論文
達悟族	吳博明	《蘭嶼雅美族音樂研究》	1976	文化大學碩士論文
達悟族	蘇恂恂	蘭嶼雅美族歌唱曲調的分類法	1983	國立台灣師範大學音樂系碩士班碩士論文
魯凱族	文上瑜	魯凱族下三社群的族群與音樂研究	2002	國立政治大學民族學系碩士論文
平埔族	林清財	西拉雅族祭儀音樂研究	1998	國立台灣師範大學音樂系碩士班碩士論文
邵族	洪汶溶	邵族音樂研究	1992	國立台灣師範大學音樂系碩士班碩士論文
邵族	魏心怡	邵族儀式音樂體系之研究	2001	國立台北藝術大學音樂研究所碩士論文
邵族	魏心怡	邵族儀式音樂體系之研究	2001	國立台北藝術大學音樂系碩士論文

由於台灣原住民音樂的研究多以實地調查的方式進行，故研究者在研究過程中，都累積了一定數量的實地調查錄音或錄影資料。綜觀上述關於原住民音樂研究之學位論文，係以歌唱類音樂為主，器樂方面的研究僅有劉克浩撰寫的《泰雅族口簧琴音樂研究》。

㈡相關的保存計畫

從黑澤隆朝或呂炳川教授有關台灣原住民樂器的描述，予人的印象為：原住民也有豐富的器樂文化現象。從生態方面進行考察時，或將有相當幅度的差異，這種情形實際上也存在於漢族傳統音樂中，例如以理論方式對北管音樂的樂器進行分類描述，該文化圈擁有的樂器，以絃類樂器而論，不但種類多，且也能分為若干不同的演奏方式：擦奏式——殼子絃、和絃、吊鬼子、喇叭絃，撥奏式——琵琶、月琴、三絃、秦琴、箏，吹類樂器的情形亦然，簧鳴式——嗩吶、小吹、叭子、笙，膜鳴式——笛子，直接氣鳴式——簫、箎、籥、壎。而以生態觀之，上述樂器為北管文化圈的集合體，其中部分樂器於民國六十年代已經不再被使用，更大的比例則僅見於少數館閣，多數的北管館閣所使用的樂器，實際僅為上述的少部分。

由於歷史與空間的因素，台灣原住民樂器過去的情形，我們或許無法能有親身的經歷，民國八十五年以來，學術界及原住民對其傳統音樂的保存計畫中，也能得知一二。為了使傳統藝術能獲得妥善的保存與傳承，行政院文化建設委員會於民國八十五年執行一項『民間藝術保存傳習計畫』，為期6年，對台灣的傳統音樂、戲曲、工藝、舞蹈等進行保存與傳習。該計畫的執行單位為隸屬文建會的國立傳統藝術中心，由學術界、文教機構等向傳藝中心提出計畫，經由執行單位組成的評審委員會審查通過後，撥予經費以執行計畫。

在『民間藝術保存傳習計畫』執行期間，曾經向國立傳統藝術中心提出並獲得委託的原住民樂器保存傳習案計有：

泰雅族口簧琴技藝保存計畫

計畫主持人：許常惠

執行單位：原住民音樂文教基金會

執行年度：1997/04/01-1998/06/30

執行概況：在花蓮市舉辦傳習班，教授口簧琴的製作與吹奏技術。

泰雅族口簧琴傳習計畫

計畫主持人：許常惠

執行單位：原住民文教基金會
執行年度：1999/09/01-2000/10/15

布農族弓琴技藝保存計畫

計畫主持人：許常惠
執行單位：原住民音樂文教基金會
執行年度：1997/10/01-1998/06/30

排灣族鼻笛、口笛技藝保存計畫

計畫主持人：胡台麗
執行單位：中央研究院
執行年度：1997/01/01-1997/12/31

排灣族口笛、鼻笛傳習計畫

計畫主持人：洪萬隆、蔡東源
執行單位：屏東縣政府文化局
執行年度：1998/12/01-1999/11/30；2001/01/20-2001/12/20
執行概況：主要為培養屏東縣三地門鄉內小學生吹奏口笛、鼻笛，傳藝師為排灣族白浪、劉惠紅等。

雅美族音樂文化資源調查

計畫主持人：呂鈺秀
承辦單位：東吳大學
執行年度：2004/04-2004/12

泰雅族音樂文化資源調查

計畫主持人：余錦福
承辦單位：玉山神學院
執行年度：2005/05-2005/12

相對於歌唱類音樂，原住民器樂近十年間受到較多的注意，因此，也讓我們更了解口簧琴、口笛、鼻笛、弓琴等的音樂，及它們在原住民生活中的功能。

第二節

泰雅族口簧琴的音樂

根據黑澤隆朝的調查，口簧琴雖曾分布於除了達悟族之外的所有原住民，以實際的情況而論，包括黑澤隆朝、呂炳川以及許常惠等教授，所記錄的口簧琴音樂都為泰雅族，因此，本文所論的口簧琴音樂，也以泰雅族為對象。文中引用的音樂資料，一為李澤洋先生的調查，他曾於1983年4月4日下午，在宜蘭縣南澳鄉進行泰雅族音樂調查，在其所錄製的影片中，約有三分之一為口簧琴演奏，演奏者為陳葉兆泉。二為由國立傳統藝術中心委託，許常惠教授主持，原住民文教基金會承辦的『泰雅族口簧琴技藝保存計畫』，該計畫的日期為1997至1998年。除了上述兩筆影片資料，並參照以黑澤隆朝、呂炳川教授及許常惠教授的錄音資料。

一、樂器種類與形制

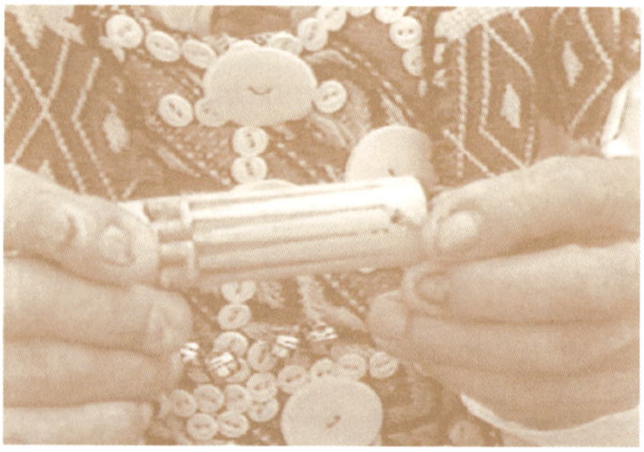

口簧琴，單稱為口琴，雖見於多數的原住民族，不過多數民族所使用者，為單簧口簧琴，雙簧者也見於賽夏族與布農族，而泰雅族的口簧琴種類堪稱最為齊全，包括單簧、雙簧、三簧、四簧，至於5個簧片的口簧琴，僅見於霧社一帶的賽德克族。右圖的

四簧口簧琴，為擷取自李澤洋在宜蘭縣南澳鄉採集的錄影帶。

隨著民族的不同，口簧琴的名稱也有若干差異，不過多數都稱之為robo，漢譯為口琴，指其演奏方式，乃放在口腔吹奏，「口簧琴」一語除了指出吹奏方式，並描述樂器的形制特徵，為藉著簧片的振動發聲。口簧琴的構造，由承托簧片的竹台，以及拉曳竹台使之振動的繩索組成。

民國三十年代泰雅族口簧琴的簧片數，根據黑澤隆朝的調查，一簧至四簧於多數村落都有樣本，若干村莊且有五簧口簧琴，甚至也有六簧的例子[4]。呂炳川教授的調查認為，除了普遍用於原住民各民族的單簧、雙簧口簧琴，泰雅族並有三簧、四簧以及五簧的口簧琴，其中三簧口簧琴卻不如四簧與五簧普及，至於五簧的口簧琴，乃以賽德克族為多[5]。

泰雅族口簧琴的形制近年來是否有演變？根據劉克浩於民國八十三年進行的實地採集，他所調查過的泰雅族村落計有：宜蘭縣南澳鄉金洋村與大同鄉南山村、台北縣烏來鄉烏來村、新竹縣尖石鄉梅花村、苗栗縣泰安鄉錦水村、台中縣和平鄉平等村、南投縣仁愛鄉春陽村、花蓮縣萬榮鄉西林村與秀林鄉文蘭村，所見的簧片數，計有一簧、二簧、三簧、四簧[6]，而他在南澳鄉金洋村所見者，並有五簧的口簧琴[7]。

二、演奏方式

口簧琴屬於輕便式的樂器，故演奏方式較為多樣，可以坐姿、立姿演奏，也可以邊吹奏邊跳舞。根據李澤洋先生於民國七十二年在宜蘭縣南澳鄉的調查，由陳葉兆泉先生演奏的口簧琴，其中兩首樂曲，陳葉兆泉先生站立吹奏，且一面隨著樂節舞動身體，有一首於吹奏中一面說白，並有模仿動物的叫聲，旁邊的婦女與小孩時而在他說白時發笑；5首坐著演奏，

4 參見黑澤隆朝著《台灣高砂族の音樂》，第296-308頁。

5 引自呂炳川撰〈台灣土著族之樂器〉中的「口琴之簧數」（《東海民族音樂學報》第一期，第114頁）。

6 參見劉克浩撰《泰雅族口簧琴音樂研究》，第109頁。

7 參見劉克浩撰《泰雅族口簧琴音樂研究》，第96頁的圖片說明。

無其他動作。

根據『泰雅族口簧琴技藝保存案』的錄影資料所見，泰雅族口簧琴演奏的方式有下列數種。台中縣和平鄉鄭榮貴先生的演奏，單簧口簧琴，立姿，且一面舞動身體；第二首仍為單簧，吹奏時並跳舞，動作幅度大，邊著圈子跳，且隨著樂節發出「喝喝喝」的聲音；第三首為三簧，仍為立姿，不過並無舞蹈動作。他並解釋，通常以吹奏單簧與雙簧口簧琴為多，很少人會吹奏四簧，如果有人會吹奏，則演奏前要脫去上衣，只穿著丁字褲，以顯現身材。言下之意為，能吹奏四簧口簧琴屬最高的才藝，為村裡最有名的人，故以身體的線條配合音樂的旋律之美。

至於南投縣仁愛鄉廬山部落石楊秋香女士，她坐於宅第的庭院，演奏四簧口簧琴，而無任何隨樂節的動作。南投縣仁愛鄉春陽部落張胡愛妹女士，在山上演奏，站立吹奏，無舞蹈動作。苗栗縣泰安鄉林滿妹女士，在宅第的庭院，以單片竹台口簧琴，坐姿吹奏。

三、音樂特徵

泰雅族口簧琴音樂的最大特徵在於音階，隨著簧片數目的不同，所吹奏樂曲的音階也彼此不同。隨著簧片數的增加，所能吹奏的音階數也因而增多，故該族的音階可稱最多樣，包括最簡單形式的二音音階，至五音音階。其次為樂曲的節拍皆極為明確，這乃由於樂器演奏的特徵使然，隨著樂節拉曳繩索，因而產生規律的節拍。

㈠二音音階

理論上，單簧的口簧琴只有一個音，實際演奏時，由於藉著口腔形狀的調整，仍能利用共鳴的方式，產生上方大二度的音，例如由呂炳川教授蒐集錄音的一首泰雅族單簧口簧琴音樂，經採譜，其曲調如下。吹奏者拉曳繩索使簧片振動，所產生的基音do，該音也是樂曲的主體。在do響出之後，改變口腔的形狀，能產生re，該音可以在基音do響出之後才改變口腔形狀，而為<u>do re</u>的節奏音型，也能預先調整好口腔的形狀，使拉曳繩索時，發出的音便是re。根據唱片，該首樂曲的長度為49秒，最後以淡出結束，顯示呈現於唱片者為原來錄音的片段，而非全曲。此首樂曲基本上係以一個樂段（A）反覆，樂段結束時的旋律特徵為2-2-1-2-<u>12</u>-1。

【一簧口簧琴】

泰雅族
呂炳川錄音
約1970年

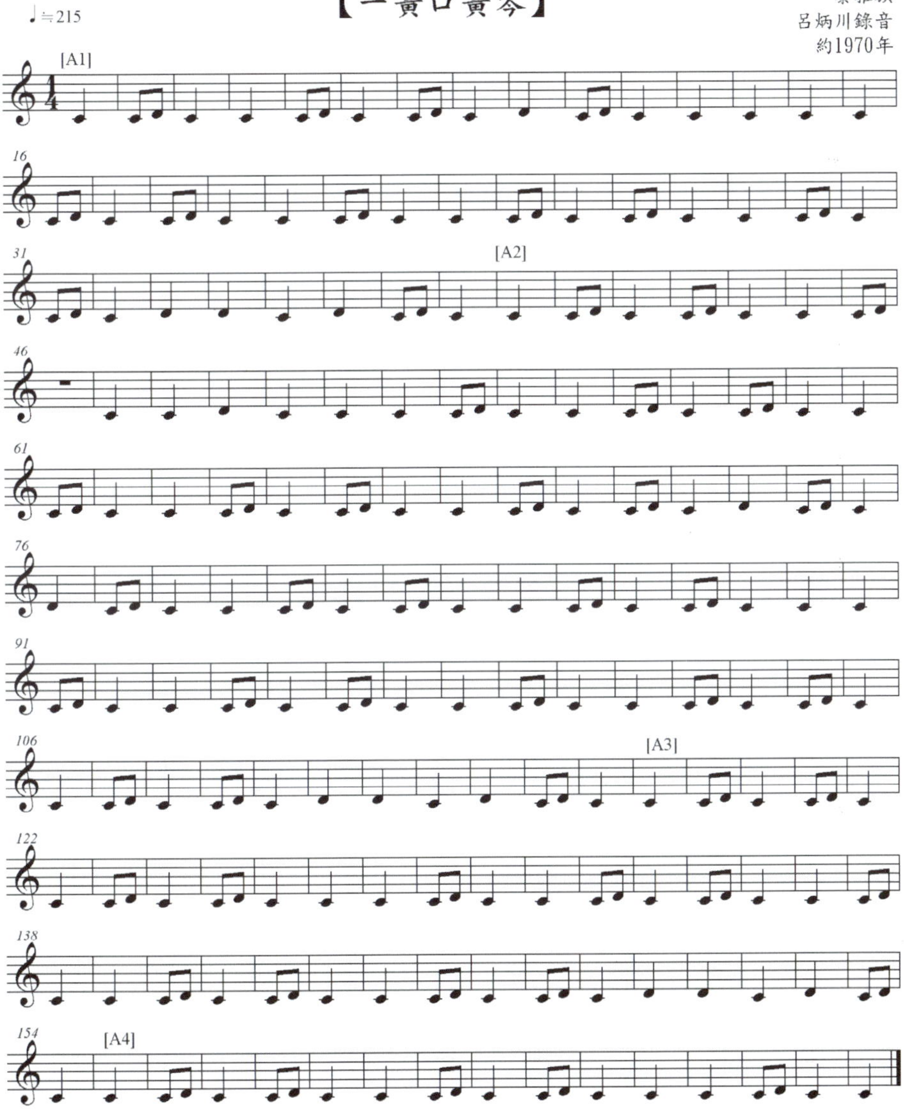

藉著口腔共鳴的作用，單簧口簧琴能吹奏出兩個音，其中第二個音為基音上方的大二度音，節拍在弱的位置，在整個旋律線中，do為主體，re只能視為裝飾。以雙簧口簧琴演奏的音樂，為真正的二音音階。許常惠教授於1978年曾在宜蘭縣南澳鄉崙埤村採集，其中一首以雙簧口簧琴演奏的樂曲，始終為每音一拍，旋律極為簡單，樂曲開始的6個音可視為引奏，樂曲的主體以do-re一直反覆，如下譜所示：

【雙簧口簧琴】

泰雅族
許常惠錄音
1978年

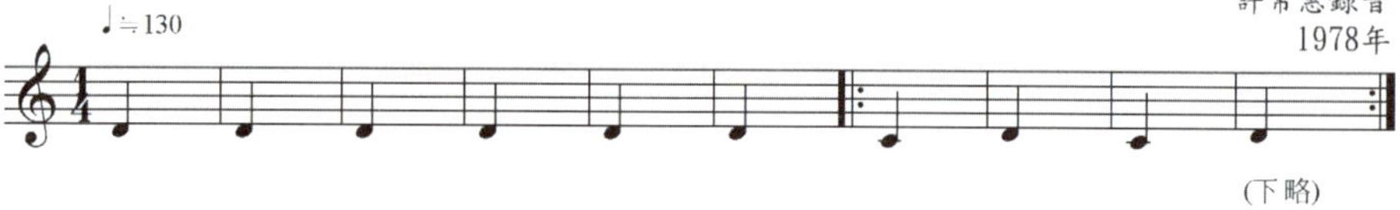

上述可謂最簡單樂曲之例：二音音階，每個音為等值，由於樂曲的組織極簡，因此，實無法論其樂句或音型。許常惠教授採集的另一首雙簧口簧琴音樂，錄音時地同上，開始吹奏的情形如上例，仍為6個音，隨後則以一個樂句（A）反覆。該首樂曲的長度為1分27秒，前15秒的樂譜如下：

【雙簧口簧琴】

泰雅族
許常惠錄音
1978年

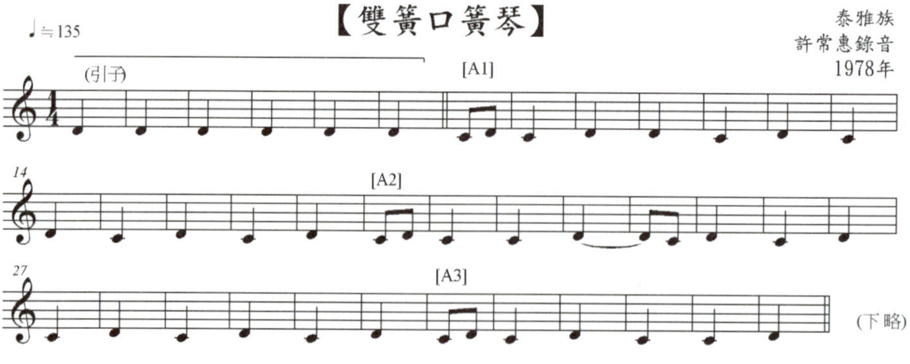

㈡三音音階

三簧口簧琴的音樂為三音音階，且每個音都極為明確，例如『泰雅族口簧琴技藝保存計畫』錄影成果中，台中縣和平鄉鄭榮貴先生吹奏的一首樂曲，其音階形式為la-do-re，其節拍結構較為複雜，大體上為2/4-5/8-3/8交錯。鄭先生站立演奏，且有晃動身體的動作，不過並非舞蹈。該曲的長度為26秒。

【三簧口簧琴】

泰雅族
鄭榮貴演奏
1998年

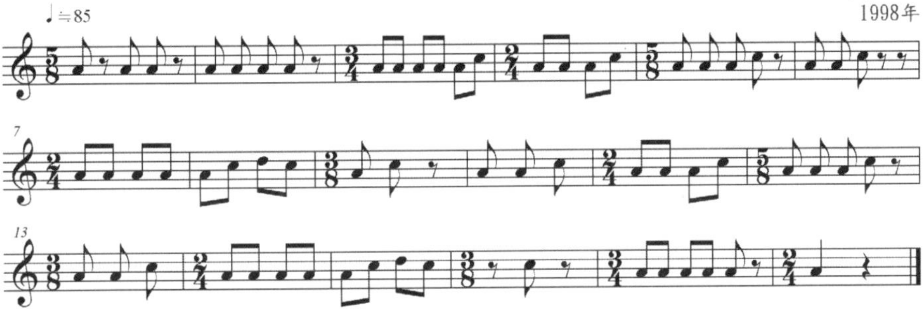

㈢四音音階

以四簧口簧琴吹奏的樂曲為四音音階，且每個音都極為明確。根據李澤洋於民國七十二年在宜蘭縣南澳鄉的錄影資料，陳葉兆泉先生以四簧口簧琴吹奏的一首樂曲中，其音階為下行的la-sol-mi-re，以re為結束音。吹奏時，陳葉兆泉先生不時地發出「赫赫」的聲音，本文乃以「赫赫」聲作為小節劃分的依據，如下譜所示，亦即每小節的第一拍都有「赫赫」聲。

【四簧口簧琴】

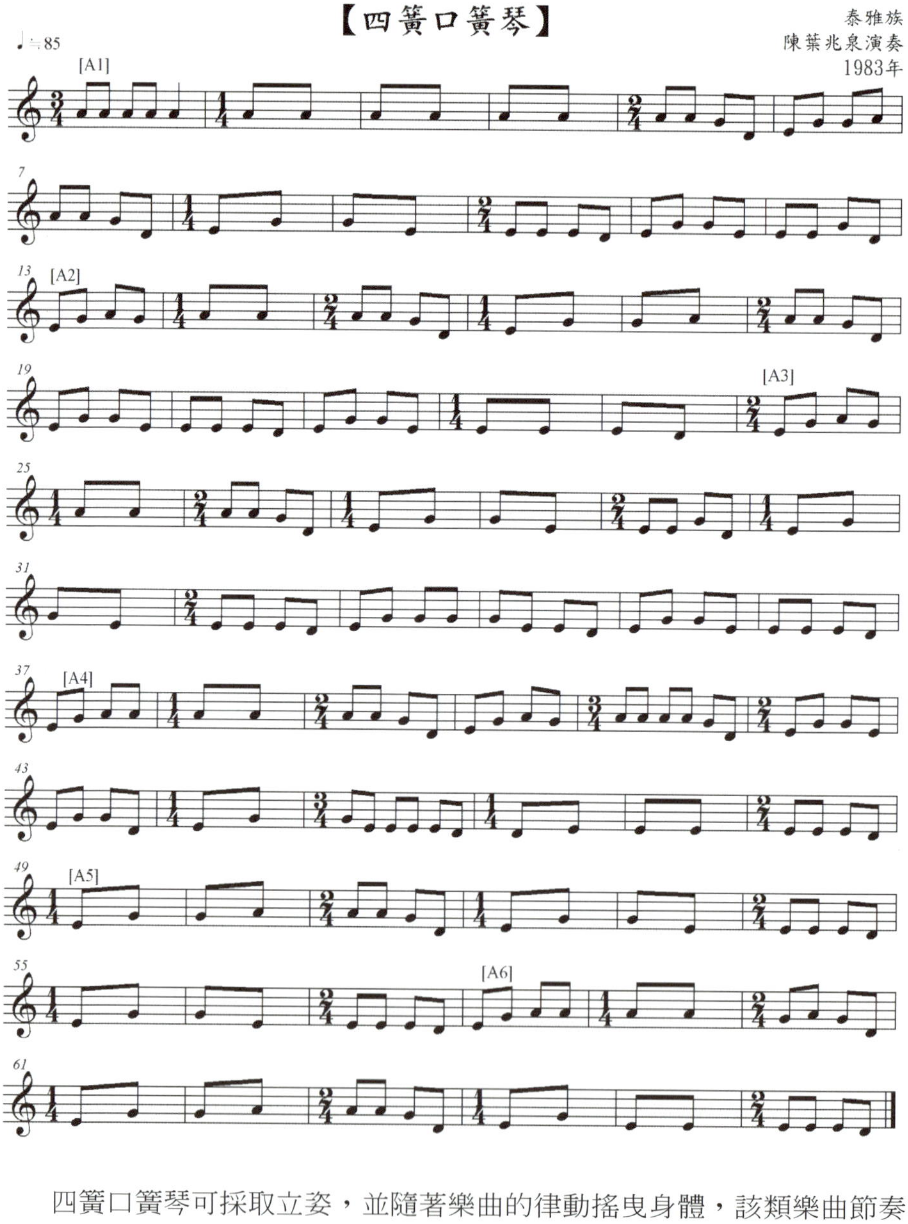

四簧口簧琴可採取立姿，並隨著樂曲的律動搖曳身體，該類樂曲節奏簡單，或每拍一音，或每拍兩音。如吹奏的樂曲為附點節奏時，通常採取坐姿，且無擺動身體。李澤洋先生蒐集資料中，陳葉兆泉先生演奏的另一首樂曲即屬這種樣式，坐在茅草屋前演奏，無搖曳身體，該首樂曲長度27秒，音階為下行的la-sol-mi-re，以re為終止音，如下譜所示：

【四簧口簧琴】

泰雅族
陳葉兆泉演奏
1983年

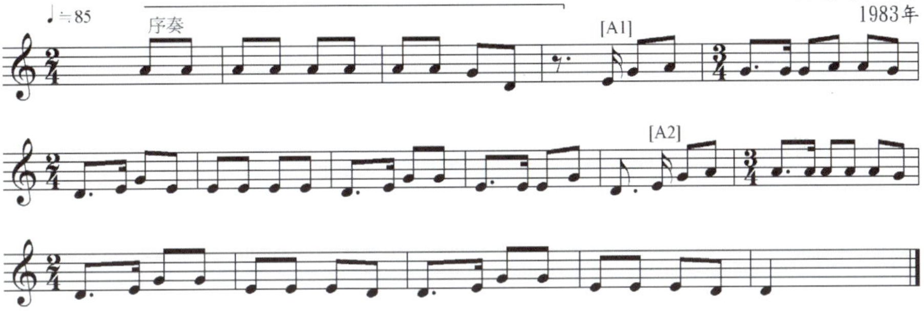

隨著簧片音高排列方式的不同，所吹奏的樂曲基本上有兩種樣式，上述南澳鄉陳葉兆泉先生所吹奏者，為la-sol-mi-re的樣式。『泰雅族口簧琴技藝保存計畫』成果錄影資料中，一首在南投縣仁愛鄉廬山部落採集，由石楊秋香女士演奏的四簧口簧琴音樂，演奏者坐著吹奏，無任何搖曳身體的動作。總體觀之，此首樂曲音階為下行的re-do-la-sol，以sol為終止音，樂曲為規律的2/4拍，以樂句[A]反覆，如下譜：

【四簧口簧琴】

泰雅族
石楊秋香演奏
1998年

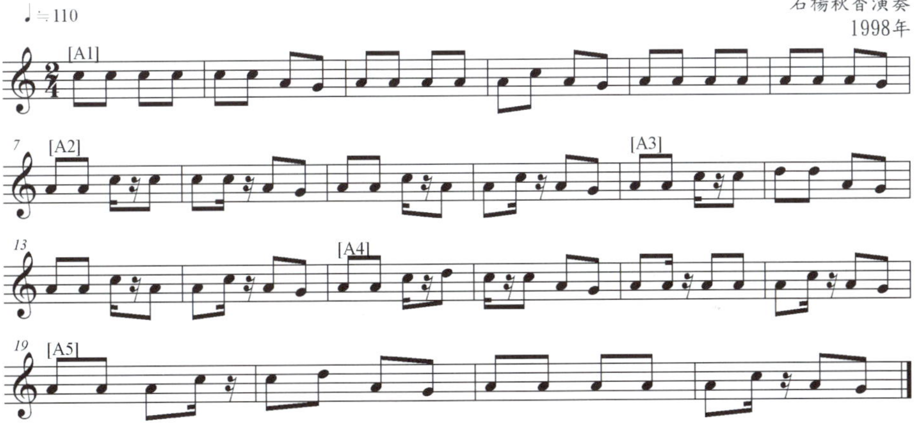

如果以音出現的次數觀之，re音只於[A3]處出現兩個八分音符，[A4]處出現一個八分音符，因此，re也能視為下行的三音音階do-la-sol的裝飾。

㈣五音音階

五簧口簧琴為台灣原住民口簧琴中，簧片數最多者，其音樂實例，呂炳川教授曾有一首錄音。根據呂炳川教授的錄音，該首樂曲的音階為下行的五音音階mi-re-do-la-sol，終止音為la，其樂譜如下。演奏者於每個八分音符拉曳繩索一下，因此，樂曲的每個半拍都為相同的重音，為了有助於對旋律線條的了解，採譜時以兩個音為一拍。

【五簧口簧琴】

泰雅族
呂炳川錄音
約1970年

♩≒115

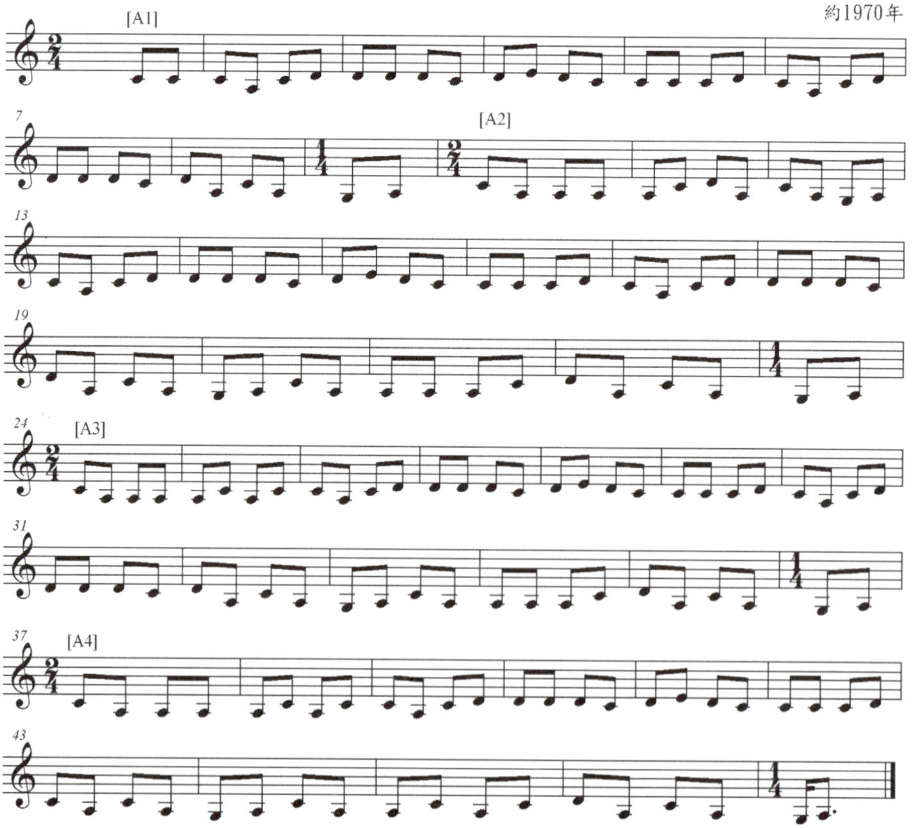

四、技藝現況

黑澤隆朝與呂炳川的調查中，都有泰雅族口簧琴的錄音，許常惠教授的錄音資料中，也有數首單簧、雙簧以及四簧的口簧琴音樂。而李澤洋先生在宜蘭縣南澳鄉的調查，在一場訪問中，約有三分之一為口簧琴演奏，可見口簧琴在泰雅族音樂生活中，的確擁有相當程度的重要性。上述錄音資料的演奏，音階都清晰可辨，顯示該族的樂器製作工藝頗高。其樂曲雖為三或四音音階，而音樂的節奏也都相當流暢，故仍有頗高的可聽性。口簧琴可稱屬於最輕便的樂器，構造簡單，而演奏出的樂曲，隨著個人的音樂天賦或感覺的不同，能奏出互不相同的旋律，從音樂與生活結合的角度言之，口簧琴實具有娛樂以及表現創造力的多種可能性，該項藝術應值得續存於泰雅族社會，甚至推廣到包括漢族的社會。

從『泰雅族口簧琴技藝保存計畫』的成果，能略曉泰雅族口簧琴技藝的保存現況，擁有該項技藝的藝人，及其分布概況如下表：

表2-4 泰雅族口簧琴技藝現況表

姓名	性別	居住地	技藝情況
田阿貴	女	花蓮縣秀林鄉文蘭村	八十多歲的老婦人，吹奏單簧口簧琴，技巧已較為生疏。
不知名	女	苗栗縣泰安鄉大興村	二位男性、一位女性，年約六十歲，合奏，吹奏者為單簧。
石楊秋香	女	南投縣仁愛鄉廬山村	約六十多歲，吹奏單簧以及四簧，技巧相當好。
林滿妹	女	苗栗縣泰安鄉圓教村	約六十餘歲，吹奏單簧。
陳李阿妹	女	待查	約六十餘歲，吹奏單簧。
張胡愛妹	女	南投縣仁愛鄉春陽村	約五十餘歲，吹奏單簧，技巧頗佳。
鄭榮貴	男	台中縣和平鄉環山村	約六十餘歲，吹奏單簧、雙簧以及三簧，技巧相當好，其中一首為口琴舞蹈。
莊春榮	男	玉山神學院	為牧師，約五十歲，能吹奏各種不同簧片的口簧琴，為積極推廣口黃琴的泰雅族音樂工作者。
高秋梅	女	台北縣烏來鄉	吹奏者為單簧。
林沐怡	女	台北縣烏來鄉	小學生，吹奏者為單簧。
陳雅蘭	女	台北縣烏來鄉	小學生，吹奏者為單簧。

『泰雅族口簧琴技藝保存計畫』的調查成果顯示，目前擁有口簧琴技藝者多為女性，所演奏的種類多為單簧，至於石楊秋香女士能演奏四簧、且技巧頗為精湛，鄭榮貴先生既能演奏，又能舞蹈表演，兩者的口簧琴藝術，實值得如排灣笛的保存般，進一步將其技藝做全面性的記錄保存。

至於泰雅族口簧琴技藝的傳習推廣情形，財團法人原住民文教基金會曾進行『泰雅族口簧琴傳習計畫』，由國立傳統藝術中心委託，許常惠教授主持，計畫專任助理為巴奈母路[8]，計畫於2000年進行。傳習場所在花蓮縣吉安鄉仁化國中（東昌村東海十街三號），學員人數頗多，雖以國中學生為主，仍讓校內的老師或社會人士參加。除了口簧琴演奏的練習，也有製作工藝的操作，多數學員已有製作的能力，而一些老師的學習態度頗為認真。

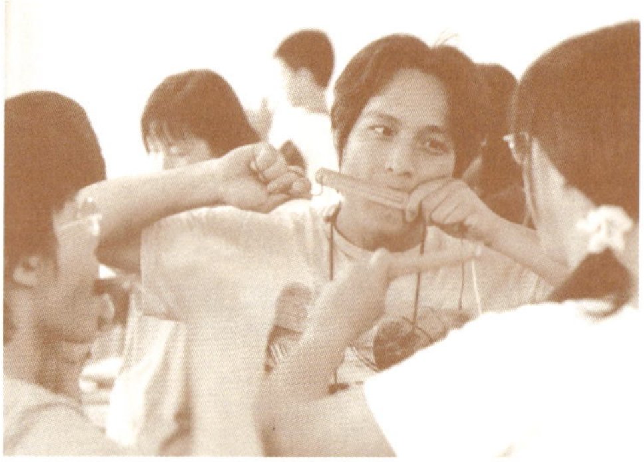

作者曾於2000年5月14日，前往參觀泰雅族口簧琴傳習的情形，當場所見4位學員的示範（如圖右），一簧口琴的吹奏尚可，音量、音色都不錯。參與傳習者，分別有仁化國中、富世國小、太魯閣國家公園，參與對象，包括中小學教師、主任，以及鄉民、學生，單一的傳習並隱含培養種子教師的作用。除了樂器吹奏，該計畫也教導學員製作口簧琴。

8 巴奈母路，阿美族，原名林桂枝，碩士與博士論文皆為阿美族祭祀音樂方面之研究，曾擔任台北市原住民事務委員會主任委員。

第三節

3

排灣族口笛與鼻笛的音樂

根據日本學者黑澤隆朝的調查，台灣原住民族曾有縱笛者，計有：泰雅族、賽德克族、賽夏族、鄒族、排灣族、魯凱族、卑南族、阿美族，至於曾有鼻笛的民族為：泰雅族、賽夏族、布農族、鄒族、排灣族、魯凱族、卑南族。從實地調查錄音資料觀之，則僅排灣族有竹管樂器，故本文所述者，為排灣族的口笛與鼻笛的情形。

排灣族的口笛與鼻笛，黑澤隆朝與呂炳川皆曾有調查紀錄，而最為完整者，當為胡台麗、錢善華、賴朝財合著的《排灣族的鼻笛與口笛》，該書的內容包括：鼻笛與口笛的保存現況、代表性藝人生命史、曲譜記錄與分析、樂器製作法，並附有兩片光碟片，是目前所見最為全面且翔實的專題式原住民音樂調查紀錄。

一、樂器形制

隨著村落的不同，排灣族的口笛與鼻笛的形制，有不同程度的差異性。

(一)口笛

口笛，在黑澤隆朝與呂炳川的著作中，都相同地稱為縱笛，指其吹奏方式為直吹。在胡台麗、錢善華、賴朝財合著的《排灣族的鼻笛與口笛》一書中，乃以口笛為稱，突出了吹奏部位——口腔，以相對於另一件以鼻子的氣息吹奏的竹管樂器。在國立傳統藝術中心的官方檔案資料中，皆以口笛為稱，故本文因之。

作者曾於民國九十年五月前往屏東縣三地鄉，參觀『排灣族口鼻笛技藝傳習計畫』的教學情形，當時所見口笛形制有兩種：單管與雙管，竹製，多數的笛身為素面，其中也有一件有雕飾者，如下圖：

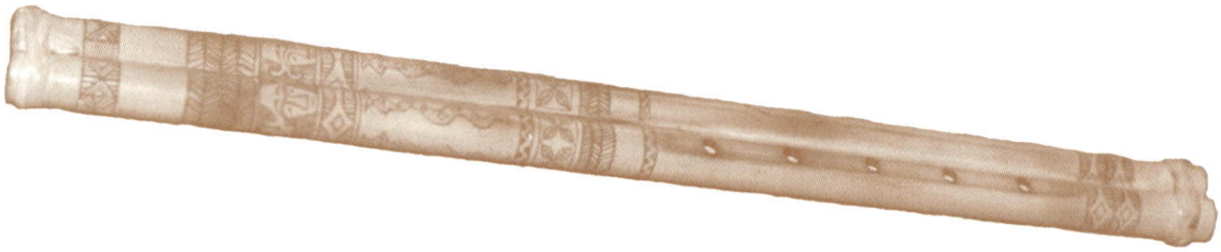

根據《排灣族的鼻笛與口笛》，目前排灣族藝人使用的單管口笛有五孔、六孔、七孔三種，雙管口笛為五孔[9]，如上圖的雙管口笛。雙管口笛的長度約為46至48公分。黑澤隆朝調查的排灣族縱笛，隨著村落而有形制上的差異，長度約介於20至40公分，指孔有四孔、五孔、六孔、七孔、八孔等[10]。

㈡鼻笛

鼻笛，顧名思義，為以鼻孔的氣息吹奏，從黑澤隆朝、呂炳川以至胡台麗等人的論著，名稱皆一致。在『排灣族口鼻笛技藝傳習計畫』中，所使用的鼻笛為雙管式，竹製，上開5個音孔（兩繩節中間），如下圖：

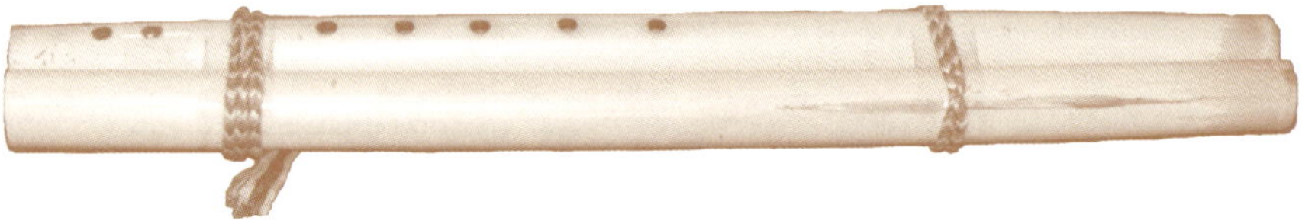

根據《排灣族的鼻笛與口笛》，排灣族的雙管鼻笛形制，其中一支竹管無開孔，開孔的竹管有三孔、四孔以及五孔三種，而以三孔者居多[11]。民國三十年代黑澤隆朝的調查顯示，排灣族鼻笛有單管與雙管兩種，孔數有三孔、四孔以及六孔[12]，其中有六孔者且有4個村落，以此觀之，約近半

---

9 引自胡台麗等合著《排灣族的鼻笛與口笛》，第220-221頁。

10 引自黑澤隆朝著《台灣高砂族の音樂》，第398-401頁。

11 引自胡台麗等合著《排灣族的鼻笛與口笛》，第14頁。

12 引自黑澤隆朝著《台灣高砂族の音樂》，第422-423頁的「高砂族の鼻笛名解表」。

世紀以來，排灣族的雙管鼻笛形制也產生了些改變。

二、樂曲特徵

排灣族的笛子形制雖有單管、雙管，吹奏方式有口腔吹奏與鼻孔吹奏之別，樂曲色彩方面基本相同。音樂型態上，排灣族笛子的音樂，拍子並不若泰雅族的口簧琴音樂節拍明確，而較為模糊，有若散板的感覺，因此，排灣族音樂研究的相關採譜，都把排灣族笛子的音樂記錄為散板曲[13]。

以音樂的表現言之，排灣族笛子的音樂較為抒情柔和，故節拍較為不明確，但並非無節拍，而是在二拍子的基礎上之吹奏，如下之譜例：

【單簧口笛】

排灣族
劉惠紅演奏
2000年

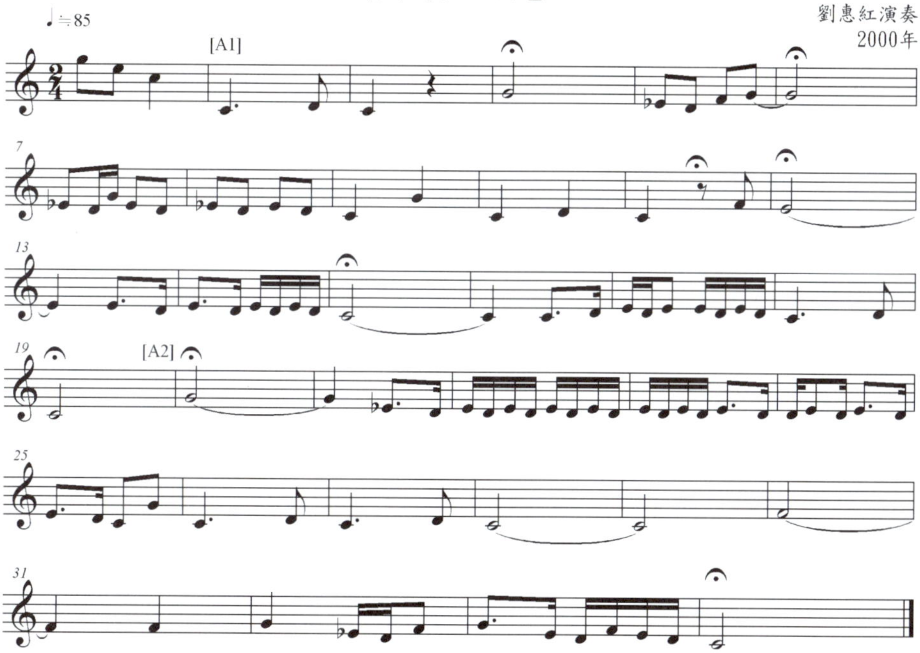

---

13 排灣族笛子音樂的節拍處理方式，可參閱胡台麗等著《排灣族的鼻笛與口笛》第八章〈雙管鼻笛曲譜記錄與分析〉，第九章〈口笛曲譜記錄與分析〉。

排灣族單管笛子音樂的特徵，曲調的音域較狹窄，除了開始第一小節，由於為試吹性質，以較大的力氣吹奏，故為八度的音高，整首樂曲的旋律都在五度之內，其中的第三度音為低的，亦即小三度，而旋律都為圍遶於主音do上下運行。

至於雙管笛的音樂，其中一支管吹奏和音，以樂曲的調性言之，為該首樂曲的主音或屬音，另一支管吹奏主旋律，因而形成了具有和聲的音樂。

雙管笛的旋律線也具有語彙方面的特徵，亦即以一個四小節的句子為基礎，進行變奏或模進，該句的第一音與最後一音的節拍為舒緩的，如下譜例第一小節與第四小節。旋律線條的音域，主要仍為五度，偶擴展至第六與第七音。音階結構方面，第四級音為升高的，約略為歐洲藝術音樂的增四度。排灣族雙管笛的音樂特徵，可以下述謝水能先生演奏的樂曲獲知其全貌：

【雙管鼻笛】

♩≒80

排灣族
謝水能演奏
2000年

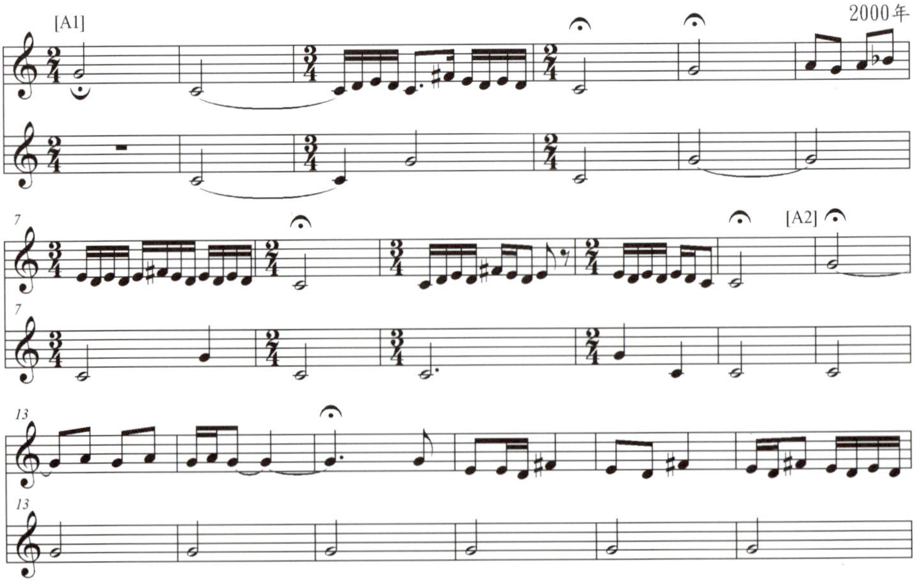

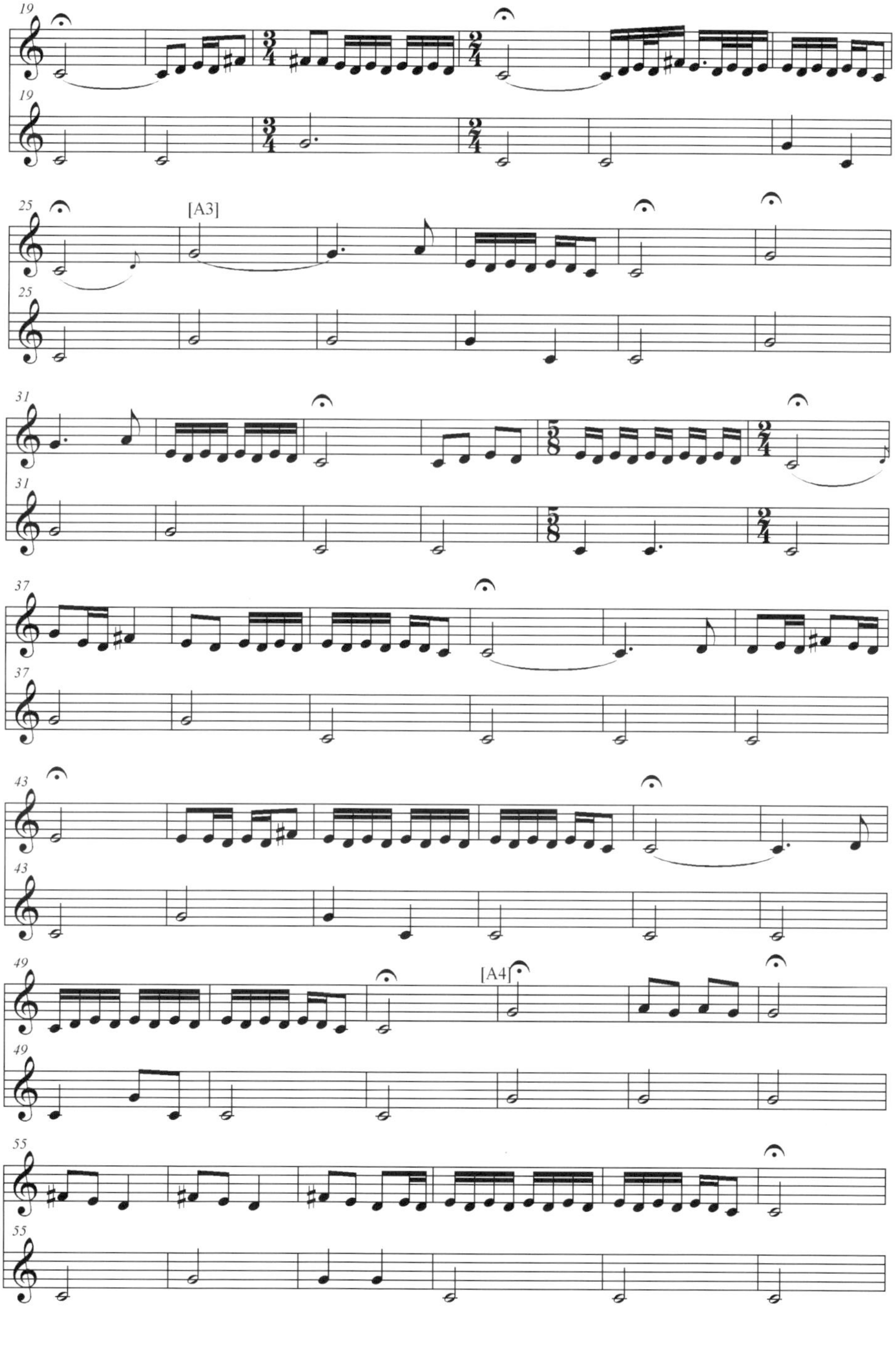
[A3]
[A4]

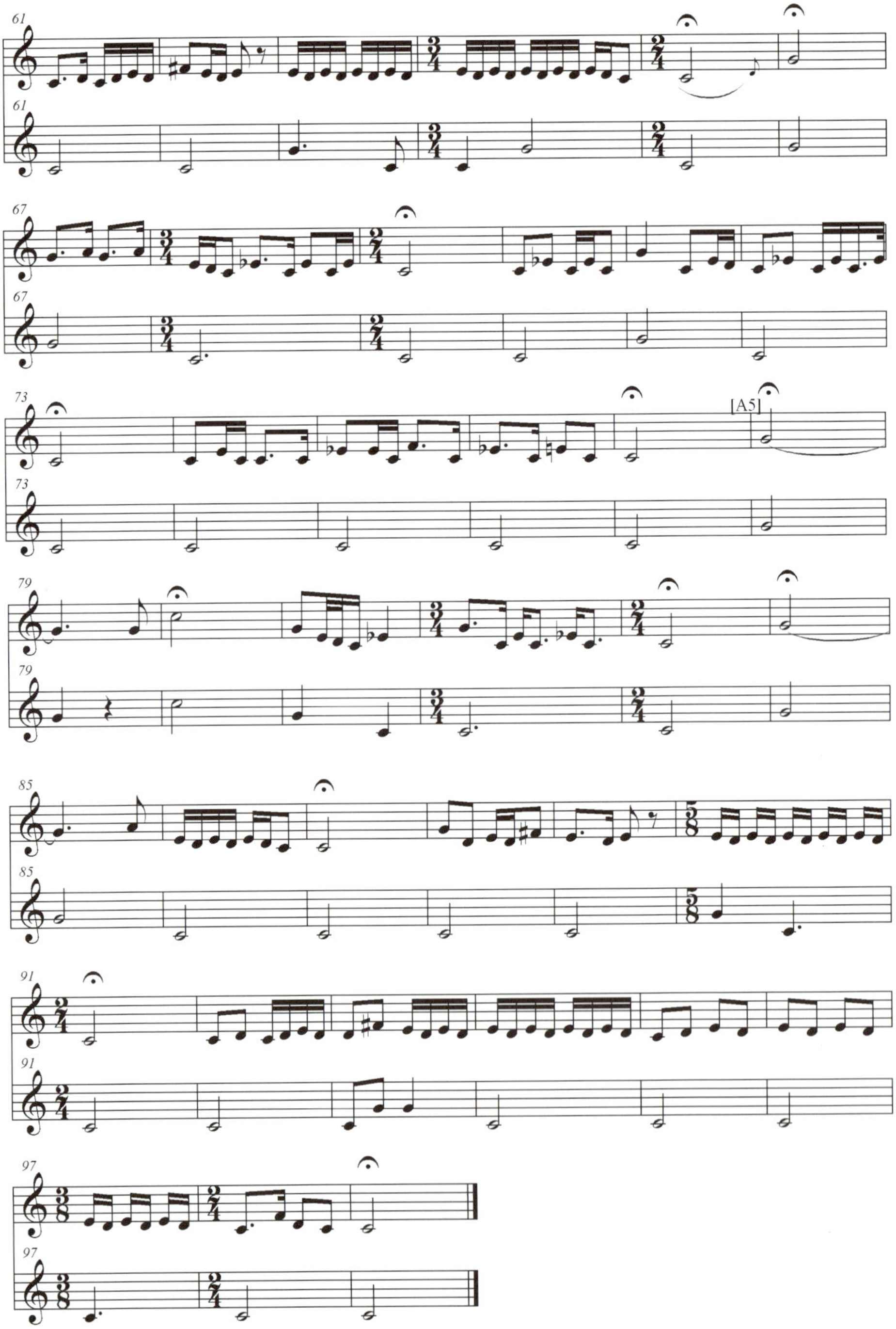
61
61
67
67
73
[A5]
73
79
79
85
85
91
91
97
97

三、現況

從胡台麗、錢善華等人於民國八十六年間的調查資料顯示，當時年齡介於25至86歲的排灣族人口中，具有吹奏口笛能力者有24人，能吹奏鼻笛者有9人[14]。以擁有音樂技藝能力的總人數觀之，目前排灣笛的藝人不算多，如以人口比例言之，相較於漢族的人口中，具有南管、北管或客家八音演奏能力的情形，上述的數字實不為少。

笛子既為排灣族獨特的音樂文化現象，為了使該項技藝在排灣族社會能扎根，屏東縣政府於民國八十九年曾向國立傳統藝術中心提出『排灣族口笛鼻笛傳習計畫』，訓練的對象為小學生，分別來自來義鄉古樓國小、泰武鄉萬安國小與武潭國小、瑪家鄉北來國小、三地國小及三地國小德文分校，傳藝師計有蔡國良、鄭尾葉、金賢仁、許坤仲（白浪）、謝水能、劉惠紅等6位。下圖即為排灣笛傳習計畫中，小學生們練習吹奏的情形。

該計畫的傳習情形，國立傳統藝術中心於當年5月，曾組織訪視團前

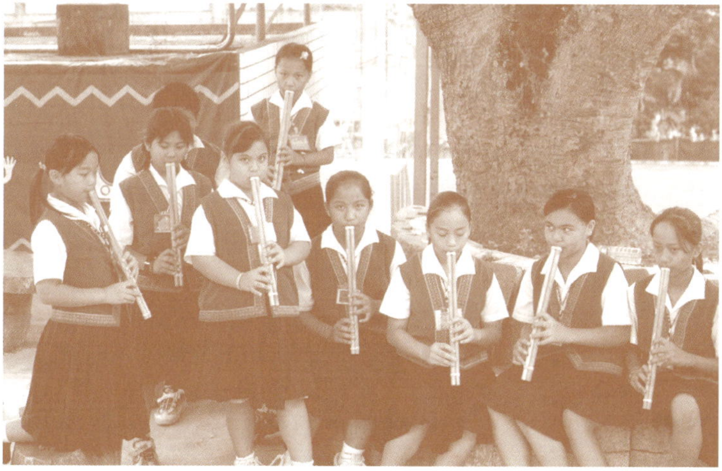

[14] 引自胡台麗等合著《排灣族的口笛與鼻笛》，第18頁、40-41頁。

往參觀教學成果，作者亦為訪視委員之一，發覺有興趣的小學生頗眾。半年多之後，亦即當年的12月8日，排灣笛的研習成果，在屏東縣政府文化局的藝術館舉行演奏會，節目計有14組，分為藝師的口笛與鼻笛演奏、學員的口笛與鼻笛演奏、當地山地部落國小的排灣族歌舞表演、民歌演唱，此外，尚有瑪家鄉排灣基督教長老教會參與表演。

從排灣笛傳習計畫的過程，及成果發表觀之，小學生的口笛與鼻笛表演乃以合奏呈現，音調的準確度還不錯，至於穿插其間的歌舞表演，也能呈現排灣族的文化風格，對促進族人的傳統文化認識，當有一定程度的作用。

第四節 4

布農族弓琴與五絃琴的音樂

在《台灣高砂族の音樂》中，黑澤隆朝稱台灣原住民族有弓琴者，分別有：賽德克族、賽夏族、鄒族、布農族、排灣族、魯凱族、卑南族、阿美族，至於有五絃琴者僅布農族。如根據黑澤隆朝、呂炳川、許常惠等人的錄音資料，則僅有布農族有弓琴音樂，五絃琴方面，僅黑澤隆朝曾錄得一首布農族的例子。因此，以實際的音樂資料觀之，弓琴與五絃琴應為布農族的音樂文化現象，本文所論者，即為該族過去以及目前的情形。

一、弓琴

本文用以論述布農族弓琴的資料，包括黑澤隆朝、呂炳川的錄音，以及國立傳統藝術中心委託、許常惠教授主持、原住民文教基金會承辦的『布農族弓琴技藝保存案』。

㈠樂器形制與演奏方式

弓琴為於彎曲的竹子上繫綁一根絃，彎曲的竹子可稱為琴弓，綁於其上的絃稱為琴絃。根據『布農族弓琴技藝保存案』的調查，製作弓琴的琴弓，為一種名為Tanonas的竹子，至於琴絃的材質，目前所用者為鋼絃，以前為鐵製的絃。弓琴的形制頗簡，外型如一般的箭弓，琴弓部分的長度約為65公分左右。

弓琴的形制雖為絃樂器，它的演奏方式則頗為特殊，演奏時演奏者以左手握琴弓，以口腔含於距琴弓一端約十公分處，以右手撥絃使之發聲。在弓琴的演奏中，口腔具有共鳴並擴大泛音音量的作用，因此，『布農族弓琴技藝保存計畫』的報告書中，將弓琴的演奏描述為「吹奏」[15]。

㈡樂曲特徵

從形制言之，弓琴可視為獨絃琴，理論上一根絃只能產生一個音，因此，十六絃箏的音為16個。由於弓琴的絃振動時能產生泛音，其基音如為do，振動時，上方之sol-do-mi也被包含於振動的音之中，弓琴演奏時，藉著口腔的控制，能將第五音與第三泛音音放大，因而產生do-mi-sol、sol-do-mi或do-sol的旋律，故而，狀似簡單的樂器，所演奏出的音樂並不若想像中簡單。

從泛音的結構言之，以弓琴演奏的音樂，其旋律為do-mi-sol的結構，實際上每個演奏者對口腔運用的不同，故旋律的組織仍有所差異，此外，琴絃的材質也直接影響泛音的結構：以植物所製的琴絃——如月桃，由於共鳴較差，故泛音極為微弱，而鋼質的絃共鳴佳，泛音相當清楚。

黑澤隆朝於1943年的錄音顯示，絃的基礎音do，其上的泛音mi與sol相當清晰，至於按絃音較為模糊不清楚，約為reb（降re），據判斷，演奏者所用的琴絃應為金屬材質，當sol響出的同時，並有mi的泛音，該首樂曲的長度有53秒，樂譜如下：

15 參見《布農族弓琴技藝保存計畫成果報告書》，第19頁。

【弓琴】

布農族
黑澤隆朝錄音
1943年

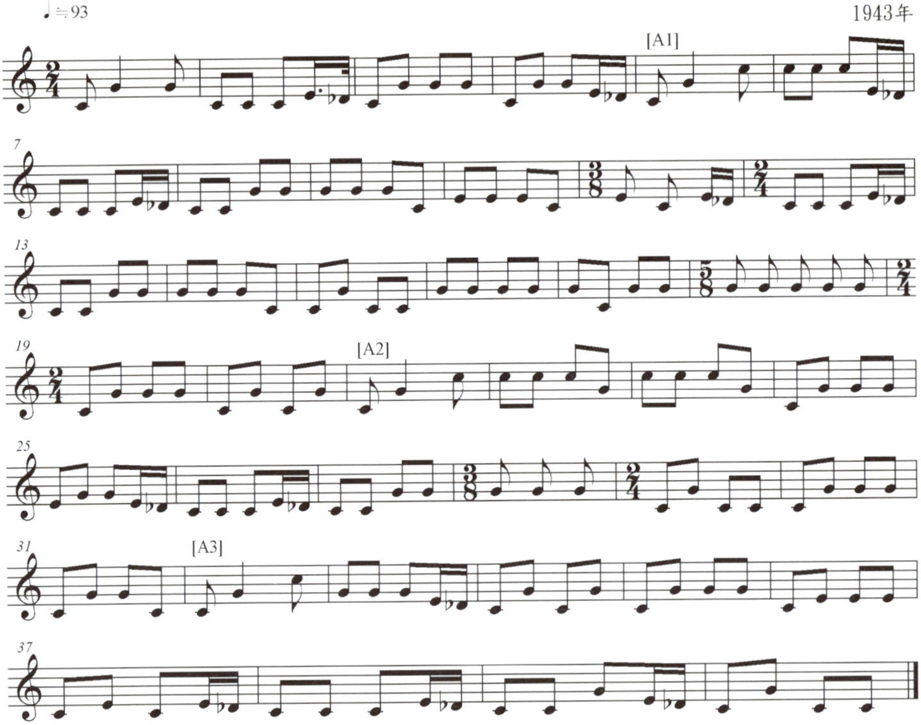

呂炳川教授出版的布農族音樂中，有一首弓琴，該首樂曲大體上只有主旋律，並無泛音，其按絃音也模糊不清晰，音高近似降低的re。該首錄音的長度為1分9秒，其前44秒的樂譜如下：

【弓琴】

布農族
呂炳川錄音
約1970年

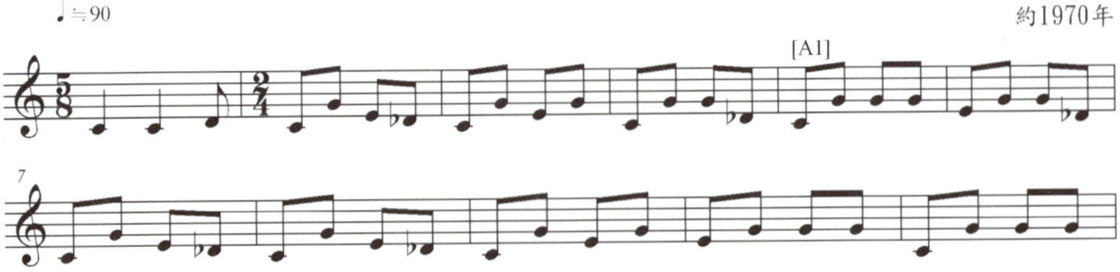

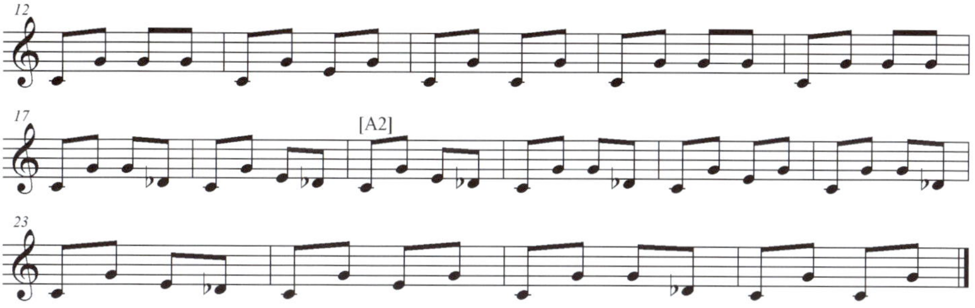

二、五絃琴

原住民樂器中，五絃琴的存在可謂為孤例，在民國三十年代日本學者黑澤隆朝的調查中，只於布農族的一個村落看到此樂器。民國五十年代，呂炳川教授的調查，並未親見五絃琴，顯示五絃琴當屬於隱性的音樂文化現象。

㈠樂器形制

五絃琴為長40公分、寬12公分的木板，一端釘5根釘子，上安5根絃[16]。『布農族弓琴技藝保存計畫』論及，口簧琴、弓琴、四絃琴、杵音等，為布農族的傳統樂器，影片中的四絃琴，形制相同於黑澤隆朝所云的五絃琴[17]。黑澤隆朝所描述的五絃琴，兩根外絃為同音的高低八度關係，也許低音絃在演奏實無實際的用處，因此，乃被簡化為四絃琴。

㈡演奏方式

黑澤隆朝附於《台灣高砂族の音樂》的五絃琴照片顯示，該件樂器屬於撥奏式，演奏者兩手各拿一個撥片彈奏。目前布農族四絃琴的彈奏方式仍為撥奏，以一手執竹片撥絃，另一手握著四絃琴的木板，亦即演奏方

16 五絃琴的形制，引自黑澤隆朝著《台灣高砂族の音樂》，第381頁。

17 黑澤隆朝著《台灣高砂族の音樂》所附的圖片，即是以五絃琴的照片為起始，呂炳川著〈台灣土著族之樂器〉一文，也引用黑澤隆朝刊載於《樂器的歷史》中的五絃琴照片，參見《東海民族音樂學報》第一期，第167頁。

式今昔已有差異，民國三十年代以雙手撥絃，演變為目前以單手撥絃的情形。

㈢樂曲特徵

民國三十年代，布農族的撥奏式樂器——五絃琴，實際上只有4個音：do-re-mi-sol，黑澤隆朝所錄的五絃琴音樂顯示，其樂曲為sol-mi-re-do的下行四音音階，該首樂曲的長度約一分鐘，如下譜所示，乃以[A]反覆彈奏3遍，而樂曲停止時，並無一般樂曲的終止感。

【五絃琴】

布農族
黑澤隆朝錄音
1943年

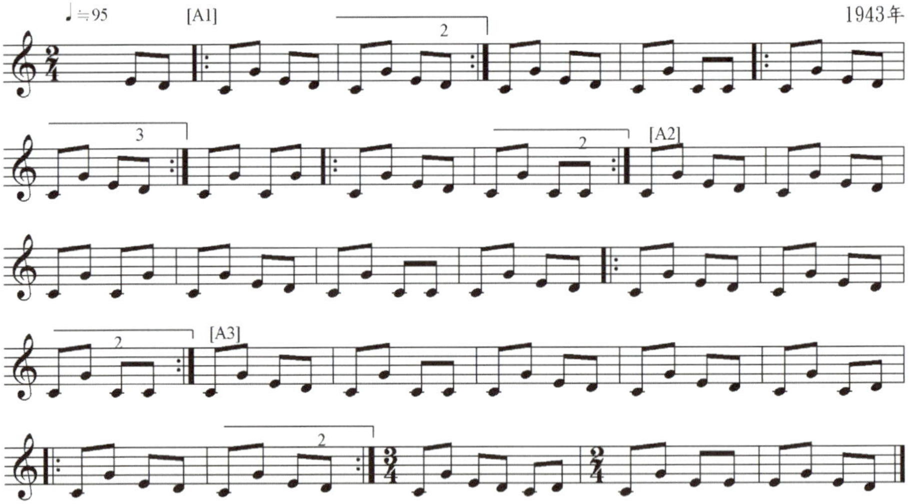

上述樂曲的節拍頗為工整，除了最後第三小節為三拍子，全曲皆以兩拍為一小節。《台灣高砂族の音樂》中有一首五絃琴的樂譜，該樂譜如為上述錄音的採譜，則黑澤隆朝樂譜所標示的節拍並不正確，他遺漏了樂曲開始的小片段，因而將sol-mi-re-do劃為一小節。

三、弓琴與五絃琴的演變

作為布農族的傳統樂器，弓琴的形制並無部落之間的差異，至於五絃琴，則有兩種不同的音樂現象。

㈠弓琴的音階

弓琴形制為，於彎竹的兩端張以絃。由於形制極簡，今昔並無任何改變，至於所演奏的音樂，透過相關學者蒐集錄音的採譜比較，仍可發現彼此的若干差異。根據專治布農族音樂的吳榮順教授蒐集的資料，其中有一首弓琴音樂，於民國七十六年錄於南投縣信義鄉潭南村，該首演奏中，泛音mi-sol相當清晰，且按絃音re也清晰明確，不若黑澤隆朝或呂炳川教授的錄音，音高為近似re^b，且由於按絃技巧的關係，聲音模糊不清。該首錄音長度為1分30秒，前32秒的樂譜如下[18]：

【弓琴】

布農族
吳榮順錄音
1987年

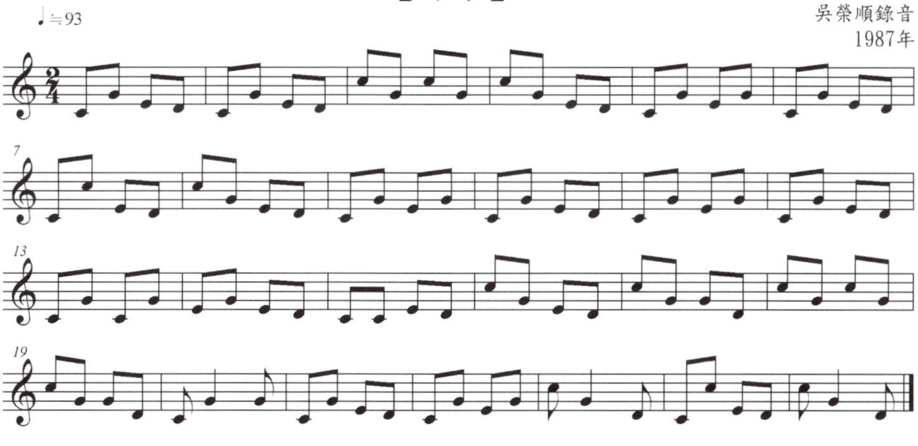

另從『布農族弓琴技藝保存計畫』的成果觀之，南投縣仁愛鄉中正

18 此首樂曲的錄音，參見音樂中國出版社（即風潮公司）出版的《布農族之歌》第19首。

村辜金申太太以鋼質絃吹奏的曲調，do-sol兩音極為清楚，旋律中並含有mi，右手按絃時所產生的re音則較為模糊。辜金申太太演奏一首稱為【相愛歌】的曲調，樂曲長度為3分2秒，前58秒的曲調如下。樂曲係以一個樂句——如樂譜所標示的〔主題〕反覆，除了do-sol之外，在do響出的同時，實際上也含有音量較微弱的mi之泛音。

【弓琴】

布農族
辜金申太太演奏
1998年

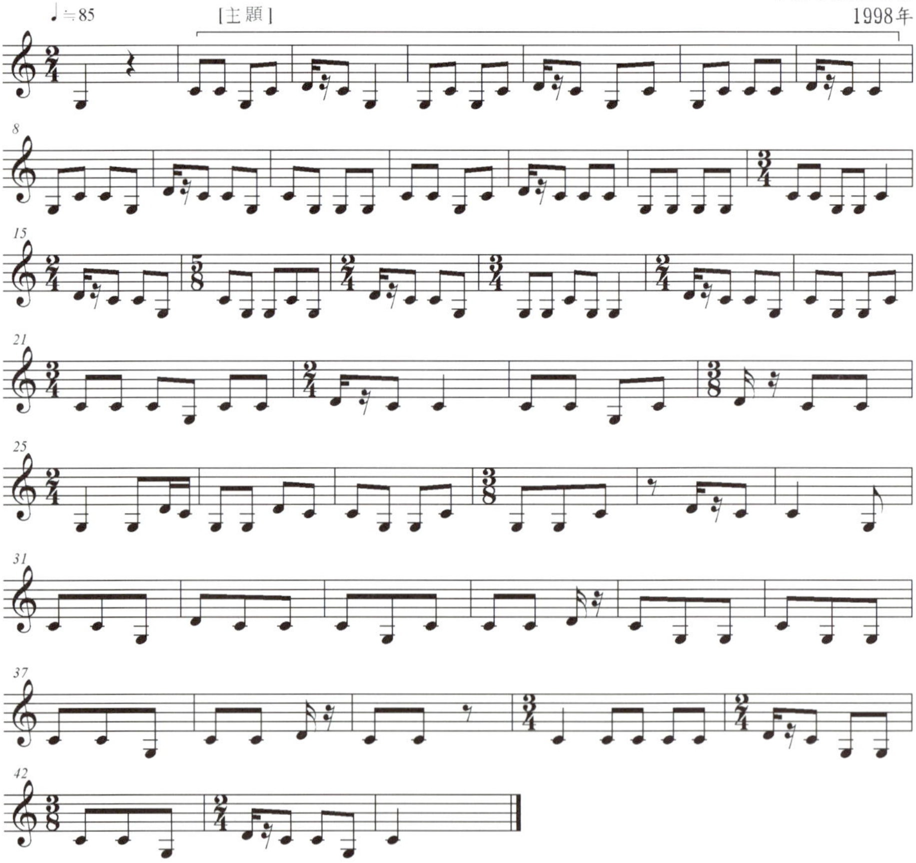

南投縣仁愛鄉何金禮先生演奏一首稱為【快樂時的曲子】，所用的弓琴仍為鋼絲，可能由於口腔運用技巧較佳的關係，do-sol兩音之外，mi音

也相當清楚，故他演奏的音樂，明顯地為do-mi-sol結構，至於按絃音，由於按的位置較靠近琴弓的一端，故所產生的音接近re^{b}。何金禮先生演奏的曲調如下，樂曲的前5小節可視為序奏，藉著該片段以調適吹奏位置。

【弓琴】

布農族
何金禮演奏
♩≒85 1998年

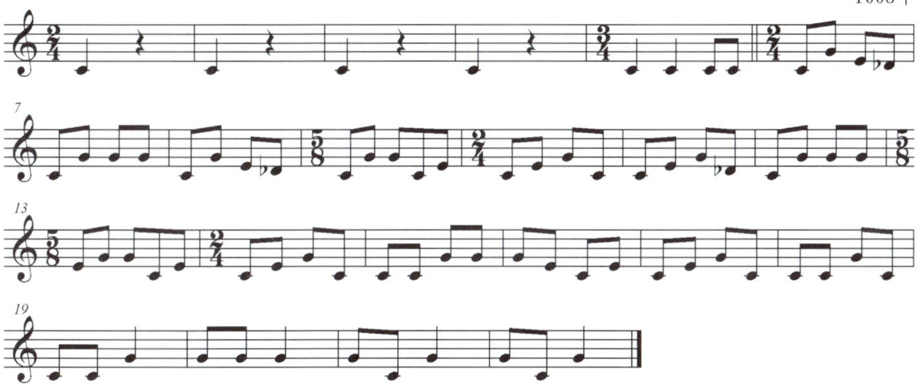

從黑澤隆朝於1943年的錄音迄今60年，布農族弓琴的音樂並無基本的變化，主旋律皆相同地為do-mi-sol結構，至於音階的第二級音re，如以黑澤隆朝與呂炳川教授採集的樣本為據，兩者都相同地為小音程。吳榮順蒐集的錄音，為準確的大二度，至於『布農族弓琴技藝保存計畫』的錄音，分別有小二度與大二度的情形。以此推論，大二度或小二度，應為演奏者按絃位置的關係，該現象並非結構性的問題。

㈡五絃琴

民國三十年代，黑澤隆朝所見的布農族五絃琴，根據錄音資料，5根絃的定絃為sol-do-re-mi-sol，雖為五絃，實際僅為四音音階。『布農族弓琴技藝保存計畫』的錄影成果中，有一段四絃琴的演奏，長度為30秒，4根絃的定音，不同於黑澤隆朝於民國三十年代蒐集的樂曲，由高而低為：do-si-la-mi，如將兩根較低音的絃視為主音屬音關係，則4根絃所形成的音階也能解讀為mi^{b}-re-do-sol。該首樂曲除了開始第三小節，都以兩拍為一小節，其樂譜如下：

【四絃琴】

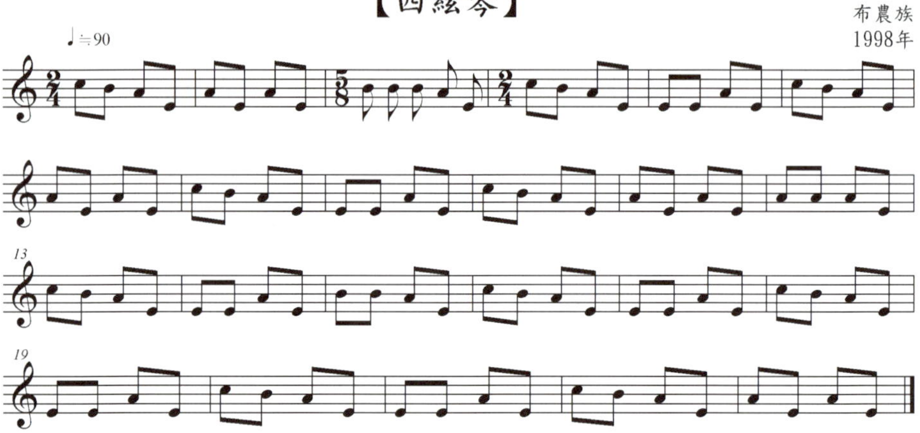

以形制觀之，四絃琴與五絃琴並無不同，都是在一塊木板上張以琴絃，木板大小亦約略相同，兩者的差別只在於絃數，四絃琴較五絃琴少一根絃。

根據吳榮順教授的調查，布農族的五絃琴見於卡社群，至於巒社群為4根絃[19]，亦即本文所稱的四絃琴。從形制觀之，布農族的五絃琴與四絃琴為同一樂器，兩者絃數的差異，或許為為實用性的因素，五絃琴的兩根外絃為同音的高低八度關係，對擴展音樂的音階，或樂器的音域等，並無任何助益，是否因而將其低音絃省略，有待進一步研究。至於演奏法方面，五絃琴為利用兩手撥絃，四絃琴則僅以一手撥絃。

19 布農族的五絃琴與四絃琴的分布，引自吳榮順著《布農族歌樂與器樂之美》，第103-104頁。

第三章

南管指套與譜

南管為台灣漢族傳統音樂中歷史最古老者，由於演唱語言的關係，它僅流傳於福佬地區。在悠久歷史與廣袤分布幅員的作用下，南管音樂的名稱頗為多樣，該音樂文化圈過去自稱為絃管，道教與釋教文化圈稱之為南曲，二十世紀六〇年代之後，中國的學術界以及福建的該文化圈，多以福建南音或泉州南音為稱，東南亞的菲律賓或馬來西亞的華人社會，則習慣地稱為南樂，此外，日治時期由日本學者撰寫的風俗調查報告書，常記錄以郎君樂或郎君唱。

相較於演唱的曲，南管指套與譜主要流傳於南管館閣，南管戲雖也能看到指套或譜的情形，不過皆屬於摘段或摘句引用，且樂隊編制也有所不同。指套與譜同屬於南管的器樂，兩者的音樂色彩極為不同，指套平靜沈穩，樂曲篇幅長，用於每次音樂會的開始；譜的曲調律動較大，速度較為輕快，樂曲也較短，作為音樂會的結束曲目。雖然如此，兩者所使用者仍為相同的樂器與樂隊編制，演奏技巧與詮釋語言也相同。

第一節 1

曲目概述

曲目（英：repertory，法：répertoire），指具有相同性質或風格的同類樂曲之集合體。不論自發性流傳於傳統社會的音樂，或文人創作的藝術音樂，都擁有一定數量的曲目，而該曲目乃在發展的過程中逐漸形成，例如素有「交響樂之父」美譽的海頓（Franz Joseph Haydn, 1732-1809），畢生創作了104首交響曲，如果觀察的時間點在他30歲之前，則作品數量並非前述之數。南管音樂流傳的時間猶如流經廣闊地域的長河，目前所見的曲目總數，乃南管文化圈長期創作的積累。

一、指套

南管指套曲目總數究竟有多少？如果透過單一館閣或藝師所擁有技藝的調查，並無法獲其全貌，一如上文所舉之海頓交響曲，如以流傳於歐洲音樂文化圈，亦即音樂廳演奏之調查，常見者約僅有十餘首而已。有關南管音樂的流傳階層，文化界幾乎都一致地認為是仕紳階層，然而不論史料或文人的筆記，都無南管樂曲方面的相關紀錄，因此，本文對南管指套的曲目及其發展的論述，為透過刊刻發行與手抄的南管指套集。

㈠較早形成的指套

所謂「較早形成」，其中形成時間的分野並不容易定義，研究者在這方面並無主導權，須仰賴刻本或抄本的發現，而對「形成時間」的定義，也將不斷地被新發現的材料所修正。迄今所見最古老的南管指套樂譜集，為抄寫於道光二十六年（1846）的《琵琶指法》，該套抄本的原件由泉州石獅的吳抱負先生所收藏，由鄭國權先生於2005年發現，並於2006年出版。《琵琶指法》共計4冊，為所見最為袖珍型的抄本，裝盛於一個大小約如香菸包的木盒，首冊封面提有如下的字樣（直書）：

> 道光念陸年歲次丙午花月吉旦
> 琵琶指法內拾套四空

根據該抄本的目錄，第一冊抄錄四孔管的指套10套，第二冊為五孔管指套14套，第三冊抄錄16套，包括4個管門，第四冊所抄寫者主要為譜，首尾並附錄2首曲。總計《琵琶指法》所收錄的指套計為40套。

繼《琵琶指法》之後，為刊刻於咸豐七年（1857）的《文煥堂指譜》，在卷首的「指譜序」中，刊者自署為「文煥堂主人小涯章煥」，目錄下方並有「鷺江小涯章煥刊」，可知刊行者為廈門人。該指譜集為目前所見最古老的南管樂譜刊行本，共計4卷，原件由胡洪波教授收藏[1]，而泉

1　胡洪波教授原任教於國立成功大學中文系。

州地方戲曲研究社也曾將該套指譜集影印出版。《文煥堂指譜》對所錄的指套都予以編號，根據編號，共收錄36套，在第一套〈輕輕行〉之前並有一套冠以「三十六套總頭請神咒」，該套實即〈弟子壇前〉，因此，所收錄的指套共計為37套。

作者於1980年代蒐集到一冊由知名的南管藝師曾省重抄的《昇平奏指譜集》，按昇平奏為二十世紀五〇年代之前，泉州的兩大著名古老南管館閣之一，另一為迴風閣。該指譜集最後一套樂譜之後有「民國廿四年九月抄騰指骨四拾套大譜拾參套俱經過對絲毫無差」的註記，可知該套指譜集乃1935年所重抄；另於曲目的目錄後面則有一行文字「原本三十六套今增外套共肆拾套」，至於目錄的指套編目則有41套。

《昇平奏指譜集》對指套曲目總數的說法不一致的情形，分別有36套、40套、41套，這也提供了指套曲目形成階段的重要線索，另一方面，該指譜集於目錄之前並有一篇題為「三拾六空皆春色」的文本，下方且有「五少先生將三十六套頭句合為一曲以免後人混爭」的註記，該篇曲詞如下：

清早起，對菱花，照見瘦減玉肌。為君去後，虧伊歷山嶺，一路行，出漢關，迢迢萬里。拙時無意，怛梳粧，深鎖寒窗。繡閣羅幃裡昨暝一夢，記相逢，見汝來，攜手金井梧桐邊。舉起金杯，請月姑請月姨，汝因勢力阮驚醒。今宵因為歡喜，一更二更直到五更，那聽見玉簫聲起，又聽見杜鵑，在花園外邊，叫春今卜返員。我只心頭悶越悲，君悞我一身無繫要，那虧汝父母望子，心肝跋碎淚如糸。妾身受禁不敢啼，恐畏爹媽聽見心越悲。一紙相思寄度伊，未知情人去值處。小姐聽起，自來生長都伶俐，官人再忍下得負心，輕輕行到涼亭邊，趁賞花燈莫得辜負好春天。

如以《昇平奏指譜集》中由傳聞的五少先賢編的【指套曲目總數歌】為依據，再輔以《文煥堂指譜》，可知南管指套在某個歷史時期確有「三拾六套說」。另根據於鹿港鎮雅正齋發現的《泉南玉指譜》，則又提供了南管指套曲目較早歷史時期的版本，亦即「南管指套三拾套說」。《泉南玉指譜》抄寫於大正丙辰年（1916），共計3冊，書名雖題為「指譜」，其中僅抄錄指套，在樂譜之前並有：郎君說、先賢考[2]、絃管序、解釋曲意並唱法、論拍法、論筒簫法、論二絃法、論琵琶法、總序、論三絃、筒簫空位圖，對南管的文化背景、樂器演奏法等，為目前所見指譜集中描述最為全面者，故毫無疑問地，該套抄本屬於具有系統的指套集。接於上文與指套之間者，為「指普各門頭列左」[3]，亦即指套的目錄，每套指都有順序的編號，共計為30套。

依《泉南玉指譜》，可推斷南管指套形成的較早群組為30套，另根據《琵琶指法》、《文煥堂指譜》，並輔以《昇平奏指譜集》中的【指套曲目總數歌】，可知南管指套形成的第二階段，曲目總數為36套。茲將上述3個較為古老的指套集所收錄的曲目製如下表：

表3-1　較早形成的南管指套比較表

《文煥堂指譜》	《琵琶指法》	《泉南玉指譜》
三十六套總頭　請神咒弟子壇	第七套　弟子壇（目錄作：五拜請）	第九套　弟子壇
第一套　十三腔　輕輕行	第一套　輕輕行	第三套　輕輕
第二套　長相思　一紙相	第三十七套　一紙相思	第十七套　一紙
第三套　十八飛花　因為歡	第三套　因為歡	第四套　因為
第四套　灘破石榴花	第十九套　趁賞花燈	第二十四套　趁賞
第五套　錦板大四愛	第二十八套　舉起金盃	無
第六套　緊板	第二十五套　照見	無
第七套　湯瓶兒	第三十四套　我只心頭	無
第八套　九串珠	第二十套　拙時無意	第二十二套　拙時無意
第九套　大環著	第十五套　爹媽聽	第十五套　爹媽聽

2　郎君說、先賢考，為作者為方便描述所加的標題，該兩段文字皆逕自敘述郎君與御前清客。

3　「指普」為「指譜」的諧音詞。

《文煥堂指譜》	《琵琶指法》	《泉南玉指譜》
第十套　巫山十二峰	第十三套　一路行	第十三套　一路
第十一套　一江風	第十八套　清早起	第二十七套　清早起
第十二套　寡調	第二十九套　憚梳粧	無
第十三套　皀羅袍	第二套　自來	第二套　自來
第十四套　大環著	第十一套　心肝跋	第十一套　心肝跋
第十五套　暮雲捲	第三十六套　我一身	第十九套　我一身
第十六套　四朝元　親人去	第二十四套　親人去	第二十八套　親人去
第十七套　緊板　秋思	第二十六套　金井	無
第十八套　巫山十二峯　對菱花	第十二套　對菱花	第十二套　對菱
第十九套　緊板　落潮調	第三十二套　忍下得	無
第二十套　後庭花　記相逢	第十六套　記相逢	第二十六套　記相逢
第二十一套　疊字駐馬聽　小姐聽	第十五套　爹媽聽	第二十五套　小姐聽
第二十二套　太子遊四門　爾因勢	第九套　爾因勢	第八套　爾因勢
第二十三套　普天樂　鎖寒窗	第二十一套　鎖寒窗	第二十一套　鎖寒窗
第二十四套　潮調　落緊潮花園外	第三十三套　花園外	無
第二十五套　二調北（一陣狂風）	第八套　情人去（一陣狂）	第六套　情人去
第卄六套　一封書　見爾來	第五套　見爾來	第五套　見爾來
第卄七套　潮調　聽見杜	第三十五套　聽杜鵑	無
第卄八套　十八飛花　妾身受	第四套　妾身	第一套　妾身受禁
第卄九套　大環著　父母望	第十四套　父母望	第十四套　父母望
第三十套　寡調　出漢關	第三十套　出漢關	無
第三十一套　五團美　玉簫聲	第十七套　玉簫聲	第十六套　玉簫
第三十二套　大牙鼓　落北青陽　春今卜	第六套　春今	第七套　春今
第三十三套　紅納襖　為君去	第三十八套　為君去	第十八套　為君去
第三十四套　一江風　孤棲悶	無	無
第三十五套　憶王孫　為人情	第四十套　為人情	第二十套　為人情
第三十六套　觀音讚　南海普	無	第三十套　普陀山
無	第三十九套　虧伊歷山	第二十九套　虧伊歷

《文煥堂指譜》	《琵琶指法》	《泉南玉指譜》
無	【共君斷約】（在〈春今〉的最後一節）	無
無	第十套　五更返	第拾套　五更頓

上述的指套曲目名稱，係根據各版本／抄本的目錄，體例並不一致，《文煥堂指譜》包括指套名與滾門名稱，後兩者僅為指套名稱。

(二)目前所見的指套

作者於民國六十七年之後，在台北、鹿港與台南等地的館閣訪問調查，聞聽老一輩藝師對指套曲目總數的說法，分別有42套說與45套說。由廈門的文人林霽秋編輯、刊刻於民國元年，前後歷10年才完成的6冊《泉南指譜叢編》，堪謂為南管樂譜出版史最為精緻的指譜集，其中第二至第五冊為指套集，所收錄的指套數目，如根據他給予指套的編目，計為42套，然而其中的第12、15以及29套各有兩套，因此，實際的總數為45套；而該編第一冊在指譜目錄之前，有一篇名為「泉南指詞四十二名概括」的文字，再與指套名稱相對應處，編者並給予數目編號，該篇文章為由42套指套名稱所編成，情形猶如《昇平奏指譜集》的「三拾六空皆春色」，為36套指套名稱的集合。「泉南指詞四十二名概括」如下[4]：

輕輕行 到三十六宮內，盡皆春色，盡皆春色。清早起，對菱花，惰梳粧，照見我 這形容瘦減玉肌。只為 親郎去 遠，虧伊歷山，一路行，行 出漢關，行到漢關迢迢萬里。想君去 後，想我君去後 這時無依，一陣狂風，颯颯西風 吹入，鎖寒窗，孤棲悶 坐，繡閣羅幃，記得相逢 在夢裡。見汝又來 共我攜手並肩，值這 金井梧桐 葉落時。舉起金杯 同賞月，舉起金杯同賞月，千恩萬愛，千恩萬愛，這麼歡喜。汝因勢 媒去春闈，直到 南海 普陀山諸弟子，弟子壇前 專拜請，說是春闈得意。因為歡喜，醒來都如

4　全文引自林霽秋編《泉南指譜叢編》第一冊，第39頁。

醉似癡。為君去，一更二更直到五更，長冥都不睏，那聽見玉簫聲如泣訴，又聽見杜鵑，在許花園外邊，叫春今媒返圓。我這心頭悶越添。為郎情無到邊，君恁誤我一身。嗏，虧汝父母望子，心肝跋碎亂如絲，妾身受禁不敢開聲啼，我不敢開聲唬。那恐畏爹媽嗡聽，聽見心越悲。一紙相思寄付伊，未知情郎去值去。小姐聽說，汝自來生長都伶俐，豈不知恁官人有孝義，伊怎呢會忍下得障虧心辜負汝。勸汝寬心，相共行到花亭邊，趁賞花燈，莫負春天，趁賞許花燈，只得莫負佳期。

劉鴻溝先生編輯的《閩南音樂指譜全集》也收錄該篇文章[5]，不過內容標題則更改為「指詞概括」，下方再附以說明文字「泉南指詞四十二套總名」，而該篇文字也被編入【中滾十三腔】的曲調[6]，成為一首南管曲【輕輕行】，且仍普遍地在各地南管館閣間傳唱。

透過《泉南指譜叢編》的「泉南指詞四十二名概括」，可確知南管指套的發展過程中，曲目曾有42套的時期，該指譜集實際收錄的指套數目則為45套，由菲律賓的華裔南管愛好者吳明輝所編輯的《南管指譜全集》，蒐集的指套也是45套。從寫傳與口傳的考察，可知南管指套的四十二套說或四十五套說，應為二十世紀初年始形成。

前文所引用的南管指套集，或為孤本的抄寫本，而即使刊刻的發行本，流傳的數量也極為有限。二十世紀五〇年代之後，菲律賓的南管人劉鴻溝先生所編輯出版的《閩南音樂指譜全集》，普遍地在台灣、福建、東南亞等地的南管文化圈流傳，根據個人所見，如台北市閩南樂府、鹿港雅正齋、台南市南聲社等，新進的學員都以該樂譜集作為學習的材料。《閩南音樂指譜全集》對指套曲目總數的說法，雖也引用林霽秋的「泉南指詞四十二名概括」，所蒐集的指套則為48套，而編號為三十三套者且有兩套，故實際的總數乃49套。茲將具有代表性的指套集所收錄的曲目製如下

5 參見劉鴻溝編《閩南音樂指譜全集》，第39頁。

6 南管曲【中滾十三腔．輕輕行】的樂曲，可參見張再興編輯之《南樂曲集》，第47-50頁。

之比較表：

表3-2　目前所見的南管指套比較表

《泉南指譜叢編》	《昇平奏指譜集》	《閩南音樂指譜全集》	《南管指譜全集》
首齣　請神咒	第三十六套　道教翁姨歌	第四十三套　弟子壇前道教　首齣　翁姨歌	第十一套　四空管尫姨歌
第二十二套　弟子壇	第一套　四空　二調十三腔	第一套　輕輕行首齣二調十三腔	第一套　四空管二調繡停針十三空
第三十七套　一紙書	十四套　大倍長相思	第十六套　一紙相思首齣　大倍長相思	第三十八套　五空四　管大倍長相思
第二十三套　因為歡	第三套　二調十八飛花	第三套　因為歡喜　首齣　二調十八飛花	第三套　四空管二調十八飛花
第四十二套　趁賞燈	第六套　五空　中倍外對　灘破石榴花	第六套　趁賞花燈　首齣　中倍外對灘破石榴花	第十九套　五空管中倍外對灘破石榴花
第十九套　舉起杯	三十一套　長寡戈腸腔	第三十八套　舉起金杯首齣　寡北戈腸腔	第四十三套　五空四　管大四愛寡北戈腸腔
第五套　照見我	二十七套　錦板猿餐北	第三十四套　照見我首齣　錦板猿餐北（風餐北）	第三十二套　五空管　錦板小四愛猿孱北波新鏡
第三十套　我這心	十七套　湯瓶兒過倍士	第二十八套　我只心首齣　湯瓶兒	第三十五套　七撩湯瓶兒
第十一套　這時意	第八套　中倍內對九串珠	第九套　拙時無意　首齣　中倍內對九串珠	第二十三套　五空管中倍內對秋景九串珠
第三十六套　爹媽聽	十八套　倍工玳環著	第二十套　爹媽聽　首齣　倍工玳環著	第十四套　五空管培工　金鎖玳環著
第八套　一路行	二十二套　四大對巫山十二峰珠淚合	第二十四套　一路行首齣　倍工巫山十二峰四大對珠淚合	第十六套　五空管培工巫山十二峰
第二套　清早起	十一套　中倍一江風	第十二套　清早起首齣中倍一江風	第二十五套　五空管中倍外對一江風
第四套　惰梳妝	三十二套　長寡調	第三十九套　惰梳粧首齣長寡	第四十四套　五空四　管寡北憶多嬌
第四十套　自來生	第二套　四空二調皀羅袍	第二套　自來生長首齣二調皀羅袍	第二套　四空管二調皀羅袍
第三十四套　心肝拔（心字部）	二十套　五大套玳環著	第二十二套　心肝跋碎首齣倍工玳環著	第十二套　五空管倍工金鎖玳環著起慢頭

《泉南指譜叢編》	《昇平奏指譜集》	《閩南音樂指譜全集》	《南管指譜全集》
第三十二套　我一身	十三套，山埔羊落暮雲捲	第十五套　我一身首齣山坡羊暮雲捲	第二十八套　五空管　山坡羊暮雲捲
第六套　親郎去	十二套　內對四朝元	第十三套　親人去遠首齣中倍內對四朝元	第二十二套　五空管中倍內對四朝元
第十八套　金井梧	二十八套　北調桐城歌	第三十五套　金井梧桐首齣北調桐城歌	第三十一套　五空管錦板大四愛桐城歌
第三套　對菱花	二十一套　四大對碧雲對巫山十二峰	第二十三套　對菱花首齣倍工巫山十二峰	第十五套　五空管培工巫山十二峰
第四十一套　忍下得	二十六套　錦板過潮調	第三十六套　忍下得首齣錦板過潮調	第三十四套　五空管　錦板潮陽北落培思光乍乍
第十六套　記相逢	二十三套　倍工後庭花	第二十五套　記相逢首齣倍工後庭花	第二十七套　五空管　中倍外對後庭花
第三十八套　小姐聽	第十套　外對駐馬聽	第十一套　小姐聽首齣中倍外對駐馬聽	第二十四套　五空管　中倍駐馬聽
第二十套　汝因勢	三十七套　短中滾太子遊午門	第四十四套　你因勢首齣短中滾太子遊午門	第十套　四空管短滾太子遊午門
第十三套　瑣寒窗	第七套　中倍內對古論台	第七套　鎖寒窗　首齣中倍內對古輪台普天樂又名惜落紅	第二十套　五空管中倍內對普天樂
第二十八套　花園外	四十套　蜜陽關醉蓬萊	第四十八套　花園外邊首齣潮陽春又名蜜陽關醉蓬萊	第三十七套　培思管蜜陽關
第三十八套　情郎去	三十八套　北青陽犯柳搖	第四十五套　情人去次齣北青陽（一陣狂風）	第八套　四空管二北柳搖金
第十七套　見汝來	第五套　二調一封書	第五套　見你來首齣二調一封書	第五套　四空管二調一封書
第二十七套　聽杜鵑	四十套　倍士潮調首節	第四十七套　聽見杜鵑首齣長潮陽春	第三十六套　培思管潮陽春鎖摠郎
第三十五套　妾身受	第四套　妾身受禁二調十八飛花	第四套　妾身受禁首齣二調十八飛花	第四套　四空管二調十八飛花
第三十三套　父母望	十九套　倍工玳環著	第二十一套　父母望子首齣倍工玳環著	第十三套　五空管　培工金鎖玳環著起慢頭
第九套　出漢關	三十三套　寡北南北交	第四十套　出漢關首齣寡北南北交	第四十二套　五空四　管寡北思帝鄉

《泉南指譜叢編》	《昇平奏指譜集》	《閩南音樂指譜全集》	《南管指譜全集》
第二十六套　玉簫聲	第二十四套　五空倍工五員美	第二十六套　玉簫聲和首齣倍工五員美（七幻子）	第十七套　五空管培工伍圓美
第二十九套　春今返	三十四套　大牙鼓落北青陽	第四十一套　春今卜返首齣長滾大迓鼓落北青陽	第六套　四空管長滾大牙鼓落北青陽
第二十四套　為君去	十六套　為君去小倍青納襖	第十八套　為君去首齣小倍青納襖	第四十套　五空四管小倍青衲襖
第十四套　孤棲悶	無	第八套　孤棲悶首齣中倍一江風	第二十六套　五空管中倍外對一江風
第三十一套　為郎情	十五套　大倍憶王孫過二調二郎神	第十七套　為人情首齣大倍憶王孫過二調二郎神	第三十九套　五空四　管大倍憶王孫過四空二調二郎神
第二十一套　南海讚	三十套　釋教神咒普庵咒	第三十七套　普庵咒	第四十五套　五空四　管觀音讚　寡北照山泉兆勒聲
無	無	第十四套　所見可淺首齣中倍輕杯	無
第十二套　颯西風	無	第十九套　颯颯西風首齣小倍節節高	第四十一套　五空四　管小倍節節高起慢頭
無	無	第二十七套　歎想玉郎首齣倍工醉仙子	第十八套　五空管培工醉仙子
第十五套　繡閣羅	無	第二十九套　繡閣羅幃首齣北相思	第二十九套　五空管四子北相思起慢頭
第七套　虧歷山	二十五套，四子野韻悲	第三十套　虧伊歷山首齣野韻悲	第三十套　五空管四子野韻悲
無	無	第三十一套　般奏龍顏首齣沙淘金	無
無	無	第三十二套　良緣未遂首齣竹馬兒	無
第十五套　繡閣羅	二十九套，錦板風流子	第三十三套　繡閣羅幃首齣錦板風流子	第三十三套　五空管錦板風流子滿庭芳
第二十九套　共君斷	三十五套，水車歌（外套四空全套范志新訂以代春今）	第四十二套　共君斷約首齣水車歌	第七套　四空管水車歌
第二十五套　五更長	三十九套，四空柳搖金	第四十六套　五更段首齣柳搖金	第九套　四空管二北柳搖金

上述《南管指譜全集》中的倍工，都不正確地書寫為諧音字「培工」。

㈢儀式性曲目

前文引用的南管指套集，所蒐集的曲目數量多寡雖不等，卻都相同地有兩套儀式性的曲目〈弟子壇〉與〈南海讚〉，該兩套作為南管指套的存在，係用於相關的祭祀儀式，而非整絃排場的曲目，這也顯示南管音樂除了作為通常所稱「南管人」的休閒娛樂生活節目，該文化圈的群體也以他們的音樂技藝，參與社區的宗教民俗生活。

一般皆認為〈弟子壇〉的指詞內容具有道教色彩的，實際上請神的文本為法教系統的神明，第一節之末並有吹龍角的曲調以及狀聲詞，完全與目前法教法師吹奏龍角的旋律相同：

|1—|1—|1 5 |1—|

根據台南市南聲社的館先生張鴻明的記憶，他云〈弟子壇〉用於鄉里的祭祀土地公，而並非用以祭祀道教系統的神明如三清大帝或玉皇大帝。

〈南海讚〉如以首節命名，則稱為〈普庵咒〉，〈普庵咒〉的文本為梵文的音譯，一如通常的佛教咒文。〈南海讚〉的文本描述觀世音菩薩的法力，用於佛教系統的祭祀，尤其是祭觀世音的儀式。

在南管館閣的整絃排場中，並無演奏〈弟子壇前〉或〈南海讚〉的情形。民國八十年代以來，在『民間藝術保存傳習計畫』的主導下，從事南管傳習可以獲得政府部門的經費，因此，曾出現南管音樂傳習的風潮，在該類傳習中，常見演唱〈弟子壇前〉的第三節【直入花園】的情形，傳習的藝師稱該段活潑好聽，因此將它當作曲子演唱。

二、譜

譜的曲目數量，根據流傳於南管藝人間說法，有十三套說與十六套說，如為後者，仍區別為內套13套，外套（或套外）3套。

(一)曲目組成

譜的曲目究竟為幾套？各地抄本所蒐集者並不完全一致。下文將利用曾出版的指譜集，以及古老館閣保存的抄本做一整理分析。南管譜的數目，據南管藝人於音樂生活中所稱，有十三套與十六套兩種說法，十六套說之中，藝人並區分出其中有3套屬於外套。據理解與分析，外套係相對於套內，亦即在原來的固有或已有之中，再新增入者，換言之，以口傳中的歷史知識，南管館閣對譜的形成有最起碼的看法，亦即在某一歷史時期所形成的13套曲目，其後再新創另外的3套。

曾刊刻發行的南管指譜集，如林霽秋編《泉南指譜重編》、林祥玉編《南管指譜集》、許啟章編《南樂指譜重集》、李秀清編《南樂指譜重集》、劉鴻溝編《閩南音樂指譜全集》、吳明輝編《南管指譜全集》，而較古老的館閣也都有指譜集，其中抄錄較有系統者如《昇平奏指譜集》，由知名的南管人曾省，根據泉州昇平奏已經破損的指譜集重抄。近年又發現清咸豐刊刻印行的《文煥堂指譜》，該套南管指譜集共計4冊，由胡洪波教授於3年前在台南市的玉市購得，為目前所見最古老的南管樂譜刻本。上述南管指譜集所收錄的譜，曲目數量與編輯順序互有不同，至於吳明輝編的指譜集，與劉鴻溝指譜集除了數量上少了兩套，其餘各套的編排順序則相同，因此，下列的比較表乃省略了吳明輝編的指譜集。各指譜集收錄的曲目數量、編排順序、標題名稱等，如下列的比較表，其中文煥堂與李秀清本採取數目為序，昇平奏、林祥玉、劉鴻溝等，以地支（子、丑、寅、卯……）為序，林霽秋本採取五音（宮、商、角……與金、石、土……）排序，許啟章本既以數目，且以地支排序（如：第一套子部）。

表3-3 南管譜曲目比較表

《文煥堂指譜集》	《泉南指譜叢編》	《昇平奏指譜集》	《南樂指譜重集》	《閩南音樂指譜全集》
第一套 三面	第一套 三台令	第二套 三面	第陸套譜 四腔管 三結義 一段 三台令	第二套 三台令（三面金）
第二套 五操	第二套 五湖遊	第六套 五面	第柒套譜 三結義二段五湖遊 土名五面	第六套 五湖遊（五面錢）
第三套 八面	第三套 八展舞	第十套 八面	第八套譜 三結義三段 八展舞 土名八面	第十套 八展舞（八面經）
第四套 四時景	第六套 四時景	第五套 四時景	第貳套譜 四大譜 四時景	第五套 四時景
第五套 梅花操	第七套 梅花操	第三套 梅花操	第三套譜 大四譜二段 梅花操	第三套 梅花操
第六套 百鳥歸巢	第九套 百鳥歸	第九套 百鳥歸巢	第伍套譜 四大譜四段 百鳥歸	第九套 百鳥歸巢
第七套 走馬	第八套 八走馬	第七套 走馬	第肆套譜 四大譜三段 八駿馬	第七套 八駿馬（走馬）
第八套 陽關三疊	第十一套 陽關曲	第四套 陽關	第一套譜 陽關曲	第四套 陽關曲
第九套 三不和	第十二套 三不和	第八套 三不和	第拾壹套譜 三不和	第八套 三不和
第十套 四不應	第十三套 四不應	第十二套 四不應	第壹拾貳套譜 四不應	第十二套 四不應
第十一套 四靜板	第十套 四邊靜	第十一套 四靜板	第十套譜 四靜板	第十一套 四靜板
第十二套 起手板	第五套 起手引	第一套 起手板	第九套譜 起手板 此套用起手先學因此陽關孤套列自為先	第一套 起手板
無	第四套 孔雀鳴	第十三套 孔雀展屏	第壹拾參套譜 外譜四腔管 孔雀屏	第十三套 孔雀展屏
無	無	無	第拾四套譜 四腔譜舞金蛟	外套第一 舞金蛟
無	無	無	第壹拾伍套譜 五腔管 外譜 思鄉怨	外套第二 思鄉怨

《文煥堂指譜集》	《泉南指譜叢編》	《昇平奏指譜集》	《南樂指譜重集》	《閩南音樂指譜全集》
無	無	無	第壹拾陸套譜外四腔管　尾完全章兩節　原哭鳳添敬祀郎君之用譜指用弟子壇頭套	外套第三　叩皇天
無	無	無	無	無

如以目前所見最古老的《文煥堂指譜》為據，較早出現的絃管譜為12套，標題名稱分別為：三面、五操、八面、四時景、梅花操、百鳥歸巢、走馬、陽關三疊、三不和、四不應、四靜板、起手板。隨後出現的版本或抄本，都稱絃管譜為13套，另外並有3套屬於外來或新創者，分別被稱為「外譜」或「外套」，而林祥玉的指譜集並有一套其他指譜集所無的〈大陽關〉。如以活傳統檢視，存在於當前各地館閣的譜，的確如《文煥堂指譜》所收錄的12套，這也能印證該套指譜集的傳統性。

㈡標題名稱

南管的譜屬標題式器樂，每套樂曲都有表述樂曲內容性質的標題。透過各種版本的整理與歸納，可以看出譜的標題名稱分為兩個系統，該兩系統的傳統問題，藉著口傳的語彙，則能夠將之區別為傳統標題與被更改的標題。

傳統標題，意指屬於譜的原來名稱，此一定義的主要依據，一為目前所見最古老的版本《文煥堂指譜》，該套樂譜集對目前已習稱為〈三台令〉、〈五湖遊〉、〈八展舞〉的樂曲，標題分別為〈三面〉、〈五操〉、〈八面〉，民國六十至七十年代的資深藝人，說法基本上與文煥堂本相同。標題與《文煥堂指譜》相同的抄本，計有《昇平奏指譜集》、林祥玉編輯之《南樂指譜集》，以及李秀清編輯之《南樂指譜重集》，只是後來的諸本，都稱〈五操〉為〈五面〉。此系統之標題名稱如下表：

表3-4　譜之傳統標題版本比較表

文煥堂	昇平奏	林祥玉	李秀清
第一套　三面	第二套　三面	第八套　三面	第五套　三面
第二套　五操	第六套　五面	第九套　五面	第六套　五面
第三套　八面	第十套　八面	第十套　八面	第七套　八面
第四套　四時景	第五套　四時景	第三套　四時景	第一套　四時
第五套　梅花操	第三套　梅花操	第四套　梅花操	第貳套　梅花操
第六套　百鳥歸巢	第九套　百鳥歸巢	第六套　百鳥歸巢	第四套　百鳥歸巢
第七套　走馬	第七套　走馬	第五套　走馬	第三套　走馬
第八套　陽關三疊	第四套　陽關	第七套　小陽關	第十?套　陽關
第九套　三不和	第八套　三不和	第十一套　三不和	第十套　三不和
第十套　四不應	第十二套　四不應	第十二套　四不應	第十一套　四不應
第十一套　四靜板	第十一套　四靜板	第二套　四靜板	第九套　四靜板
第十二套　起手板	第一套　起手板	第一套　起手板	第八套　起手板

上述4個版本的譜名稱，都相當一致，較為費解者，為文煥堂版本的第二套，其前後兩套各為3節、8節，分別稱為〈三面〉與〈八面〉，至於由5節組成的樂曲，根據命名的邏輯，應為〈五面〉才是，卻以〈五操〉為名。

譜的樂曲經文人蒐集並加以編輯之後，編者將其中若干套的名稱，根據自己的理解或想法予以更改，這種情形之可確知者，為林霽秋編輯之《泉南指譜重編》，他在該書的「凡例」中有云：

> 指譜章節，各定專名，免致參差重複。

在上述的想法下，林霽秋先生不但將十三套譜的名稱更改，也將所有的指套曲調另立新名。作者蒐集到的指譜集中，譜的標題有被改作的情形如表3-5，未被更名的譜只有〈梅花操〉、〈三不和〉與〈四不應〉，其餘各套的名稱，3個版本都有不同程度的更改。

表3-5 被更改標題的譜比較表

《泉南指譜叢編》	《南樂指譜重集》	《閩南音樂指譜全集》
第一套　三台令	第陸套譜　三台令	第二套　三台令（三面金）
第二套　五湖遊	第柒套譜　五湖遊	第六套　五湖遊（五面錢
第三套　八展舞	第八套譜　八展舞	第十套　八展舞（八面經）
第六套　四時景	第貳套譜　四時景	第五套　四時景
第七套　梅花操	第三套譜　梅花操	第三套　梅花操
第九套　百鳥歸	第伍套譜　百鳥歸	第九套　百鳥歸巢
第八套　八走馬	第肆套譜　八駿馬	第七套　八駿馬（走馬）
第十一套　陽關曲	第一套譜　陽關曲	第四套　陽關曲
第十二套　三不和	第拾壹套譜　三不和	第八套　三不和
第十三套　四不應	第壹拾貳套譜　四不應	第十二套　四不應
第十套　四邊靜	第十套譜　四靜板	第十一套　四靜板
第五套　起手引	第九套譜　起手板	第一套　起手板
第四套　孔雀鳴	第壹拾參套譜　外譜孔雀屏	第十三套　孔雀展屏

譜屬於標題音樂，每套有一個主標題，以總括曲趣性質，並再以副標題分別描述各章的內容。寫傳中、如上述所引用的諸版本，若干套的名稱並不一致，有些屬於名稱的簡化，如〈四時〉之於〈四時景〉，人們仍易於辨識。有些標題名稱則有較大的差異，如〈三面〉之於〈三台令〉，不知情時，或將誤判為兩套不同的樂曲，猶如不諳漢學的學者，無法分別中國古代學者的姓名之於字或號的情形。

關於南管譜曲目的總稱，除了總稱類如：南譜十三腔、十六套之外，並有四大譜之說。四大譜除以口傳方式流傳於各館閣，寫傳中也能見「四大譜」的詞彙，如許啟章版的指譜集。四大譜的標題，口語的簡稱分別為：四時、梅花、走馬、歸巢，全稱則作：四時景、梅花操、走馬、百鳥歸巢，台灣南管館閣抄本的書寫名稱皆同為此式，口語中，老一輩的南管藝人仍以此為各套樂曲的標題名稱[7]。除了上文所稱「老一輩南管藝人」之外，四大譜的標題多被稱以：四時景、梅花操、八駿馬、百鳥歸巢，據

7 老一輩絃管藝人的界定，指學術研究涉入絃管館閣初期，大約為民國七十年代前後的若干年，在此一時期年紀70歲以上的絃管藝人。

作者的考察，此一名稱之改變，應為受到印刷版的指譜集《閩南音樂指譜全集》普遍發行的影響。案：四時—四時景、梅花—梅花操，標題之些微不同屬於簡繁稱，所指的事項並無不同；至於走馬—八駿馬，原來的標題屬寫意的，籠統地描述概括性的情態，而後者則有將之明確地標題化的傾向。

譜的標題名稱差異最大者，當為將〈三面〉、〈五面〉、〈八面〉，改稱為〈三台令〉、〈五湖遊〉、〈八展舞〉，前後兩組標題所指乃相同的樂曲。在「老一輩南管藝人」的音樂生活中，皆以前一組名稱作為樂曲標題，其他的南管愛好者以及當前的城市南管活動中，幾乎已全面地引用後一組名稱。

根據版本的比較，不論採用〈三面〉組或〈三台令〉組為標題名稱，彼此的章節數目以及各章的次標題都相同，換言之，兩組的名稱純為命名法上的問題，並無關樂曲內容。據作者的考察，〈三面〉組的標題名稱係指章節的數目，此一組的各套樂章數分別為3章，5章，以及8章，亦即標題並無關樂曲的情景或意象；進一步觀察各章的次標題，三套的名稱分別為：

三面：西江月引 1.金錢經 2.大採茶 3.正雙清
五面：西江月引 1.金錢經 2.呵噠句 3.醉太平 4.番家語 5.小採茶
八面：1.西江月引 2.金錢經 3.夜遊 4.夜賞 5.夜樂 6.夜唱 7.折雙清 8.綿搭絮

從名稱的觀察，各套標題除了〈八面〉的3-6之外，前後並無連貫性，似乎為彼此無關樂曲的連綴，關於這點的依據，詳見後聞有關節次的論述。

至於〈三台令〉組的標題名稱，則將引起研究者進行不同層面的分析與解釋，〈三台令〉的標題名稱，很容易誘導研究者與唐教坊曲關係的聯想，〈五湖遊〉、〈八展舞〉則將樂曲明確地標題化，以為是描述中國五大湖或舞蹈音樂，或之間的關係，而實際上主標題與次標題之間並無任何關聯性。另一方面，〈八展舞〉也曾誘導若干學者的詮釋，謂它為一套元代的舞曲，這都是標題名稱被更改後，所產生的誤解。

第二節 2

指套的音樂

指套為器樂，其中的「指」為琵琶指法，由於為多樂章所組成，故稱為「套」。

一、文本

指套雖為器樂，樂譜則由琵琶指法譜與詞文組成，南管文化圈稱其中的詞文為「指詞」，每篇詞文都有一個表示其旋律特徵的樂曲名稱，整套樂曲的組成也有若干不同的方式。

(一)內容

以文本觀之，南管指套為長篇的敘事詩，每套都有一定的故事性，其本事來源，多為元明時期的南戲或傳奇。根據林霽秋先生的考訂[8]，茲將南管指套的故事出處製如下表：

表3-6 南管指套詞文內容出處表

本事	指套
司馬相如與卓文君	〈輕輕行〉
呂蒙正風雪破窯記	〈清早起〉
王魁負桂英	〈對菱花〉
白兔記	〈照見我〉
琵琶記	〈親人去〉、〈想君去〉、〈颯颯西風〉首章、〈因為歡喜〉第二章、〈玉簫聲〉。

8 林霽秋為清末民初的文人，性好南管，曾以10年的時間編輯出版《泉南指譜叢編》6冊，其中第2至第5冊為指套，樂譜之外，並附有文本內容出處的考訂。

本事	指套
陳三五娘	〈自來生長〉第三節【紗窗外】、〈惰梳妝〉、〈颯颯西風〉第2-3章、〈鎖寒窗〉、〈金井梧桐〉、〈聽杜鵑〉、〈花園外邊〉、〈共君斷約〉、〈我只心〉。
昭君和番	〈妾身受禁〉、〈出漢關〉。
朱盤傳	〈見汝來〉、〈舉起金杯〉、〈心肝跋碎〉。
留鞋記	〈趁賞花燈〉
劉晨阮肇入天台	〈虧伊歷山〉
雲英行	〈一路行〉、〈因為歡喜〉第一章。
楊貴妃	〈繡閣羅幃〉
玉簪記	〈記相逢〉
雪梅教子	〈汝因勢〉首章、〈春今卜返〉。
壽昌尋母	〈汝因勢〉第2-5章
西廂記	〈五更段〉、〈小姐聽〉
王煥蘇盼奴	〈為人情〉
青樓記	〈我一身〉、〈自來生長〉
玉真行	〈父母望子〉
彩樓配	〈爹媽聽〉第一章、〈忍下得〉
寒冰寫書	〈一紙相思〉

如果我們根據詞文的出處立論，將發現南管指套的歷史將無法與唐宋時期的音樂聯繫，而為較晚出的元明時期。

㈡指套命名

一般言之，每一首樂曲都有專名，以便於人們學習或欣賞，至於樂曲的命名方式，隨著音樂傳統而有差異，歐洲藝術音樂的樂曲命名最為完備，通常都包括該首作品的總編號序、樂曲體裁、該作品在該類體裁的序號、音律特徵等，以貝多芬的交響曲類作品為例，其中命運交響曲的完整標示為：貝多芬第五號交響曲、c小調、作品第67號（op.67）。

南管音樂屬於漢人社會的藝術音樂，通常都被認為流傳於文人階層，相較於其他樂種，樂曲的命名可謂最為完備，每套指套都有編號序，而可能出自指套的創作者都已經佚名，指套的編號乃由蒐集者根據自己的理解予以排序，以較具代表性的南管指套版本為例，未有兩個不同版本的編號相同者：《文煥堂指譜》刊刻於1857年，《琵琶指法》抄寫於1846年，《昇平奏指譜集》由曾省先生於1935年根據泉州昇平奏的古老抄本重新抄謄，《泉南指譜重編》由林霽秋於1912年編輯刊刻，《閩南音樂指譜全集》由劉鴻溝於1953年編輯出版。茲將上述5個指套集對指套的編號情形比較如下表：

表3-7　南管指套編號比較表

《文煥堂指譜》	《琵琶指法》	《昇平奏指譜集》	《泉南指譜重編》	《閩南音樂指譜全集》
第一套　十三腔輕輕行	第一套　輕輕行	第一套　輕輕行	第一套　輕輕行	第一套　輕輕行
第二套　長相思一紙相	第三十七套　一紙相思	十四套　一紙相思	第三十七套　一紙書	第十六套　一紙相思
第三套　十八飛花因為歡	第三套　因為歡	第三套　因為歡	第二十三套　因為歡	第三套　因為歡喜
第四套　灘破石榴花	第十九套　趁賞花燈	第六套　趁賞花	第四十二套　趁賞燈	第六套　趁賞花燈
第九套　大環著	第十五套　爹媽聽	十八套　爹媽聽	第三十六套　爹媽聽	第二十套　爹媽聽
第十套　巫山十二峰	第十三套　一路行	二十二套　一路行	第八套　一路行	第二十四套　一路行
第十一套　一江風	第十八套　清早起	十一套　清早起	第二套　清早起	第十二套　清早起
第十三套　皂羅袍	第二套　自來	第二套　自來生	第四十套　自來生	第二套　自來生長
第十四套　大環著	第十一套　心肝跋	二十套　心肝跋	第三十四套　心肝拔	第二十二套　心肝跋碎
第十八套　巫山十二峯　對菱花	第十二套　對菱花	二十一套　對菱花	第三套　對菱花	第二十三套　對菱花
第二十一套　疊字駐馬聽　小姐聽	第二十二套　小姐聽	第十套　小姐聽	第三十九套　小姐聽	第十一套　小姐聽
第廿八套　十八飛花　妾身受	第四套　妾身	第四套　妾身受	第三十五套　妾身受	第四套　妾身受禁
第廿九套　大環著父母望	第十四套　父母望	十九套　父母望	第三十三套　父母望	第二十一套　父母望子

《文煥堂指譜》	《琵琶指法》	《昇平奏指譜集》	《泉南指譜重編》	《閩南音樂指譜全集》
第三十一套　五團美　玉簫聲	第十七套　玉簫聲	第二十四套　玉簫聲	第二十六套　玉簫聲	第二十六套　玉簫聲和
第三十三套　紅納襖　為君去	第三十八套　為君去	十六套　為君去	第二十四套　為君去	第十八套　為君去

指套命名最重要的部分為指套名稱，各個版本都以第一節文本開頭的字串作為指套名稱，總體觀之，所用的字串多為3字或4字，也有2字的情形。如徵之以活傳統，口語上，南管文化圈對指套的命名，大都省略為兩字，如〈一紙相思〉口語多說為〈一紙〉，〈趁賞花燈〉為〈趁賞〉，〈對菱花〉為〈對菱〉，〈春今卜返〉為〈春今〉等。如同譜的標題有被刊刻編輯者更改的情形，由林霽秋編輯出版的《泉南指譜叢編》，每套指套除了以前數字作為名稱，他也另立新的名稱，如〈一紙相思〉為「寫心」，〈春今卜返〉為「斷織」，所立的新名乃根據文本的故事性。

除了總名，寫傳與口傳上，指套的各個章節仍有標題名稱，而該名稱也取自文本的首句，以〈一紙相思〉言之，該套計有3節，各節的名稱分別為：一紙相思、二個、出庭前，〈春今卜返〉計有5節，標題分別為：春今卜返、啟公婆、聽機房、我為乜、孫不肖。

㈢曲調系統

目前所見的南管指套共計48套，描述相同故事者且有多套，如陳三五娘故事即有〈我只心〉等9套，然而各套的詞文內容都不相同，未有互相重複引用詞文的情形。每套指套由若干段落組成，段落的單位，南管文化圈較習慣的說法為「節」，偶也以「章」為稱。民國以來刊刻出版的南管指套集，如林霽秋編之《全南指譜叢編》，或劉鴻溝編輯之《閩南音樂指譜全集》，都將指套的各個段落標示為「齣」。今所見最早的指套刊本《文煥堂指譜》，或抄本《琵琶指法》，尚未見標示區別段落的名稱。至於流傳於台灣各地南管館閣間的指套集，指套的段落都以章或節作為標示。以寫傳加上南管藝人間的語彙，作者認為將指套的各個段落稱為節，應較妥當且一致。

每節指套的樂曲，都有一曲調名稱，如〈一紙相思〉的3節名稱依序為：大倍長相思、長玉交枝、寡北，該一曲調系統的總稱，南管文化圈稱之為門頭或滾門。48套指套的總數將近150節，並非每節都為不同的門頭，彼此之間有同用的情形，其中拍法屬於七撩拍的樂曲，多數曲調名稱之前皆冠有表示音樂型態特徵的詞彙，該類詞彙計有：二調、中倍、大倍、小倍、倍工，如下表所示，對應節次欄位為「略」者，表示該節次的門頭非七撩拍，故予以省略，對應節次空格取消者，表示無該些節次，例如〈輕輕行〉只有3節，餘類推。

表3-8　七撩的南管指套表

節次 / 指套名	節次			
	第一節	第二節	第三節	第四節
輕輕行	二調繡停針	二調西江月	略	
自來生長	二調皂羅袍	二調一封書	略	
因為歡喜	二調十八飛花	略		
妾身受禁	二調十八飛花	略		
見汝來	二調一封書	略	略	
趁賞花燈	中倍攤破石榴花	中倍白芍藥	略	略
鎖寒窗	中倍古輪台	中倍怨王孫入醉相思		
拙時無意	中倍九串珠	略		
小姐聽	中倍駐馬聽	中倍	略	
清早起	中倍一江風	略	略	
孤棲悶	中倍一江風	略		
想君去	中倍七犯望商人	中倍漁父第一落野猿餐		
親人去	中倍四朝元	中倍落北相思		
所見可淺	中倍輕杯	倍工疊字雙過雙閨	略	
我一身	山坡羊暮雲捲	中倍石榴花落野韻悲		
一紙相思	大倍長相思	略	略	
為人情	大倍憶王孫過二調二郎神	略	略	
颯颯西風	小倍節節高	大倍水底月落玉交枝	略	
為君去	小倍青納襖	大倍水底月落望遠行		
爹媽聽	倍工玳環著	風入松落麻婆子		
父母望子	倍工玳環著	略	略	

指套名＼節次	節次			
	第一節	第二節	第三節	第四節
心肝跋碎	倍工玳環著	倍工玳環著	略	略
對菱花	倍工巫山十二峰	略	略	
一路行	倍工巫山十二峰	略	略	
記相逢	倍工後庭花	略	略	略
玉簫聲	倍工五員美	生地獄入沙淘金	略	
嘆想玉郎	倍工醉仙子	倍工醉仙子落醉相思		

根據上表，屬於二調的曲調計有：繡停針、西江月、皂羅袍、一封書、十八飛花，這種情形有如南北曲的曲牌，每個曲牌名稱的完整表示法為，曲牌名稱之前冠以宮調名，如：黃鐘宮醉花陰、仙呂宮點絳唇、南呂宮一枝花等。

指套門頭名稱所表示的樂曲特徵具有程式性，凡是曲調名稱前冠有：二調、中倍、大倍、小倍、倍工者，都屬於七撩拍的緩慢樂曲，至於曲調名稱如以「長」字為頭者，則為三撩拍的樂曲，屬於三撩拍的指套如下，表中標示以「略」者，指非三撩拍的樂曲：

表3-9　三撩拍的指套表

指套＼節次	節次			
	第一節	第二節	第三節	第四節
輕輕行	略	略	長滾鵲踏枝	
自來生長	略	略	長滾越護引	
因為歡喜	略	長綿搭絮		
見汝來	略	長滾大迓鼓	略	
一紙相思	略	長玉交枝	略	
對菱花	略	長綿搭絮	略	
一路行	略	長綿搭絮落一番身	略	
我只心	略	長潮陽春	略	略
聽見杜鵑	長潮陽春	長潮陽春	長潮陽春	
為人情	略	長滾過陽春七巧圖	略	

南管指套的音樂與南北曲相同，為以若干門頭為基礎之套用，如七撩拍的【二調・十八飛花】用於〈因為歡喜〉與〈妾身受禁〉，【倍工・玳環著】用於〈爹媽聽〉、〈父母望子〉、〈心肝跋碎〉，三撩拍的【長・潮陽春】用於〈我只心〉、〈聽見杜鵑〉，【長・綿搭絮】用於〈對菱花〉與〈一路行〉。

二、樂曲體裁

為了便於描述，本文所稱「樂曲」為指套的單一章節，如欲稱指套的整體，則稱為聯套。每篇樂曲雖皆由詞文與曲調組成，實際上詞文僅存在於寫傳，或學習的階段，展演時則僅為曲調的呈現，亦即屬於器樂而非歌樂。

㈠單一門頭

指套的樂曲，主要為以單一門頭所形成，如〈一紙相思〉構成首節的曲調為【大倍長相思】，第二節的曲調為【長玉交枝】，第三節為【寡北】，其中第三節的樂曲全長147小節，根據旋律的組成，茲將詞文分段如下：

出庭前，忽聽見叮叮噹噹鐵馬聲響。
攪得阮只處新愁舊恨，阮只心腸都來交併。
又聽見南來有一孤雁，在許天邊聲嘹嚦。

雁，你因何不代阮掠書傳乞我，我君伊有一封書信來。
亦免得阮朝思暮想，阮今冥日只處思量，愛卜見，見君阮今無因由。

楚台風，庾樓月，行雲縹緲，都來為阮傷情。
幾對寒鴉幾墜夕陽。

傷情，深恨阮情人伊都未肯返來家鄉。

鴛鴦群本成雙，今來拆散在西東，虧得阮守只空房，空房青清只處悶煞人，叵耐冤家，冤家值去，你障貪富貴，不念當初共你恩愛情重。
氣煞人，悶煞人，值時解得阮只心頭鬆，值時解得阮只心頭鬆。

4段的長度頗為均勻，如下表所示：

表3-10 【出庭前】樂曲組成表

第一段：40小節	a1-1：18小節	a1-2：13小節	a1-3：9小節	47字
第二段：27小節	a2-1：16小節	a2-2：11小節	——	47字
第三段：40小節	a3-1：19小節	a3-2：9小節	a3-3：12小節	39字
第四段：40小節	b1-1：16小節	b1-2：9小節	b1-3：15小節	76字

以樂曲的篇幅言之，南管指套多相當長，以上述的【出庭前】為例，整個章節文本的字數共計209字，演奏時間約須17分鐘，不論篇幅或展演時間，都相當於一齣崑曲，以《牡丹亭》的〈遊園〉為例，該齣戲的曲牌計有【遶池遊】、【步步嬌】、【醉扶歸】、【皂羅袍】、【好姐姐】、【尾聲】，曲詞總計267字，整齣戲的表演時間，包括身段動作、說白、唱腔，根據中國崑劇藝術團、江蘇崑劇藝術團，或浙江崑劇藝術團的演出[9]，皆為18分鐘左右。

㈡過曲與集曲

由兩個不同門頭組成的樂曲，稱為過曲，樂曲名稱包括兩個門頭，如〈鎖寒窗〉的第二節為【中倍怨王孫入醉相思】，該節樂曲的前段為【中倍怨王孫】，隨後轉入【醉相思】；〈我一身〉第二節為【中倍石榴花落

9 3個崑劇藝術團曾於1990年代在台北市新舞台演出，實況錄影並由國立傳統藝術中心出版。

野韻悲】，前段的曲調為【中倍石榴花】，隨後轉入【野韻悲】；〈為人情〉的第一節為【大倍憶王孫過二調二郎神】，前段曲調為【大倍憶王孫】，隨後轉入【二調二郎神】。

集曲為由3個以上的門頭所組合成的新門頭，這種方式組合成的樂曲，都給予門頭新的命名，門頭最前面的字串通常都為數字，該一數字即表示所組合的門頭數，例如〈對菱花〉或〈一路行〉的首節【巫山十二峰】，為12個門頭的組合：一江風、駐馬聽、九串珠、暮雲捲、玳環著、水底月、黑麻序、風霜不落葉、白芍藥、石榴花、五節樽、誤佳期[10]。

㈢慢頭與慢尾

慢頭與慢尾係以拍法特徵命名，其中的「慢」，指拍法散漫不規律，這類樂曲如出現於指套的開始處，稱為慢頭，如用於指套的最後面，稱為慢尾，而如果用於指套的中間，則稱為破腹慢。

三、音樂特色

指套屬於小型樂隊編制的器樂，從音響的層面言之，每套的色彩並無明顯差異，實際上仍有音樂型態方面的特點。

㈠音階與調式

南管指套為固定調音樂，每套樂曲都有一定的律高，音階的總稱為管門，也可以稱為管色。用於指套的管門計有4個：倍士管、五孔管、五孔四仪管、四孔管，4個管門音階所使用的譜字相同地為工六士一仪，其中的基礎音工，為洞簫的全閉音，該音的音高相當於鋼琴中央c上方的d音。南管指套4個管門的音階如下表：

10 組成【巫山十二峰】的12個門頭，引自劉鴻溝編《閩南音樂指譜全集》，第138-142頁。

表3-11　指套管門音階表

音高符號		工	六	士	一	仪	說明
倍士管	律高	re	mi	fa#	la	si	以工為主音，相當於D調音階。
	固定唱名	2	3	4#	6	7	
	首調唱名	1	2	3	5	6	
	音階組織	宮	商	角	徵	羽	
五孔管	律高	re	mi	sol	la	si	以士為主音，相當於G調音階。
	固定唱名	2	3	5	6	7	
	首調唱名	5̣	6̣	1	2	3	
	音階組織	徵	羽	宮	商	角	
五孔四仪管	律高	re	mi	sol	la	do	以仪為主音，相當於C調音階。
	固定唱名	2	3	5	6	1̇	
	首調唱名	2	3	5	6	1̇	
	音階組織	商	角	徵	羽	宮	
四孔管	律高	re	fa	sol	la	do	以六為主音，相當於F調音階。
	固定唱名	2	4	5	6	1̇	
	首調唱名	6̣	1	2	3	5	
	音階組織	羽	宮	商	角	徵	

除了上述4個管門，指套〈妾身受禁〉第一節的第一個樂段「妾身受禁在冷宮，仔細思量氣上心」，該套指的管門為四孔管，前兩句所形成的樂段中，「一」音較通常的一音高半音，由於該套指詞的內容描述王昭君受毛延壽陷害的故事，故該音乃被稱為「毛延壽一」。有些研究將〈妾身受禁〉的管門，稱為毛延壽管並不正確，由於「毛延壽一」只用於前面兩句，在「恨煞延壽巧寫丹青」之後，就不再使用「毛延壽一」，而是通常的一音。

指套的每個門頭都有固定的管門，情形相同於南北曲每個曲牌都有一定的宮調的情形，指套門頭所屬的管門如下表：

表3-12　指套門頭與管門關係表

倍士管	長潮陽春、潮陽春、望吾鄉
五孔管	中倍、倍工、相思引、疊韻悲、竹馬兒、錦板

五孔四仪管	大倍、小倍、長玉交枝、寡北
四孔管	二調、長滾、北青陽、青陽疊、柳搖金、水車歌

㈡拍法與速度

拍法為樂曲節拍韻律強弱的週期，指套的拍法分為規律式拍以及非規律式拍，規律式拍法計有：七撩拍、三撩拍、一撩拍、疊拍，非規律式拍法以使用於樂曲位置的不同，分別稱為慢頭、慢尾，拍法的相關介紹，參閱第四節「樂譜的特徵」。

用於指套中的各個門頭，都有一定的拍法，凡是屬於二調者，如【繡停針】、【皂羅袍】、【十八飛花】，拍法都相同地為七撩拍，茲將指套中的門頭與拍法的關係製如下表：

表3-13　指套門頭與拍法關係表

七撩拍	二調、中倍、大倍、小倍、倍工
三撩拍	長滾、相思引、長玉交枝、長綿搭絮、疊韻悲、竹馬兒
一撩拍	北青陽、水車歌、柳搖金
疊　拍	青陽疊、柳搖疊、寡疊、錦板疊、風潺疊、緊潮

從門頭名稱也能輕易地辨識拍法特徵，凡是門頭的首字為「長」者，都為三撩拍，最後一字為「疊」，或首字為「緊」者，拍法都相同地為疊拍。

南管文化圈並無樂曲速度的語彙，而實際上每套指套都有極為明確的速度，演奏者對速度的詮釋依據為拍法，拍法越小速度越快，反之則越慢，凡是屬於疊拍的門頭，速度都相同地為稍快，七撩拍的門頭速度則極為緩慢。

㈢音色與頓挫

南管指套雖為器樂，所使用的門頭其實相同於演唱的曲，除了少數的例外，音域多與人聲相同，約為12度，故指套可稱為歌唱式器樂，而譜則為標題式器樂，其音域則較為寬廣，且有專門用於樂器的演奏法。

指套的音域中等，多數都僅使用樂器的中段音區，極高或極低的音很少使用，由於使用的音域適中，故各套指套的音色頗為一致，以音響較為突出的洞簫聲部為例，多為中音區圓潤的音色，而無尖銳刺耳的聲音，或軟弱無力的低音。琵琶的情形亦然，所彈奏者多為第一絃（子線），第四絃與第三絃基本上只作為甲線指法時才彈奏，因此之故，各指套琵琶聲部的音色也頗為一致。至於二絃與三絃的情形，二絃的音量細微，它的聲部基本上為融入洞簫的聲部；三絃的音色較為鬆弛無力，因此，它的聲部基本上都為琵琶所掩蓋。

南管指套雖有48套，總計約150節（或樂章），由於琵琶、三絃、洞簫、二絃皆從頭至尾無間斷地演奏，而無交錯使用，如歐洲藝術音樂的管絃樂法，音量方面無極強或極弱的變化，曲調的律動大體上也相當平穩，故從音樂音響的觀點言之，所有指套的音樂多平靜無奇，每予包括歐洲藝術音樂或通俗音樂的愛好者以單調沈悶之感。作者的音樂技術背景為通稱的西樂作曲，民國六十七年開始學習南管，頗長的一段時間以欣賞者的角度面對指套，心情上也覺得指套沈悶單調，在學習樂曲的彈奏技巧後，逐漸能掌握音樂，隨著對樂曲熟悉度的增加，進而能感知指套在平靜沈穩中的音樂特點。

根據個人的經驗，音律方面指套雖分為四孔管、五孔管、五孔四仪管、倍士管，管門的不同對指套色彩所造成的差異實際上極小，例如〈一紙相思〉與〈趁賞花燈〉，前者為五孔四仪管，後者為五孔管，樂曲的色彩仍頗相同。能讓樂曲之間產生較明顯的色彩區別者為拍法，亦即隨著拍法疏密的速度變化，所產生韻味頓挫的變化較為明顯，以同一指套為例，〈一紙相思〉的首節為七撩拍，速度極為緩慢，以南管文化圈習稱的「一紙頭」為例，其長度只有4小節，演奏時間則約須3分30秒，這類樂曲的單調可想而知；該套的第三節〈出庭前〉轉為一撩拍，相較於歐洲藝術音樂或通俗音樂，它速度仍為緩慢，然而對南管指套而言已屬中等速度。由於樂曲速度較明顯的前進感，故已能感知頓挫的疏密變化，如下譜例所示，琵琶與三絃樂譜音符上的符號「//」，表示該音為撚指，須以快速的點挑指彈奏，琵琶譜音符下方的符號「＋」，表示甲線指法。三絃聲部的記譜看似複雜，它的旋律與指法都相同於琵琶，只是彈出的時間須在琵琶之後，本分析譜中的三絃為理論性彈法的記譜，由於彈奏三絃者對樂曲常不熟悉，故實際的演奏常非如下述樂譜標示之準確。

指套慢拍類音色頓挫分析
〈出庭前〉第一節

鹿港鎮雅正齋
1979年

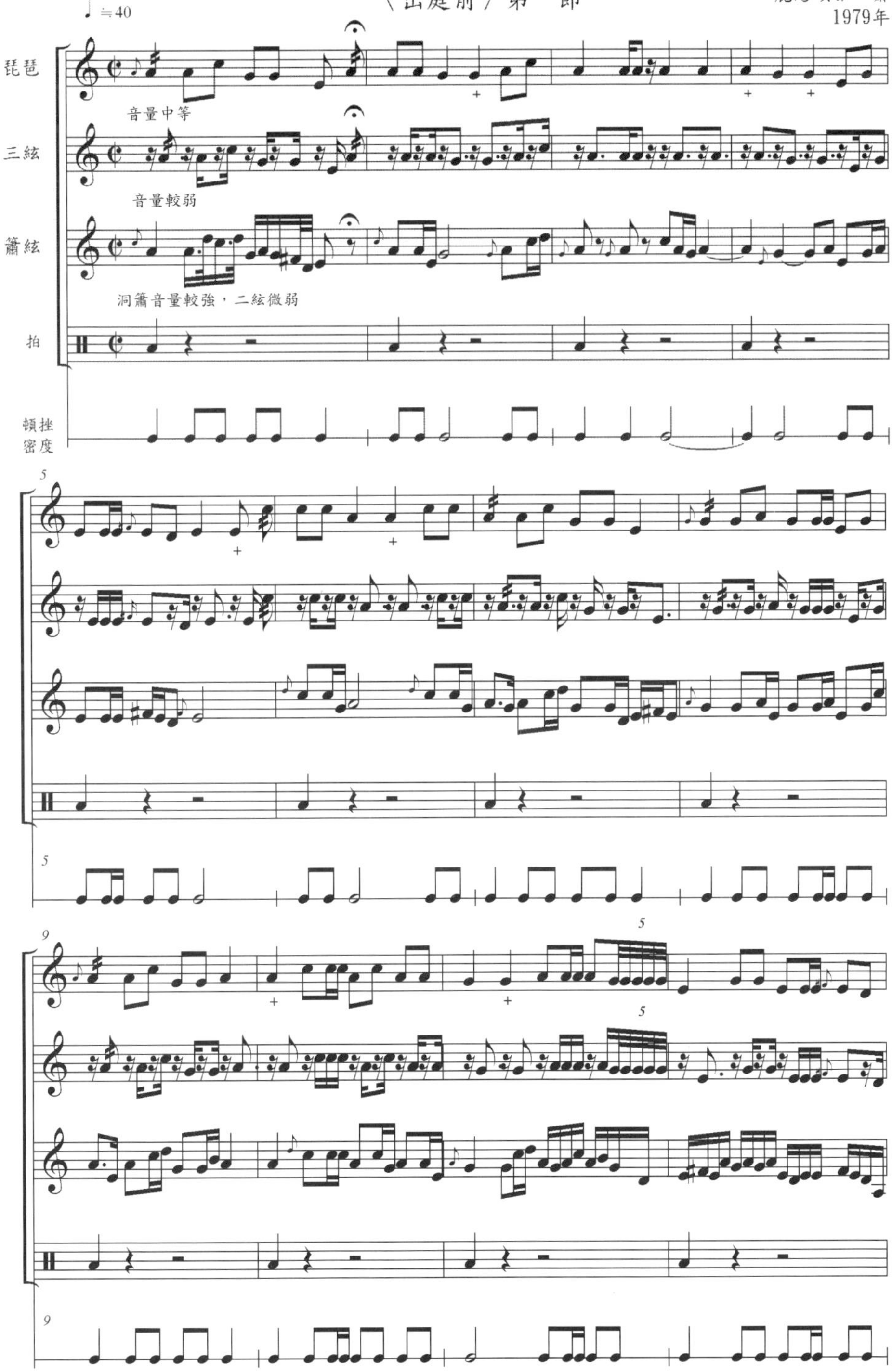

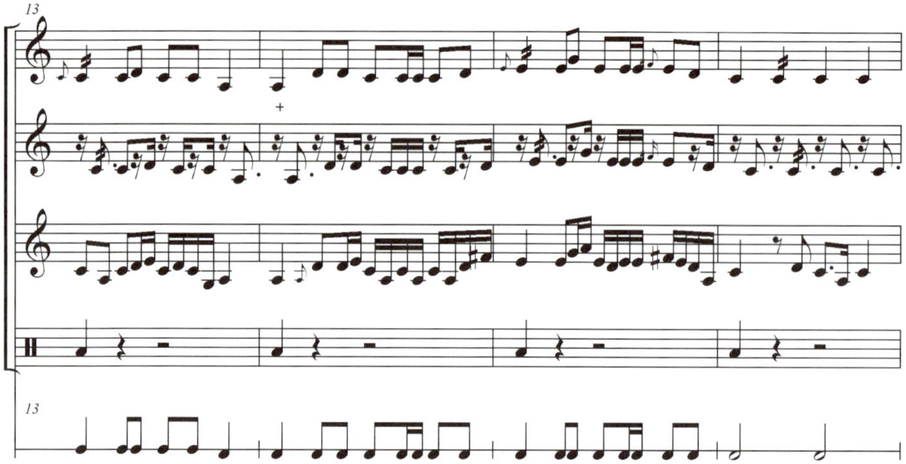

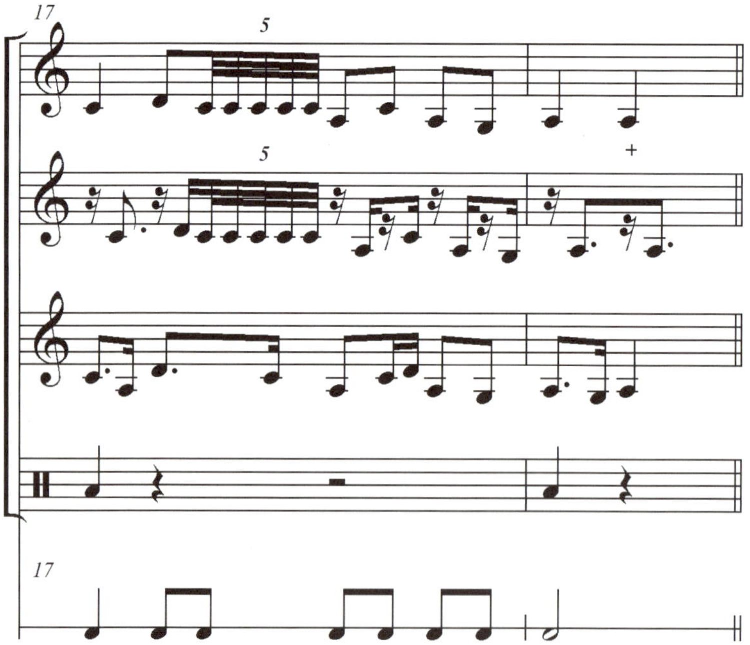

（下略）

拍法屬疊拍的指套，皆屬南管文化圈所稱的「指尾」，亦即指套的後面章節，由於拍法為疊拍的緣故，雖然其絕對速度仍屬於歐洲藝術音樂的行板，然而已屬於南管指套最快速的樂曲，這類樂曲的琵琶指法最為繁複，故頓挫密度相當高，雖然整體音樂音響與七撩拍、三撩拍或一撩拍的樂曲並無差異，頓挫方面卻充滿變化，如下例〈春今卜返〉的第五節【孫不肖】：

指套快拍類音色頓挫分析

〈春今卜返〉第五節

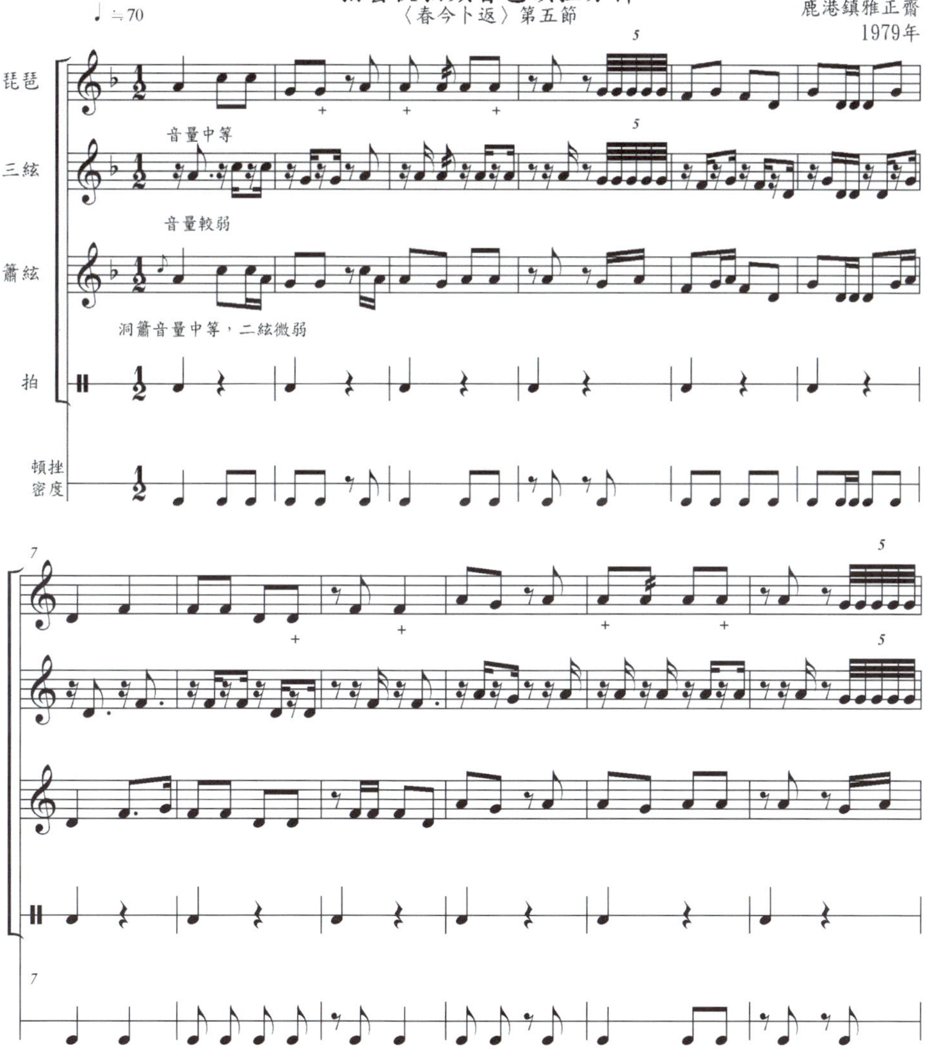

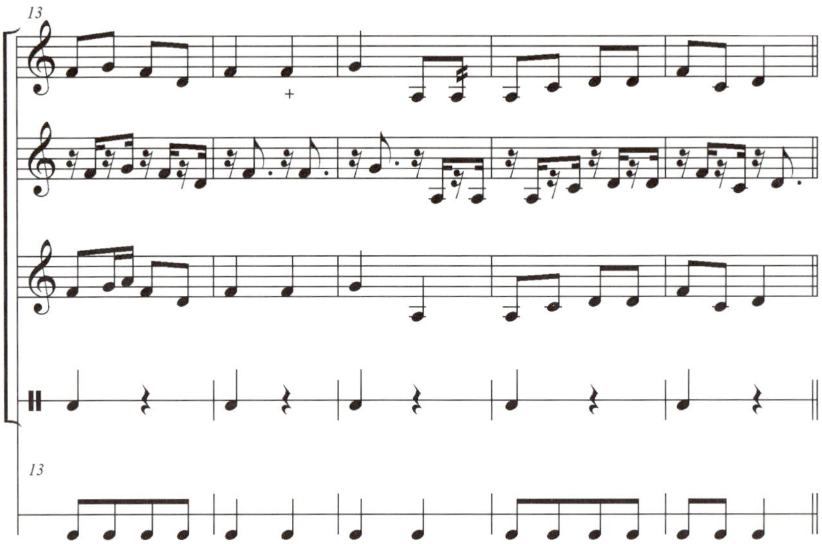

（下略）

第三節

譜的音樂結構

南管譜屬於絲竹類的器樂，由多樂章組成，茲將它的音樂結構特徵簡述如下：

一、音樂型態

指譜雖同屬南管的器樂，音樂型態則有若干不同，尤其在音階與旋律的音域方面。

(一)管門

目前都已習慣稱絃管的4個管門為五孔管、四孔管、五孔四仪管、倍士管，其中五孔四仪管也稱為五六四仪管，此說法的寫傳可以劉鴻溝編的《閩南音樂指譜全集》為代表。林霽秋版的十三套譜管門，則標註為五腔管、四腔管、倍士管，劉鴻溝版標註為五六四仪管的〈四不應〉，林霽秋版則標記為四不應管。許啟章版與林霽秋版的名稱相同，至於林祥玉版則以簡略的方式書寫為四空、五空、倍思。此外，〈起手板〉的第五節【花玉蘭】，劉鴻溝版所標記的管門為倍士正乂管，其他版本並無此標示。綜此，上述諸版本所標記管譜的管門名稱如下表：

表3-14　絃管譜之管門名稱比較表

林霽秋本	曾省本	林祥玉本	許啟章本	劉鴻溝本
四腔管	四空	四空	四腔管	四空管
五腔管	五空	五空	五腔管	五空管
倍士管	倍士	倍思	倍思管	倍士管
四不應管	五空四仪			五六四仪管
				倍士　正乂管

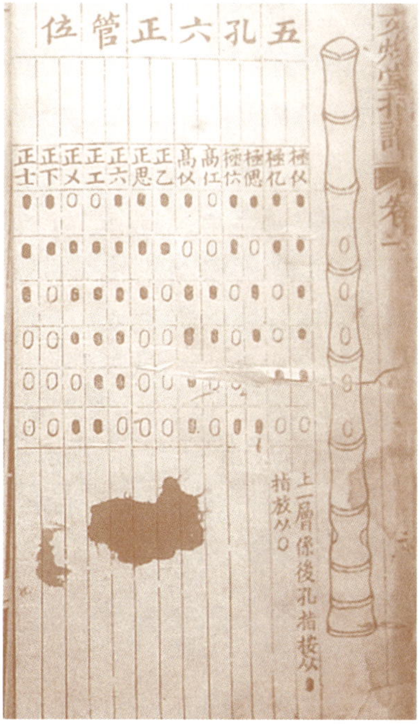

上述管門中的「空」與「腔」雖為異文，口語皆相同地為khang，「腔」字並非讀它的本音khiang，這種情形在絃管的滾門也有相同的例子，如【中滾十三腔】。按管門中的khang，意指洞簫的孔位，不同管位欲吹奏出不同的音階，關鍵在於洞簫須有不同的指法，亦即閉孔或放孔。《文煥堂指譜》的出現，為我們解決了絃管的不同管門名稱，係依據來自洞簫的不同按放孔，根據該指譜集的「五孔六正管位」圖，所標示的洞簫音位圖，如圖右所示，符合目前所稱的五孔管洞簫指法，因此，以該指譜集為基礎，目前絃管文化圈所稱

的五khang管、四khang管、五khang四仪管，符合音樂理論的名稱應為：五孔管、四孔管、五孔四仪管。

同宮的管門　同宮的管門，指不同均的音階形式皆相同。均，亦稱勻或韻，作為音樂的專有名詞時指音階，該詞普遍地運用於隋唐時期的音樂文獻，如《隋書・音樂志》[11]：

> 先是，周武帝時有龜茲人蘇祇婆，從突厥皇后入國，善胡琵琶，聽其所奏，一均之中，兼有七聲……譯因習而彈之，使得七聲之正。然就此七調，又有五旦之名，旦作七調，以華言譯之，旦者則謂均也，其聲亦應黃鐘、太簇、林鐘、南呂、姑洗，五均已外，七律更無調聲。譯遂因其所捻琵琶絃柱，相飲為均，推演其聲，更立七均，合成十二以應十二律。

以音域論之，均通常指一個八度內的音列，如上文所云「一均之中兼有七聲」，意為一個八度之內有7個音，即：宮—商—角—變徵—徵—羽—變宮。在音樂的實踐中，一首樂曲的音域如達於2或3個八度，此時，不同音區或不同均的音階形式仍相同，亦即所謂的同宮，例如歐洲藝術音樂中的一首鋼琴作品如為C大調，從左手於低音區到右手高音區的彈奏，除非轉調，否則音階形式不變，所彈奏者都為白鍵。

用於絃管譜的管門，不同均皆為同宮者，計有倍士管與五孔四仪管，該兩管門所對應的律高與唱名如下表，本文表示音高的符號，乃採用劉鴻溝《閩南音樂指譜全集》的音符記號：

表3-15　倍士管音階唱名對照表

音高符號	𪜶	𫆂	甩	下	乂	工	六	士	一	仪	仜
律高	re	mi	fa#	la	si	re	mi	fa#	la	si	re
唱名—低音區	宮	商	角	徵	羽	宮					
唱名—中音區						宮	商	角	徵	羽	宮

11　引自《隋書音樂志》卷14第34-35。

以洞簫全閉音為基準，倍士管第一均與第二均的音階同為D-宮。

表3-16　五孔四仪管音階唱名對照表

音高符號	芏	芖	电	下	乂	工	六	士	一	仪	仜
律高	re	mi	sol	la	do	re	fa	sol	la	do	re
唱名—低音區	商	角	徵	羽	宮	商					
唱名—中音區						商	角	徵	羽	宮	商

以洞簫全閉音為基準，五孔四仪管第一均與第二均的音階同為D-商。

不同宮的管門　不同宮，指高八度或低八度的音階形式不同於中音區的音階，這種情形分別見於五孔管與四孔管。五孔管中，中音均與高音均的主音相同地為士，亦即以士為宮，低音均則以乂為宮，如下表：

表3-17　五孔管音階唱名對照表

音高符號	芏	芖	电	下	乂	工	六	士	一	仪	仜	伬	仕	亻一	议
律高	re	mi	sol	la	do	re	mi	sol	la	si	re	mi	sol	la	si
唱名—低音區	商	角	徵	羽	宮	商									
唱名—中音區						徵	羽	宮	商	角	徵				
唱名—高音區											徵	羽	宮	商	角

五孔管的中音均與高音均同為徵調音階，主音在G，低音均則為商調音階，主音在C。四孔管則恰相反，低音均與中音均的主音相同地為六，亦即以六為宮，高音均的主音則轉為仪，此時原來的主音六，已經變成第三音角，如下表所示：

表3-18　四孔管音階唱名對照表

音高符號	芏	芖	电	下	乂	工	六	士	一	仪	仜	伬	仕	亻一
音階	re	fa	sol	la	do	re	fa	sol	la	do	re	mi	sol	
唱名—低音區	羽	宮	商	角	徵	羽	宮	商	角	徵	羽			
唱名—中音區						羽	宮	商	角	徵	羽			
唱名—高音區									羽	宮	商	角	徵	羽

四孔管低音均與中音均同為D-羽的音階，主音為F，高音均則為D-商音階，主音為C。

㈡調式

絃管文化圈或學術界，每喜言絃管擁有悠久的歷史，其依據多為樂器形制與樂曲名稱，從樂曲的本體如調式的結構觀之，絃管譜所呈現的複雜調式結構，則又顯示該部分的樂曲約於十九世紀中葉之後仍不斷地發展演變。

同宮之五音調　五音音階為漢族各樂種或劇種所習用，故漢族多數傳統樂曲常為五音音階的調式，如北管古路戲的【平板】，或京劇【西皮原板】為五音音階宮調式，台灣靈寶派道教的【步虛】調為五音音階的商調式，而崑曲中的南曲，一律都為五音音階的調式，並無例外。絃管為漢族傳統音樂的一支，譜所使用的音階，多數仍為五音音階，不同曲目之音律高低與調中心音，則有實際上的區別，因此，形成了不同的五音音階調式。

絃管譜屬於五音音階調式的第一類，為同宮的五音調式，以宮音為調中心音、管門為四孔管者，計有〈三不和〉的第一節至第五節，其調式為F-宮調，管門為五孔管者，為〈梅花操〉第三至五節，其調式為G-宮調，管門為倍士管的〈陽關三疊〉，根據《文煥堂指譜》，全套皆為D-宮調，管門為五孔四仪管的〈四不應〉，如以原來的管門演奏，為A-羽調，如以移調的方式演奏，則為G-羽調。

實際上今所演奏的〈陽關三疊〉，由於打線指法的運用，打線乂指法所彈出的音有兩個，除了本音（乂），扠的律高比本音高兩律，形成了六音音階的調式：

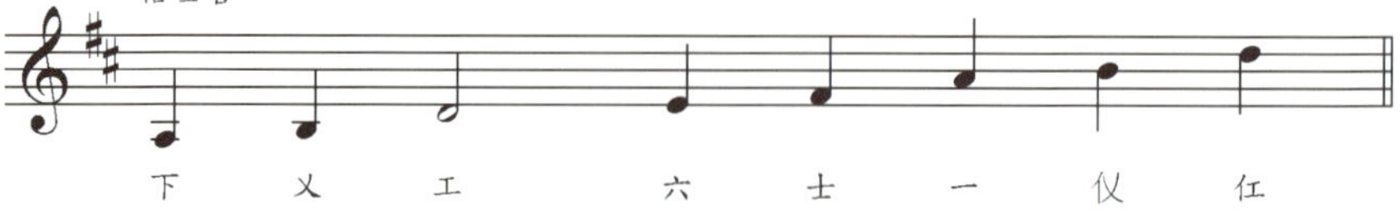

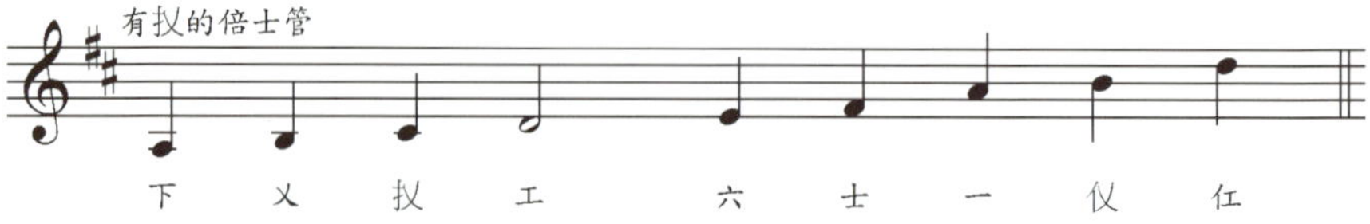

打線指法貫穿全套〈陽關三疊〉，且已經成為各館閣的常態演奏手法，故該裝飾性指法所產生的第六音，亦即音階的第七級音並無法被忽略，使得原屬純粹五音D-宮調式的〈陽關三疊〉，調式方面已經產生了色彩的改變，而為六音音階，或以第七級音作為裝飾的五音音階。

不同宮之五音調　不同宮的五音調式，指低音區與中音區，或高音區與中音區因音階的不同，使得同一樂曲的前後樂句產生不同的調式，這種情形只見於四孔管或五孔管。四孔管〈三面〉（今稱〈三台令〉）全套都有這類交錯調式的情形，如【金錢經】第一個樂句為以工音為調中心音的五音調式，即F宮的D-羽調；隨後的樂句為C宮的A-羽調。【大採茶】與【正雙清】的情形亦相同，樂曲的旋律在中低音區時，為D羽調，當移高到高音區時，則轉為A-羽調。

〈四時景〉亦有高低均不同宮的情形，如第五節，低音區時為re-mi-sol-la-do，以re為調中心音，故為D-商調，中音區時為re-mi-sol-la-si，仍以D為調中心音，而為D-徵調。

七音調　以現時各個館閣所演奏的〈梅花操〉第一節與第二節、〈走馬〉與〈百鳥歸巢〉全套為例，由於裝飾性指法打線與抓打的運用，變化音的使用，使得絃管的譜有七音調式的情形，而參照以《文煥堂指譜》，並無該些裝飾性指法與變化音，亦即七音音階的調式為在五音音階基礎上的演變。

〈走馬〉第六節的第一個樂句，為從高音d下行的七音音階，而以e為中心音：

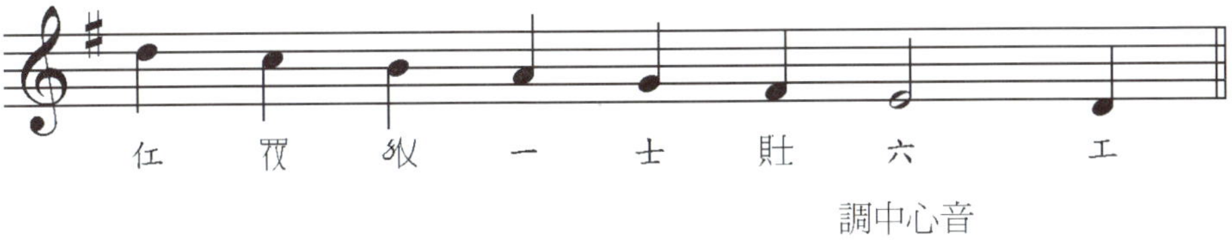

上述音列的第二音與第三音，分別稱為四孔仪與五孔仪，第六音為倍士。該音階也出現於〈梅花操〉第二節的後半段，而以d為調中心音。〈走馬〉第七節中間樂句的音階更為複雜，仍為下行的七音音階，而以a為中心音：

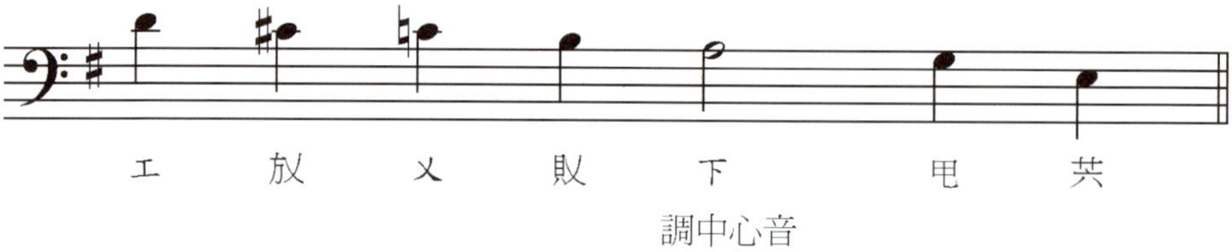

其中的c#，為洞簫全放孔仪，只能視為臨時的變化音，該樂句的調式為a-羽調。〈百鳥歸巢〉首節至第五節，每節的最後樂句仍然用了七個音：

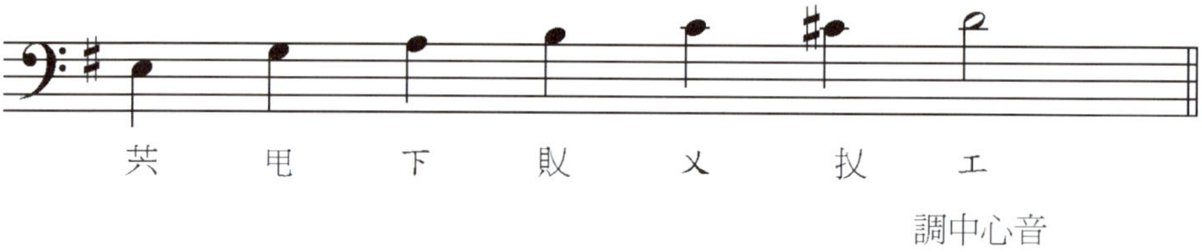

其中的c音應為臨時變化音，音階的主音為G，由於以D為調中心音，故為D-徵調。

㈢拍法

拍法，指樂曲的節拍形式，南管譜由多樂章組成，各樂章之間的拍法結構，分為單一拍法與變化拍法。屬於單一拍法的譜，第一種型態為全套為疊拍，這類型的曲目計有：走馬、歸巢、陽關三疊、三不和、四不應，第二種類型三撩拍或一撩拍，曲目計有：三面、五面、八面。

屬於變化拍法者，由首章至末章依序為：三撩拍—一撩拍—疊拍，這類曲目計有：起手板、梅花操、四時景、四靜板。

二、各具音樂特色的四大譜

四大譜，為〈四時景〉、〈梅花操〉、〈走馬〉、〈歸巢〉的合稱，第三套目前也常被稱為〈八駿馬〉，至於〈歸巢〉當為省稱，《文煥堂指譜》亦稱該套為〈百鳥歸巢〉。

㈠〈四時景〉的發展

活傳統之中，絃管文化圈所稱「四大譜」，被解釋為四套有名或有特色者。透過樂曲的曲趣分析，以及各套譜之間的相互比較，顯示〈四時景〉與〈起手引〉的1至3章有相似性，詳細情況如下表：

表3-19 〈起手板〉與〈四時景〉比較表

起手板			四時景			比較
節次	拍法	長度	節次	拍法	長度	
I	三撩拍	8	I	三撩拍	9	拍法、長度之外，兩者曲調並大致相同。
II	三撩拍	12	II	三撩拍	13	拍法、長度之外，兩者曲調並大致相同。
III	三撩拍	14	III	三撩拍	8	四時景之首尾與起手引之首尾大體相同。

關於〈四時景〉與〈起手板〉的相同性，究竟何者為本套，如僅據上述資料，固然可以有正反的不同看法。如以全套樂曲結構的連慣性加以考察，〈起手板〉第四章、第五章的拍法雖不同，前者為一撩拍，後者為緊疊拍，係以同一主題變奏形成，第八章在技巧方面與〈梅花操〉的第五章則有相同性。

㈡〈梅花操〉的演變

〈梅花操〉為最廣被演奏的譜，該套的章節數，與文煥堂本比較之下，該套譜從十九世紀中葉迄今，也已經有若干的演變，其一為章節數的問題。今所見的〈梅花操〉皆為5節，文煥堂本則僅分為4節，即今本的第一節與第二節，由文煥堂本的一節分段而來，經比對，劉鴻溝本的第一節與第二節，與文煥堂本第一節的曲調是相同的，而譜面上仍有些微的差異，劉鴻溝本的首章，有分段標示首對、二對、三對、四對、五對、六對，文煥堂本並無分段的標示。

今古〈梅花操〉的明顯差別為音高方面。目前各館閣的演奏皆相同於劉鴻溝本，首章【釀雪爭春】的首對至四對，琵琶的音域主要在高八度的音區，樂譜上都標示「簫絃用中音」，文煥堂本在該相同的樂段處則標示「高的」，並無「簫絃用中音」的提示。根據演奏的常規，簫絃的音域是與琵琶相同的，準此，該樂段在文煥堂刊刻的時代，簫絃仍為高音區，而非移低八度演奏。劉鴻溝本的第三節對應於文煥堂本第二節，兩者的曲調相同，差異仍在音高，劉鴻溝本的第一樂句為高音區，文煥堂本則標示「下的」，意指低音區。文煥堂本的第四節【緊思折】，相當於劉鴻溝本的第五節【萬花競放】，後者標示「勾子線工」的樂段為低音區，前者則標示「高的」，意指高音區。凡此皆顯示，〈梅花操〉的演奏，旋律高低的抑揚進行，有著今古的演變。

㈢〈走馬〉與〈百鳥歸巢〉的演變

〈走馬〉與〈百鳥歸巢〉除了樂曲名稱有今古的變異，章節數並無變化，曲調用高音或低音的情形，其演變如同〈梅花操〉，至於兩者不同於〈梅花操〉的演變為，目前在演奏該兩套時，經常使用第二絃，亦即譜字上方有標示「入」者，文煥堂本都無該些標示。

三、〈三面〉、〈五面〉與〈八面〉

以材料言之，絃管譜之間關係最為密切的第一類型為〈三面〉、〈五面〉與〈八面〉，各由三節、五節，以及八節組成，三套樂曲之間有一層密切關係，同時也有明顯的歷史演變。

㈠三者的內容組成

根據《文煥堂指譜》，該3套樂曲的材料關係如下表：

表3-20 〈三面〉、〈五面〉與〈八面〉材料比較表

三面	五面	八面
西江月引頭		
金錢經	金錢經	金錢經
	呵噠句	呵噠句
	番家語	番家語
	醉太平	醉太平
大採茶	折採茶	折採茶
		夜遊
大雙清		折雙清
		六字綿答

可以明顯地看出，〈五面〉為完全吸收〈三面〉的第一節【金錢經】、將第二節【大採茶】的拍法壓縮一半而為【折採茶】，並加入另外3節新的材料所形成；〈八面〉則以以整套〈五面〉為素材，加入一節稱為【夜遊】的材料，以及【綿搭絮】，並吸收〈三面〉的第三節【大雙清】，將其拍法縮減而為【折雙清】。3套之間相同素材章節的拍法關係如下表：

表3-21 〈三面〉、〈五面〉與〈八面〉章節拍法比較表

三面		五面		八面	
節次	拍法型態	節次	拍法型態	節次	型態
大採茶	三撩拍	折採茶	一撩拍	折採茶	一撩拍
大雙清	三撩拍轉一撩拍	無	—	折雙清	一撩拍

亦即《文煥堂指譜》中的〈八面〉，材料上為〈三面〉加〈五面〉，以及【綿搭絮】，屬於吸收與加工所形成，並非全新創作的曲目。

藉著《文煥堂指譜》，可以確知絃管譜中的上述3套，並非都為全新的創作，樂曲的基本素材為〈三面〉，再經由不同的作曲技巧，衍生出〈五面〉與〈八面〉。而仍然以《文煥堂指譜》為參照，我們也發現，十九世紀中葉以來，絃管的譜也產生了若干變化，總括其演變的情形，一為章節的分段，如文煥堂本的〈梅花操〉為4節，今之通行演奏或劉鴻

溝的指譜集，都相同地為5節，不同之處為，後者將前者的第一節分為兩節，內容材料上並無差異。二為標題名稱所顯示的章節次序似乎不同，如文煥堂本之〈五面〉與劉鴻溝本之〈五湖遊〉，標題名稱雖不同，前者第三節與第四節為後者的第四節與第三節，內容材料實則相同，如下表所示：

表3-22　〈五面〉與〈五湖遊〉章節順序比較表

文煥堂之〈五面〉	劉鴻溝之〈五湖遊〉
金錢經	金錢經　昇平頌
呵嗟句	呵嗟句　滿江風
番家語	醉太平　川撥棹
醉太平	番家語　浪淘沙
折採茶	小採茶　采菱曲

十九世紀中葉以來，譜演變的第三點為內容方面所產生的質變，前述兩項不同，皆僅是分段或說法上的問題。前文所引用的各個版本，除了文煥堂本之外，其餘各版本的題目與標題名稱雖有差異，內容皆相同於林霽秋本或劉鴻溝本，由於劉鴻溝本為當前絃管文化圈所共同採用的版本，故乃取該本的〈八展舞〉與文煥堂本的〈八面〉進行比較。較早期的〈八面〉實為在〈五面〉中加入名為【夜遊】的章節，也許出於兩者樂曲的相同性太高，故其他版本都一致地將〈五面〉的【呵嗟句】、【番家語】、【醉太平】、【折採茶】等4節刪去，而將原〈八面〉中的【夜遊】予以發展，成為【夜遊】、【夜賞】、【夜樂】、【夜唱】，以取代被刪除的4節樂曲。今古的〈八面〉與〈八展舞〉的差異如下表：

表3-23　〈八面〉與〈八展舞〉演變之比較表

文煥堂之〈八面〉	劉鴻溝之〈八展舞〉
無	西江月引
金錢經	金錢經
呵嗟句	無
番家語	無

文煥堂之〈八面〉	劉鴻溝之〈八展舞〉
醉太平	無
折採茶	無
夜遊	夜遊
	夜賞
	夜樂
	夜唱
折雙清	折雙清
六字綿答	六綿搭
	鳳擺尾

上之比較表顯示，從〈八面〉至〈八展舞〉，除了標題名稱的改變，樂曲內容也部分地被刪除。

透過材料的比較分析，初步可將〈三面〉中的【金錢經】、【大採茶】、【大雙清】視為絃管的第一階段且固有的創作，〈五面〉的【呵嗟句】、【醉太平】與【番家語】為上述3段樂曲出現後才被引用於絃管的樂曲，至於它們是否屬於絃管所固有，或吸收自其他樂種，目前尚不得而知。至於文煥堂〈八面〉中區別於〈五面〉的新材料【夜遊】，在後來的〈八展舞〉雖被分為4節【夜遊】、【夜賞】、【夜樂】、【夜唱】，彼此的內容材料並無不同。根據作者取與《絃索十三套》中的〈松青夜遊〉進行比較，發覺絃管的【夜遊】與之完全一致。

《絃索十三套》收錄的樂曲有：十六板、琴音板、清音串、平韻串、月兒高、琴音月兒高、普庵咒、海青、陽關三疊、松青夜遊、舞名馬、合歡令、將軍令，由清人榮齋所輯，其中的第十套〈松青夜遊〉共7段，除了第七段標示「尾聲」之外，各段並無分題。茲將絃管譜〈八面〉與《絃索十三套》之〈松青夜遊〉的樂曲比較如下[12]：

12 〈松青夜遊〉的樂譜資料，引自《絃索十三套》，第296-307頁。

表3-24 〈八面〉與絃索十三套〈松青夜遊〉比較表

〈八面〉（A本）			絃索十三套【松青夜遊】（B本）			分析比較
章節	小節數	拍法	樂段	小節數	拍法	
III 夜遊	19	一撩拍	I	53	2/4	1.A本1-4小節約為B本1-15小節； 2.A本5-10小節約為B本16-34小節； 3.A本11-19小節完全對應於B本35-53小節；
IV 夜賞	23	一撩拍	II	46	2/4	A本1-23小節完全對應於B本之1-46小節。
V 夜樂	8	一撩拍	III	16	2/4	A本之1-8小節完全對應於B本之1-16小節。
VI 夜唱	16	一撩拍	IV	46	2/4	1.A本之1-16小節完全對應於B本之1-32小節；
VII 折雙清	41	一撩拍				2.A本【折雙清】之1-7小節完全對應於B本之33-46小節。
			V	28	2/4	A本【折雙清】7-21小節完全對應於B本1-28小節；
			VI	34	2/4	A本【折雙清】21-38小節完全對應於B本1-34小節；
			VII	10	2/4	A本【折雙清】38-41小節對應於B本1-10小節

由於絃管樂曲拍法的獨特性，除了若干例外，同一拍數的拍法結構都較其他樂種的拍法大一倍，例如所稱的一撩拍，每小節有4個beat（拍）。上表之中，〈八面〉各章的拍數雖較〈松青夜遊〉少，實際上前者一小節等於後者兩小節。

上表的比較顯示，〈松青夜遊〉的第一段之1-34小節與第七段，因樂節稍有擴充，而與〈八面〉的對應樂段有些為差異之外，兩套樂曲大體上是相同的。究竟是〈八面〉吸收〈松青夜遊〉抑或反之？前文已論及，〈八面〉的第八章為〈起手板〉第五章【綿搭絮】的移調樂曲，在絃管人的音樂語彙之下，稱〈起手板〉【綿搭絮】為正管，顯見〈八面〉的【綿搭絮】出自引用；又該套的前兩章並皆與〈三面〉的前兩章相同。綜合三項資料，足以說明〈八面〉的諸樂章乃吸收自不同的樂曲而來。

㈡【綿搭絮】的應用

從標題觀之，〈起手板〉可解釋為絃管練習樂器彈奏技巧的入門樂曲，而從絃管音樂的習得過程觀之，本套的最後一章【綿搭絮】為多數館閣作為初學的曲目，藉以學習樂器演奏法的入門。是否因〈起手板〉的演奏技巧較為容易，故被用為初學曲目？從另兩套譜亦有【綿搭絮】觀之，這顯然不是原因。以它的曲式結構的嚴謹性言之，毋寧說它為較早形成的絃管譜之一。

【綿搭絮】共使用於〈起手板〉、〈八面〉、〈四不應〉三套譜中，而管門為五孔管的〈起手板〉【綿搭絮】被稱為「正管」，〈八面〉與〈四不應〉的【綿搭絮】分別為四孔管與五六四仪管，因此又分別被稱為【六綿搭】以及【乂綿搭】。由絃管人對此3首不同譜套中【綿搭絮】的管門辨識顯示，被稱以正管者當為本調，其餘兩套屬於移調性的借用。

屬借用的【綿搭絮】，樂曲係經過移調處理，並非完全的照抄。以律高言之，【六綿搭】較原調高小三度，【乂綿搭】則移低大二度，至於音階結構方面，後兩者已與原調不同，原調第一樂段為d-商調，【六綿搭】為f-宮，【乂綿搭】為c-宮。如下面的譜例所示：

【五孔管綿搭絮】

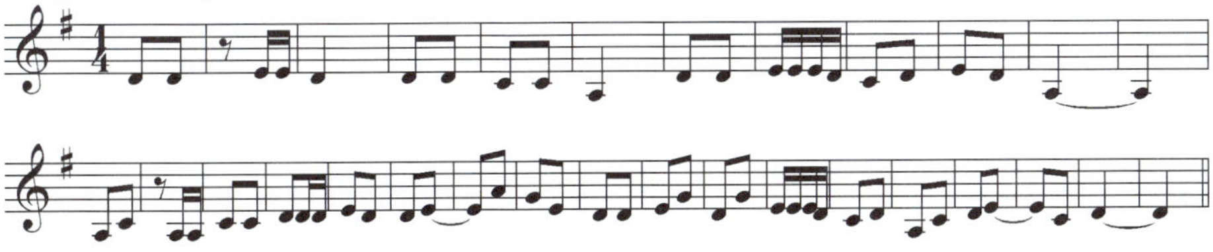

【乂綿搭絮】

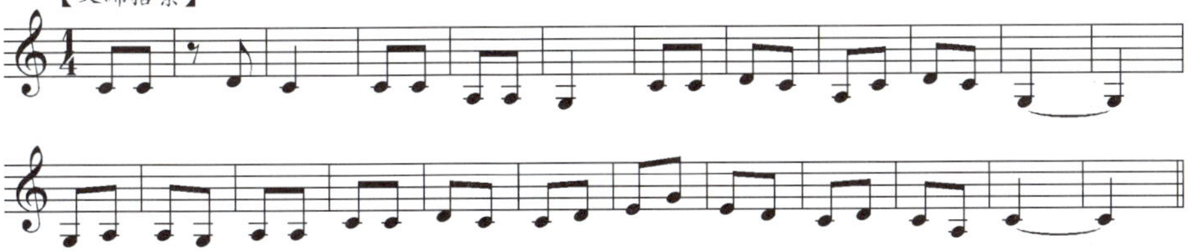

【六綿搭絮】

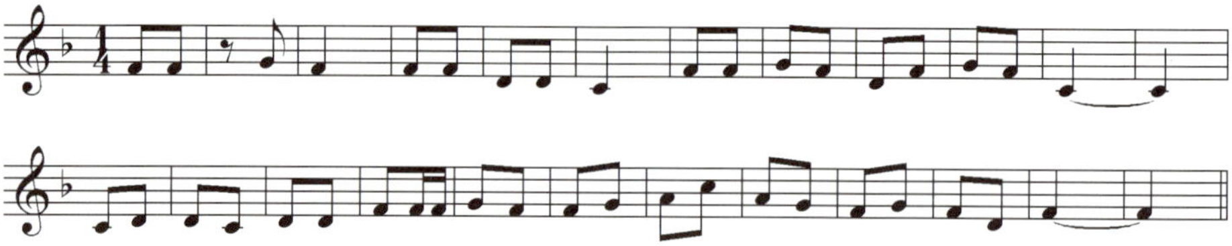

四孔管【綿搭絮】以調中心音為六的緣故，而被稱為【六綿搭】，以乂為中心音者稱為【乂綿搭】，以此論之，以工為調中心音的【綿搭絮】，平行的名稱應為【工綿搭】，絃管界也稱以正管【綿搭絮】。

第四節 4

指譜的演奏

指套與譜雖為絃管的兩類不同樂曲，由於彼此都同屬器樂，所使用的樂器、和樂方式等皆相同，南管文化圈的語彙「指譜」也顯示兩者的密切關係。

一、演奏形式

南管的指套與譜之演奏，有固定的樂器以及樂隊編制，如果使用其他的樂器，就成為歌館、品館，甚至其他的樂種。

(一)使用的樂器

南管指套與譜所使用的樂器，為琵琶、三絃、洞簫、二絃以及拍，相同於演唱南管曲時的伴奏樂器，有關該5件樂器的形制，請參閱本系列叢書之《台灣傳統音樂概論——歌樂篇》，本文不復贅[13]。

在正式整絃排場的場合，如果參加的館閣與藝人眾多，經常以十音的方式起始演奏指套，所使用者仍有其他的樂器。根據作者於民國六十七年以來南管調查所見，台灣各地的南管館閣以十音編制演奏指套的樂器，上述的琵琶、三絃、洞簫、二絃合稱為上四管[14]，此外，尚有4件節奏性的樂器：響盞、雙音、叫鑼、四塊，合稱為下（e^3）四管，以及噯、品。響盞為銅器，名稱雖相同於北管樂器，不過兩者的尺寸差別頗大，北管的響盞實即歌子戲或京劇後場的小鑼，南管響盞的鑼面稍小於成人的手掌，由於形狀太小無法直接以手持奏，故裝盛於竹編的筐子，並以小型的軟式棒子擊奏。雙音又稱為雙鐘，相同於國樂的碰鈴，為兩個小型的鈴鐺，形狀近似牛頸部的小鈴。叫鑼由小型的木魚與鑼組成，由一人持奏，其中鑼的尺寸約如成人的手掌。四塊又稱四寶，由4片長約23公分的竹子組成，以兩手分別執兩片擊奏。噯的書寫形式常被寫為玉噯，口語則直接單稱噯，為中型的嗩吶。品又稱品簫，相同於國樂的橫笛。

透過南管館閣所保存樂器的調查，民國六十八年時鹿港鎮雅正齋與聚英社也有一面稱為扁鼓的樂器，屬於袖珍型的小鼓，鼓身直徑約15公分，高度約8公分，據黃根柏與王崑山先生的示範[15]，演奏時一手持樂器，另一手以軟式的棒子擊奏。另由黃根柏先生所保存、高雄市閩南同鄉會南樂組所演奏的錄音帶顯示，十音編制所使用的樂器尚有銅鐘，該件樂器的形制相同於使用於北管中的大鑼，只是尺寸小了許多，直徑約只有20公分。

在由知名的南管人曾省先生重抄的《昇平奏指譜集》[16]，樂譜前的南管樂器介紹、樂器圖等，除了琵琶、三絃、洞簫、二絃、拍、噯、品簫

---

13 南管樂器琵琶、三絃、洞簫、二絃以及拍的形制，請參閱呂錘寬著《台灣傳統音樂概論——歌樂篇》，第135-136頁。

14 「上四管」為習慣的書寫詞彙，口語則稱為「頂（$tieng^2$）四管」。

15 黃根柏與王崑山分別為民國六十至七十年代雅正齋與聚英社的負責人。

16 曾省先生原籍福建省泉州市，於1949年遷居台北縣永和市，為泉州市昇平奏的館員，該南管館閣為泉州市兩大古老的館閣之一。曾省先生曾於民國二十四年重新抄錄昇平奏所保存的指譜集，該冊樂譜並輾轉地由香港的南管人徐成柑先生帶至台灣。

等[17]，並有「雲鑼定位」、「七管笙圖」，據此，可知泉州地區在某個時期的十音演奏，曾使用雲鑼、笙等樂器。

㈡樂隊編制

演奏南管指套的樂隊編制，分為四管合奏與十音合奏，事實上南管文化圈所稱「四管合奏」的樂隊編制，包括琵琶、三絃、洞簫、二絃以及拍，共計有5件樂器，此編制用於演奏指套與譜，以「四管」的編制演奏指套時，也稱為「簫指」，取義於主要旋律樂器為洞簫。

十音編制的樂器由上四管、下四管，以及拍、噯組成，此一編制僅用於整絃排場開始的指套演奏，作為熱場之需，隨著仍以四管合奏指套。以十音編制演奏的指套，也稱為「噯指」。

二、音樂的藝術性

南管指套與譜雖同為器樂，在相同的音樂語言下，兩者的風格有頗多相似之處，如：相同的音樂音響、音樂色彩，然而如仔細地聆賞，仍能察覺彼此同中之異：指套莊嚴沈穩，譜輕快且有較多的變化。

㈠樂譜的特徵

指套與譜的樂曲都以琵琶的彈奏指法記譜，樂譜左邊的符號為曲調的音高，中間部分的符號為琵琶的彈奏法，也是每個音符長度的規範，右邊的符號為節拍。指套或譜皆以琵琶、三絃、洞簫、二絃合奏，樂譜雖為琵琶指法譜，三絃所彈奏的曲調與指法，仍相同於琵琶，只是節拍上比琵琶稍微晚些彈出，至於洞簫與二絃的曲調，基本上仍相同於琵琶譜，區別為琵琶譜屬於未經裝飾的樸素樂譜，洞簫或二絃演奏的曲調為在琵琶譜基礎上，加入必要的裝飾音。為了將琵琶、三絃的樸素曲調區別於洞簫、二絃的裝飾性曲調，南管文化圈稱前者為「骨譜」，後者為「肉譜」。

---

17 《昇平奏指譜集》稱洞簫為筒簫，噯為繩噯。

表示音高的符號以：工六士一仪，表示高八度音的時候，則在前述符號左邊加「亻」，而為：仜伬仕亻一 彳乂，至於低八度的符號則為：芏芺电下乂，亦即南管指譜的樂譜，表示3個八度的符號相當完整，如下表所示：

表3-25　南管指譜音高符號表

中音區	工	六	士	一	仪
高音區	仜	伬	仕	仕	彳乂
低音區	芏	芺	电	下	乂

南管音樂雖為歷史古老的傳統音樂，曲調主要使用五音音階，若干樂曲也有變化音的運用，尤其是屬於標題式器樂的譜，使用變化音的情形更多，如〈起手板〉的第三至五章，〈走馬〉的第八章等。常見的變化音記號為「貝」，表示降低半音，標示於音高符號的左側，如「貝电」為「电」的低半音，「貝乂」為「乂」的低半音；此外，也有標示於音高符號上方的臨時變化音記號。南管記譜法所使用的臨時變化音記號如下：

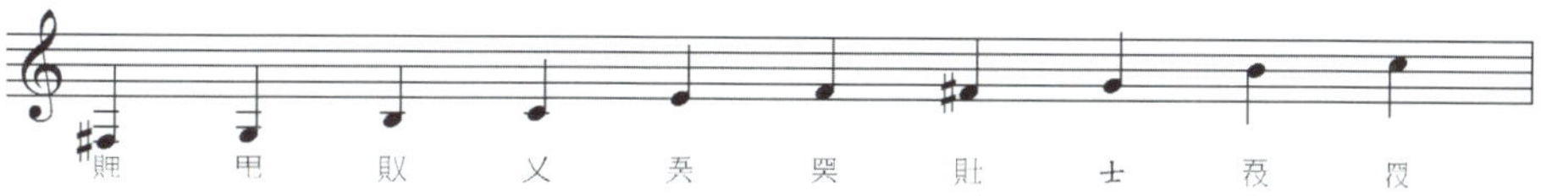

南管樂譜較複雜的部分為指法符號，琵琶彈奏指法共計32種[18]，可歸納為基本指法、複合性指法、裝飾性指法。基本指法的使用頻率最高，共同地使用於指套與譜，每個指法的時值為一個拍（beat），如以南管的理論言之，為半個撩，基本指法的時值與彈法等如下表。

18　南管琵琶指法種類與彈奏法，可參閱劉鴻溝編《閩南音樂指譜全集》第一部分之27-29頁。

表3-26　南管琵琶基本指法表

指法名稱	點指	挑指	去倒	捻指	甲線
符號	丶	㇒	L	○	＋
時值	♩	♩	♪♪	♩	♩
說明	以食指向外（或向下）彈出。	以拇指向內（或向上）彈入。	同音來回彈兩下，彈法相同於點挑。	同音急速點挑，屬琵琶特有指法，琵琶捻指係借前撩的後半撩的時間，在撩（或拍）位的指法為點指。	以拇指半甲半肉處撥絃，所撥彈的音多為該音符的低八度。

複合性指法根據組合方式的不同，又可分為表示長音的指法以及表示不同節奏型態的指法，長音的音符由點指、挑指以及甲線組合而成，如下表：

表3-27　表示長音的南管指法表

指法名稱	點甲	點挑甲	點挑甲挑甲
符號	丶＋	丶㇒＋	丶㇒＋㇒＋
時值	♩♩	♩♩♩	♩♩♩♩♩
說明	兩拍須連結	三拍須連結	五拍須連結
舉例	工丶＋	工丶㇒＋	工丶㇒＋㇒＋

不同的節奏型態以點指與挑指組合而成，由於此群組每個音的時值為短於一拍，指法右邊的符號「㇏」，即表示該指法的時值減半。不同節奏型態的指法如下表：

表3-28　表示不同節奏型態的南管指法表

指法	點挑指	緊點挑指	緊點挑指	半跳	採指	全跳	全跳	戰指	行指
符號	>	才	才	氵才	才才	氵才	≡	彡	>>
節奏	♪♪	♬	♬	♪♬	♬♬	♪♬♪	♪♬♪	♬♪	♪♪♪♪
說明	用於同一音	用於同一音	用於兩個不同的音	用於同一音	用於同一音	用於同一音	用於兩個不同的音	用於同一音	用於同一音
舉例	工>	工才	工六才	工氵才	工才才	工氵才	工丶六彡	工彡	工>>

裝飾性指法，指在該類指法的彈奏下，能產生本音以外的裝飾音，或裝飾性的節奏。裝飾性的指法如下：

表3-29　南管琵琶裝飾性指法表

指法	反指	單反指	單打線	緊打線	雙打線	剪指	抓打
符號	𠘨	几	扌	扌'	扌扌	×	⌇
節奏	♪♪♪♩	♪♩	♪♪♬	♪♪	♪♩♪♪♬	♪♩	♪♩♪♩♪♩♪♩♪♩♪♩♪♩
說明	小音符為下方鄰音	小音符為下方鄰音	小音符為上方大二度的上鄰音	小音符為上方大二度的上鄰音	小音符為上方大二度的上鄰音	小音符為同音的急促斷音	小音符為上方大二度音。速度為由慢漸快。
舉例	一𠘨	一几	乂扌	乂扌'	乂扌扌	六×	六⌇

上述的打線指法（包括單打線、緊打線、雙打線）只用於五孔管與倍士管，抓打指法僅用於譜〈起手板〉、〈梅花操〉、〈四時景〉、〈走馬〉。

琵琶譜最右邊部分為拍法方面的符號，其中符號「。」稱為拍，表示每小節的第一拍，執拍的樂器者於該處須擊奏一下，「、」稱為撩，表示每小節第一拍之後的各弱拍。南管的拍法分為規律式拍法以及非規律式拍法，規律式拍法分為疊拍、一撩拍、三撩拍、七撩拍，根據拍法結構的差異，前三者又分為緊疊拍、緊一撩拍、緊三撩拍，這類拍法只用於譜，指套不用。規律式拍法的節拍如下：

表3-30　規律式拍法拍子結構表

拍法名稱	疊拍	緊疊拍	一撩拍	緊一撩拍	三撩拍	緊三撩拍	七撩拍
符號	。	。	。、	。、	。、、、	。、、、	。、、、、、、、
拍子結構	∣𝅗𝅥∣	∣♩∣	∣𝅗𝅥𝅗𝅥∣	∣♩♩∣	∣𝅗𝅥𝅗𝅥𝅗𝅥𝅗𝅥∣	∣♩♩♩♩∣	∣𝅗𝅥𝅗𝅥𝅗𝅥𝅗𝅥𝅗𝅥𝅗𝅥𝅗𝅥𝅗𝅥∣
拍子名稱	1/2	1/4	2/2	2/4	4/2	4/4	8/2

非規律式的拍法如用於樂曲之前，稱為「慢頭」，如用於樂曲之末，稱為「慢尾」，這類拍法的速度散漫，相當於戲曲音樂的散板或自由拍，

不過兩者仍有基本的差異，一般傳統音樂所稱的「散板曲」，樂曲進行中，制樂節的樂器—板並不擊奏，至於南管指套或譜有慢頭或慢尾者，制樂節的樂器—拍仍要隨者琵琶的指法擊奏，且打法至為複雜，如下譜所示：

【西江月引】

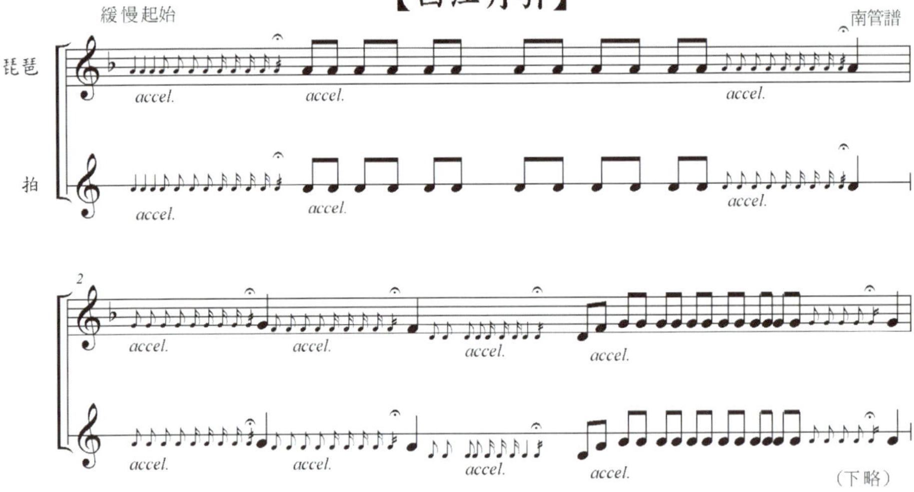

㈡琵琶的腳色功能

南管的指套與譜為合奏音樂，其中琵琶、三絃、洞簫以及二絃的旋律基本上是相同的，不若十七世紀之後的歐洲藝術音樂，各樂器群組之間所演奏的曲調常彼此不同。雖然如此，樂器之間仍有主從性，其中以琵琶的地位最為重要，南管文化圈都稱琵琶為「萬軍主帥」，以顯示該件樂器在合奏中的功能。

根據個人的見解，琵琶在南管合奏中的功能，可從一般情形與專業的情形進行觀察。一般言之，琵琶兼具演奏基本聲部（即骨譜）與指揮的作用，猶如歐洲藝術音樂在巴洛克或古典時期，首席小提琴常同時兼負樂隊的指揮。南管琵琶的指揮功能，主要表現於對速度的掌握，以及力度變化的控制。速度方面，各種拍法有一定的速度，其原則為拍法越小速度越快，反之，拍法越大速度越慢，拍法與速度的關係如下表：

表3-31 南管之拍法與速度關係表

拍法	疊拍	一撩拍	三撩拍	七撩拍
速度	稍快	中速度	緩慢	極緩慢
參照說明	約相當於歐洲藝術音樂的行板（Andante）	約相當於歐洲藝術音樂的慢板（Adagio）	約相當於歐洲藝術音樂的緩板（Largo）	比歐洲藝術音樂的最緩板（Lento）更為緩慢。

南管的指套或譜的樂曲雖無標示速度，不過速度的快慢緩急都由拍法所確定。演奏時由琵琶彈奏者在拍法的規範下，透過自己的音樂能力與養成訓練，以詮釋各個拍法的不同速度。大體上凡是訓練有素的琵琶彈奏者，對速度的處理都相當穩定。凡是七撩拍起始的指套，如〈一紙相思〉或〈趁賞花燈〉的第一節，速度都極為緩慢。三撩拍起始的指套，如〈春今卜返〉或〈虧伊歷山〉，或三撩拍起始的譜〈梅花操〉、〈四時景〉或〈起手板〉，速度皆為相當緩慢。反之，指套或譜凡屬於疊拍的樂章，如指套〈春今卜返〉的【我為乜】、〈花園外〉的【虧伊】，或譜【綿搭絮】[19]、〈百鳥歸巢〉全套等，都屬於較快的速度。

專業的情形或稱為詮釋（interpretation），由於樂曲段落位置的不同，速度方面乃有不同的處理，或旋律組織的特殊性，力度方面須隨之有不同層次的變化。因樂曲段落位置不同，在速度上須有彈性的處理者，主要為三撩拍與七撩拍起始的指套，或三撩拍起始的譜，這類樂曲的第一樂段或第一樂句，由於琵琶攆指指法的作用，速度乃近似自由的散拍，而實際上則是有拍法，制樂節的樂器仍規律地於每小節的第一拍打一下。

樂曲開始的速度處理最具特徵者，指套為〈一紙相思〉，南管文化圈習稱該樂段為「一紙頭」。以文本言之，〈一紙相思〉的第一句為「一紙相思寫不盡含情寓意」，長度為八小節，演奏時間須6分鐘左右，不過

19 【綿搭絮】共同地使用於〈起手板〉、〈八面〉（目前多稱為〈八展舞〉）、〈四不應〉的最後樂章，唯一差別為管門不同。

通常所稱的「一紙頭」僅為第一分句「一紙相思」，雖只有4小節，演奏時間卻需要3分30秒。由於拍法為七撩拍，故〈一紙相思〉的速度極為緩慢，而「一紙頭」由於攆指彈奏法的特殊性，每遇到該指法，琵琶就須由慢漸快地彈奏同一音，當達到快速度的捻挑之後，再以原來緩慢的速度彈下本音。凡是七撩起始的指套，或三撩起始的指套與譜，起始樂句中攆指都相同地以該方法彈奏，茲以「一紙頭」為例，例釋慢起的指套與譜中，帶有攆指的速度處理方式：

〈一紙相思〉
首章頭

南管指套

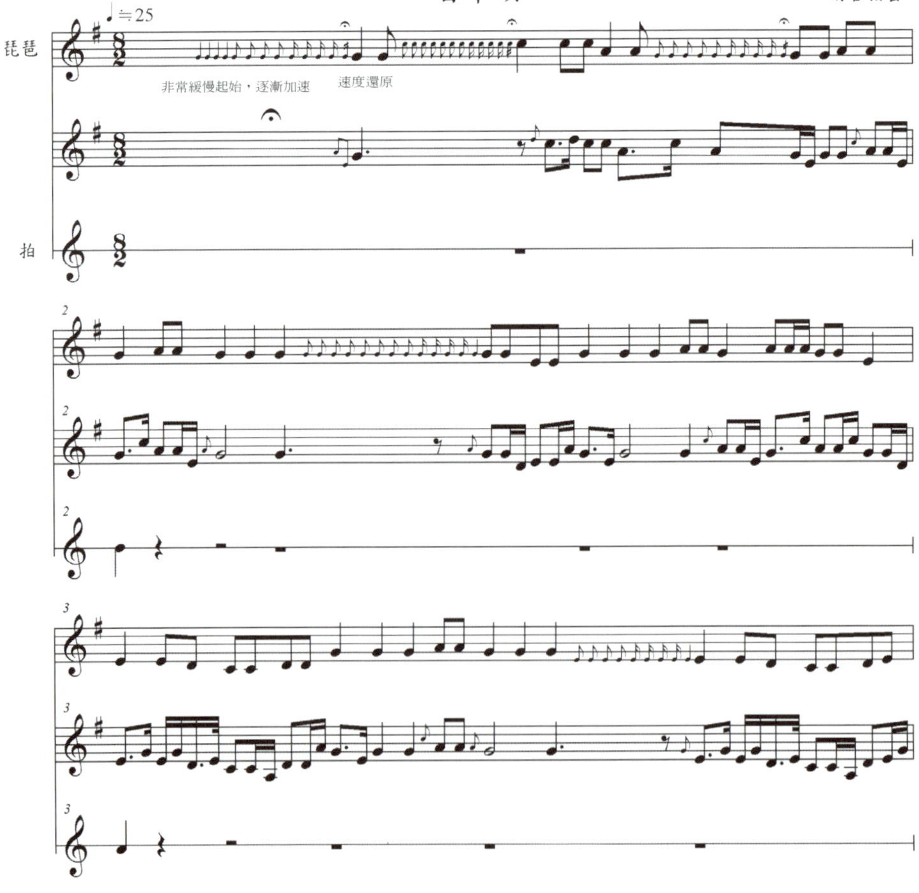

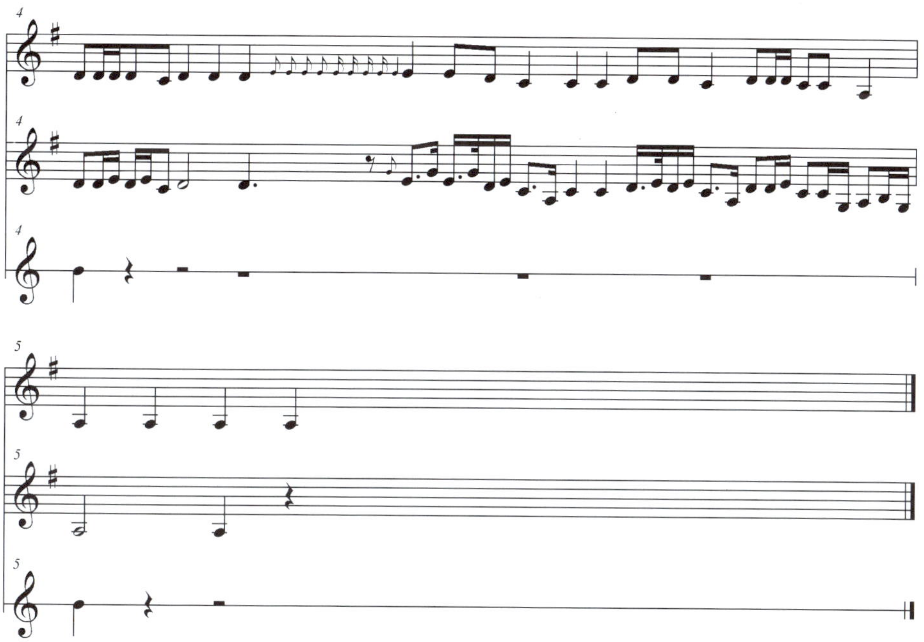

㈢洞簫的裝飾功能

以音響或曲調的觀點，人們一致地認為洞簫在南管指套或譜的地位最為突出。洞簫在合奏中雖極為明顯，南管文化圈對它並無特別的描述，僅有「千年簫萬世絃」的語彙，比較性地論及洞簫與二絃在學習上的難易情形。固然，該語彙所傳達者，似乎為二絃的難度較洞簫為高，實際上真正所指者，僅為二絃的音準較不易掌握。

在指套與譜的合奏中，洞簫的聲部乃衍生自琵琶譜，兩者的區別為，琵琶譜為未經裝飾的骨幹譜，或稱為「骨譜」，洞簫聲部為在骨譜之上加以裝飾而來，亦即所謂的「肉譜」。從洞簫的吹奏技巧言之，在骨譜之上加以裝飾的方法，稱為「引孔攀字」或「引孔伴字」。其中的「孔」，口語稱為khang，因此，常被書寫為「引空攀（伴）字」。

給予洞簫聲部加裝飾音，隨著樂曲速度的緩急而有繁簡的不同，緩慢者如三撩拍、七撩拍的指套，或三撩拍的譜，由於樂曲速度緩慢的關係，所引用的裝飾音較多。至於引用裝飾音的手法仍有定則，根據知名的藝師鹿港鎮雅正齋黃根柏先生的說法[20]，洞簫「引孔攀字」所使用的音須為同一管門，亦即四孔管的指套或譜，能引用的裝飾音為四孔管音階，不能引用五孔管或五孔四仪管的音階，反之亦然。對使用裝飾音的吹奏技巧上的限制，南管樂器製造師曾高來[21]，或吳再全藝師[22]，也曾有相同的論說。洞簫的裝飾技巧雖有以同一管門音階為限制的規定，不過實際上卻很少有演奏者知曉此一方法。唯一符合以同一管門「引孔攀字」者，作者僅見於鹿港鎮雅正齋，由王漢英先生吹奏的〈一紙相思〉。然而美中不足者，他仍有一次引用b（或si）以裝飾c（或do）的情形。〈一紙相思〉的管門為五孔四仪管，該管門的音階無b音。為了能較清楚地呈現，洞簫聲部如何在骨譜之上加入裝飾音，下面譜例中，琵琶聲部的撚指處，都僅用一拍（beat）或半拍加上顫音（tremolo）以及延長（pause）的符號表示：

〈一紙頭〉

南管指套
鹿港鎮雅正齋
1979年

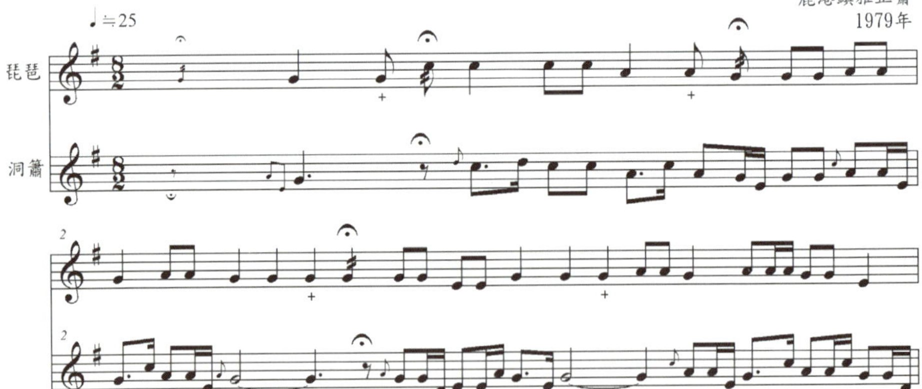

---

20 黃根柏（1910-1990）曾為鹿港鎮雅正齋的負責人，專精於洞簫與二絃，他的音樂造詣甚為南管界所推崇。

21 曾高來（1917-1993）原籍福建省泉州，居住於台北縣三重市，以南管樂器的製作為業。

22 吳再全（1911-1991），台南市人，曾為台南市振聲社與南聲社館員，為少數專注於南管技藝的藝師。

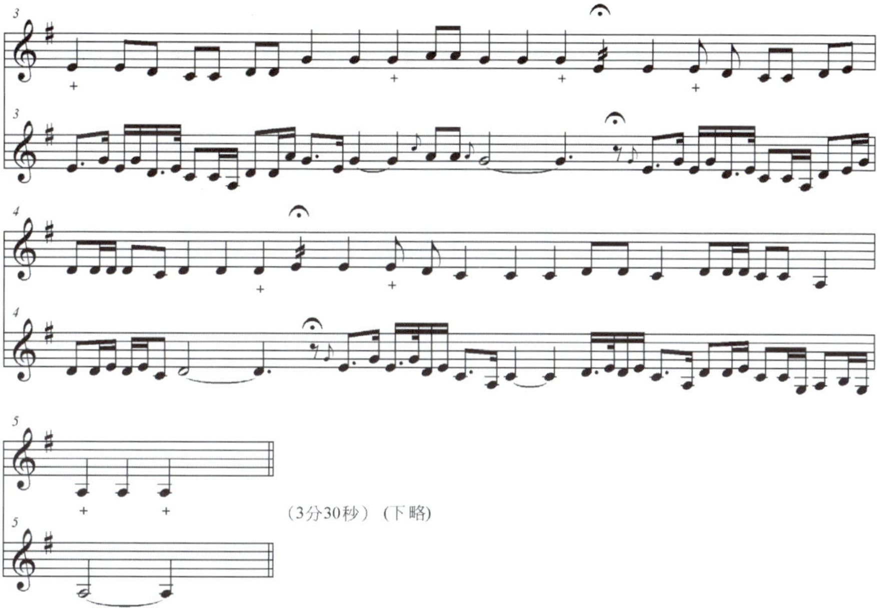

三、指譜音樂現況

指譜為南管文化圈的口語，為指套與譜的合稱。指套與譜為南管器樂，且有一定的演奏程序，這一點為南管館閣中的共同文化現象。隨著傳統音樂的發展與演變，目前所見的指套或譜的演奏現象，已經有些許變化。

㈠演奏方面

在南管館閣之內，或館閣之間的排場整絃，指套與譜都相同地屬於器樂。除規模較大的整絃，開始的部分有以十音的編制演奏，常態的指套演奏編制為習稱的「四管」合奏，至於演奏譜的樂隊編制，都以四管合奏。兩者在每場節目中的程序，指套安排於前面，音樂會的主題節目為第二部分的唱曲，至欲結束該次的排場，最後才合奏一套譜，作為該場演出的結束。這種固定的演奏程序，分別稱為「起指」與「煞譜」，而不能於唱曲之間再插入指套或譜，此乃南管文化圈的固定演奏程序。

指套與譜屬於合奏式器樂，樂曲演奏藝術的高下，係由整個館閣的音樂水準所決定。以整體表現言之，民國七十年代之前，當以鹿港鎮的雅正齋的演奏最具古樸性。該館所演奏的指套音樂，每能令人感覺到南管的深遠性，猶如從遙遠地方來的音樂般。民國六十八年，台南市南聲社首次獲學術界的邀請，赴韓國的首都首爾，參加亞洲作曲家聯盟第六屆大會的演出。在演出前，教育部曾為南聲社舉行為期4個月的集訓，聘請鹿港鎮雅正齋的黃根柏擔任南聲社的音樂顧問，以調整該館館員的簫絃法，以及下四管樂器的演奏法。自此以後，南聲社的音樂藝術日漸提高，之後即不斷獲歐洲學術界的邀請演出。因此，民國七十至八十年代，台南市南聲社的南管藝術，可謂執南管文化圈的牛耳。

從民國七十三年以來，在教育部舉辦薪傳獎之後，包括南管在內的各種傳統藝術逐漸受到政府以及社會的重視，南管音樂開始有社會化的展演活動，亦即在館閣之外的城市音樂廳舉行演奏會，可能由於以歐洲藝術音樂為內容的音樂會，演奏程序都分為上半場與下半場，為了適應這種新型態的演出，在這種場合的南管演出，乃形成上下半場各為一套節目，亦即上半場以譜結束，下半場又以指套起始。

民國八十五年，國立傳統藝術中心有一項名為『民間藝術保存傳習計畫』的6年計畫，針對傳統音樂、戲曲、工藝美術進行保存、傳習以及研究推廣。在該計畫期間，以教學活動為主要內容的新型態南管團體，與若干傳統南管館閣等，曾接受國立傳統藝術中心的委託，承辦南管傳習。這類傳習計畫延續性最長者，為南北管音樂戲曲館。該單位隸屬彰化縣文化局，在其所承辦的南管音樂傳習，為了使各地館閣的新進學員有展演的空間，故曾於該計畫期間每年舉辦「南管整絃大會」，於當天上午九點至下午六點之間進行。由於參與這種演出場合的團體眾多，因此，演出節目的編排隨意，如以傳統的南管整絃程序言之，則將該類節目的安排視為凌亂無章法並不為過。

以2004年的南管整絃大會觀之，作者當天在南北管音樂戲曲館所調查的節目如下[23]，為了清楚地顯示演奏的程序，樂曲種類之前冠以羅馬數字，Ⅰ表指套，Ⅱ表曲，Ⅲ表譜：

Ⅰ—**噯指**
繡成孤鸞（十音、玉噯，全體合奏）
忍下得（簫指，彰化文化局南管實驗樂團）
Ⅱ—**曲**
步行來（南管實驗樂團）
鵝毛雪（聚英社）
聽說當初時（聚英社）
恨冤家（遏雲齋）
盤山嶺（遏雲齋）
Ⅰ—**簫指**
行到涼亭（集美南樂社）
Ⅱ—**曲**
見許水鴨（北藝大傳音系，以下簡稱北藝大）
月照紗窗（北藝大）
賞春天（北藝大）
聽閒人（北藝大）
共君斷約（華聲南樂社）
書中說（華聲南樂社）
懇明台（華聲南樂社）
看滿江（南聲社）
君去有拙時（南聲社）
Ⅲ—**譜**：四不應（南聲社）
Ⅱ—**曲**：元宵十五（新莊國小）
Ⅰ—**噯指**
霏霏颯颯（慧明南樂社）

23 南北管音樂戲曲館2004年的南管整絃大會，於5月1日舉行。

Ⅱ—曲：綠柳殘梅（惠明南樂社）
Ⅲ—譜：起手板四～五章（惠明南樂社）
Ⅱ—曲：因送哥嫂（閩南樂府）
Ⅲ—譜：四時景（閩南樂府）
Ⅱ—曲
　出畫堂（光安南樂社）
　念月英（光安南樂社）
Ⅰ—噯指
　你去多多（合和藝苑）
Ⅱ—曲
　逢春天（合和藝苑）
　白雲飄邈（合和藝苑）
Ⅰ—噯指
　水月耀光（南管研習班）
Ⅱ—曲
　輕輕行（南管研習班）
　煞曲：碧雲天（南管實驗團）
Ⅲ—譜：百鳥歸巢（南管實驗團）

從該場的演奏程序觀之，指套與譜已經失去傳統作為起、止的功能，已經無法稱為「起指」與「煞譜」。

演奏程序的演變之外，樂隊編制也隨著傳習演出而有部分改變，在起始的指套合奏時，為了讓學員在音樂會一開始就能上場演奏，常見各部樂器安排4或5人的情形，這種安排雖使初學南管者獲得鼓舞，然而粗糙且雜亂不諧和的音響，也使一些憧憬於南管音樂古典之美者，日後乃聞南管而卻步。

㈡曲目現況

指套曲目總數雖有48套，其中〈弟子壇前〉與〈南海讚〉為儀式性曲目，館閣間的整絃並不演奏。〈弟子壇前〉用於祭祀土地公的儀式，〈南海讚〉用於祭祀觀音的場合，兩者分別用於道教與佛教的民間信仰。南管館閣間年度的儀式活動——郎君祭，並不用上述兩套儀式性的指套，而為〈梅花操〉、〈四時景〉、〈三面〉或〈五面〉等。

以前南管館閣整絃的演奏，所用的指套有「五大套」說，即〈二調・自來生長〉、〈大倍・一紙相思〉、〈中倍・趁賞花燈〉、〈倍工・心肝跋碎〉、〈小倍・為君去〉。多數場合的演奏，尤其是民國七十年以來在城市音樂廳的演奏，並無上述的曲目，通常皆為摘遍式的指套演奏，南管文化圈稱這種情況所演奏的指套為「指尾」，亦即演奏指套最後的數個拍法為一撩拍或疊拍的樂章。較常被演奏的摘遍式指套為：〈一紙相思〉的【出庭前】、〈為人情〉的【行到涼亭】、〈對菱花〉的【魚沈雁杳】、〈金井梧桐〉的【繡成孤鸞】、〈春今卜返〉的【聽機房】、【我為乜】、〈花園外邊〉的【忽聽見】。至於全套演奏的指套，多為篇幅較短者，如〈汝因勢〉、〈舉起金杯〉[24]。篇幅長的指套也偶被演奏者，計有：〈一紙相思〉、〈趁賞花燈〉、〈虧伊歷山〉、〈春今卜返〉等。

至於譜的數量本已不多，館閣間所演奏者，多為特定的若干套，如〈梅花操〉、〈八面〉、〈起手板〉、〈走馬〉，其次為〈四時景〉、〈百鳥歸巢〉、〈三面〉、〈五面〉、〈四不應〉，其中〈孔雀展屏〉、〈舞金蛟〉、〈思鄉怨〉、〈哭皇天〉等[25]，根據作者的接觸，都未曾聽過演奏。

㈢指譜的擴散

以南管館閣而論，指套為器樂，其中的詞文乃作為學習記憶曲調之用，不過它也被其他劇種或樂種吸收，用於演唱的場合。引用指套作為曲子演唱，最典型的例子為南管戲。根據個人將近30年間的聞聽經驗，指套

---

24 指套〈舉起金杯〉的首句為慢頭，演奏時多從第二句起始，故南管文化圈通常都稱該套為〈宮娥報〉。

25 〈哭皇天〉的書寫方式，有些南管指譜集（如劉鴻溝編之《閩南音樂指譜全集》）係書寫為〈叩皇天〉。

被南管戲引用的情形如下表：

表3-32　運用於南管戲的指套

指套名稱	使用之劇目
〈趁賞花燈〉全套	《留鞋記》之〈入山門〉
〈我只心〉之【園內花開】	《陳三五娘》之〈陳三跳牆〉
〈春今卜返〉全套	《雪梅教子》之〈訓商輅〉
〈花園外邊〉全套	《陳三五娘》之〈相焉走〉

南管戲之外，台灣南部的靈寶派道士也有吸收南管指套的情形。以國立傳統藝術中心開館時的慶成謝土法事為例[26]，在第一天夜裡稱為「鴻壇奏樂」的場合，除了演奏北管的扮仙戲曲目，陳榮盛道長並演唱【啟公婆】、【聽機房】、【孫不肖】，[27]該3首樂曲實即南管指套〈春今卜返〉的第二章、第三章以及第五章。

太平歌也有吸收南管指套，作為曲子演唱的情形。按太平歌為流傳於台灣南部的傳統樂種，所演唱的曲目主要來自南管的曲。根據實地調查，台南縣麻豆鎮的集英社太平歌館，也曾演唱南管指套〈花園外邊〉[28]。而該館保存的抄本中，來自南管指套者尚有：〈春今卜返〉、〈花園外邊〉、〈尔因勢〉，以及〈一紙相思〉的第三章【出庭前】。

相對於指套，譜只被南管戲引用，而交加戲（高甲戲）的後場樂師如果嫻熟於南管音樂者，也有演奏南管譜的情形。

26 國立傳統藝術中心落成開館啓用的儀式，於2002年3月14至15日舉行，主持的法師為台南市道士陳榮盛先生。

27 陳榮盛道長立壇於台南市，為目前所知最著名的天師派道士，為該次法事的主持者。

28 集英社位於麻豆鎮民族路的巷口公厝，【花園外邊】的蒐集為1981年5月15日，演唱者為李仙化先生。

第四章

北管牌子與譜

牌子與譜同為北管器樂，唯兩者的風格極為不同。牌子以鼓吹的編制演奏，音樂色彩明亮熱鬧，用途也較多，除作為北管館閣的排場節目，並用於各種民俗節慶。譜以絲竹的編制演奏，音樂較為恬靜平和，主要用於北管館閣的排場，或作為戲劇的後場樂。

有關北管牌子與譜的相關論述，可參閱作者輯註《傳統音樂輯錄北管卷——牌子集成》、《傳統音樂輯錄北管卷——絃譜集成》，其中的〈論北管音樂的藝術及其社會化〉[1]、〈牌子概述〉、〈台灣的古典音樂——北管〉[2]、〈絃譜概述〉等文，或作者的另一著作《北管音樂概論》，都有相關的論述。

第一節 1

曲　目

用於北管館閣排場或迎神賽會場合的牌子、譜，大抵多為若干常見的曲目，然而透過北管館閣所保存的手抄本，仍能彙整出兩者所擁有的曲目之豐富性。本節所引用的北管牌子與譜之手抄本，主要以彰化市梨春園與集樂軒為主，並參照以鹿港鎮玉如意[3]、台中縣潭子鄉瓦窯餘樂軒的抄本[4]。

1 該文曾刊載於《民族藝術傳承研討會論文集》，該研討會於民國八十四年舉行，教育部主辦，國立台北藝術大學承辦。

2 該文曾刊載於《傳統藝術研究》第三期，民國八十六年，國立台北藝術大學傳統藝術研究所・研究中心發行。

3 鹿港鎮玉如意為知名的古老北管館閣，二十世紀八〇年代之後就已散館，其抄本由當地的藝師黃種煦先生所保存，並有部分影印保存於國立傳統藝術中心。

4 台中縣潭子鄉瓦窯餘樂軒已經散館，其抄本多由北管藝師葉美景所抄寫，抄本的原件目前保存於國立台北藝術大學傳統音樂系，國立傳統藝術中心也擁有一套影印本。有關葉美景先生的生平與北管藝術，可參閱呂錘寬著《北管藝師葉美景・王宋來・林水金生命史》，2005，國立傳統藝術中心。

一、牌子

北管的牌子，口語稱為pai^{5}-chi^{2}，從其樂曲名稱以及文本的考察，可知它乃「曲牌」的省文，它的源流為元明時期的南北曲。

(一)牌名校勘

北管牌子由於以鼓吹的形式演奏，故風格熱鬧，在技巧不專精情況下的演奏，每被認為其音樂喧囂嘈雜，不過如以文本加以考察，則可以發覺它實來自中國中古時期的文人音樂傳統。雖然北管牌子的本質具有文人的色 彩，由於長期流傳於社會的底層，該階層多屬未有教育者，所掌握的中國文史知識極為有限，因此，抄本中的牌子書寫樣式頗多，基本上為以諧音字的方式記錄曲調名稱。

各個館閣之間的書寫形式相同，無彼此之間的異文者，如【普天樂】、【番竹馬】、【下山虎】；另有部分的牌子，不同抄本間雖有諧聲的差別而有些許差異，如【風立松】之於【風入松】，【江而水】之於【江兒水】，人們仍能輕易地予以判讀為【風入松】、【江兒水】。

另有一類樂曲體裁屬於「序」者，幾乎所有抄本都以諧音書寫為「詞」，如：尾犯序、梁州序、畫眉序等，都書寫為：尾犯詞、梁州詞、畫眉詞，其中【畫眉序】又以諧音書寫成【月眉詞】者最常見。

牌子名稱的第三種寫傳形式，為音近而字型極為不同者，且其中並有詞義的差別極大者，遇到這些情況時，尤其是以寫傳進入北管的研究者，所造成對曲調名稱的認識將最為困擾。根據抄本的調查整理，北管牌子名稱差異性最大者如下：

大盤爵　分別有書寫為：【大盤足】（二水震樂軒）、【大瓶足】（宜蘭總蘭社）、【大班足】（彰化梨春園）、【大瓶爵】（鹿港林堯岳、台中瓦窯餘樂軒）、【大瓶祝】（鹿港黃世清、彰化市集樂軒）；根據詞義，此牌名當為【大瓶爵】[5]。

5　「大瓶爵」為祭祀中用以盛酒的禮器，今日台南市天公廟的祭典中，在三獻酒之時

駐雲飛　書寫的樣式有：【駐雲飛】（彰化市梨春園、二水鎮震樂軒）、【醉雲飛】（台中瓦窯餘樂軒）、【朱雲飛】（鹿港林堯岳）、【慈雲飛】（台北新店廣明軒）、【子雲飛】（鹿港黃種煦）。各抄本中的牌名所寫的曲調皆相同，故應作【駐雲飛】為是；

刮地風　書寫的樣式有：【刮地風】、【割地方】（鹿港黃世清）、【刮地方】（彰化梨春園）。各抄本所指的曲調相同，故應以【刮地風】為是。

甘州歌　多數北管館閣，如彰化市梨春園與集樂軒、台中縣大里福興軒、台中縣潭子鄉餘樂軒，以及職業藝師劉榮錦、林堯岳等之抄本，皆作【監州歌】，台北縣新店市廣明軒作【鑑州歌】，彰化縣二水鎮震樂軒作【鑑州歌】，宜蘭市總蘭社作【監洲高】，而彰化縣梨春園也有書寫為【監舟歌】的情形。【甘州歌】之外，尚有名稱為【大甘州歌】與【小甘州歌】的牌子，此兩首牌子書寫樣式紛紜的情形，一如【甘州歌】。

遊封疆　此排名的體裁較為多樣，有新路、舊路之分，也有大、小之別，台北縣新店市廣明軒有稱為【大放宮】、【小放宮】與【放宮】的牌子，鹿港鎮職業樂師林堯岳的抄本作【放羌】，鹿港鎮職業樂師劉榮錦的抄本有【舊訪疆】、【遊封疆】與【新封疆】的牌子，彰化縣二水鎮震樂軒有稱為【大遊封疆】的牌子。根據詞義，似應以【遊封疆】為妥當。

六么令　屬於較多樣的北管牌子，有新、舊之分，也有各種管門之分，如大工、凡字、六字等，至於樂曲名稱，多數館閣皆作【六母令】，如彰化市集樂軒、台中縣潭子鄉餘樂軒；也有書寫為【岳母令】者，如台北縣新店市廣明軒、宜蘭市總蘭社；【玉母令】，如彰化市梨春園，或【六麼令】，如彰化市集樂軒。

㈡曲目總數

台灣的北管館閣所見的牌子，根據體裁可分為聯套、單曲聯章、單曲，其樂曲總數如下：

聯套　十牌（分為古路與新路）、大報（分為古路與新路）、葫蘆

盛酒之器仍稱之為大瓶爵。

家族（分為：金葫蘆、銀葫蘆、銅葫蘆、鐵葫蘆、玉葫蘆、油葫蘆、勝葫蘆）、白登城、西城、金孔雀、風雷雨、倒枝梅、倒旗、鬥鵪鶉、遊石虎、對雙鳳、精魁令、龍虎鬥、鐵龍山。此外，扮仙戲的劇目如；三仙白、醉八仙等，也常在排場中當作開場的鬧台牌子演奏。

單曲聯章　一江風（分為古路與新路）、二犯江兒水（分為古路與新路）、下山虎（分為古路與新路）、大五馬、大瓶爵（分為古路與新路）、大燈對、小江風、小瓶爵、小駕舟、山坡羊（分為古路與新路）、不是路、五傳花（分為古路與新路）、五穀豐登、天堂令（新路）、天貴香、仙桃紅、仙桃龍、玉如意、玉芙蓉（古路）、玉瓶爵、玉蟾蜍、甘州歌（古路）、伐荊軻、行雷龍、尾犯序（分為古路與新路）、兔兒（分為古路與新路）、爬山虎、金環記、急風雲、秋聲、穿山龍、降黃龍（分為古路與新路）、桐城歌、祝勝令、粉蝶兒、送春酒、鬥龍序、梁州序、清天序、普天樂（分為古路與新路）、普庵咒、畫眉序（分為古路與新路）、番竹馬（分為古路與新路）、開文蝶、傾杯玉芙蓉、新五嶽、新天岳、遊月宮、遊封疆、遊荊州、遊將令、雷聲響、鳳凰歌、醉翁子、錦堂月、雙玉印、雙拜塔、雙貴子、雙鳳記。

單曲　一支香、三通、下江坡、千秋歲、大甘州歌、大團圓（分為古路與新路）、川撥棹、五馬（分為古路與新路）、六么令（分為古路與新路）、甘州歌（新路）、水龍帝、江兒水、走豹、刮地風、金杯（分為古路與新路）、金榜、急三鎗、紅繡鞋、風入松、香柳娘（分為古路與新路）、剔銀燈（分為古路與新路）、浪淘沙（分為古路與新路）、將水令（新路）、得勝令、朝陽歌（分為古路與新路）、雁兒落、過江龍、對玉環、滴溜子（分為古路與新路）、精魁令、墜子（分為古路與新路）、醉太平（分為古路與新路）、駐雲飛（分為古路與新路）、還魂扇、點絳唇（分為古路與新路）、鎖南皮、疊上兒。其中【風入松】的樂曲分為多樣不同的款式，除了有大、小之別，並有倒頭、掛頭，以及不同管門，如：五馬、工管、凡字、六字等不同的【風入松】。

如同前文所述，北管牌子的名稱因諧音的關係，有許多異文的情形，上述的牌子名稱並未一一予以校對考證，故可能仍有與南北曲不一致的寫法。

二、鼓介

鼓介，為北管文化圈的術語，相當於京劇所稱的鑼鼓經。「鼓介」中的鼓字指鼓類樂器中的小鼓（即單皮鼓），「介」指擊打小鼓時的動作。由於擊打小鼓者為傳統戲曲後場的首席，稱為頭手鼓，他的腳色如同樂隊的指揮，頭手鼓指揮的機制，為藉著演奏時雙手的各種不同動作，因此，「鼓介」一詞的字面義為「各種不同鑼鼓動作」的統稱，引伸義則作為「所有北管鑼鼓」的總稱。

一般而言，北管的鼓介並不作為獨立的樂曲演奏，而是作為牌子中的引子、過門或尾奏，或運用於戲劇場面，作為開場、收場，以及腳色身段動作的襯托。根據調查，北管的鼓介計有：一鑼、二鑼、三鑼、火砲、五槌頭、三不和、哭相思、節節高、緊戰、空牌、水波浪等。

三、譜

譜，亦稱為絃譜，名稱相同於南管的譜，且演奏時的樂隊編制也為絲竹。以微觀的音樂鑑賞角度言之，北管譜與南管譜有明顯的風格差異，而如以一般的音樂認知，仍經常可見將北管譜認為是南管音樂的情形。

㈠標題正誤

如同牌子，北管文化圈對譜名稱的說法或書寫方式仍相當多樣，完全一致而無異文者如【百家春】、【將軍令】、【大八板】。

語音近似，書寫方式最多樣者如下：

醉扶登樓　根據詞義，本首樂曲的名稱應以【醉扶登樓】為是，此種寫法分別見彰化市集樂軒、二水鎮震樂軒、台中縣潭子鄉餘樂軒、台北縣新店市廣明軒，以及職業樂師李樹枝、郭武驥的抄本[6]。此外，尚有書寫為：醉府登樓、醉後登樓、水月登樓、水府登樓等。

6　李樹枝居住於台北縣蘆洲鄉，為道教正一派的後場樂師，曾在當地的北管館閣「樂樂樂」學習北管。郭武驥居住於台南縣麻豆鎮，為半職業性的樂師。

漢東山 樂曲名稱如此書寫者，分別見於：彰化市梨春園與集樂軒、鹿港鎮玉如意、彰化縣二水震樂軒、台中縣潭子鄉餘樂軒、台北縣新店市廣明軒、宜蘭市總蘭社，以及樂師李樹枝、郭武驤等之抄本。此外，也有書寫為：漢同山、漢中山、漢唐山。如參照以廣東音樂曲目，此首樂曲的名稱應為【撼動山】。

寄生草 樂曲名稱如此書寫者，分別見於：彰化市梨春園與集樂軒、鹿港鎮玉如意、彰化縣二水震樂軒、台中縣潭子鄉餘樂軒，以及樂師李樹枝的抄本。而上述抄本中，也有書寫為【寄青草】（彰化市集樂軒）、【寄星草】（二水震樂軒）。

梅竹爭春 彰化市梨春園與集樂軒、二水震樂軒、台北縣新店市廣明軒的部分抄本，該首樂曲的名稱書寫為【梅竹爭春】。而梨春園的部分抄本另有書寫為：梅雀青春、梅祝爭春，集樂軒的抄本有書寫為：梅雪爭春、梅鵲爭春、梅雀爭春。根據詞義，當以【梅竹爭春】為妥當。

卜元宵 鹿港鎮玉如意、台中縣潭子鄉餘樂軒、台北縣新店市廣明軒，以及樂師李樹枝、郭武驤等的部分抄本書寫為【卜元宵】，此外，也有書寫為【北元宵】（郭武驤）、【鬧元宵】（餘樂軒、玉如意）。

㈡曲目總數

根據體裁的不同，北管譜分為聯章與單章，此外，也有吸收自廣東音樂者。

聯章絃譜 計有上四套、下四套、小四套、四時景、四景串。上四套計為：醉扶登樓、滿堂紅、梅竹爭春、大八板，下四套為：串音、玉連環、月兒高、萬象包羅，小四套為：春至清、春來香、百家春、一串蓮，四時景為：春景、夏景、秋景、冬景，四景串為：春串、夏串、秋串、冬串。

單章絃譜 一寸金、一支草、一綢、一年春、一江風、一串蓮、一季春、一枝花、一支香、一枝梅、一封書、一席酒、一條根、一粒星、一粒珠、七寸蓮、七句半、七句清、七句詩、七星劍、七管反、七賢、九句詩、九連環、二八佳人、二音、二錦、八句詩、八板、八板頭、八美圖、八駿、十二錦、十番頭、卜元宵、又山遠、三句半、三句詩、三更會、三香扇、三貴子、三跳澗、三寶塔、下下海、下小樓、上小樓、上玉樓、千里怨、千章皮、大報、大開門、小紅燈、小開門、小陽串、五子串、五更挑、五馬隊、五祥雲、五貴圖、什錦、元宵節、天下歌、天下網、天下樂、天子樓、天台別、天地網、天見影、太子遊、孔明讚、月下嬌、月中桂、月兒高、月兒影、月移花、木梨花、水底魚、水底蓮、水芙蓉、牛食水、令尾、冬串、冬鬧、半平蓮、半節紅、四不相、四句詩、四季花、四季春、四季梅、四季蕊、四金印、四門、四條串、四福串、左右霓裳、左車輪、右車輪、正連環、玉狐狸、玉連環、玉樓春、玉鴛鴦、玉簪獻瑞、皮子、瓜子仁、石榴花、字字錦、吊連燈、百合交輝、百年花、百花串、百家春、百壽圖、老串、行路歌、西江月、西串、西城串、西湖柳、西湖記、串音、串香、串梨花、伴中書、告狀人、旱天雷、步步嬌、到春來、到春串、姊妹花、岳陽三醉、昇平樂、東方令、河金、狀元遊街、芝蘭爭芳、芙蓉出水、芹菜葉、花串、花開富貴、金玉環、金串、金扇子、金連環、金童弄月、金蓮花、金龍串、金鯉魚串、長壽圖、阿達子、青山在、南串、南詞、客人普、拜大殿、拜印、春天佳景、春光舞曲、春串、春來香、春景、柳青娘、柳拐串、柳搖金、柳嬌音、珍珠串、看芙蓉、秋串、秋慶、秋蟬子、紅花串、紅花蕊、紅孩兒、紅魚鰍、美人挑客、美人梳妝、美人嬌、追無流、飛鳳淚、香牡丹、倒串、倒串蓮、唐山普、唐明皇遊月宮、夏串、宮中樂、梳妝樓、海和尚、海棠睡去、哭顏回、真珠墜、素蝶梅、胭脂串、草上風、馬場歌、馬蹄金、寄生草、寄春花、將軍令、探蓮花、採花詞、採金印、梧桐弄影、梅竹爭春、梅花串、清平樂、清江引、清板串、連環扣、陰陽別、魚尾、喜成雙、喜串、喜相逢、單飛劍、幾萬年、插花兒、普庵咒、朝天子、琴串、畫眉跳架、登元讚、象奪鎗、貴子圖、進酒、妝台相思、閒來無事、雁兒落、黃梨詞、搬番詞、暗相思、殿前吹奏、獅弄球、萬年歡、萬象包羅、萬壽無疆、節節金、節節高、跳和尚、跳龍門、補缸、遊山遠、過水金、過江龍、過雙眉、雷聲寺、頌昇平、夢鄉台、敲山、滴滴金、漢東山、滿山春色、滿天飛、滿堂紅、滿堂輝、碧玉霜、福祿壽、福壽春、蜻蜓點水、貌如花、銀串、鳳凰巧叫、鳳凰池、鳳凰來儀、鳳凰會、劍道譜、潮州譜、篆音、蓬萊仙子、蝴蝶穿花、調牡丹、賣拾貨、賜金印、踏雪找梅、踏跳普、醉扶登樓、擂鐘台、澤蘭花、蕊蕊金、番薯譜、龍頭串、錦上添花、錦月紅、錦如花、霓裳羽衣曲、龜反水、聯珠串、薔薇飄香、賽普庵、繡球天、蟠桃、鎖南皮、雙生子、雙如意、雙星、雙情、雙貴子、雙獅圖、雙龍搶珠、雙聲、雞母潮、雞兒啼、關公巡城、嚴來雲、寶蓮燈、蘇呈繡、鷓鴣飛、鸞鳳齊鳴。

廣東譜 二支香、三潭映月、上海行、上雲梯、小桃紅、王昭君、北調、古道秋風、平胡秋月、江邊草、旱天雷、狂歡、赤人翼、走馬、雨打芭蕉、青梅竹馬、恨東皇、昭君怨、柳底鶯、娛樂昇平、笑花瓶、粉紅蓮、剪剪花、連環扣、寒江月、悲愁、朝天子、雁落平沙、雄雞、催歸令、楊翠喜、萬年歡、漢宮秋月、滿場飛、鳳凰舞、餓馬搖鈴、番薯譜、燭影搖紅、寶鴨穿蓮。

第二節 2

牌子的音樂

本文將分別就牌子的組成、音樂型態、演奏技巧等進行論述與分析。

一、樂曲組織

從樂曲的組織言之，北管牌子可分為支曲、單曲聯章以及聯套，這些詞彙並非北管文化圈所固有，而是本文基於分類之需所提出的分類性詞彙。

(一)支曲

支曲，指由單一樂曲組成的牌子。牌子之中體裁屬支曲者，係由一支單段式的曲牌所構成，其曲調名稱多能見於元明時期的北曲或南曲之中。根據音樂系統之別，單曲式牌子可分為古路、新路以及四平，三者的樂曲篇幅皆短，以作為戲劇的過場樂為主。

由單章樂曲組成的支曲，有古路與新路之分，其中古路牌子多有詞，新路則無，換言之，古路牌子演奏時，除了以鼓吹合奏外，也能有人聲同時演唱，如下例之【大甘州歌】，為彰化市梨春園的演奏，同時有一歌者陳國樑先生擔任演唱。

【大甘州歌】

北管牌子
彰化市梨春園
1996年

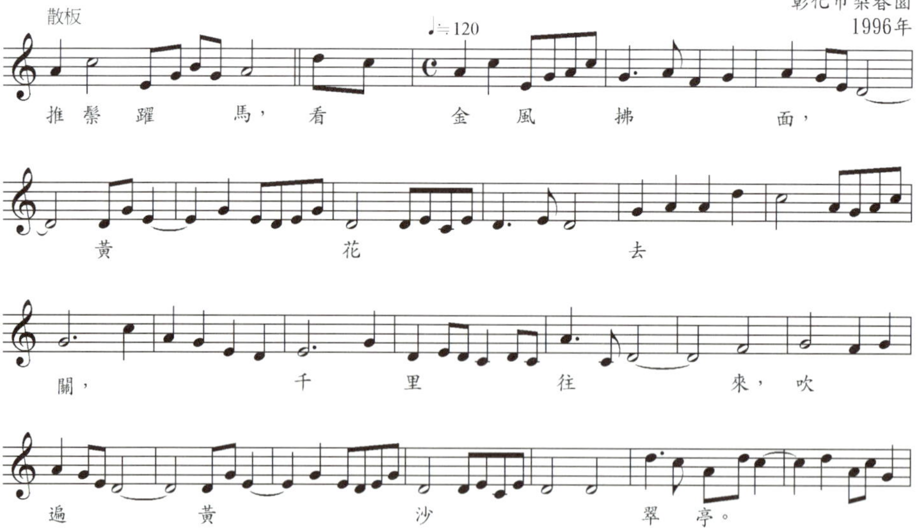

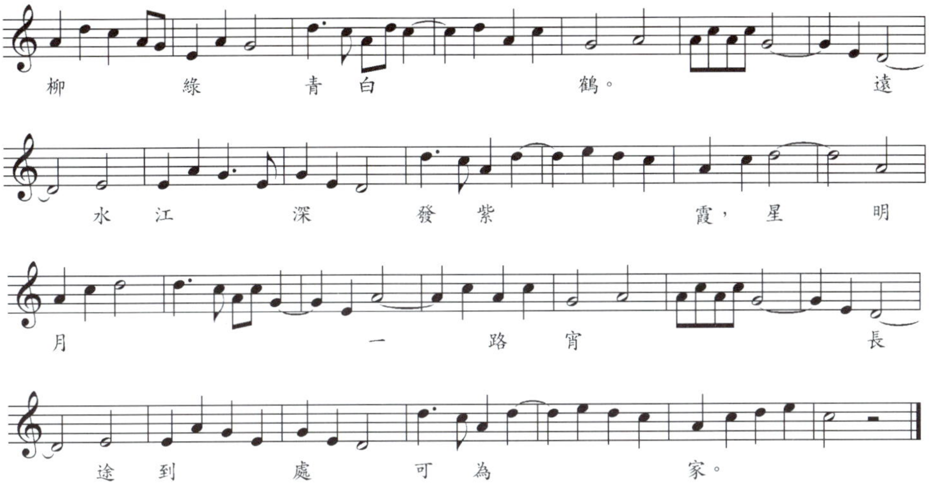

(二)單曲聯章

單曲聯章，指北管藝人所稱之「三條宮」牌子，此類牌子係由三支曲調所組成，三支曲調以第一支的名稱總其名，各段則分別稱以母身、清、讚。單曲聯章式牌子的三段之間，並沒有主題變奏的關係，第二段與第三段的樂曲篇幅，通常亦較第一段為短。單曲聯章式牌子仍有古路與新路兩體，兩者僅名稱相同，曲調之間並無關係。古路牌子並帶有詞，至於新路牌子，則只有工尺譜而沒有詞。掛詞之古路牌子的曲譜如下例〈甘州歌〉所示，演奏時仍以鼓吹編制合奏，同時可以加上人聲演唱。第一句「揚鞭奪勇」為散板，接著的「看愁雲」開始有節拍，不過尚無板，隨後為一板一撩。

【甘州歌・母身】

北管牌子
彰化市梨春園
1996年

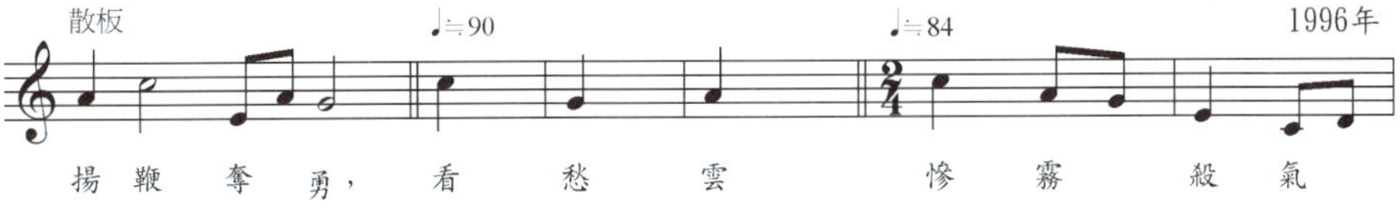

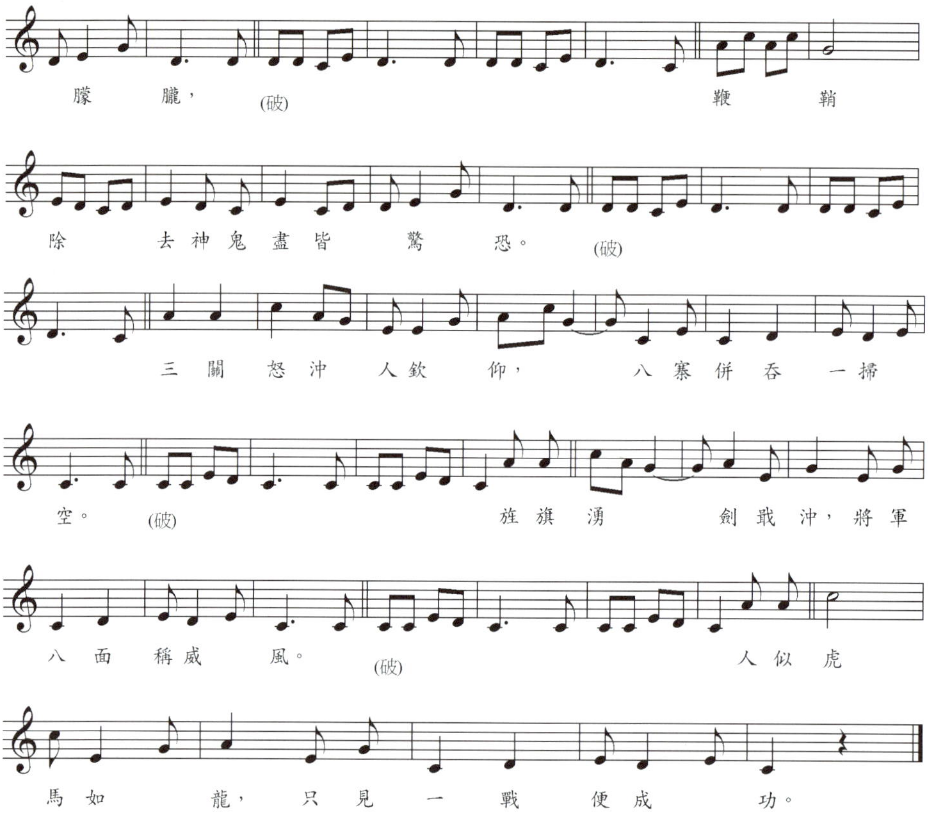
朦朧，
(破)
鞭鞘
除去神鬼盡皆驚恐。
(破)
三關怒沖人欽仰，八寨併吞一掃
空。
(破)
旌旗湧劍戟沖，將軍
八面稱威風。
(破)
人似虎
馬如龍，只見一戰便成功。

【甘州歌・清】

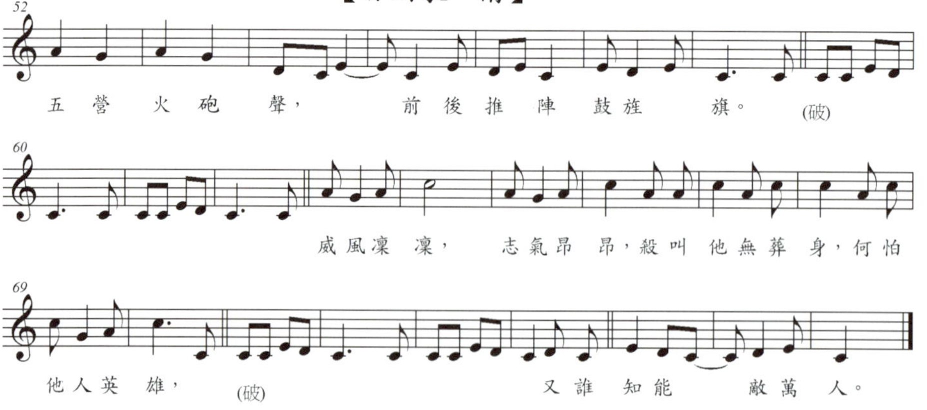
52
五營火砲聲，前後推陣鼓旌旗。
(破)
60
威風凜凜，志氣昂昂，殺叫他無葬身，何怕
69
他人英雄，
(破)
又誰知能敵萬人。

【甘州歌・讚】

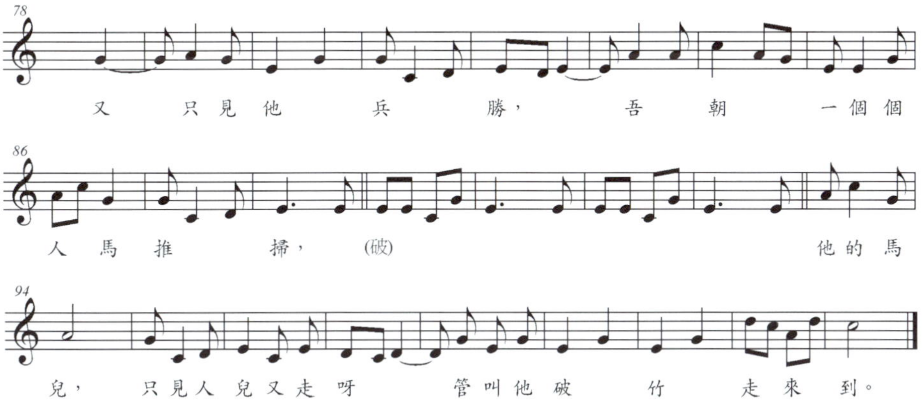

㈢聯套

聯套牌子，又稱為「大宮牌子」，係由若干支曲牌所組成。此類牌子的命名方式有三種，一為以曲調的數目為名，如〈十牌〉，乃以其曲調數有10支為名；第二種命名方式為，以文本的內容所屬為名，如〈倒旗〉的聯套，乃用於戲劇〈秦瓊倒銅旗〉中，因以為名；第三種命名方式為，用聯套中的第一支曲牌為名，例如稱之為〈鬥鵪鶉〉的牌子，實為聯套牌子，而並非只為一支名為【鬥鵪鶉】的曲調而已。

聯套牌子多為古路，其中只少數有古路與新路之分。依聯套的實際運用，仍有與元代的北曲相同的情形，即有散套與劇套之分，散套為排場演奏之用，劇套則為用於特定戲劇之中。茲以〈大報〉為例，以呈現聯套的北管牌子。

〈大報〉

北管牌子
彰化市梨春園
1982年

1.【醉花陰】

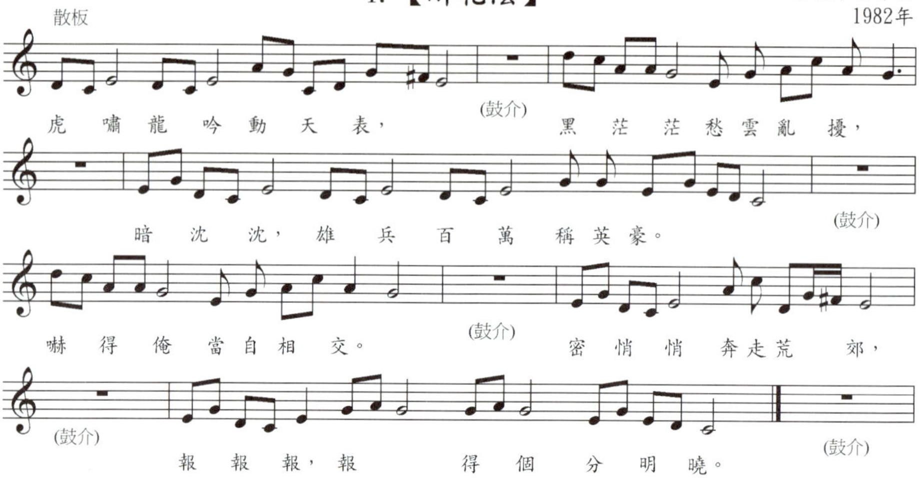

2.【喜遷鶯】

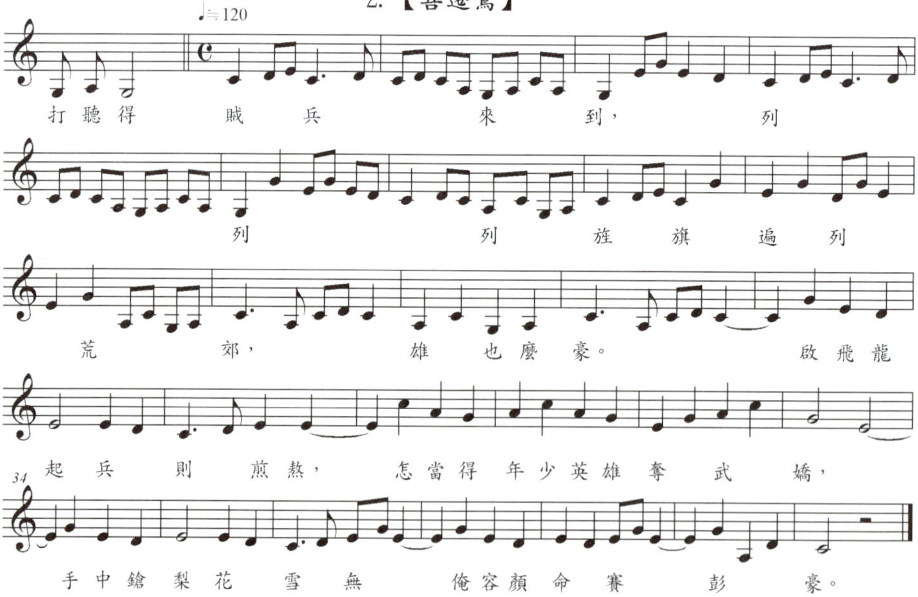

3.【四門子】

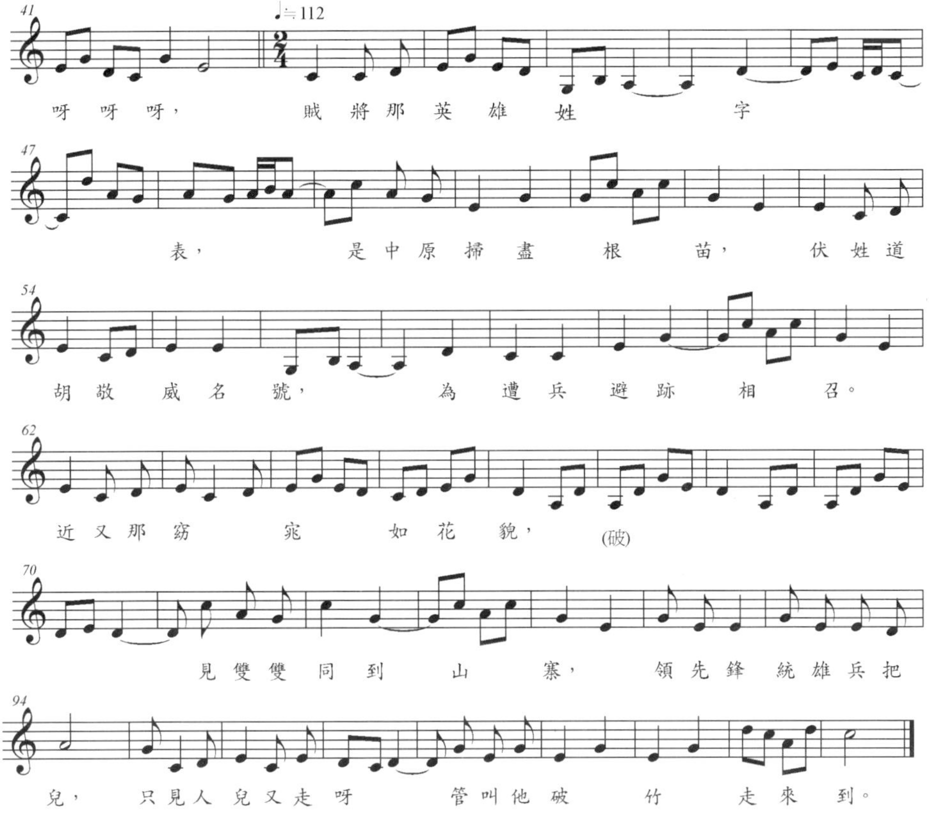
♩≒112
呀呀呀，賊將那英雄姓字
表，是中原掃盡根苗，伏姓道
胡敬威名號，為遭兵避跡相召。
近又那窈窕如花貌，(破)
見雙雙同到山寨，領先鋒統雄兵把
兒，只見人兒又走呀管叫他破竹走來到。

4.【水仙子】

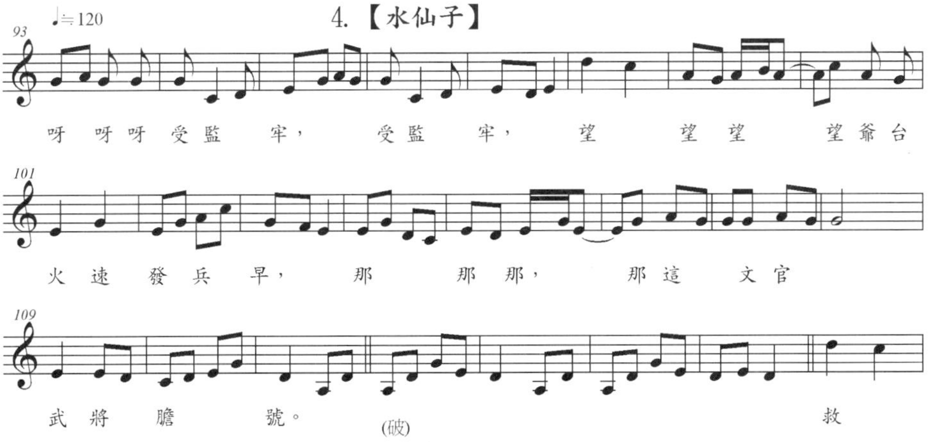
♩≒120
呀呀呀受監牢，受監牢，望望望望爺台
火速發兵早，那那那，那這文官
武將膽號。(破) 救

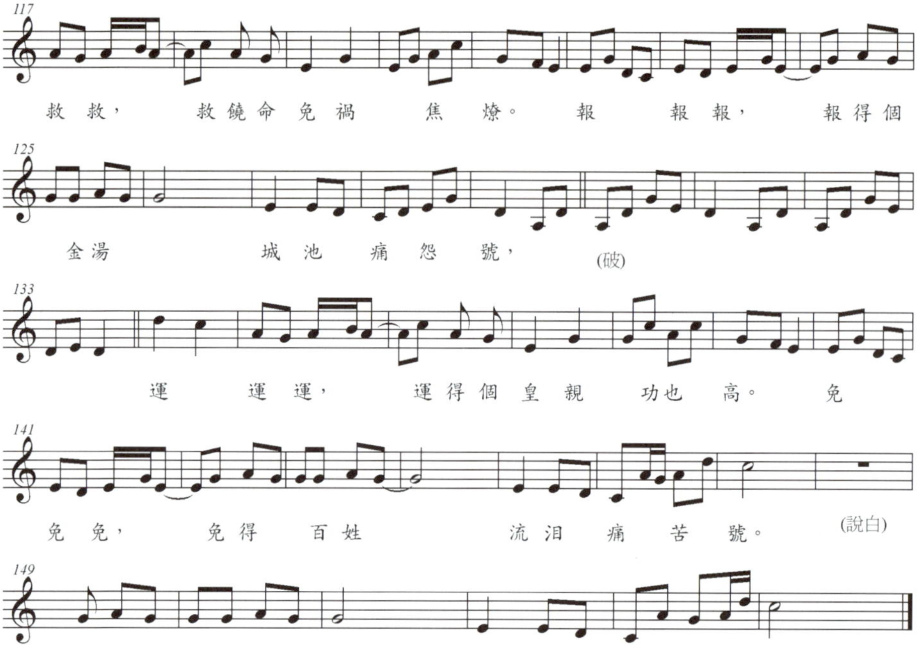

5.【尾聲】

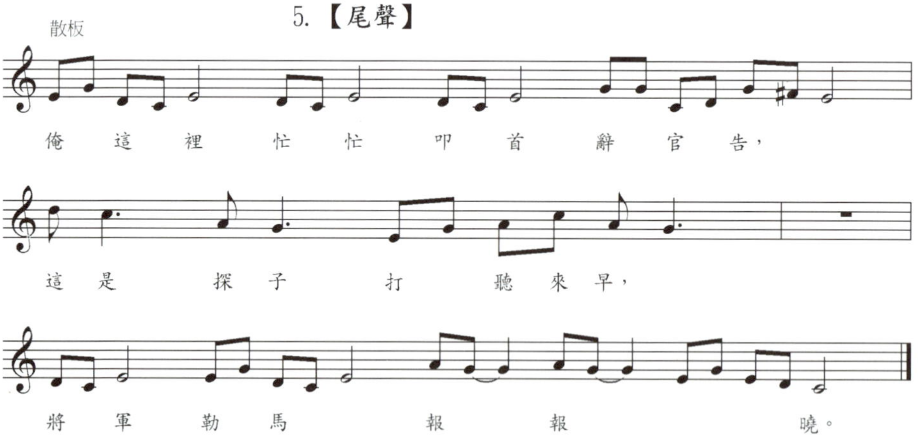

二、音樂型態

以寫傳的樂譜觀之，北管牌子的文學性頗高：曲調系統屬於中國近古時期的南北曲，古路牌子並有曲詞，其內容多出自元明代的戲劇。雖然古路牌子由於有曲詞的緣故，中部地區的北管館閣特別是梨春園，也常於演奏時同時演唱，然而北管文化圈並無任何關於牌子唱唸法的說法，因此之故，從展演層面言之，我們可將北管牌子視為純粹的器樂。

(一)音階與調式

音律體系常被作為判別樂種從屬於藝術性，或民俗性的重要依據，中國古代音樂學者或文人，大體上也都以該特徵評論樂種或劇種的水準，每將來自民間的音樂戲曲因「不協宮調」，而貶抑其價值。至於有固定宮調者，如宋詞、元代的雜劇或南北曲，乃至於崑曲，則被奉為典雅之樂。從曲牌的格律章法言之，崑曲的曲牌都從屬於某一宮調，於實際展演之時，同一曲牌所用的調子也並非固定不變。以隸屬於黃鐘宮的【醉花陰】為例，〈鈞天樂・宿廟〉以正工調演唱[7]，〈連環記・問探〉則為六調[8]；又如南呂宮之【一江風】，〈牡丹亭・學堂〉以小工調演唱[9]，〈紅梨記・三錯〉為凡調[10]。以此觀之，固定宮調與否，應非作為判斷藝術音樂的充分條件。

北管牌子以嗩吶吹奏，由於嗩吶的製作工藝並不若雙簧管（oboe）或小喇叭（trumpete）之精細，因此，館閣或藝人之間所用者，音高並非完全一致。以比較的觀點論之，北管館閣嗩吶的全閉音（或稱為基礎音），約略相當於今日鋼琴律的g^{b}（即降g）[11]。將一個基礎的調子稱為降G調或升F調，對認識樂理並不方便，因此，本文將北管嗩吶的基礎音以G解釋之，其基礎調為G調。如同南管音樂的基礎音，不同館閣之間洞簫全閉音的實際音高，約從升C至降E，音樂學界在解釋時都將它視為D。

---

7 參見王季烈等編輯之《集成曲譜》第二冊，第1,130頁。

8 參見《集成曲譜》第七冊，第215頁。

9 參見《集成曲譜》第三冊，第503頁。

10 參見《集成曲譜》第七冊，第625頁，該劇【一江風】的笛色相同於前一曲牌【女冠子】。

11 該音的位置為鋼琴中央c上方的減五度，也能視為增四度。

北管牌子不論古路或新路，都無固定管門之說，欲以何調演奏，由演奏者當場決定。理論上嗩吶能吹奏七個調子，如同崑曲的笛色能有七個，此七調依序為：上字調、尺字調、小工調、凡字調、六字調、正工調、乙字調。北管嗩吶調子也以工尺譜字命名，命名方式則有兩種，一種以全閉音作為音階的某音為稱，如全閉音為上，稱為「翕上」（hip[4]-siang[2]），依序分別稱為：翕乂、翕工、翕凡、翕六、翕五、翕乙。另一種的命名方式略同於崑曲的笛色，全閉音為上的管門稱為大工管。由於樂器性能與交錯指法的關係，離基礎音越遠的調子音階越不準，因此之故，通常多以大工管演奏。

北管牌子使用的音階，有五音音階與七音音階兩種，多數的牌子都使用典型的漢族五音音階，如前舉的譜例【甘州歌】。使用七音音階者，第四度音凡的實際音高有兩個不同的位置，參照以歐洲藝術音樂的理論，有純四度與增四度，如上文所舉聯套牌子〈大報〉的第一支樂曲【醉花陰】，其中的第四音凡即為升高的四度音。【大甘州歌】也為七音音階，第四級音凡則為純四度。總此，北管牌子計有五音音階與七音音階，其中七音音階又有兩種不同的結構，如下表所示。

表4-1　北管牌子音階表

字	上	乂	工	凡	上凡	六	五	乙
	宮	商	角			徵	羽	
	do	re	mi			sol	la	
雅	宮	商	角		變徵	徵	羽	變宮
	do	re	mi		fa #	sol	la	si
昨	宮	商	角	變徵		徵	羽	變宮
唱名	do	re	mi	fa		sol	la	si

為了區別實際演奏時凡音的兩個不同音高，上表分別以「凡」與「上凡」表示兩個不同音高的凡，當然，在北管文化圈並無使用「上凡」的符號或說法。

㈡拍法

拍法，指樂曲的節拍型態。北管牌子的拍法，分為規律式拍以及非規律式拍。由於北管牌子與南北曲為相同音樂體系，故拍法方面的型態特徵，本文將以南北曲作為參照解釋。

南北曲的拍法型態與曲牌性質一致，凡屬於引子類的曲牌，拍法為非規律式，這種拍法沒有規律的韻律強弱週期反覆，亦即習稱的散板或自由拍。北管牌子中凡屬於引子者，如〈大報〉的【醉花音】、〈十牌〉的【新水令】，或【點絳唇】[12]等，拍法都屬於非規律的型態。至於單曲聯章式牌子的母身，也常以非規律式的節拍起始，北管文化圈稱這種情形為「掛頭」。

南北曲中另有一類稱為正曲或過曲者，所占的數量比例最多，該類曲牌的節拍規律，亦即有固定時值的拍子，以及韻律強弱的週期反覆，北管牌子屬這類者，也皆為規律式拍法。正曲類的主體樂曲固然為規律式拍法，不過樂曲也常以自由節拍起始。根據拍節的週期律動，北管牌子屬於規律式拍法的樂曲分為一板三撩、一板一撩、疊板，分別相當於四拍子、二拍子、一拍子，其中的板為小節的強拍，亦即第一拍。撩的意義相同於南管，為小節第一拍之後的所有弱拍。

㈢曲式

曲式，指樂曲旋律組織的樣式，屬於較為技術層面的分析觀點。如從欣賞的角度言之，曲式能與樂曲演奏所需的時間互為參照，亦即樂曲的演奏時間越長，其曲式也較大且複雜。概括言之，北管牌子的曲式可分為三類，聯套牌子為組曲形式，單曲聯章牌子為三段式形式，單章牌子為民歌類型的一段式。

聯套的牌子皆由若干闋不同曲牌所組成，其曲牌名稱如已脫落散佚，北管文化圈都以該曲牌在聯套中的位置，稱以第〇牌，如：第一牌、第二牌等等。組曲形式的聯套牌子，各段之間仍有一定的關係，一般而言，第

---

12 北管文化圈多以諧音的方式，將【點絳唇】稱為【點江】或【點將】。

一支曲牌多為引子形式，最後一曲為尾聲，中間的曲牌為正曲，而正曲也可稱為過曲。引子與尾聲的拍法都相同地為非規律式，如本章第二節所舉的譜例〈大報〉，係由：醉花陰、喜遷鶯、四門子、水仙子、尾聲組成，第一闋【醉花陰】即為引子。又如名為〈十牌〉的聯套牌子，組成的曲牌計有10闋，依序為：新水令、步步嬌、折桂令、江兒水、雁兒落、僥僥令、收江南、園林好、沽美酒、尾聲，其中第一闋曲牌【新水令】為引子。總此，聯套北管牌子的樂曲形式可簡化為如下的形式：

引子——正曲——尾聲

單曲聯章的北管牌子由三段樂曲組成，以純粹曲式學的觀點，可將這種前後連綴一體的樂曲稱為三段式，北管文化圈稱此形式的牌子為「三條宮」，其中「宮」唸為kiong[1]或kieng[1]，分別為讀音或語音。「三條宮」的三個樂段分別為：母身、清、讚。

單章牌子亦可稱為支曲，由一段樂曲組成，除了少數若干曲如【大甘州歌】、【五馬】等篇幅較長，多數單章牌子的篇幅皆較短，且由於拍法較小，常為一撩板或疊板，故曲式簡短，曲調樸俗單純。

三、演奏

牌子的演奏場合分為排場演奏，以及上棚作為戲劇的過場音樂。大體上所有牌子都能於兩種不同場合演奏，實際上單曲類的牌子主要作為戲劇的過場音樂，聯套牌子常單純地於排場時演奏，若干聯套牌子也用於特定的北管戲劇目，如〈秦瓊倒銅旗〉用〈倒旗〉。

排場或做為戲劇後場樂的牌子演奏，都相同地為坐樂，亦即坐於固定地點演奏，另一演奏方式為行進演奏，這種方式分別用於迎神賽會、喪葬等場合，此一方式的演奏通稱為陣頭。至於中國的若干古老樂種，如西安古樂則稱為行樂。北管牌子的分布雖極廣，演奏時所使用的樂器、樂隊編制原則，以及樂器的演奏技巧等，基本上都相同。

㈠樂器與樂隊編制

北管牌子中的古路系統雖也有詞，呈現方式仍為鼓吹，所使用的樂器與新路牌子並無區別，都相同地為嗩吶、鼓類樂器以及銅類樂器。

嗩吶，俗稱大吹，台灣傳統音樂所使用的嗩吶家族樂器，以尺寸大小言之，計分為大吹、小吹與叭子，在過去傳統音樂發達的時代，其中大吹的尺寸又分為三種，由大而小分別稱為一號吹、二號吹、三號吹，一號吹用於迎神賽會或喪葬場合的陣頭，二號吹用於北管館閣，三號吹用於布袋戲後場。

北管館閣演奏牌子的鼓類樂器有兩種，分別為小鼓與通鼓。小鼓屬頭手鼓，形制相同於京劇的單皮鼓。在北管文化圈也常以鼓聲的特徵命名，由於對鼓聲體認的不同，故狀聲式的名稱較為多樣，如：答鼓、北鼓等。通鼓為二手鼓，該件樂器的聲音清脆響亮，音響thong^{1}-thong^{1}然，其狀聲式的諧音寫法另有堂鼓、唐鼓，然而當以通鼓的語音為準確。

根據演奏方式的不同，銅類樂器可分為棒擊式與互擊式，依尺寸的大小，棒擊式計有：大鑼、鑼、響盞。大鑼也可稱為銅鑼，鑼面中央鼓起，鑼面的直徑約2.4至2.6台尺，聲音低沈宏亮，由於重量的緣故，演奏時懸掛於木架或鐵架，出陣行進演奏則另須由兩人扛著。鑼實即相同於京劇的大鑼，響盞為鑼類樂器中尺寸最小者，實相同於京劇的小鑼。互擊式的銅器稱為鈔，學術性詞彙則稱為鈸，依尺寸大小，又分為小鈔與大鈔。

所有北管館閣演奏牌子時，都相同地使用上述樂器，至於演奏時的樂隊編制，則有若干差異。其一為嗩吶所使用的件數，如為閒居在館閣內的排場，嗩吶以兩支為常見，迎神賽會或喪葬場合的演奏，雖也有以兩支演奏，然而通常都為4支以上，甚至有多達十餘支的情形。鼓類樂器方面，由於鼓聲的節奏較為細膩，同時使用多件恐造成節奏參差不齊，故幾乎都為小鼓、通鼓各一件。銅器方面，不論在室內的排場或陣頭演出，都為一面大鑼，而隨著場面聲勢的不同，大鑼仍有尺寸上的區別，常見者鑼面直徑為2.4台尺，最大型者有達於5.5尺的大鑼。至於大鈔、小鈔、鑼以及響盞，如在館閣內的排場，以各一件為常，如為戶外需要壯聲勢的場面，則能根據演奏團體的人力，予以增加各類樂器的件數。

不論何種場合所使用的不同編制鼓吹樂隊，所有的嗩吶都吹奏相同的旋律，其中有一名技術較專精的資深樂師為頭手吹，由該人領奏，其餘嗩吶奏者依頭手吹的曲調演奏。鑼鼓的部分仍根據既有的鼓介演奏，響盞或小鈔演奏的節奏是相同的。

㈡嗩吶的吹奏技巧

在北管牌子的演奏中，由於演奏技術或資歷的關係，雖有頭手吹與二手吹的區別，兩者的演奏技巧都相同，不因頭手、二手而有差異。嗩吶為雙簧式的吹奏樂器，演奏時整個吹嘴含於口腔中，為了便於吹奏，乃發展出一種特殊的吹奏法，演奏者自始至終氣息不斷，這種吹奏方法稱為「吞氣」，亦即吹奏過程中，演奏者一面將氣息存於口腔，再藉著循環換氣的方法，於吐氣吹奏時，將儲存於口腔的氣息吸入。

一般而言，吞氣為北管文場樂師共同具備的基本能力，至於吹奏出的音色，則有細膩或粗糙的差異。要作為一位優秀的嗩吶吹奏者，須具備的另一基本能力為移調吹奏，一如優秀的鋼琴家，須能嫻熟地彈奏12個調子的音階。嗩吶有八個音孔，正面七孔，背面一孔，每一音孔都可以當作音階的主音。由於北管有七音的音階，故嗩吶上可吹奏的調子計有7個，分別為：大工管、六字管、凡字管、小工管、五馬管、士字管、上字管。當所有音孔全閉的音作為「上」的時候，稱為大工管，如全閉音作為乂，則為六字管，凡字管的全閉音為工，小工管的全閉音為凡，五馬管的全閉音為六，士字管的全閉音為五，上字管的全閉音為乙。

「弄吹」與「掛弄」為嗩吶吹奏時的另一類技巧，此兩詞彙屬北管文化圈的音樂性術語。弄吹用於吹奏樂曲之前，弄吹時也有伴以鑼鼓，其目的為確立該次演奏的調子，同時並使吹嘴濕潤，使其音色圓潤，不致有刺耳破裂的音響[13]。弄吹主要以閉管音為基礎，圍遶著全閉音的低音與高音吹奏，如全閉音為上，則為上—仩，如為士，則為士—五，以使演奏者彼此了解，所要吹奏的管門究竟為「翕上」或「翕士」。演奏時弄吹的情形

---

13 嗩吶的吹嘴為蘆葦製，太乾燥時經常會發出刺耳破裂的音響。

如下例，演奏者為台北縣板橋市福安社。

【弄吹・風入松】

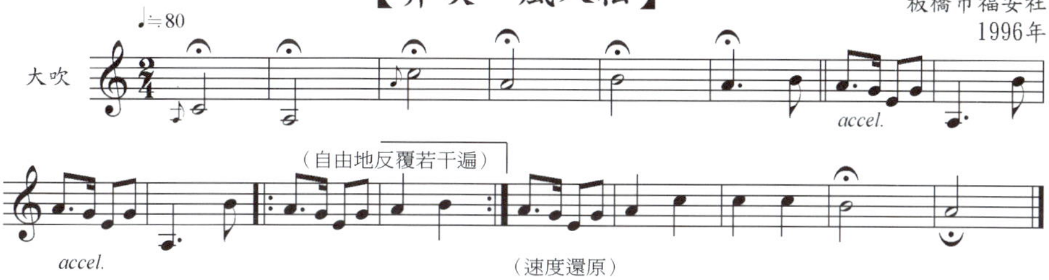

弄吹為北部地區北管館閣較常見的吹奏技巧，可能與本地區喜用較多演奏者有直接關係，在吹奏者多的情況下，先有一段確立管門的裝飾奏，不啻是最佳的方法。

掛弄為穿插在樂曲中間的演奏技巧，亦即樂曲的一個樂句與另一樂句之間，樂譜上通常都在需要掛弄之處標示「破」，如下例的【北風入松】或【急三鎗】，也有標示「破」以及「⺨」，如下圖例之【上小樓】，此外，也有標示「弄」或「⺨」者。樂譜上所標示的「破」，指樂曲演奏至該處須破開，屬於曲調進行間續的提示。標示「⺨」，表示樂曲在該處須加入鼓介，為對鼓介方面的提示。至於如果標示「弄」，則屬嗩吶吹奏方面的提示，表示該處須有展技性的演奏。

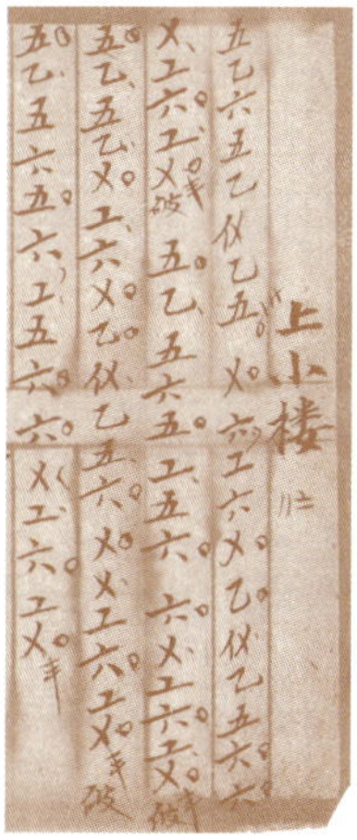

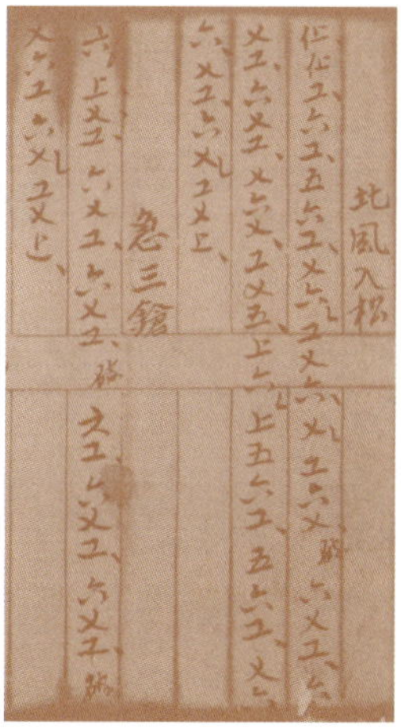

大吹演奏牌子時的掛弄，屬於即興式的展技演奏，該樂段的演奏具有耍弄吹奏技巧的意涵，至於如何展技，仍有理論性的規範。一般而言，展技演奏乃圍遶一個中心音，該音為前樂句的結束音，如前樂句的結束音為合，則耍弄吹奏的旋律為：

| 合乂 合乂 | 六工 乂 | 合乂 合乂 | 六工 乂 |

如果結束音為工，則耍弄時吹奏的旋律為：

| 工工 工乂 | 上六 工 | 工工 工乂 | 上六 工 |

並以該樂句反覆若干次。實際吹奏時的掛弄，則有若干程度的差別，以彰化市梨春園為例，演奏古路【風入松】掛弄的情形如下譜例：

【風入松掛弄】

北管絃譜
彰化市梨春園
1996年

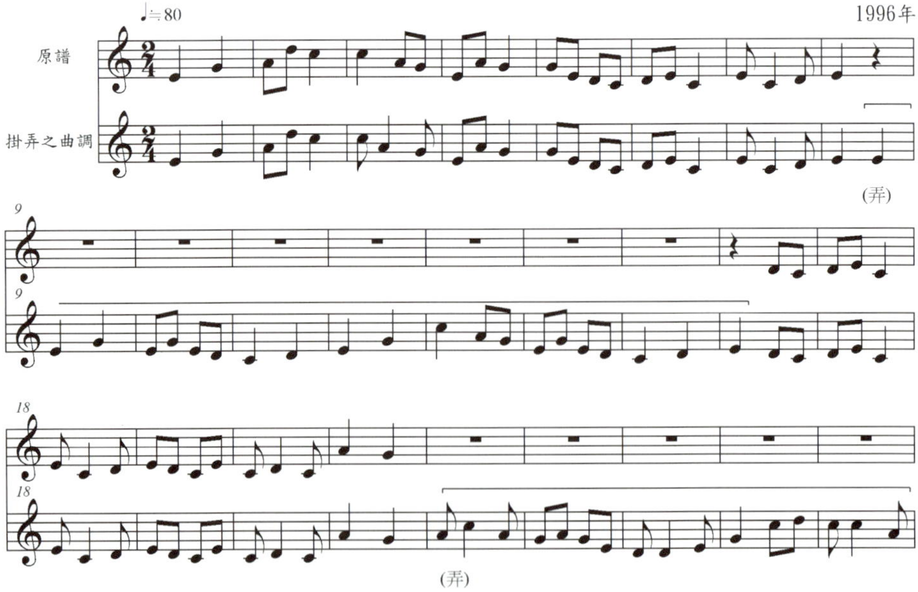

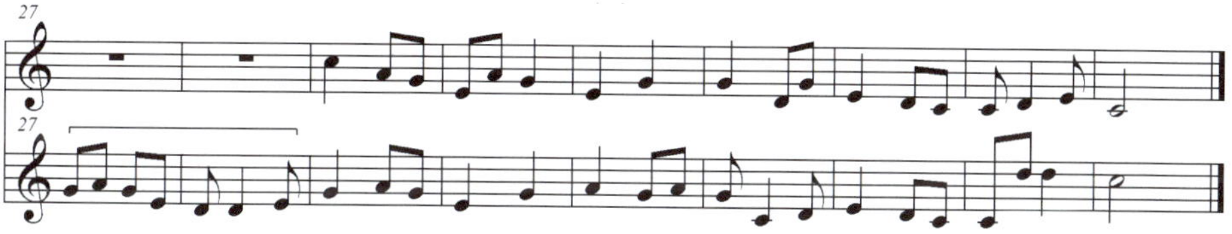

㈢鼓介——鼓與銅器

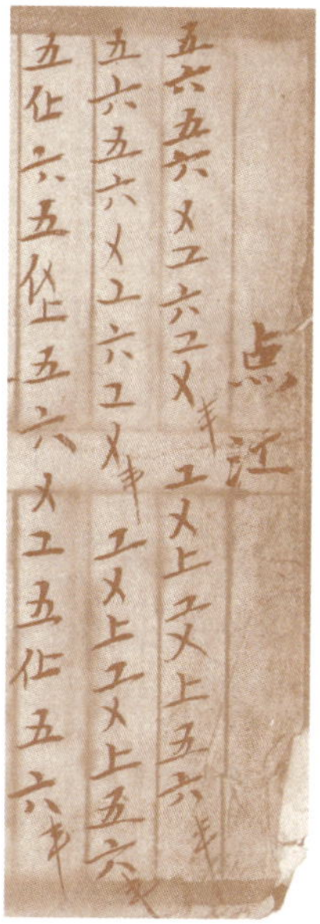

以寫傳的樂譜審視之，鼓介僅以簡略的符號附記於牌子的樂譜上，如⺷，此符號主要標示於散板類的樂曲，如右圖例所示。北管牌子既然被稱為鼓吹樂，表示演奏時都是嗩吶與鑼鼓合奏，嗩吶的曲調有寫傳的工尺譜紀錄，鼓介的部分主要藉著活傳統流傳，抄本中即使有標示，也都為簡略式，如：紗帽頭、五槌頭、哭相思、三不和等。

口傳上，鼓介都藉著狀聲性的語彙描述鑼鼓的音響，每個鼓介的組成，基本上都可以分為介頭與鑼鼓身。介頭又分為兩個部分，第一個部分為小鼓的音響，為音響式，第二部分為鼓師的手部動作，屬於視覺方面的，作為樂隊的指揮。鑼鼓身為銅器的音響狀聲詞，主要區別鑼、鈔（鈸）與響盞的打擊位置。

北管抄本所使用的鼓介狀聲詞多樣而不統一，由於鼓介的狀聲詞僅藉以描述鑼鼓的音響，並不具詞義，故本文參考各館閣所用的詞彙，將狀聲詞的部首都加上「口」，以表示該詞純屬音響。描述小鼓音響的狀聲詞主要為：吙、吡、啄、嘟等，通鼓的狀聲詞為咚，鼓詩的唸法以及演奏方法說明如下：

表4-2　鼓類樂器鼓詩簡表

狀聲詞	叻	吡	啄	嘟	咚
唸法	la^{k4}或lia^{k4}	pa^{k4}	ta^{k4}	tu	$tong^{1}$
說明	以兩支鼓箸擊奏，唯須一音稍後，故實際的音響為短促的tak4-tak4。	以兩支鼓箸同時擊鼓心。	以單支鼓箸擊鼓心一下。	以兩支鼓箸以滾奏的方式擊打小鼓的鼓心。	擊打通鼓的鼓心。

銅器類的狀聲詞，常用者有：哐、叱、哆、嗦等，其唸法與代表的涵義如下表的說明：

表4-3　銅類樂器鼓詩簡表

狀聲詞	哐	叱	哆	嗦
唸法	$khuang^{3}$	tsi^{h4} 或 tse^{1}	te^{1}	$chhi^{t4}$或chi^{p4}
說明	鑼、鈔以及響盞齊奏，其中以鑼的音響最為宏亮，因此，鼓詩中的該狀聲詞通常都特別地指鑼。	鈔單獨擊奏	響盞單獨擊奏，音響清脆。也有將其音響唸為$ta^{n}i^{n}$，為帶有鼻音的唸法。	鈔悶擊，亦即兩面鈔互擊之後不分開，以產生悶音。

第三節　3

譜的音樂

譜（$phoo^{2}$），或絃譜（$hien^{5}$-$phoo^{2}$），乃一種以絲類與竹類樂器合奏的音樂，此種絲竹合奏形式以及術語，乃台灣傳統音樂的通稱，亦見於南管音樂之中。北管絃譜的曲目仍有相當的數量，根據樂曲的組織，可分為聯章與單章。另根據音樂的源流，可分為北管固有，以及吸收自其他傳統音樂的曲目。後者之較為明確者，為吸自廣東音樂的曲目，民間樂人在口語上即已有區分，將之稱為**廣東串**或**廣東譜**、**漢樂**、**漢譜**，抄本上則多書為「廣東串」。此外並有吸收自民間的小調者，此類曲目的曲調通常皆極為簡短，如【閹豬譜】。

一、樂曲組織

北管譜屬於純粹的器樂，且多以具有標題性的名稱，概括描述樂曲的內容性質，如【百家春】、【醉扶登樓】等；至於牌子雖亦為器樂，然而仍有曲詞，而其樂曲名稱也屬於南北曲的系統，如【一江風】、【下山虎】、【普天樂】等。為了區別兩者，可將絃譜稱為標題式器樂，牌子為曲牌式器樂。

(一)單章

單章絃譜為由一段樂曲所組成者，為絃譜的主體，曲目數量較多，源流亦較雜，有北管音樂所固有，並有吸收自廣東音樂以及民間小調。屬於北管所固有的絃譜，乃通用於各地的北管館閣，演奏手法也較為一致，尤其是擦奏式絃類樂器，弓法與按絃法皆與演奏細曲或戲曲之時一致。

根據前節的絃譜曲目，單章絃譜的數量約有三百首，從樂曲名稱以及曲調的性質判斷，吸收自其他民間小調者，所占的比例似乎亦復不少。北管館閣常演奏的單章絃譜計有：百家春、將軍令、水底魚、朝天子、上小樓、到春來、大八板、寄生草、卜元宵、千里怨等。其中尤以【百家春】的分布最廣，除了北管館閣，迎神賽會或喪葬的陣頭，甚至道教儀式後場等，都用到該首樂曲。不過拍法卻有差異，北管館閣演奏的【百家春】為一板三撩，起始為弱起的不完整小節，亦即樂曲的第一個音符為第三拍；陣頭或道教儀式後場所演奏的【百家春】為一板一撩，開始第一音即為小節的第一拍。北管館閣的【百家春】如下譜例，樂譜所呈現者為樸素的骨幹旋律，至於提絃所演奏的裝飾性旋律，可參見下文。

【百家春】

北管絃譜
彰化市梨春園
1996年

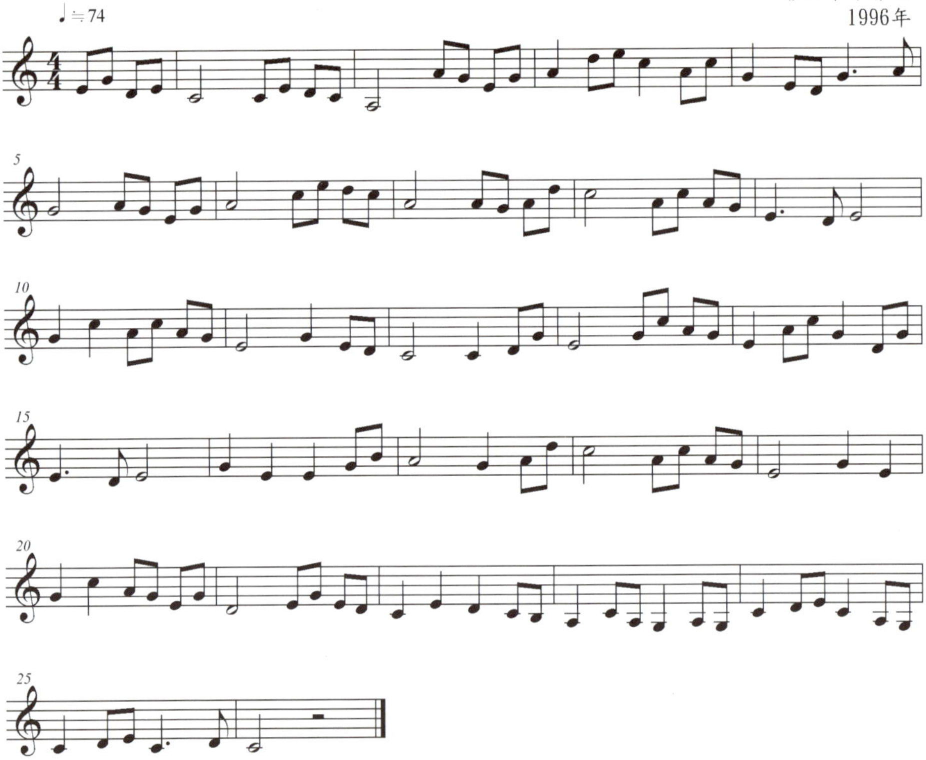

根據北管藝師陳助麟的說法，絃譜亦有新路與舊路的區別，舊路的絃譜多從撩起始，亦即弱起，如上例之【百家春】即是；新路絃譜則多為對板起，亦即強起，如下例之【水底魚】。

【水底魚】

北管絃譜
彰化市梨春園
1996年

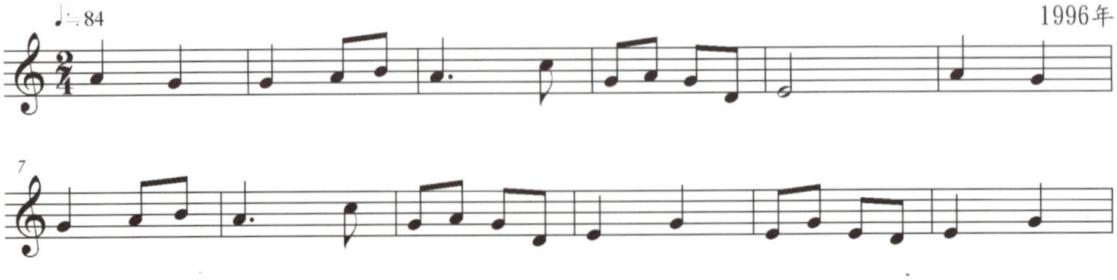

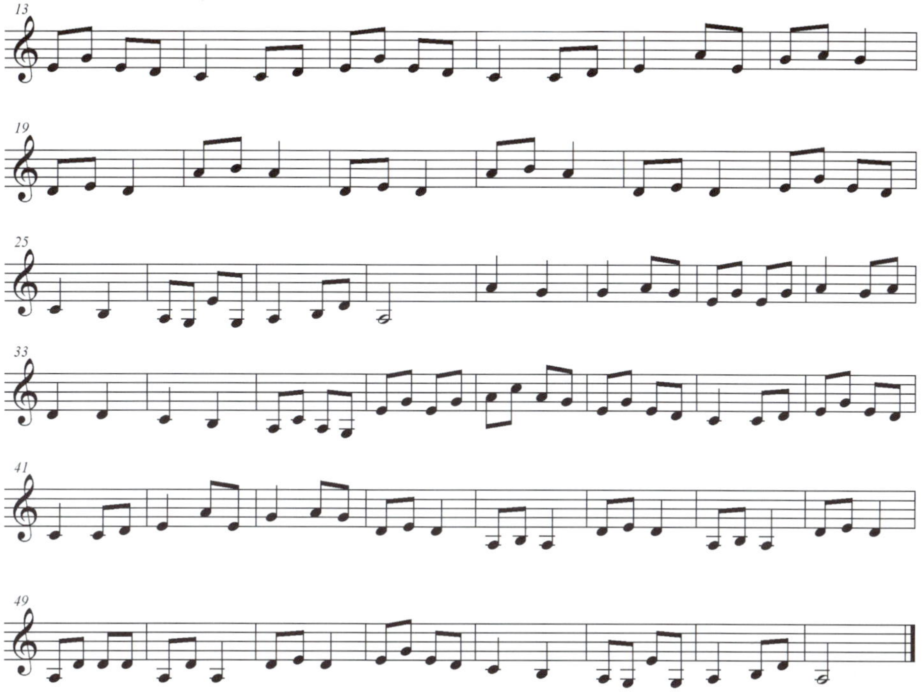

吸收自廣東音樂的北管譜，除了北管樂人將之另稱為廣東譜或廣東串，這類樂曲的演奏手法也與一般的北管譜不同，最明顯者當為擦奏式樂器的按絃方式，用了較多的柔絃手法，下手的運弓法並有較為明顯的力度變化。

㈡聯套

聯章絃譜係由若干樂段組成，演奏時則從頭至尾不停頓。聯章絃譜的樂曲單位稱為「套」，每套的樂章數皆為四段，其數量並不多，以目前調查所知，計有：上四套、下四套、小四套、新四套、四時景。

關於聯章絃譜中同名的套數，不同館閣間的樂章安排方式有些微差異，如〈上四套〉，鹿港黃種煦、台中縣餘樂軒、彰化市集樂軒皆為【醉扶登樓】、【滿堂紅】、【梅竹爭春】、【大八板】，此體可稱為中部地區的樣式，台北縣新店廣明軒則為【將軍令】、【百花串】、【令尾】、

【大八板】。中部地區的〈上四套〉樂譜如下，其中【醉扶登樓】的分析，參見後文音樂型態分析——曲式。

〈上四套〉

1.【醉扶登樓】

北管絃譜
彰化市梨春園

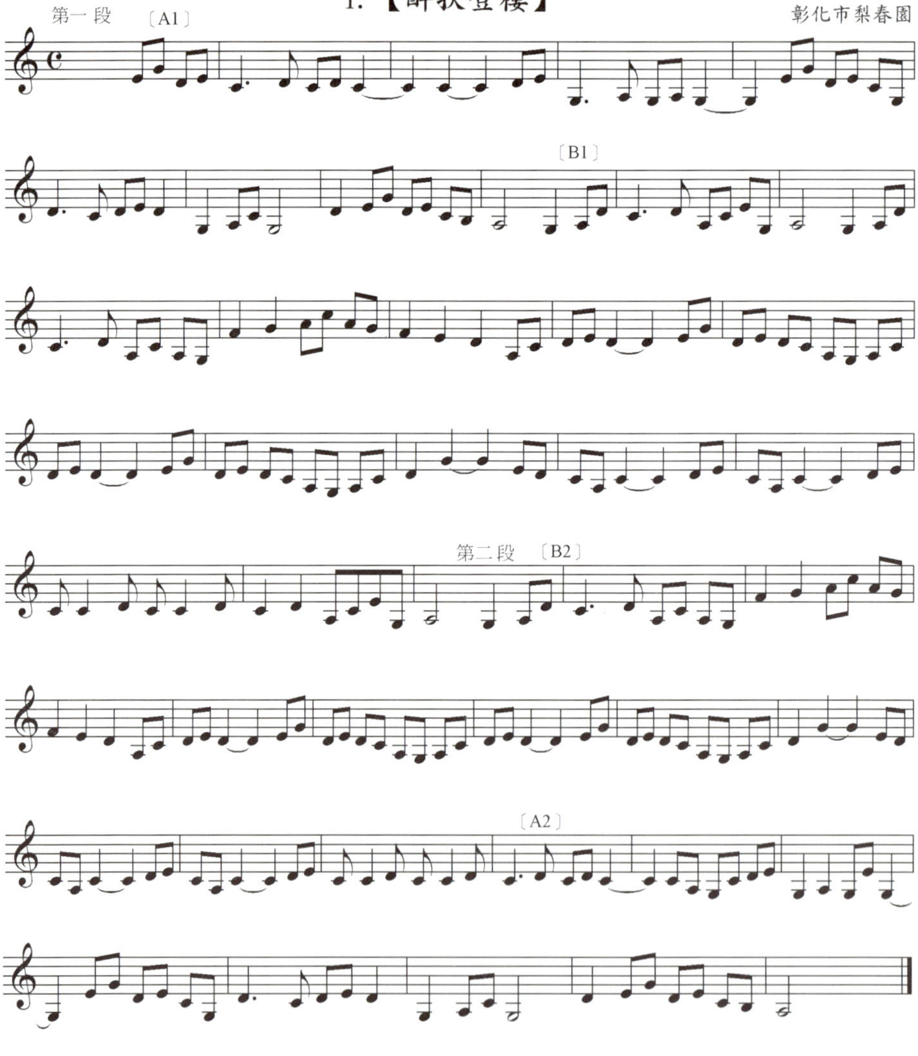

2.【滿堂紅】

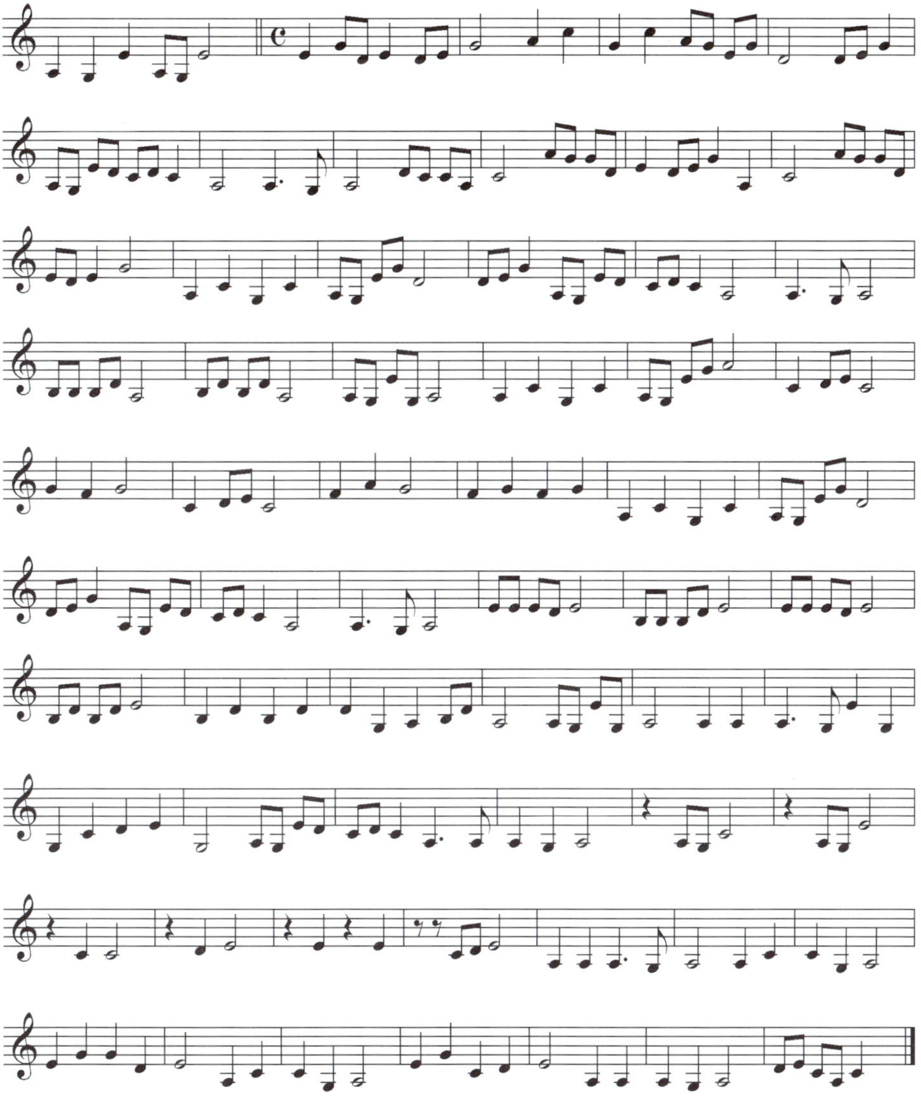

3.【梅竹爭春】

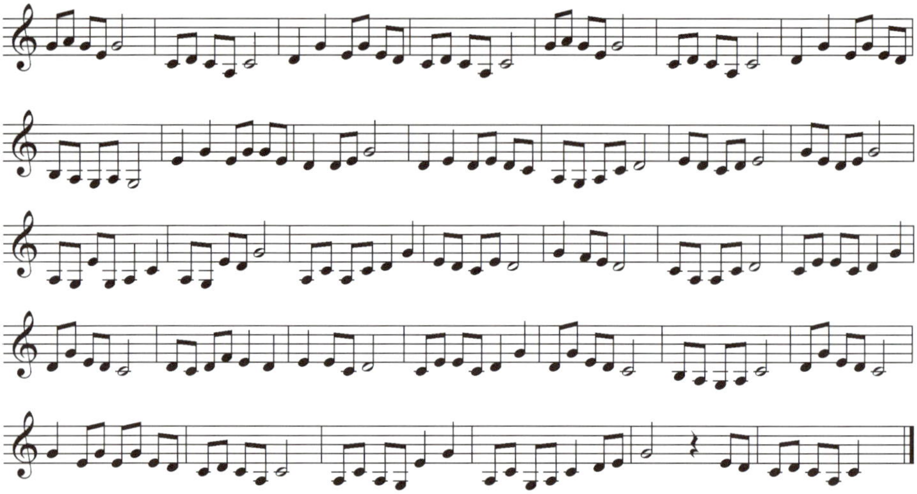

4.【大八板】

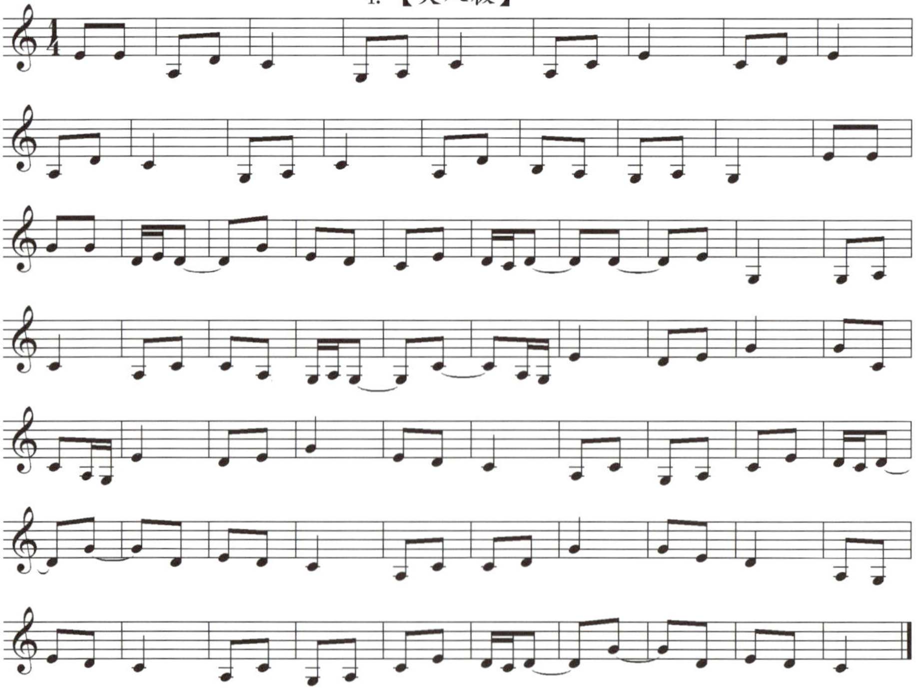

二、音樂型態

絃譜為絲竹樂，雖為北管館閣的排場曲目，也被南管戲之外的多數劇種所吸收，作為戲劇的過場音樂，以及鼓吹陣頭所引用，用於婚喪喜慶等民俗場合。戲劇後場或陣頭鼓吹所演奏的北管絃譜，都屬配樂性質，樂師根據當時場面的需要，可摘句演奏，甚至以不同的編制演奏。如同二十世紀八〇年代之前，在電影工業尚未發達之前，常見以較具音效的管絃樂曲作為電影配樂的情形，而用於電影中的交響曲或交響詩，都屬於樂曲的片段，不僅無法窺見樂曲的全貌，甚至詮釋的風格也每因情節的需要而被改變。職是之故，本文用以分析絃譜的音樂型態特徵的材料，乃來自北管館閣。

㈠管門與音階

如同牌子，北管絃譜亦無固定音高，都由演奏時視實際情形決定音高，演奏的當場如有品（即笛子），須以它的音高為依據調校各件絃樂器的音高，此時，品的全閉音為合。而即使以絃樂器定調，該一定音的系統仍稱為管門。

當只有絃類樂器時，由擔任提絃（殼子絃）的樂師根據他的音感定絃。提絃的兩根絃以五度定音，以北管的工尺稱之，係以「合—㐅」定絃，稱為「合㐅管」；如欲以較高的調子演奏，可以「上—六」定絃，此時稱為「上六管」。其他絃類樂器，須取以與該音階相同的律高定絃，例如和絃定音為「上—六」，三絃定為「合—上—六」。以此方式所定出音階的主音「上」，很難與鋼琴律吻合，因此，受過歐洲藝術音樂訓練的學生，經常無法適應北管的音調。

概括言之，北管絃譜所使用的音階包括五音音階與七音音階，五音音階的結構仍為常見的漢族五音音階。就使用的比例觀之，完全五音音階的絃譜並不多，【七句詩】可稱為其中的例子之一，全曲只使用上-㐅-工-六-五。

【七句詩】

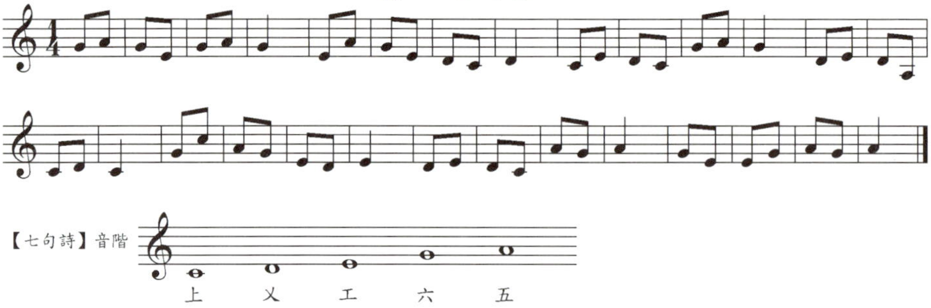

北管譜常見在五音音階的基礎上，加入第七度音或第四度音，而成為六音音階的情形，如【大八板】，除了五音音階的5個音，也出現一次第七度音乙：

【大八板】

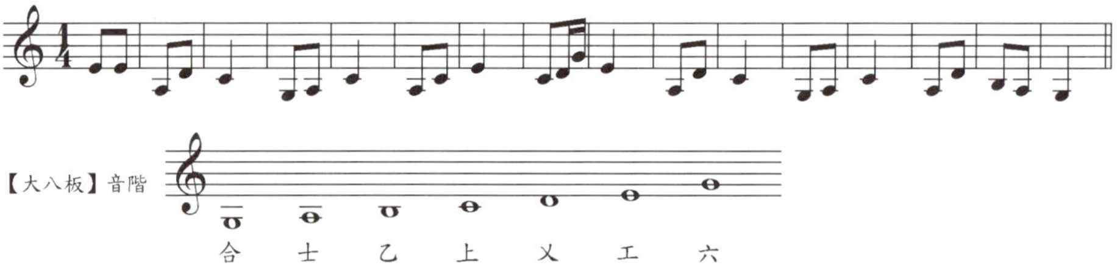

㈡拍法

相對於牌子拍法的複雜性，北管絃譜的拍法頗為單純，除了僅見的兩首樂曲【滿堂紅】與【春景】，係以非規律式拍法，即北管文化圈所稱「掛頭」的方式起始，所有的絃譜都屬規律式拍法。而根據節拍律動的型態，可分為三撩板、一撩板以及疊板。

㈢曲式

相較於南管譜都由多個樂章所組成，北管譜為聯套者，只有：上四套、下四套、新四套、四時景以及四景串，約三百首的絃譜都屬單章，而即使聯套的樂曲，就組成而言，並無聯套的結構關係，以上四套為例，4首樂曲即有若干不同的組合，如下表所示[14]：

表4-4　北管聯套絃譜組合分析表

組合之一	醉扶登樓	滿堂紅	梅竹爭春	大八板
組合之二	將軍令	百花串	令尾	大八板
組合之三	千里急	月兒高	寄生草	大八板
組合之四	醉扶登樓	滿堂紅	梅竹爭春	一串蓮
組合之五	將軍令	百花串	得勝令	令尾

上述被組合於上四套中的譜，也都屬於獨立的樂曲，亦即單章絃譜，因此從內容觀之，北管並無聯套的絃譜。

多數絃譜的曲式都為簡短的一段式，不過仍有曲式稍複雜的樂曲，如【醉扶登樓】，其樂譜見上文第162頁，本首樂曲為二段式，第一段由A與B兩個樂句組成，第二段由B與A組成，其組成如下表：

表4-5　【醉扶登樓】曲式分析表

樂段	第一段		第二段	
樂句	A1	B1	B2	A2
長度	8小節	15小節	11小節	8小節
比較	A2為從A1第一小節開始的完全反覆；B2亦為B1的完全反覆，僅省略B1起始與最後的兩小節。			

從曲式觀之，【醉扶登樓】為二段式，從材料內容言之，則僅有A與B。

14 上四套各種組合的樂譜來源，參見呂錘寬輯註《傳統音樂輯錄北管卷——絃譜集成》，第29頁。

三、演奏

絃譜雖屬北管館閣的樂曲種類之一，根據個人於民國六十年代以來所見，多數的館閣並不演奏這類樂曲，而是以牌子或戲曲為主，譜僅使用於戲劇的後場，或作為陣頭音樂，以八音或十音的方式演奏。本文所描述分析者，主要為彰化市梨春園的演奏，以及北管藝師如王宋來、葉美景、林水金等人的訪談。

(一)樂器

絃譜既為絲竹音樂，所使用的旋律性樂器包括絲類樂器與竹類樂器，此外，並有小型的節奏性樂器，北管文化圈稱之為「小件傢俬」。

所使用的絲類樂器，根據演奏方式的不同，分為擦奏式與撥奏式，兩者同屬絃樂器，僅演奏的媒介方面有所區別。擦奏式絃樂器由於演奏時琴身直立，故稱為「豎線」，本類樂器計有：提絃、和絃、吊鬼子、大管絃（大廣絃）、喇叭絃。撥奏式絃樂器於演奏時琴體橫抱，故稱為「倒線」，其器計有：月琴、三絃、秦琴、琵琶、箏、洋琴等。

竹類樂器為吹奏式，而為了與嗩吶有明確的區別，此類樂器的口語並不稱為「吹」，而通稱以「豎品」或「倒品」，在北管文化圈，「吹」為嗩吶的專稱。竹類樂器計有：品（笛子）、洞簫、篇、篪，此外，並有壎、笙。

小型的節奏樂器計有：雙音、叫鑼、木魚、柷、搏拊。雙音形制相同於國樂的碰鈴，叫鑼為小型的鑼，如同南管文化圈的叫鑼，唯裝盛於竹筐中演奏，一如南管的響盞，此器僅見於台北市艋舺集音閣。柷為木製，狀如方形的米斗，搏拊形制如通鼓而小，鼓身裝有耳，以便持奏，兩者僅見於梨春園。

(二)樂隊編制

理論上用以演奏北管絃譜的樂器，雖有如上所述將近20件，演奏時並非所有樂器全部上場，基本上乃根據館閣所擁有者，以及館員的樂器演奏能力而定。根據觀察，演奏絃譜的樂隊雖無定制，實際上仍有樂隊編制的原則，此一原則為樂隊編制中須包括擦奏式絃樂器、撥奏式絃樂器以及品。

擦奏式絃樂器必須有提絃，負責該件樂器者為頭手，以及最少一件和絃，如果樂員人數多，能夠增加的人手為和絃，演奏提絃者只能有一人。撥奏式絃樂器則有地區性的差異，中部地區以三絃為主，過去曾有加入琵琶、秦琴的情形，作者所見僅剩下三絃。北部地區（包括台北、基隆以及宜蘭）以月琴為主，此外，尚有秦琴，本地區也將月琴稱為「頭手」或「琴子」。

㈢詮釋

北管絃譜都有樂譜，即俗稱的工尺譜，各件樂器都依著相同的樂譜演奏，至於所奏出繁簡的曲調，都與樂器的性能密切相關。概括言之，擦奏式絃樂器與品易於演奏裝飾音，故其聲部較為繁複華麗。至於撥奏式絃樂器由於指法的關係，欲在一個拍的單位時間內彈奏出3或4個音，技巧上並不容易，甚至有相當的難度，故其聲部較為樸素。

絃譜的篇幅都不長，最長者如【醉扶登樓】也僅有42板，故演奏時都將樂曲反覆若干次，以排場的通例，以反覆3次為常見，然而如何反覆，則須視曲調的性質而定，並非皆從頭反覆。以【醉扶登樓】言之，係從第八小節第三拍，亦即前述的分析譜之B1處反覆。堪稱為北管著名樂曲的【百家春】，全曲僅26板，以中等速度演奏，僅須時不到3分鐘，北管排場的演奏通常都反覆3遍，而反覆的位置為第一小節的第三拍，如下譜例所示。無論從何處反覆，樂譜上通常會標示「番」，表示從「番」之後開始反覆，「番」及「反」（反復）的諧音。

每首絃譜都有固定的樂譜，其板數都為固定，如【百家春】為26板。25板或27板的演奏，即表示該演奏有增減板數，屬不正確的演奏。而如果有長達52板者，這種情形為將一板三撩的樂曲，變成以一板一撩演奏，實際上兩者的樂曲等長。以南管音樂作為參照，絃譜的工尺譜仍可稱為骨譜，為樂曲的旋律架構。撥奏式絃樂器以及和絃基本上依據樂譜演奏，須有裝飾者為提絃與品，其裝飾方法主要為加入經過音或鄰音。另一常用的裝飾技巧為空絃音或全閉音，提絃常用的空絃音為合，品的全閉音仍為合。從曲調進行的律動觀之，以空絃音或全閉音作為裝飾，常造成大跳，如下例提絃演奏譜第一小節的第一個音，或第三小節第三拍的第二個音。絃譜為標題式的器樂，音域仍有相當的廣度，而由於提絃最低音為合，故當旋律低於合時，就須移高八度演奏，因此，提絃的某些曲調片段時而有大跳的情形。茲以【百家春】為例子，說明詮釋加裝飾音的方法，為了便於讀譜，工尺譜的部分以高八度記錄，實際尚須低八度讀譜，樂曲的演奏資料來源為彰化市梨春園，由陳助麟先生演奏提絃。

【百家春】

北管絃譜
彰化市梨春園
1996年

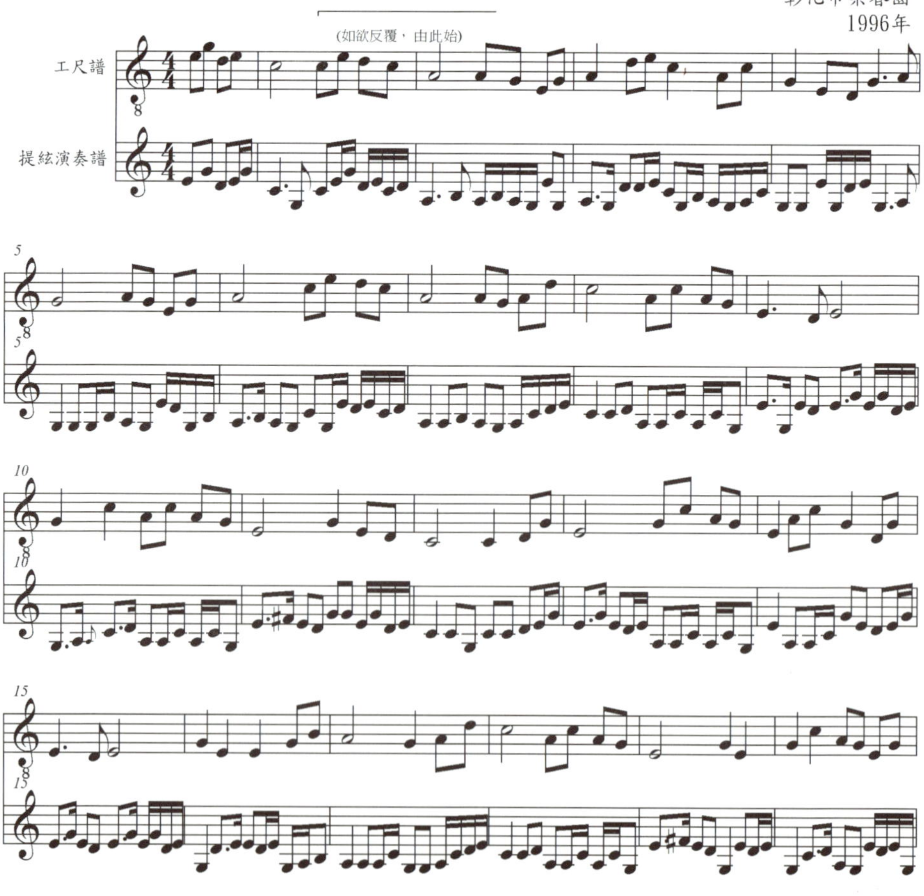

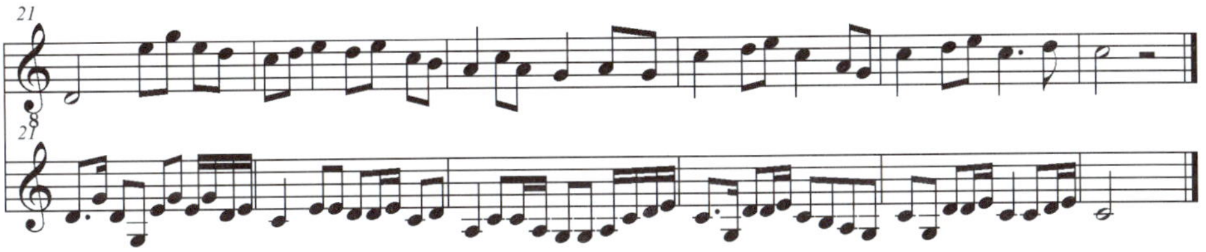

【朝天子】

北管絃譜
彰化市梨春園
1996年

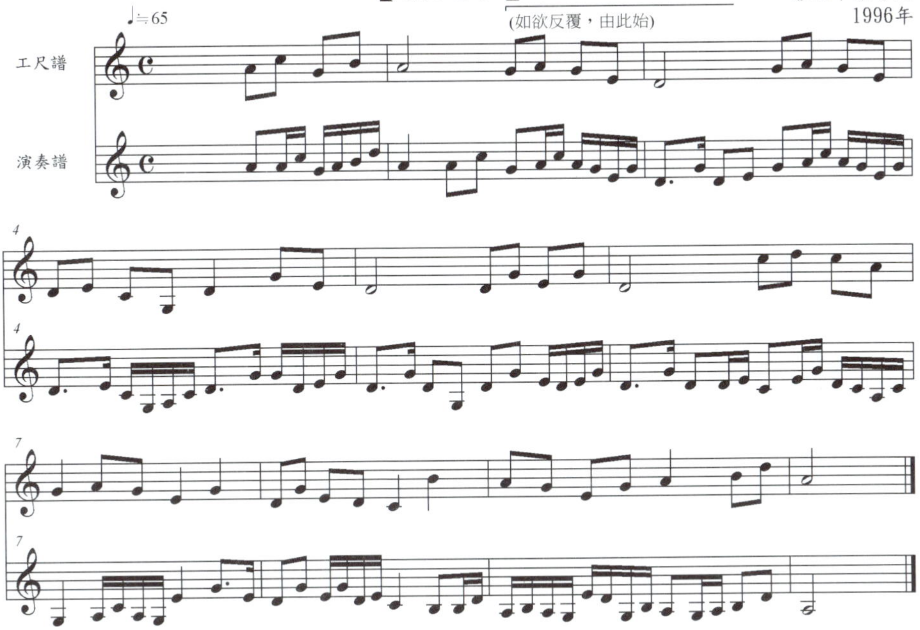

第四節 4

牌子與譜的現況

「牌子譜」為北管文化圈對牌子與譜的合稱，由於兩者有較多的功能，故除了保存於北管館閣，並為各種不同編制的鼓吹類陣頭吸收，且更有系統地保存於道教文化圈。相對於細曲與戲曲已經極為式微的情形，北管牌子與譜目前仍活躍於北管館閣、迎神賽會與喪葬的陣頭行伍、道教與釋教儀式後場。

一、傳習的媒介——工尺譜

北管牌子與譜雖使用於文藝性的北管排場，民俗性的迎神賽會、喪葬等陣頭，以及道教、釋教等儀式性的場合，而三者的流傳或習得方式則一致，都擁有相同的記譜法體系。北管牌子與譜的習得，不若民歌般藉著口耳相傳，而是透過館閣先生的教授，這種方式常被稱為口傳，以至於多被誤解為如同民歌為藉著聞聽方式的習得。實則北管牌子或譜的學習，係在館先生根據既有樂譜之下進行，一如人們學習歐洲藝術音樂時，由音樂教師面對面的指導，故樂曲的旋律乃至於演奏的風格等，都有相當的穩定性。

牌子與譜都相同地以工尺譜記錄，口語稱該記譜方式為kong^{1}tse^{1} pho^{2}。所記錄的內容包括旋律音高與節拍，音高的部分稱為「字」，至於戲曲唱腔或細曲的歌唱部分，則稱為「曲詞」，或單稱為「詞」。其樂譜的樣式如下圖，左圖為牌子的工尺譜，資料來源為台中縣潭子鄉餘樂軒[15]；右圖為絃譜的工尺譜，資料來自彰化縣鹿港鎮玉如意：

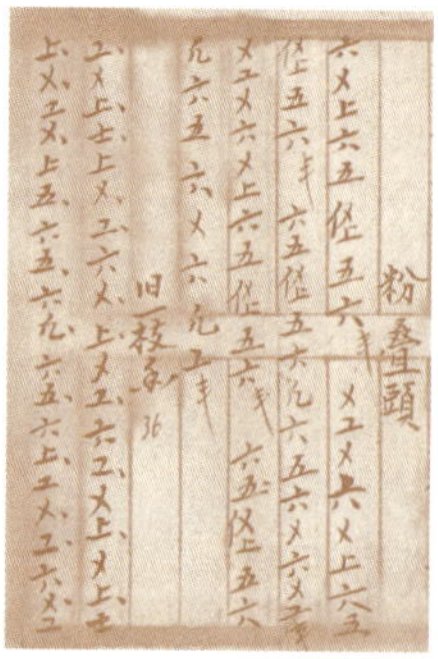

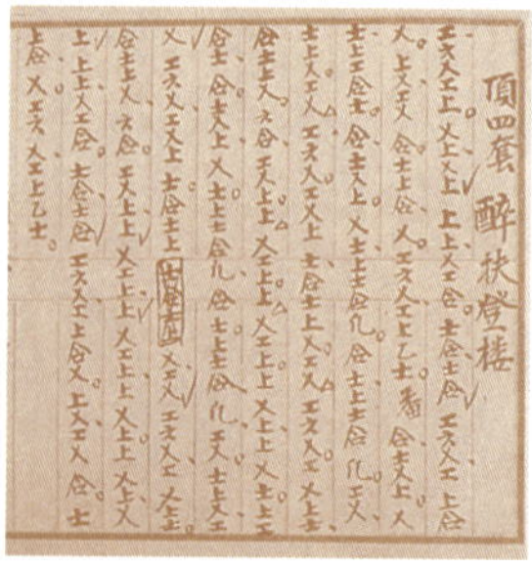

15 台中縣潭子鄉餘樂軒的北管抄本，為北管薪傳獎藝師葉美景所擁有，玉如意抄本的擁有者為黃種煦。

北管工尺譜的音高符號計為：合-士-乙-上-乂-工-凡-六-五-乙-仩-仪-仜-仉-仦-伍-亿。由於北管的工尺譜屬於首調記譜法，相鄰譜字之間的音程距離固定，不若南管琵琶譜，隨著管門的改變，部分譜字之間的音程即隨著改變。工尺譜字的唱名、與阿拉伯數字譜的對應關係如下表：

表4-6　北管譜字音階表

譜字	合	士	乙	上	乂	工	凡	六	五	一	仩	仪	仜	仉	仦	伍	亿
唱名	sol	la	si	do	re	mi	fa	sol	la	si	do	re	mi	fa	sol	la	si
數字譜				1	2	3	4	5	6	7							

工尺譜中，表示節拍的符號標示於譜字的右邊。北管文化圈對樂曲節拍的強弱，分別稱以「板」與「撩」，前者為強拍位置，相當於歐洲藝術音樂的每小節第一拍，後者表示強拍後的所有弱拍。相對於音高符號的一致性，隨著館閣或抄寫者的不同，節拍符號頗不統一，一般而言，如果僅標示樂曲的板，亦即每小節的第一拍，通常都以「、」表示板的位置，如上例的【舊一枝香】，至於樂譜如只有音高符號，而無任何節拍記號，該樂曲即屬於節拍自由的散板，如上例的【粉疊頭】[16]。

有些抄本對節拍強弱記號則予以區別，除了賦予板、撩以不同的符號，並進一步將「板」分為「對板」（或正板）、「板後」，將「撩」區分為「對撩」與「撩後」，如上圖右鹿港鎮玉如意的絃譜【醉扶登樓】。以標示較為精細的樂譜言之，北管節拍符號及其所代表的意義如下表：

---

16 【粉疊頭】為諧音字的寫法，正確的樂曲名稱應為【粉蝶兒】。

表4-7　北管節拍符號表

符號	。（板）	ㄥ（板後）	✓（板後）	、（撩）	△（撩後）	ㄴ（撩後）
說明	小節第一拍	小節第一拍，不過該音為前小節最後一拍音符的掛留。	符號意義同前，較罕用。	每小節第一拍之後的所有弱拍。	1.表示第一拍之後長於兩拍的長音。 2.與。或、連用，表示附點，△之後的音符為半拍。 3.此符號主要用於三撩板的第三拍。	1.表示第一拍之後長於兩拍的長音。 2.與。或、連用，表示附點，ㄴ之後的音符為半拍。 3.此符號用於一撩板的第二拍。

二、北管文化圈的情形

牌子與譜雖同為北管器樂，其分布則有地理的差異。總體言之，中部地區的北管館閣都有牌子與譜，除了用於北管戲曲作為過場樂，閒居排場也都有演奏兩類樂曲。上文所論的牌子、譜的曲目，主要都來自中部地區的北管館閣，也能作為歷史上中部地區北管曲目較高的具體證據。北部地區的北管館閣以牌子為多，譜通常只用於戲劇；至於南部地區的情形，仍以牌子較為常見。

以專精於器樂的個別藝師言之，如彰化市梨春園的陳助麟[17]、台中縣大里市福興軒的林水金[18]、曾為台北縣新莊小西園掌中劇團後場頭手的邱火榮等[19]，所擁有的牌子數量都極為豐富，陳助麟與邱火榮所能的絃譜也相當可觀。從民國八十年代之後，北管館閣已少有排場演奏，因此，牌子或絃譜的演出機會越來越少，即使最古老的北管館閣彰化市梨春園，目前

17 陳助麟（1933）目前為梨春園的館先生，並擔任南北管音樂戲曲館的北管傳藝藝師，曾獲得青商總會頒贈薪傳獎。

18 林水金（1918）的北管音樂習自當地的福興軒，曾獲得教育部頒贈薪傳獎，從民國八十四年開始，擔任國立台北藝術大學傳統音樂系的北管音樂教師。

19 邱火榮（1937）為職業北管樂師，長期擔任小西園掌中劇團的後場，後在多所中小學以及大學校院從事北管傳習，從民國八十四年開始，擔任國立台北藝術大學傳統音樂系的北管音樂教師，並曾獲教育部頒贈薪傳獎。

雖仍維持經常性的排場，所演奏的曲目也頗為有限。「棚頂牌子」，亦即使用於北管戲中的牌子，具體的運用情形請參閱第六章〈戲劇後場樂〉。

從民國八十年代之後，包括北管子弟館或職業的亂彈班，戲曲演出已經難得一見，僅有零星的演戲活動，如板橋市福安社與潮和社、瑞芳鎮得意堂、嘉義縣新港鎮舞鳳軒等，在民國八十三至八十七年間曾有戲劇演出，即使如此，後場的音樂素養已不如往昔，故戲劇中的後場音樂也多隨意演奏。

三、道教文化圈

從顯性的社會活動觀之，北管音樂的演出多以廟埕為展現空間，包括排場與上棚演戲，其時機即為通稱的迎神賽會。以核心活動言之，迎神賽會時廟宇多舉行禮斗法會或建醮。根據台灣的民俗，該兩類大型的廟會活動，都須聘請戲班到廟前演戲，而由於廟宇通常都有交陪的北管館閣，如台北市大稻埕慈聖宮為平樂社，霞海城隍廟為靈安社，彰化市南瑤宮為梨春園等，迎神賽會期間，與廟宇有交陪關係的館閣，都會到廟前排場演奏。因此，凡是遇有禮斗法會或建醮大典，廟前總是有熱鬧的北管戲曲演出或排場演奏。

禮斗法會或建醮，廟方皆會聘請道士團，在廟宇內舉行為期數天的法事，禮斗法會常為3天、5天或7天，建醮常見者為3天、5天。在法事期間的每天晚上，道壇都須舉行稱為「鬧壇」的音樂演奏，法事化的名稱則為「鴻壇奏樂」。演出的情況為，參與該次法事活動的樂師與道士，於晚餐後在道壇內演奏北管牌子，完全相同於北管館閣演奏牌子，而由於道教儀式後場樂師皆屬於職業樂師，除了擁有一定的曲目，演奏技巧也頗佳。因此，以現況言之，道教文化圈所保存的北管牌子，數量與可聽性都優於北管館閣。

第五章

客家八音、十三音與陣頭式器樂

本文所述的音樂，主要用於迎神賽會或婚喪場合，以陣頭方式作為民間習俗活動中的一部分。至於客家八音，除了以陣頭方式出現於民俗活動的行伍，常以排場的方式演奏，作為人們音樂欣賞的節目；十三音的功能，為祭祀神明儀式的後場樂隊，常態則仍以館閣結社，作為人們閒居的音樂節目。

第一節 1

客家八音

客家八音為八音的一種，由於以客家社會為流傳地，為了區別於福佬地區的八音，故民間特將它稱為「客家八音」，亦即台灣的傳統音樂語彙中，八音通常指福佬地區的八音班或八音音樂。客家民系的聚居地主要分為北部的桃竹苗地區，以及南部的美濃地區，客家八音也因此而分為兩個不同的色彩區：北部客家八音與南部客家八音。

目前所見有關客家八音的論著，北部客家八音的調查研究中，以鄭榮興教授的《苗栗地區客家八音音樂發展史》最具代表性[1]。他以家族從事客家八音的經驗為基礎，對客家八音班的經營、重要藝師的成就、音樂內容等，進行實務的描述與理論分析，並有二十餘首客家八音樂曲的工尺譜。南部客家八音通論性的著作，主要為吳榮順教授的《台灣南部客家八音紀實系列精選集》（含兩片CD），該書的內容包括六堆客家八音班的概況與經營、樂隊編制、曲目及其來源等，並有11首南部客家八音樂譜。

1 鄭榮興教授現任國立台灣戲曲學院校長，父祖輩皆從事客家八音的演奏。該書分為兩冊：論述稿與田野日誌，論述稿並有分題：由苗栗陳慶松家族的民俗曲藝探討之。

一、客家八音概述

八音的詞源來自樂器分類法，為中國歷代對樂器分類的總稱，其下分為金、石、土、革、絲、竹、匏、木，此一音樂詞彙的早期資料可見於《周禮・春官》。隨後中國各朝代的音樂史或音樂類的論述，都採用八音的分類法，作為處理樂器的論述基礎。

(一)樂器與樂隊編制

客家八音為流傳於客家地區的鼓吹類音樂，分為桃竹苗一帶的客家八音，以及南部六堆地區的客家八音。客家八音使用的樂器相同於北管，分為鼓類樂器、銅類樂器、吹類樂器以及絃類樂器。根據鄭榮興教授在《苗栗地區客家八音音樂發展史》中的論述，客家八音的樂器分為吹管樂器、擦絃樂器、彈絃樂器以及打擊樂器。吹管樂器有嗩吶、烏嘟孔（管子）、簫，而以嗩吶為主奏樂器；擦絃樂器有二絃、胖胡、喇叭絃、吊鬼子，彈絃樂器有洋琴、三絃、秦琴；打擊樂器有單皮鼓、通鼓、板、梆子、小鑼、大鑼等。

南部客家八音所用的樂器，根據吳榮順教授的研究，他云可分為：吹、絃、鑼鼓，吹類以嗩吶為主奏，此外尚有直簫與橫簫。絃類樂器主要為二絃（殼子絃）、胡絃（胖胡），有時也會引用三絃、鼓吹絃。鑼鼓類樂器計有：得鼓、通鼓、噹叮、吊鑼、小鑼、小鈸，得鼓即北管樂器中的叩子，該件樂器在其他劇種中也稱為梆子；噹叮為尺寸較小的大鑼，相同於福佬八音或十音中的銅鐘；吊鑼亦即大鑼，懸掛於木架演奏[2]。樂隊編制方面，根據吳榮順教授的調查，共分為3人組、4人組、5人組、6人組，其中以4人組為較常見。

(二)一般特徵

綜合《苗栗地區客家八音發展史論述稿》、《苗栗地區客家八音發展史田野日誌》、《桃園地區客家八音研究》、《美濃的客家八音與傳統禮

2 引自吳榮順撰《台灣南部客家八音紀實》，第51-58頁。

俗》等的實地調查資料，客家八音主要用於喜慶類的場合，包括迎神賽會與結婚的拜天公。民國四十年代之後，由於若干自然災害，使得農村經濟受到相當程度的破壞，加之當時政府倡導「破除迷信、節約拜拜」的影響，客家八音團體失去廟宇節慶的演出機會後，轉而以喪事場合的演出為主[3]。

一般而論，樂種曲目或劇種唱腔的組成，大體上都可分為樂種固有曲目／劇種固有唱腔，以及吸收的曲目／吸收的唱腔。以中國近代分布最廣的劇種京劇論之，該劇種的固有唱腔為西皮與二黃；屬於吸收的唱腔則有：南梆子、高撥子、四平調、吹腔、娃娃調、南羅，以及雜腔小調[4]。客家八音的曲目組成情形亦然，有客家八音固有曲目與吸收的曲目，客家八音固有曲目屬於客家八音所特有，如【鵝公叫鵝母】、【四大金剛】；屬於吸收的曲目，以樂曲的來源論之，又可分為歌子戲曲調、流行歌，以及北管譜，如【百家春】、【到春來】等，為吸收自北管的曲目。

南部客家八音除了若干大吹曲須用嗩吶主奏，其他的古曲，以嗩吶當主奏，也能以直簫為主奏[5]。

㈢客家八音的資料

客家八音的有聲出版品數量相當豐富，其中不乏民間唱片公司於較早期的出版，不過該類出版品蒐集較為不易。由學術界策畫編輯的客家八音中，最具代表性者，約有下列數種：

表5-1　客家八音有聲資料表

『苗栗陳慶松班的客家八音』	苗栗陳家班客家八音團，為台灣知名的客家八音班，由陳慶松先生創始，目前由鄭榮興教授接班。本專輯為財團法人中華民俗藝術基金會策畫的『中國民俗音	1981年、第一唱片公司；2000年重製為CD，出

3　客家八音的演出場合由喜慶類轉為喪事為主的現象，引自鄭榮興著《苗栗地區客家八音發展史論述稿》，第170-174頁的論述。

4　京劇唱腔中屬於吸收的唱腔，可參閱安祿興撰《京劇音樂概論》，第138-177頁的論述。

5　引自吳榮順撰〈台灣傳統客家八音中的大吹與小吹功能與美學〉。

	樂專輯』中的第十二輯，於民國七十年，由許常惠與鄭榮興編輯，可視為台灣客家八音的代表作品之一。該張唱片收錄的曲目包括客家八音演奏與客家山歌演唱，客家八音曲目為：新一金姑、開金扇、六板，以八音演奏的曲目為：懷胎曲、端茶。	版者的公司改名為第一影音文化事業有限公司
『台灣北部客家八音研究調查及演奏CD製作』	為國立傳統藝術中心民族音樂研究所的委託計畫，由鄭榮興教授主持，2001年7月至2002年12月執行。成果為兩片CD，收錄的演奏團體計有：桃園縣客家八音協進會、關西隴西八音團、竹北田屋八音團、中壢和成八音團、內灣八音團、苗栗陳家班北管八音團。	2002年、國立傳統藝術中心出版
『台灣南部客家八音紀實』	為國立傳統藝術中心委託調查研究的出版案，由吳榮順教授主持。共出版6套客家八音專輯，每輯8片CD，為目前所見數量最豐富的傳統音樂專輯。演奏的八音班包括：郭清輝客家八音團、鍾寅生客家八音團、新春─光明─新興─潘容客家八音團、吳阿梅客家八音團、鍾雲輝．陳美子客家八音團。『台灣南部客家八音紀實系列』，記錄的對象為，高雄縣六堆地區客家庄的客家八音團，於台灣光復後至民國九十年代的演奏錄音，錄音資料的來源，分別為天鵝唱片公司與惠美唱片公司所錄製卡帶的重製。	2002年、國立傳統藝術中心出版
『鄭榮興音樂專輯』	由鄭榮興教授製作，CD兩盒，每盒兩片CD，1-3片為客家八音系列，第二片為嗩吶唱歌子戲，第三片為亂彈戲曲扮仙。客家八音系列的曲目為：糶酒、大開門、一支香、老一巾姑、清晨早、緊大五對、九腔十八調、大團圓、王大娘、舊剪剪花、美女尋針、將軍令、寄生草、四大金剛、繡幅欄杆、冷包茶、新義錦。	2003年-2004年、財團法人慶美園文教基金會出版

上述的客家八音都為CD形式的出版物，演奏團體具有相當的代表性，且錄音品質也頗為佳良。

二、北部客家八音

北部的客家文化圈，主要為通常所稱的桃竹苗地區，而此區的客家八音，要以苗栗縣最具代表性。

㈠曲目

北部客家八音的曲目組成，資深的客家八音藝師謝顯魁認為包括丟滴、山歌與採茶等[6]，其中「丟滴」為客家八音班的俗稱。鄭榮興教授以其祖父陳慶松所習得者為對象，將之分為傳統曲目與編創曲目。傳統曲目再分為吹場曲目與絃索曲目；編創曲目則分為吹場音樂、絃索音樂、吹戲音樂、時代歌曲[7]。上述的分類中，傳統曲目之吹場曲目——如大開門、百家春，與編創曲目之吹場音樂——如寄生草、上小樓，大體上都相同地來自北管譜。傳統曲目之絃索曲目，主要來自客家民歌；編創曲目之絃索音樂與吹戲音樂，整體上為吸收自北管戲（新路與古路）與歌子戲的唱腔。

北部客家八音音樂的另一著作，為游庭婷小姐撰寫的《桃園地區客家八音研究——以音樂文化為主》，她從廣義與狹義的角度，將桃園地區的客家八音曲目分為固有曲目與吸收的曲目，而以列舉的方式分為：八音、過場樂、牌子、北管劇目、其他[8]，其中的第一項——八音，為來自客家民歌者；過場樂來自北管譜；牌子的部分，實即北管的牌子；北管劇目即北管的戲曲；至於其他的項目，包括了客家民歌、北管戲與歌子戲唱腔、通俗音樂。

總括鄭榮興與游庭婷的論著，兩人所描述苗栗與桃園客家八音班所演奏的曲目，作者認為北部地區客家八音的曲目，依其來源可分為客家固有曲目與吸收的曲目。客家固有曲目主為為客家民歌的曲調，以及少數真正屬客家八音特有的曲目。根據《苗栗地區客家八音音樂發展史——田野日誌》所載，客家八音藝師謝顯魁的訪談錄，北部地區客家八音特有的曲目有：高山流水、鵝公叫鵝母、懷胎、糶酒、老懷胎[9]，他並稱【高山流水】與【鵝公叫鵝母】屬艱深的曲目，故他並不曾學習。這也能說明，客家八音特有的曲目才是器樂化的八音樂曲，其他曲目實際上皆為以嗩吶吹奏民歌或戲曲唱腔。吸收的曲目分為吸收自傳統音樂與戲曲唱腔、通俗音樂，吸收自傳統音樂的部分，主要為北管牌子與譜，其次為少數的歌子戲唱腔，常見者為【七字調】與【都馬調】。

---

6 引自鄭榮興著《苗栗地區客家八音音樂發展史——田野日誌》，第6頁。

7 引自鄭榮興著《苗栗地區客家八音音樂發展史——論述稿》，第42-43頁。

8 引自游庭婷著《桃園地區客家八音研究——以音樂文化為主》，第50-54頁。

9 引自鄭榮興著《苗栗地區客家八音音樂發展史——田野日誌》，第7頁。

㈡音樂特徵

客家八音班所演奏的曲目多樣，這乃源於它屬於應聘演出的樂團，故須配合當時的場面演奏各類樂曲。在受聘的排場，除了演奏客家八音的固有曲目，也常須扮仙鬧廳。不論扮仙或鬧廳，皆為演奏北管牌子，兩者的差異在於，扮仙為特定的曲目，常見者為〈三仙白〉、〈醉八仙〉，牌子可為任意的北管牌子。如受聘的客家八音班也兼習北管戲曲，則在該類客家八音班的排場演出中，也能聽到北管戲曲。由客家八音班演奏的北管牌子或戲曲，大體上相同於北管館閣，該類曲目並無客家音樂的特徵。

具有特徵的北部地區客家八音，曲目包括客家固有曲目，以及吸收自北管戲曲與歌子戲的唱腔。兩者的曲目源流雖不同，嗩吶的吹奏音色與曲調的處理方面基本上則相同。嗩吶的吹奏音色方面，旋律的主音常由下方音以滑行的方式進入，產生近似人聲的歌唱效果，這也是客家八音俗稱為「丟滴」的原因。曲調的處理方面，為過門的運用，在主奏樂器嗩吶吹奏一段之後，通常由絲竹演奏一段過門，再接續第二段的吹奏，這種情形大體相同於戲曲唱腔的演唱，由演員唱過一個句子之後，隨著為絲竹的過門。

能體現北部地區客家八音的音樂特色者，可以陳慶松的吹奏為代表，在由許常惠教授與鄭榮興編輯、第一影音公司出版的《陳慶松與客家八音》的CD，其中有兩首屬於客家八音固有的曲目【新一金姑】與【開金扇】，能作為了解客家八音音樂特徵或特色的範例。兩首樂曲都以嗩吶主奏，並以絲竹樂器伴奏，如下譜所示，譜例中，嗩吶聲部與伴奏聲部以音符大小作為區別。嗩吶聲部之中，相當縮小的音符（相當於歐洲藝術音樂的倚音），表示接於其後（少數情形為之前）的滑音之起點。【新一金姑】以散板起始，這種情形相同於北管牌子的「掛頭」，最後並以一段散板結束，該首樂曲的曲式近似於帶有散板的引子與尾聲的樂曲。主體的樂曲拍法為三撩板，由A1—B1—A2—B2組成，各段之間都有一過門，作為樂句的分隔，兼作為嗩吶吹奏者的休息。

【新一金姑】

北部客家八音
陳慶松演奏
1981年

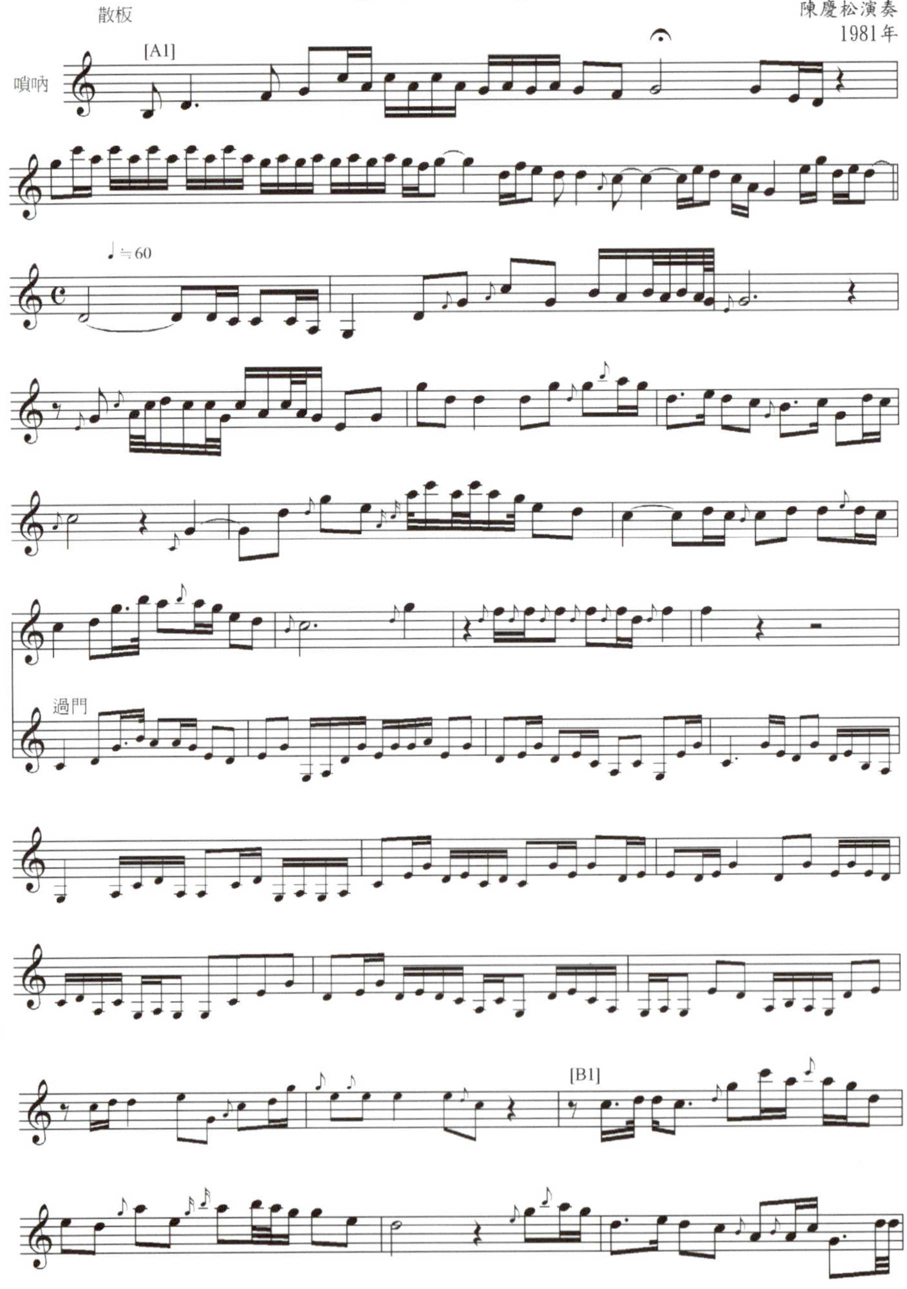

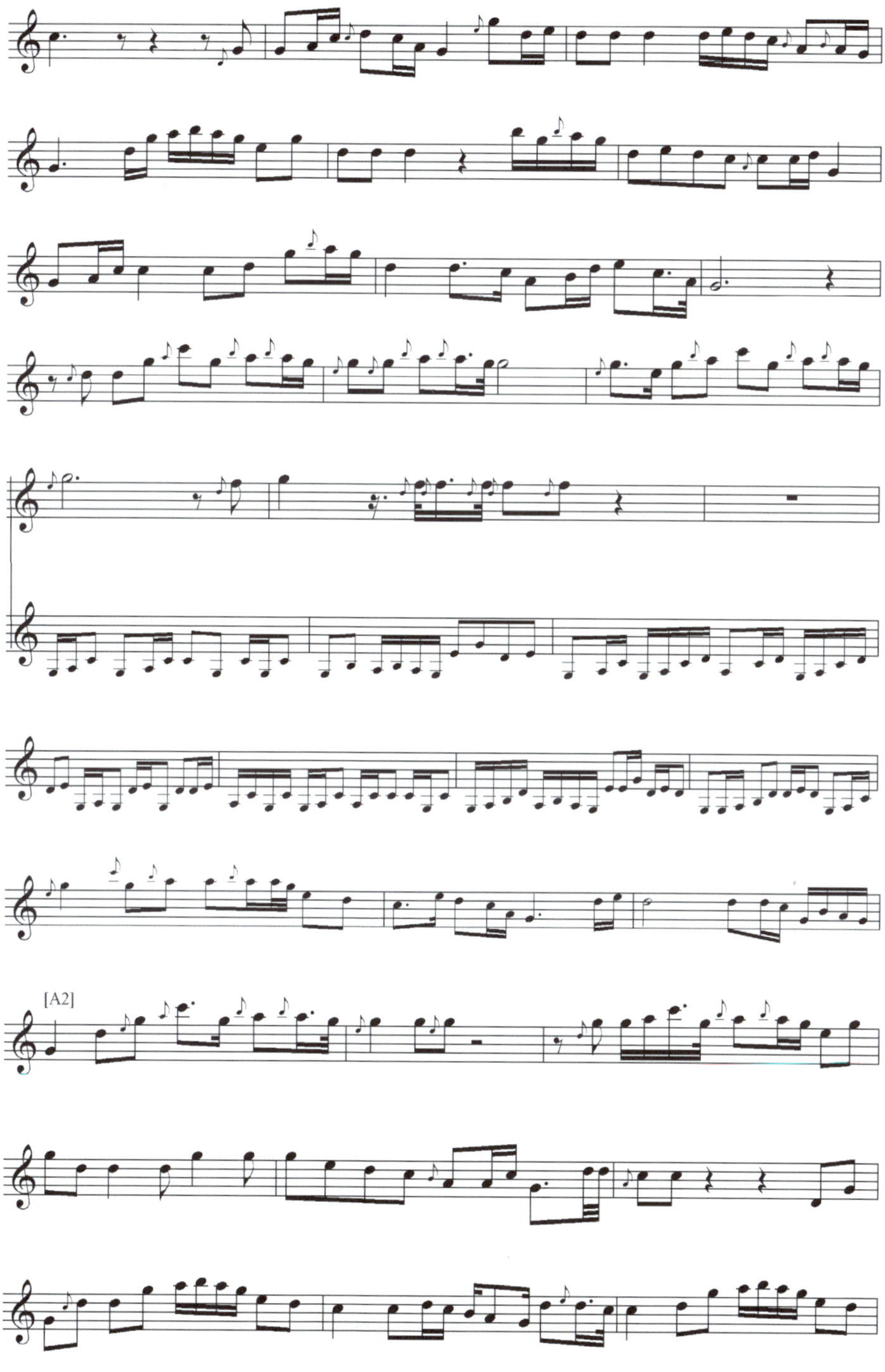
[A2]

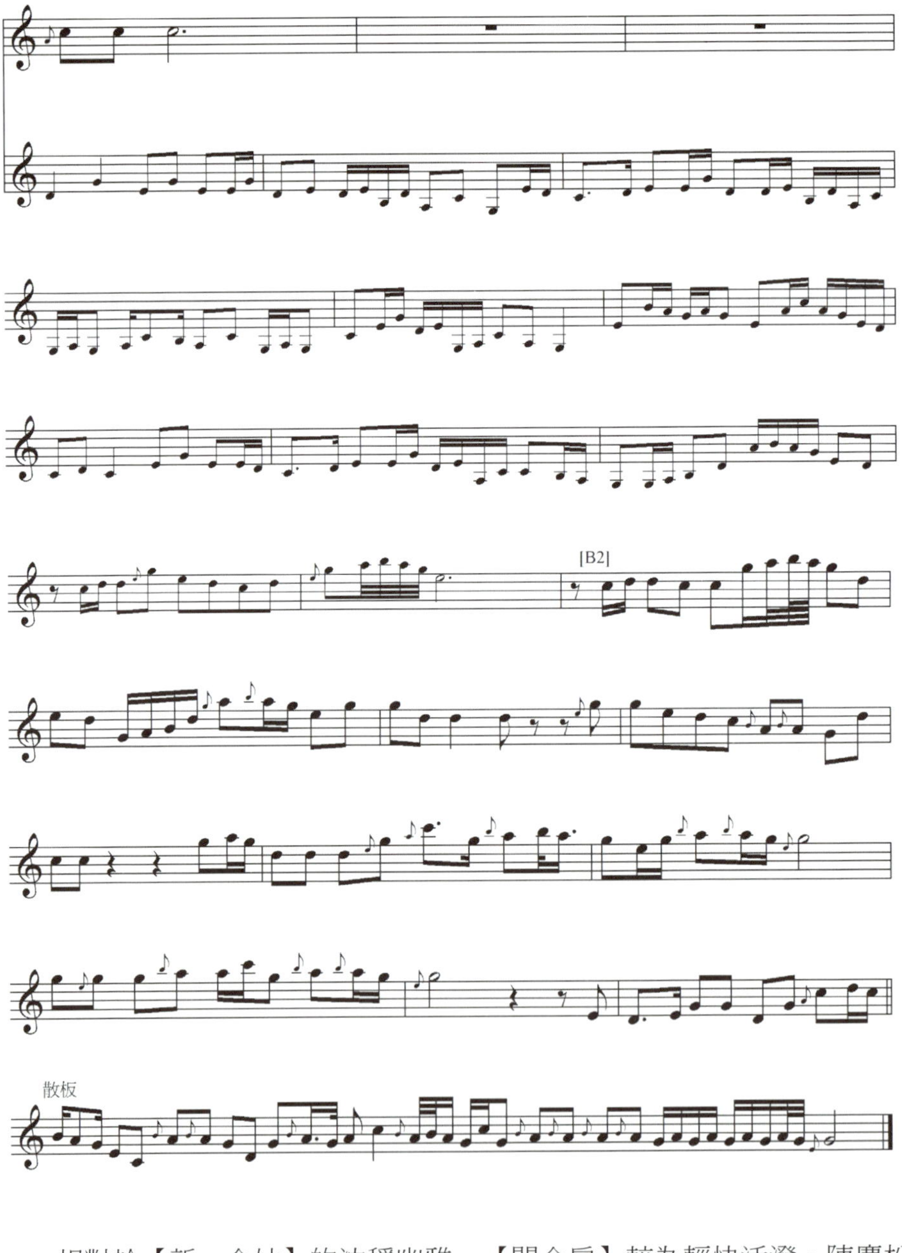

相對於【新一金姑】的沈穩幽雅，【開金扇】較為輕快活潑，陳慶松先生以速度與節奏突出這首樂曲的此一特點，如謂前一首為慢板，後者可

稱為中板。【開金扇】的樂曲最大特點為附點節奏與休止的運用，形成一個輕快的動機音型：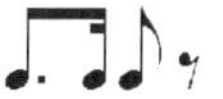 本首樂曲的形式為兩段（A-B），最後並有一段尾聲。A與B之間有一段過門，B段反覆3遍，每遍之後也有過門。陳慶松先生吹奏的【開金扇】樂譜如下：

【開金扇】

北部客家八音
陳慶松演奏
1981年

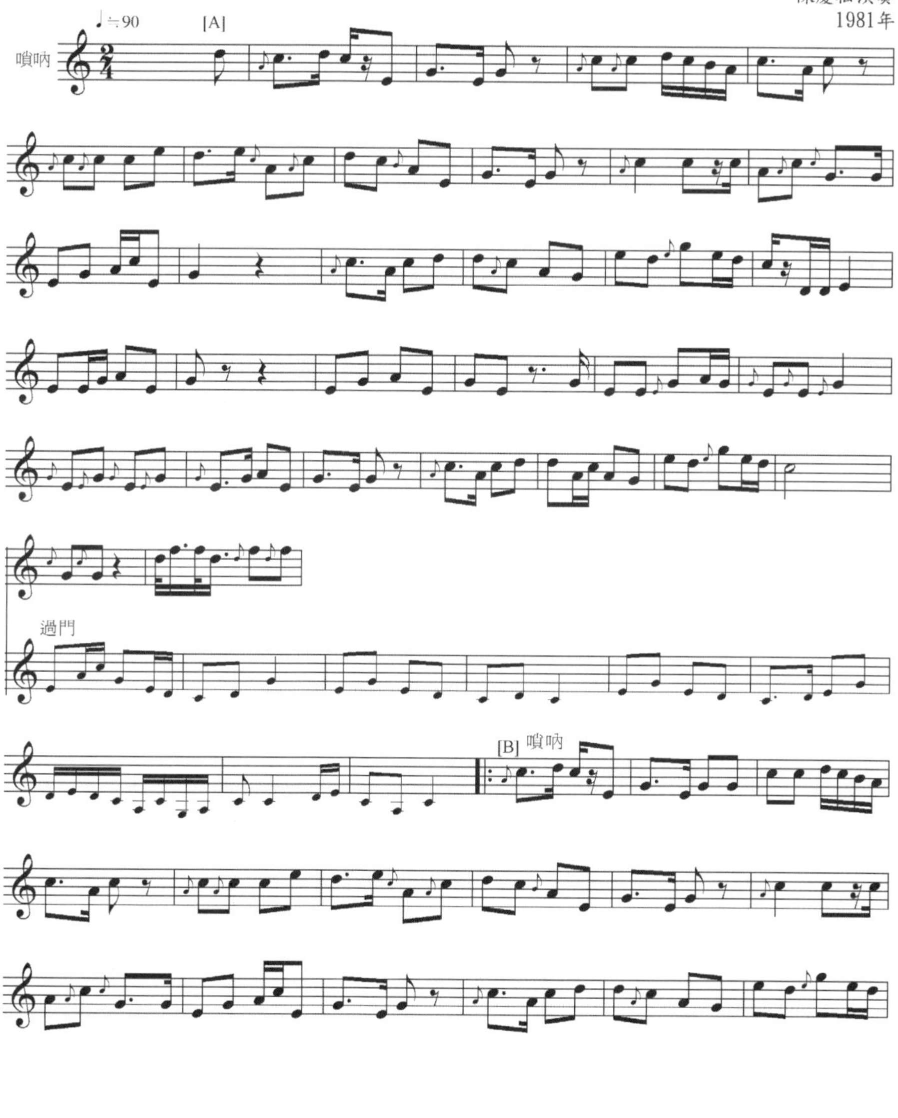

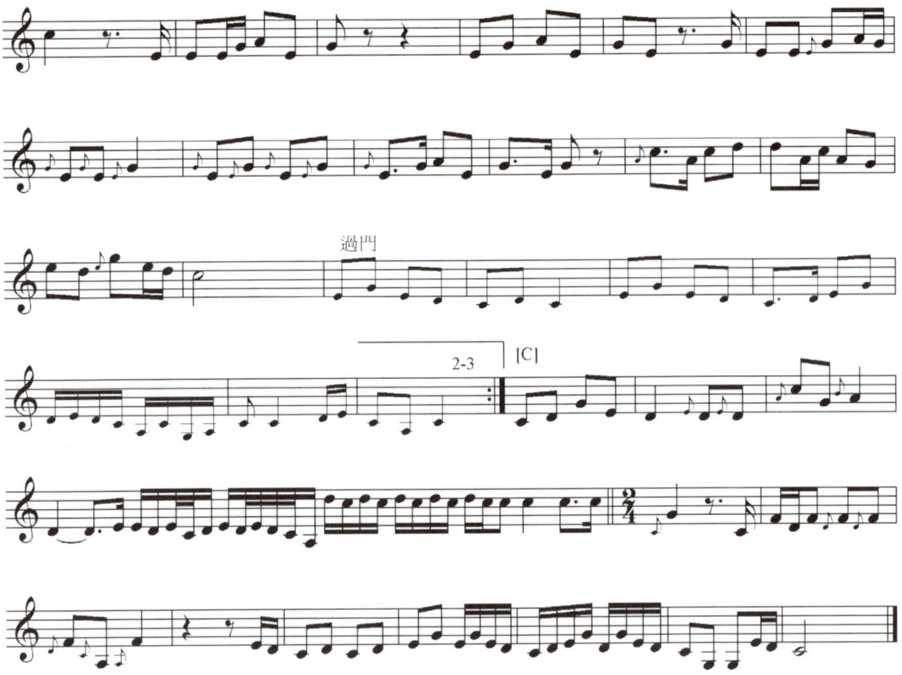

三、南部客家八音

通常所稱的南部客家八音，係以高雄縣美濃為中心，該地可視為南部客家的經濟與文化中心，人文薈萃，所孕育的音樂文化也較為豐富，且具有特色。

㈠曲目

本文所使用南部客家八音曲目的素材，一為作者的蒐集物，另一批為國立傳統藝術中心的出版物，透過兩批資料，大體上可將南部客家八音的曲目分為固有曲目與吸收的曲目。固有曲目可視為客家八音的傳統曲目，吸收的曲目仍可分為來自傳統音樂戲曲，以及吸收自通俗音樂。作者蒐集的客家八音有聲資料，為民國五十二年至五十三年之間的錄音，演奏者為邱連祥客家八音班，該批有聲資料來自中廣公司高雄電台[10]。根據對其曲目的初步了解，屬於南部客家八音的固有曲目計有：

九連環、三國歌、大魚沈、大嫂、五連環、什錦山歌、太陽對、王大娘、四大金剛、白蓮花、西北串、牡丹花、車仙草、花名、看芙蓉、紅繡鞋、倒踏板、修行歌、高山流水、採茶雞尾歌、望郎回、望逃子、普庵咒、新娘子、錦屏反射、舊金山、顏容歌、鵝公叫鵝母、懷春曲、懷胎。

吸收自傳統音樂中的北管、歌子戲唱腔、福佬民歌及車鼓調等，計有：

天官賜福、排三仙、福祿壽、福路戲曲、賜仙記、鬧廳、辦仙、武家坡、四郎探母、百家春、小將軍令。台灣歌仔調、歌仔戲調、都馬調。丟丟咚調、車鼓調、恆春調、採茶譜、提渡調、駛犁歌。

此外，也有若干流行歌曲：人道、河邊春夢、桃花鄉、煙花嘆。

第二批由國立傳統藝術中心出版的南部客家八音資料，為吳榮順教授主持『南部客家八音紀實』的成果，由於屬於近年的出版品，故取得容易，所蒐集的曲目計有：

一字寫來一條龍、一見才郎、一送走反歌、七句詩、九連環、高山流水、九龍江、二八佳人、二十四公堂（嗩吶調）、十想挑擔歌、三合水金、三寶佛、上大人、大步調（大埔調）、大封對、大雪、大嫂、大漁對、大響笛（大吹）、小花截、小相、小團圓、五大調、分曲、天下同、孔明借東風、天光早、王大娘、王昭君、半山謠、古正月牌、古望郎回、古南經北曲、四大金剛、四大調、四大調兼尾、尼

10 作者於民國六十九年至七十三年任職於台北市的中廣公司，負責傳統音樂戲曲的蒐集整理工作，當時曾赴中廣公司各地的分台調查保存傳統音樂的情形，此處的南部客家八音，即為當時的高雄電台所典藏。

姑下山、打扮劉三妹（思戀歌）、打花鼓、正月排、正福祿壽、玉金姑、玉連環、白牡丹、老二八佳人、老三寶佛、老採茶、串點、牡丹花、佬濃曲、武郎、狀元拜相、花名、花拉叙、花鼓、花飄、初逢情郎、俊郎、客家山歌組曲、客家山歌調、思戀歌、桃花開、撐船歌、拜伯公、拜壽、看芙蓉、看牆、紅繡鞋、美寮曲、美濃調、香樓、倒吊梅、倒踏板（笛調／把烏）、倒疊板、娛樂仙亭（串仔調）、恭喜新年（大開門）、恭喜新年（大團圓）、海豐曲、高山流水、剪剪花、寄生草、探花、接主、捨求美、雞啼、狗吠、望多子、望郎歸、淡清、郭子儀拜壽、朝晨早、番仔曲、新二八佳人、新白牡丹、新福祿壽、瑞祥、補缸仔（嗩吶）、補缸串（嗩吶）、過街柳（大吹）、夢郎、慢團圓+緊團圓、慢響笛（大吹）、鳳凰尾、鬧五更、薄心郎、雙龍排、鵝公叫鵝母、歡喜來見君。

曲調吸收自北管、歌子戲唱腔、車鼓及福佬民歌者，計有：

千秋歲、十二丈、緊坪板、大開門、大團圓、百家春、到春來、寄生草、草蜈弄雞公、恆春調、夢郎（走路調）、歌仔調、七字調、十八摸、牛犁歌。

上述曲目中的「緊坪板」應為緊平板的諧音。所演奏的曲目來自通俗音樂者，計有：

再會吧心上人、風吹沙、望春風、博多夜船、魂斷藍橋、廣東花、懷春曲、飄浪之女。

㈡音樂特徵

以樂曲內容言之，南部客家八音的曲目有若干不同的來源：客家八音傳統曲目、客家民歌、北管譜、歌子戲唱腔、通俗音樂，故如果以曲目考察，將導出「南部客家八音團體演奏的音樂風格是多樣性的」之看法，實際上則非如此。

在演奏形式的特徵，以及嗩吶特殊吹奏技巧的作用下，南部客家八音的音樂有一致性的色彩。南部客家八音演奏形式的特徵為，嗩吶吹奏主旋律，絲竹樂器與鑼鼓作為伴奏，在嗩吶吹奏主旋律過後，則演奏過門，宛如北管戲曲唱腔或歌子戲唱腔中，唱腔與絲竹過門迎互循環交錯的情形。至於嗩吶的吹奏技巧，主要為滑音的運用，本書所描述的所有北管系統的鼓吹樂中，嗩吶的吹奏技巧都相同，其特徵為循環換氣，且每個音都是直接響出，而並無滑音的情形。南部客家八音的嗩吶並不使用循環換氣，旋律線須有頓斷，且經常使用滑音的吹奏技巧。

在嗩吶的滑音與頓斷技巧的處理之下，使曲調具有嬌媚之態，亦即所謂的sa^{n1}i^{n1}-na^{n}i^{n1} khui^{3}，這應為南部客家八音音樂的最大特色。茲以邱連祥客家八音班所演奏的【舊金山】與【採茶雞尾譜】為例子，呈現南部客家八音音樂的特徵，錄音資料來自中廣高雄新聞台。

【舊金山】

南部客家八音
邱連祥演奏
1963年

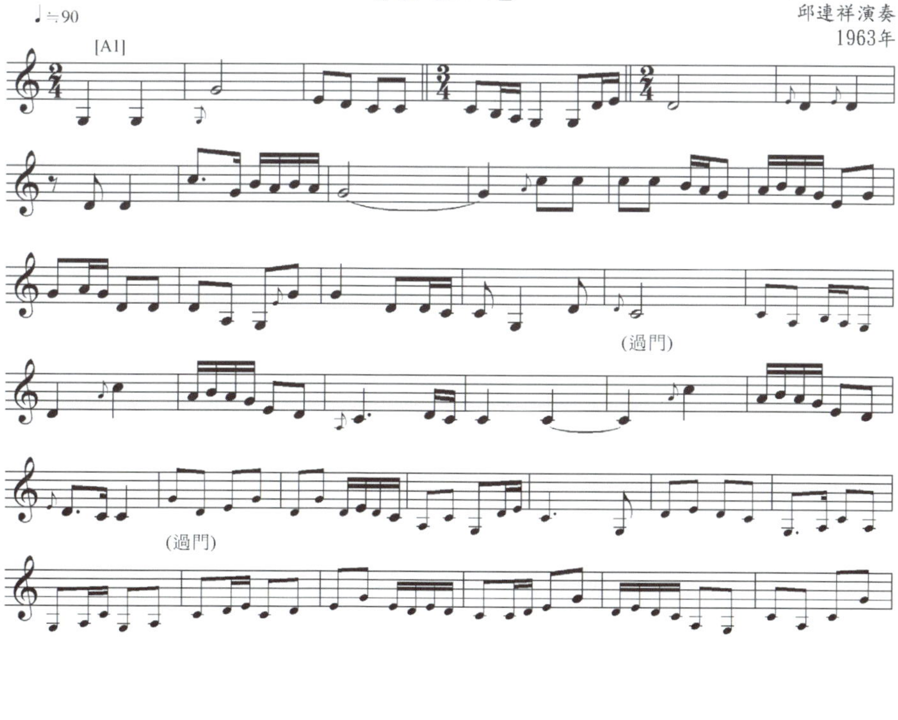

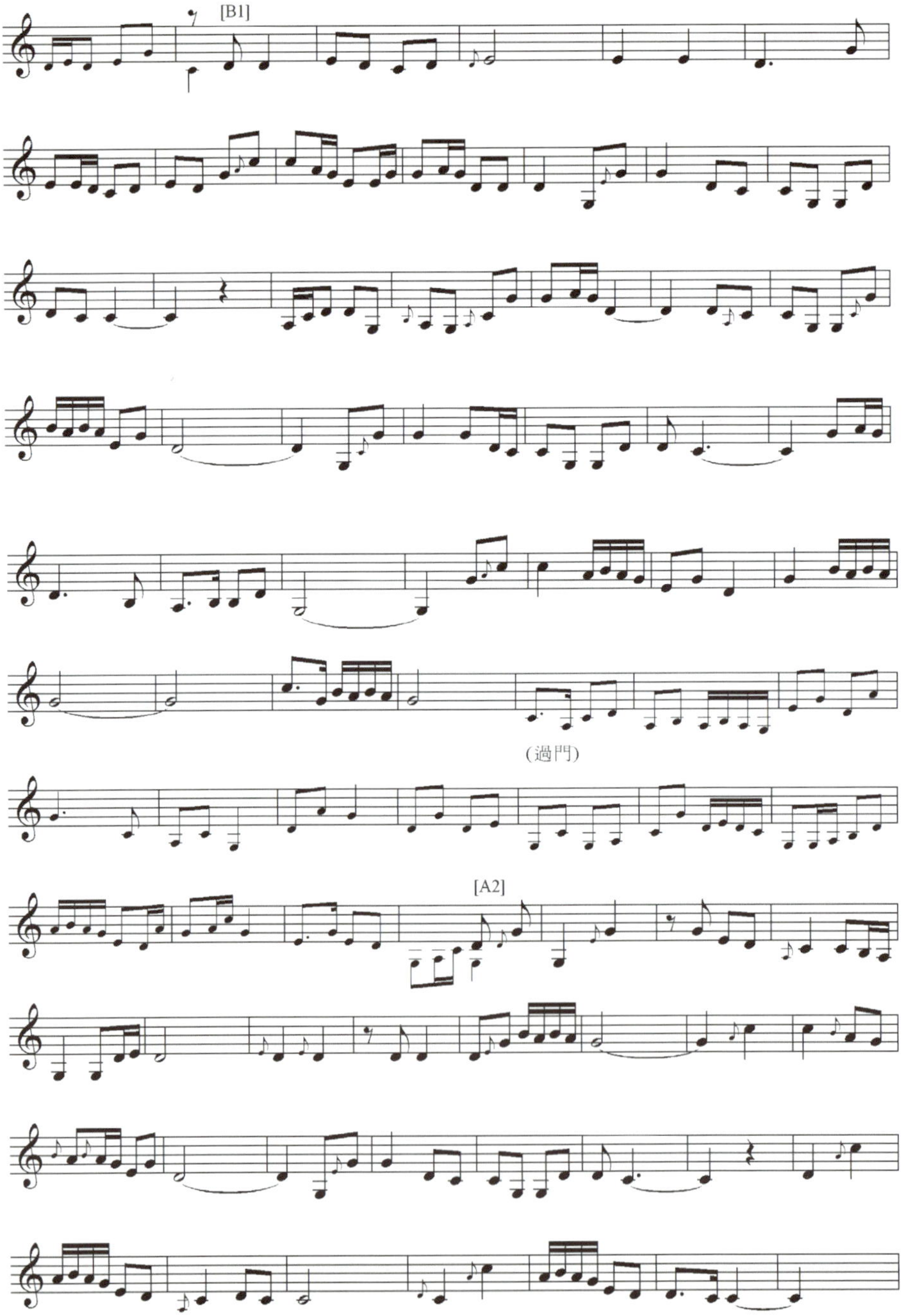
[B1]
(過門)
[A2]

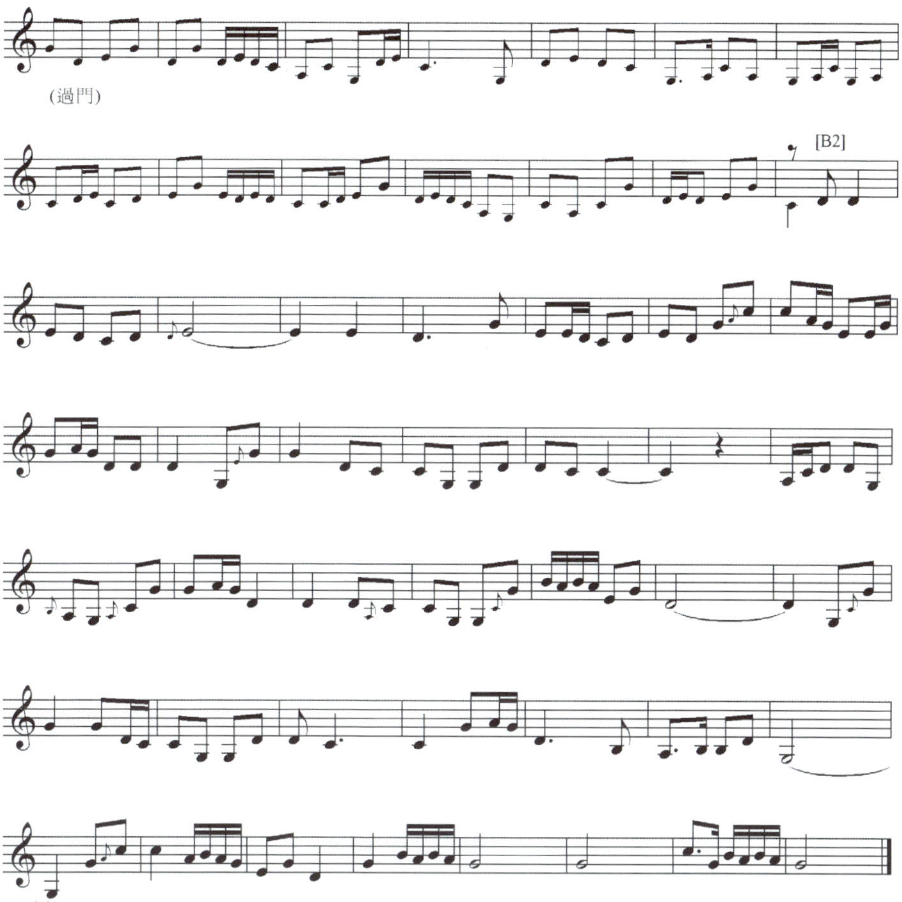

【採茶雞尾譜】

南部客家八音
邱連祥演奏
1963年

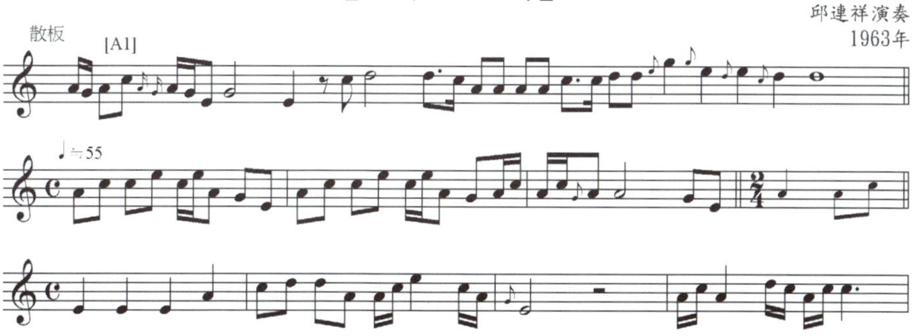

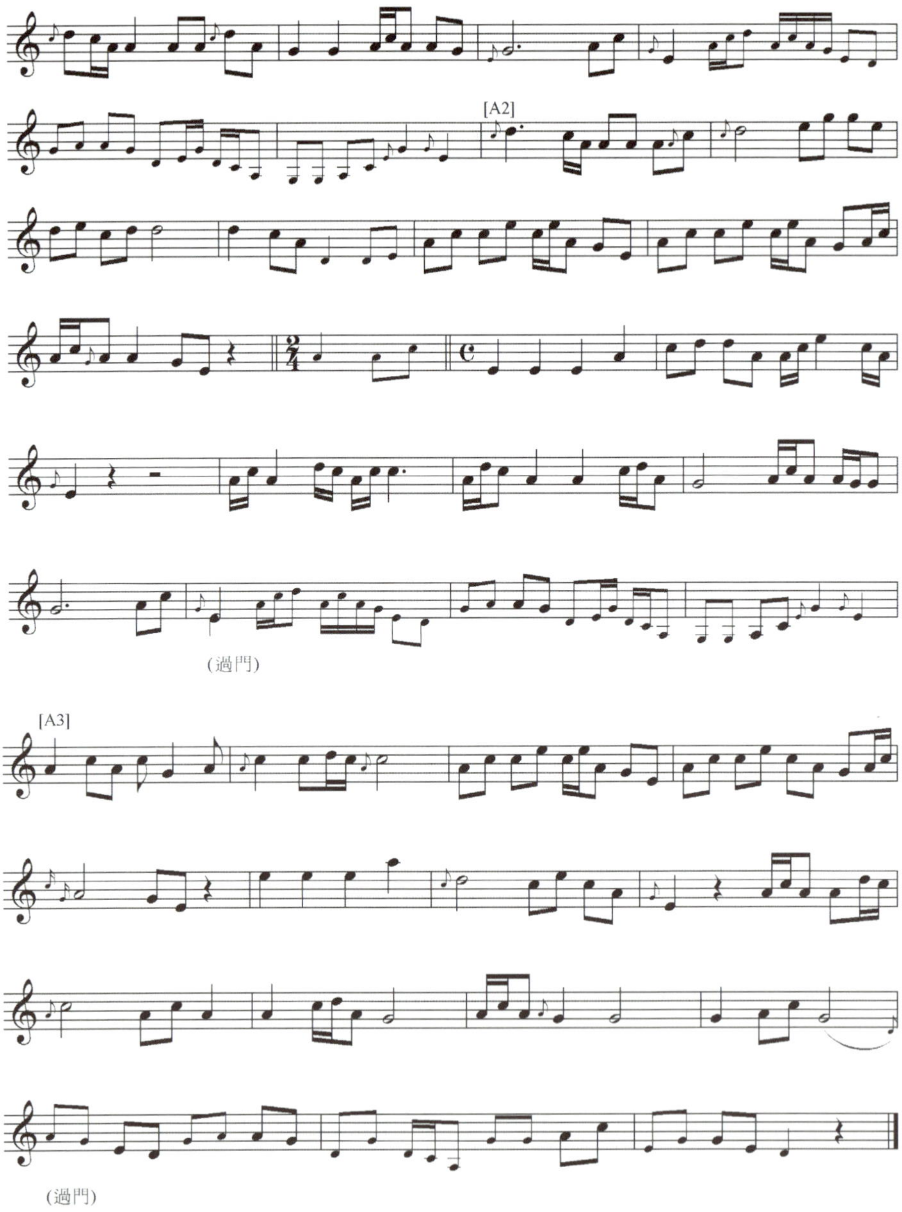
[A2]
(過門)
[A3]
(過門)

第二節

2

十三音

以生態言之，十三音有一定的樂器與樂隊編制、曲目系統，故能視為樂種，本文將對它的音樂進行概要的描述。目前所見有關十三音音樂較全面的研究，為賴錫中所撰的《十三音研究》[11]，該書分別對十三音的名稱、流傳之樂譜集、樂曲、樂器與樂隊、記譜法等進行論述，文中有頗豐富的實地調查資料。而杜潔明所著之《台南孔廟樂局—以成書院之研究》，則以參與者的身分，對以成書院樂局之歷史發展與傳承等進行論述。

本文所根據的素材，主要為台南市孔廟以成書院出版的《同聲集》、以及該館的演奏，台南縣佳里鎮與西港鄉的實地調查，此外，並參考賴錫中先生與杜潔明先生的著作。

一、傳布概況

隨著流傳地區或使用功能的不同，十三音也有如同南管音樂般的諸多生態，下文將對十三音的名稱、使用場合、流傳地區等，進行簡要的論述。

(一)名稱

十三音的名稱多樣[12]，以該樂種的重要樂譜集《同聲集》中所引用的名稱觀之，即有雅樂十三音、十三音、十三腔。該樂種名稱的來源，根據

11 賴錫中先生曾任高雄市國樂團團長，目前執教於國立台南藝術大學，該論著為中國文化大學藝術研究所的碩士論文。

12 有關十三音種種名稱及其源流，可參閱賴錫中撰《台灣十三音之研究》的第一章第一節。

《同聲集》緒言的解釋：

> 前清道光十五年，聖廟祀典，恭備禮樂諸儀器，當時樂局董事紳士吳尚新、劉衣紹等，主倡修製各種樂器，協正音律，專往閩浙內地，招聘樂師，教習諸生。春秋聖廟祀典前數日，召集諸生練習，屆釋奠日晨，循儀演奏，以隆盛典。是以台灣人士，得其純正雅音。

由此觀之，該樂種稱為雅樂，乃取其功能性命名，由於用於祭孔大典的場合，故名。上引該文續云：

> 至於十三音之設，以十三種樂器編成之，故稱曰十三音。

《同聲集》為台南市孔廟以成書院系統所編輯的樂譜集，其解釋當有相當的權威性，因此，以該系統的觀點，十三音的名稱屬於以樂隊編制特徵命名，雅樂則屬於音樂功能的命名。

十三音的另一與儀式相關的名稱為「聖樂」。除了台南市以成書院十三音樂團，特定於祭孔時擔任音樂的演奏，南部地區的十三音樂團，也常被聘於祭祀文昌帝君的場合演奏，民間習俗稱該類儀式為「祭聖」，因此，用於該場合的音樂也被稱為聖樂。另觀日本學者片岡巖所著《台灣風俗誌》中的「台灣の音樂」，其中將聖樂與十三腔並舉，他在本文的描述時，稱聖樂為祭孔的音樂，並引用《台南聖廟考》，列舉祭孔所用的樂器：鼖鼓、鏞鐘、楹鼓、應鼓、鼗鼓、搏拊、搏鐘、特磬、編磬、編鐘、柷、敔、琴、瑟、笙、簫、篪、笛、壎、排簫、籥[13]，明確顯示，在民國十年代，聖樂一詞乃指祭孔的音樂。

根據《同聲集》的緒言，十三音的俗稱為十三腔，根據作者在台南縣佳里鎮、麻豆鎮一帶實地調查的聽聞，其他樂種的樂人，如麻豆鎮集音社的李仙化等，也採用「十三腔」的說法。根據南管文化圈的語彙，「十三腔」主要指由13種不同曲調組成樂曲，如【中滾十三腔】，偶也指某個樂

---

13 引自片岡巖著《台灣風俗誌》，第279頁。

曲的譜字由13個音組成的情況，如指套〈輕輕行〉的第一節【二調十三腔】。十三音俗稱為十三腔，其涵義當不同於南管文化圈中的十三腔，其中的「腔」當為「音」的同義詞。根據作者的看法，十三音俗稱為「十三腔」，當為南管文化圈如麻豆鎮太平歌，參照南管的【十三腔】之後的延伸性用法。

十全腔為十三音的另一名稱，持用該說法的民間樂人云，由於十三音典雅優美，幾近十全十美，故謂之「十全腔」。

㈡使用場合

十三音諸多名稱中，「聖樂」一詞顯示它的儀式性用途，可作為祭祀儀式的後場音樂。「雅樂」一詞顯示它的流傳階層或音樂風格，如以流傳階層言之，似乎專指台南市孔廟的以成書院樂局，屬於文人雅士的音樂組織。至於其他台南與高雄沿海的十三音團體，則為「農民階層」的娛樂團體[14]。

以曲目論之，十三音被用於祭祀儀式中演奏，作為儀式的過場音樂，乃沒有三獻禮規章的一般廟宇的情形。至於孔廟的祭典，有專屬的釋奠大成樂章：昭平、宣平、秩平、敘平、懿平、德平等諸樂章。被稱為十三音團體的以成書院樂局，在祭孔大典中擔任的腳色，事實上乃作為一個樂隊演奏上述的大成樂章，而非演奏十三音音樂。十三音曲目與孔廟祭典唯一有關係者，為祭孔之前的祭祀後殿崇聖殿，在祭祀孔子祖先的儀式中，所奏的樂曲為【折桂令】，或【殿前吹】、【攀桂曲】[15]。

綜合上述的描述，對十三音功能的認識，曲目上，其中的部分曲目備用於廟宇神明的祭祀儀式，多數的樂曲實作為閒居娛樂時的演奏。如以個別的音樂團體如台南市孔廟的以成書院樂局論之，作為祭孔典禮的組成言之，它為儀式的後場樂隊，以演奏釋奠樂章，平時仍為如同南管或北管的

14 本處所指「農民階層」，為概括性的說法，並非確指耕作稻田的農夫。

15 台南市孔廟祭祀孔子的釋奠大典，儀式中演奏的諸樂章，以及祭祀後殿的曲目，引自杜潔明撰《台南孔廟樂局—以成書院之研究》，第三章中的「祭孔的祀禮次序與時間對照表」，以及2006年4月21日對該書作者杜潔明先生的補充訪問。

音樂性館閣，以演奏十三音的樂曲作為休閒娛樂。

㈢流傳地區

如將十三音視為一個樂種，亦即民間自發性音樂團體中，以下文所述的曲目為音樂活動內容者，則該類音樂團體主要分布於台南與高雄沿海地區。如以曲目為導向，則十三音樂團如台南市以成書院所演奏的曲目，也見於北管館閣，如彰化市的梨春園與集樂軒、台中縣大里市福興軒與潭子鄉餘樂軒；而其中若干曲目也可見於專門演唱細曲的館閣，如台北市艋舺的集音閣。

二、曲目內容

十三音為單一樂曲體裁的樂種，主體曲目為絲竹合奏的樂曲，民國初年，它主要為流傳於台南市以孔廟為首的仕紳階層，故由台南市孔廟以成書院發行的《同聲集》中，也有若干首文人雅士填寫的詩文。根據《同聲集》，十三音的曲目如下。十三音曲目的相關著作，賴錫中在其著作《台灣十三音之研究》中，引用14個不同的樂譜集進行廣泛的論述；杜潔明在其《台南孔廟樂局—以成書院之研究》，也針對以成書院擁有的十三音樂曲進行論述。

㈠固有曲目

固有曲目，指樂種迄形成階段已經擁有的樂曲，以相對於吸收自其他樂種或民間小曲者。根據日本學者片岡巖的調查，民國十年代的十三音曲目有：將軍令、百家春、普庵咒、霓裳曲、殿前吹、折桂令、萬年歡、春景、南詞、昇平樂[16]，這些曲目都包括在目前尚能見的十三音曲目中。

十三音曲目依樂曲體裁的不同，可分為聯章與單章，以《同聲集》為依據，十三音的固有曲目中屬於聯章者如下：

---

16 引自片岡巖著《台灣風俗誌》，第284頁。

表5-2 十三音聯章類曲目表

昨	聯套樂曲
八套	珍珠簾—金龍戲水—漁樵景—春鶯織柳—梅雀爭春—平沙落雁—子夜吟—白鶴歸巢。
上六套	空谷蘭—昭君怨—蜻蜓點水—凌波詞—鈞天樂—蝴蝶穿花。
上四套	敲山—玉連環—白雪陽春—新大八板。
上二套	風流詞—燕剪花。
下二套	大八板—萬象包羅。
下四套	秋聲詞—鴛鴦戲水—錦帆風—黃蜂歸巢。
下六套	水龍吟—暗相思—折桂令—漢宮春—月兒高—鴛鴦歸巢。

單章指單一樂曲類的樂曲，其曲目如下：

一粒星、一粒星催、七句詩、九連環、二八佳人、十八全、十凡頭、三句半、三句半催、三星、上小樓、千秋樂、千章皮、夕陽歸舟、大八板催、大開門、大開門催、小八板頭、小將軍令、小釣魚、小魚兒、五句詩、元宵美景、六帆船、公扭孫、天下樂、文武過江、水底魚、水調歌、水龍吟、令尾、令催、冬串、冬景、冬景串、半綸、左霓裳、右霓裳、四不相、打花鼓、玉連環催、玉壺春、玉樓吹、玉樓春雨、百家春、百家春催、西江月、西湖柳、西窗外、折字一粒星、折字大八板、折字滿天星、折桂令、杏花天、步蟾宮、到春來—春夏譜、到春來—秋冬譜、孟宗哭竹、昇平樂、東山樂、狀元遊、芹菜歌、金連環、金童串、南北相思、南粵八板、春串、春景、春遊青草地、柳青娘、柳條金、看芙蓉、秋串、秋景、秋鴻噪、美人梳妝、美女思春、重台別、凌雲詞1、凌雲詞2、夏串、夏景、梳妝台、梳妝樓、浪淘沙、海上風、粉蝶戀花、問卜、寄生草、將軍令、得勝令、梅春、梅雪爭春、清蓮集、逍遙樂、連催、喜遷鶯、普庵咒、朝天子、登台別、紫花兒序、進蘭房、閒來無事、陽關柳、集賢賓、雲雨會、新百家春、新普庵咒、楚陽台、殿前吹、萬仙歌、聖天子、聖駕吹、遍地錦、滿天星、滿庭芳、滿堂紅、漁家樂、碧玉串、福祿壽、福壽星、銀連環、鳳凰台、鳳凰池、鳳凰來儀、齊天樂、廣南詞、慶春音、潮八板、蓮塘曲、賞春花、賜金印、醉山門、醉太平、醉花天、醉舞山房、樵父吟、錦上添花、霓裳曲、龍戲珠、鴻雁排雲、繡欄杆、雙星會、雙蝶譜、攀桂曲、瀟湘夜雨、鶴鳴九皐。

(二)吸收的曲目

參校以鹿港鎮玉如意的手抄本[17]，十三音吸收自廣東音樂的曲目，確知者計有：小桃紅、三潭映月。吸收自其他的民間小曲有：一見才郎、三潭映月、小桃紅、外江十八摸、本島十八摸、玉美人、白牡丹、活捉、看相、茉莉花、哭五更、剪剪花、崑腔調、葡萄架、嘆煙花、賣雜貨、閹豬仔譜。可能亦為吸收自民間小調或小曲者：北詞、可記得、古道秋風、玉牡丹、玉蝦蟆、有情歌、南詞、客人譜、真可愛、胭脂點、探親、新客人譜、新閹豬仔譜、補甕、福州南詞、福南詞。

(三)曲目內容今昔演變的比較

從使用的樂器觀之，民國三十年代迄今，十三音的樂隊編制並無改變，至於樂曲是否有今昔的差異？日本學者片岡巖在《台灣風俗誌》之〈台灣音樂——十三腔樂〉中，有關於十三音的描述，文中提到的曲目計有：將軍令、百家春、普庵咒、霓裳曲、殿前催、折桂令、萬年歡、春景、南詞、昇平樂[18]，這些曲目都仍為目前的十三音樂團，如台南市以成書院所演奏。至於樂曲內容方面的演變情形，透過黑澤隆朝於1943年在台南市孔廟蒐集錄音的比較，可以略窺一斑。

以十三音常用曲目之一的【將軍令】觀之，黑澤隆朝於1943年的錄音

---

17 鹿港鎮玉如意抄本中，抄錄絃譜類樂曲者，其中有一冊題為「廣東部」，所抄錄的樂曲為：小桃紅、三潭映月、連環扣、昭君怨、娛樂昇平、雨打芭蕉、上海行、朝天子、雁落平沙、寒江月、悲秋、恨東皇、鳳凰舞、燭影搖紅、餓馬搖鈴、寶鴨穿蓮。

18 引自片岡巖撰《台灣風俗誌》，第238頁。

資料中，有一首由台南市以成書院演奏的【將軍令】，該首樂曲的錄音僅1'38"，並非全曲，茲將該首樂曲採譜如下：

【將軍令】

十三音
1943年
台南市以成書院

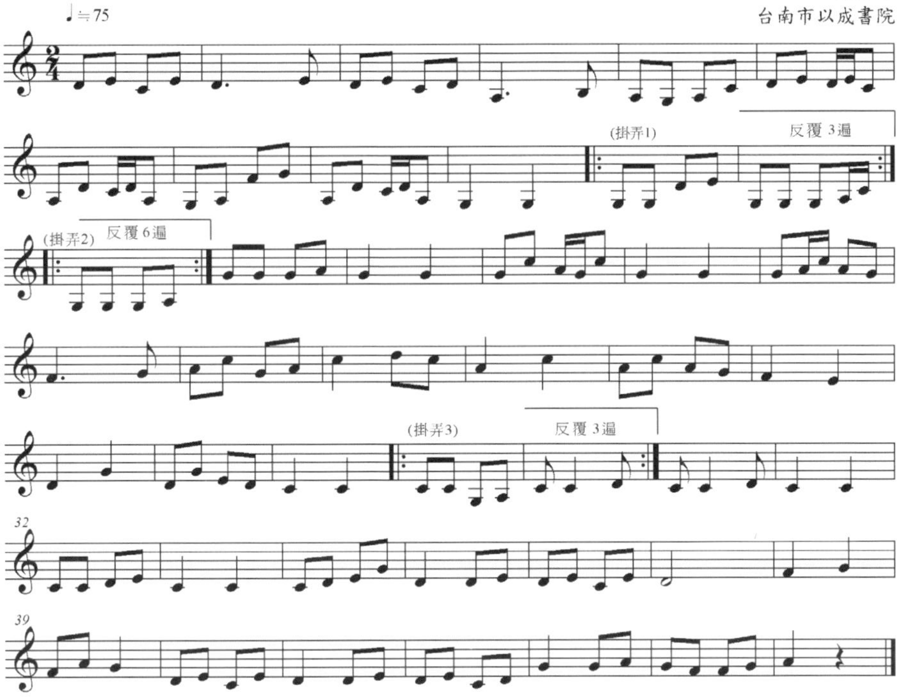

【將軍令】仍為目前十三音團體的常演奏曲目之一，例如由台南市以成書院演奏出版的『雅樂十三音』CD的第一輯，即錄有這首樂曲。比較今日以成書院演奏的【將軍令】，與60年前黑澤隆朝的錄音，兩者主體的曲調完全相同。而且更值得一提的現象為，兩者於樂曲中都有插入如同北管牌子的「掛弄」，如上述譜例中的掛弄1、掛弄2、掛弄3，3個掛弄的片段並非樂曲旋律的本體，而是屬於外加的部分，且做多次反覆，完全相同於北管牌子「掛弄」（亦稱為「落弄」）的演奏手法[19]。【將軍令】也為

19 以成書院出版的『雅樂十三音』CD中的【將軍令】，第一遍演奏無掛弄，該項技巧係用於第二遍反覆時。

北管譜的常用曲目，該首樂譜可參見呂錘寬輯註之《北管絃譜集成》。

另一可作為觀察十三音的樂曲今昔是否有演變的例子為【殿前吹】。黑澤隆朝錄音的另一首十三音樂曲為【殿前吹】，從演奏情形的判斷，該樂曲並非全曲，而為樂曲前面的一段，長度為1分53秒，茲將該首樂曲採譜如下，樂曲由叫鑼起始，速度由慢起，並漸次加快，接續的一小段絲竹演奏亦為散板，隨著為一撩板的樂曲：

【殿前吹】

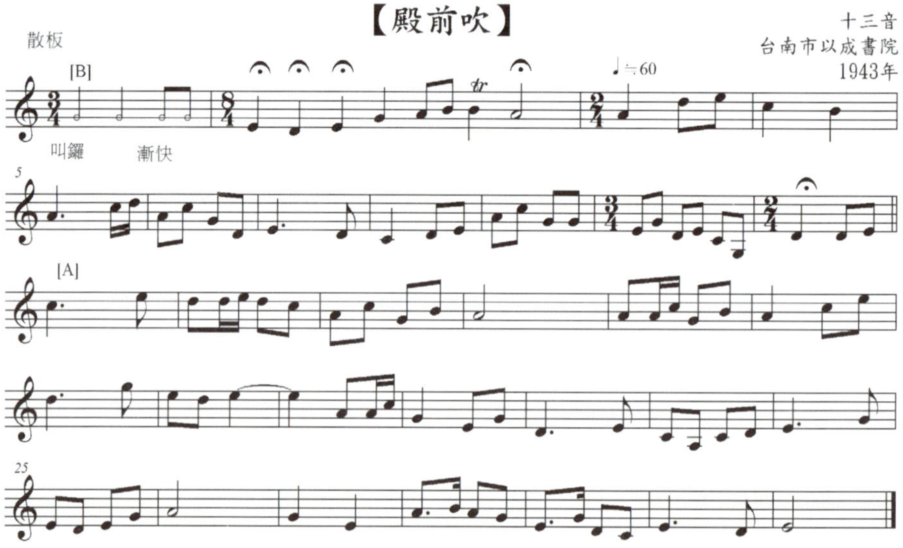

以成書院出版的CD也收錄了【殿前吹】，長度為4分57秒，整首演奏的樂譜如下，仍以叫鑼作為樂曲起始的導引，相較於上述的演奏，此處的叫鑼擊奏的次數較多，拍法相同地為散板由慢漸快，接續的小句絲竹片段亦為散板。

【殿前吹】

十三音
台南市以成書院
2001年

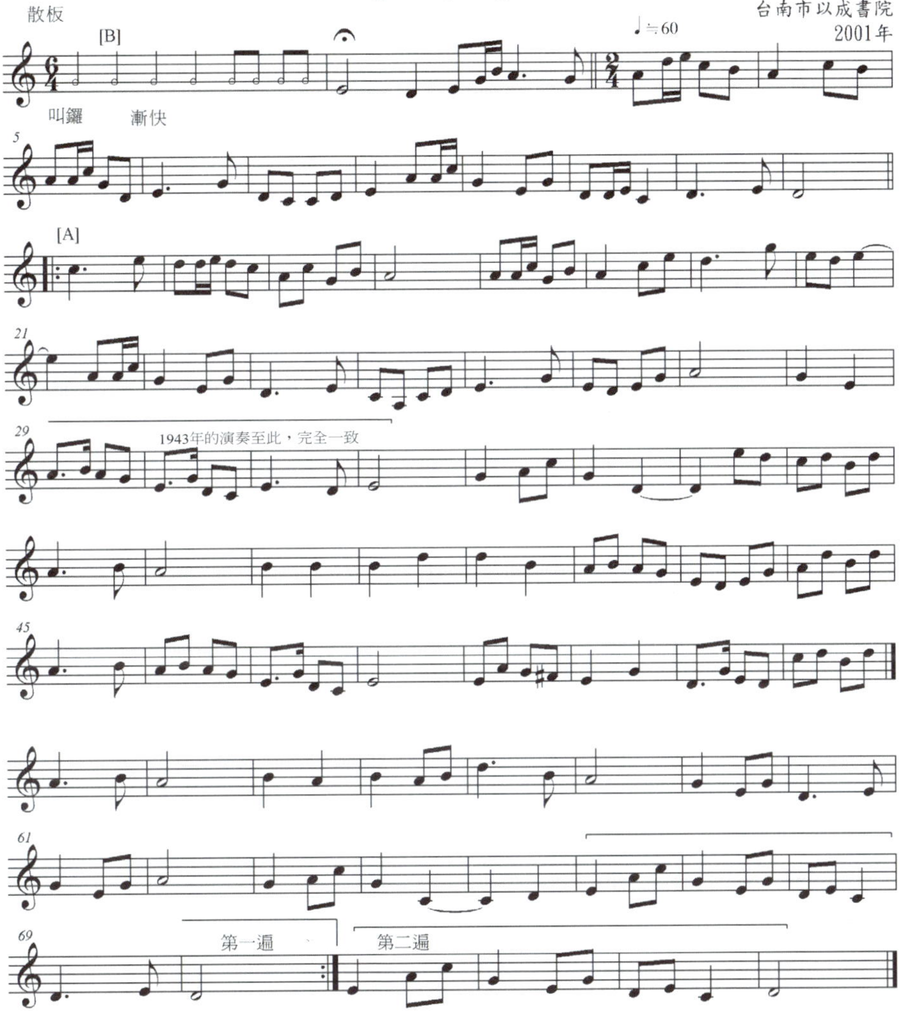

比較以成書院今日演奏的【殿前吹】與60年前的錄音，包括樂曲的內容與演奏手法，大體上都相同，起始樂段為散板，接續的部分為樂曲的主體，如上述兩譜例中的B與A，兩者樂曲的主體（A）完全相同。

三、音樂特徵

十三音的音樂特徵，可從使用的樂器、樂曲結構、音樂風格三個方面考察。

(一)使用之樂器

較早時期十三音所用樂器的情形，根據日本學者片岡巖於民國十年出版的《台灣風俗誌》，十三音的樂器計有：雙音、三音、叫鑼、鱷鐸、餅鼓、檀板、三絃、鳳笙、洞簫、管、霜清、笛、提絃、鶴絃、四絃、鐘絃、鼓絃、提壺、豹絃、琵琶、箎[20]，文中所稱的霜清，應為雙清的諧音寫法。

稍後，台南市以成書院於民國二十二年發行之《同聲集》，記錄了十三音的樂器分別有：雙音、三音、叫鑼、鱷鐸、餅鼓、檀板、三絃、笙、簫、管、笛、琵琶，以及胡琴，共計13種，其中的胡琴乃7種擦奏式樂器的統稱——提絃、和絃、鐘絃、鼓絃、四絃、提胡、貓絃，因此，如以該書為據，則用於十三音的樂器實際上共有19種。該書的編者林海籌又稱，約於1894年之後，加入雙清與秦箏[21]。

如以近年來以成書院演奏出版兩片雅樂十三音CD觀之，所使用的樂器為：三絃、琵琶、雙清、笙、簫、笛、管、提絃、和絃、叫鑼、鱷鐸、板、餅鼓、雙音、三音，其中管僅用於祭孔時演奏的樂曲【攀桂曲】，其他十三音的樂曲並不使用該件樂器。

十三音所使用的絃類與吹類樂器，大體相同於北管館閣如彰化市梨春園，而幾乎與台北市的集音閣相同：梨春園無笙、管，集音閣無三音。相較於南管，用於十三音的琵琶仍為四象九品，其琴體則較為纖細，以直抱彈奏；南管琵琶之琴體較寬胖，且以橫抱的方式演奏。

---

20 引自片岡巖著《台灣風俗誌》，第284頁。

21 引自林海籌編《同聲集》的緒言〈雅樂十三音之由來〉。

㈡樂曲結構

如同北管絃譜，十三音樂曲也分為單章與聯章，而以單章的樂曲為主體。單章的十三音樂曲篇幅，介於11至30板者約為70首，這類樂曲多屬於單段式，如下例之【天下樂】。

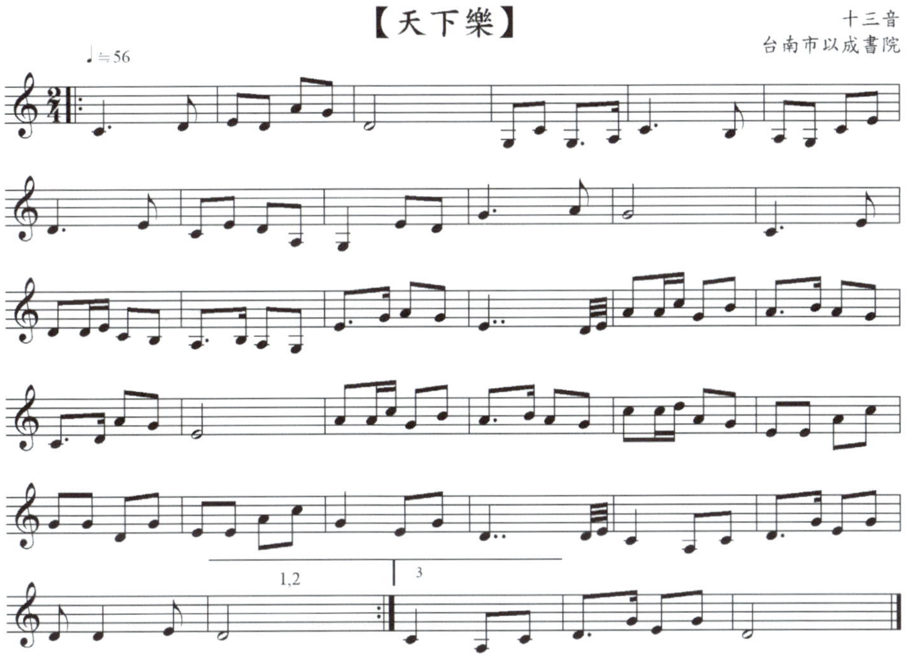

介於31至59板者約90首，其曲式的情形，以【百家春】為例，其長度有52板，由於旋律語法較為特殊，故仍為單段式。60板以上者約25首。實際演奏時，也有將若干首單章樂曲連綴演奏，如此便成為聯章，如台南市孔廟以成書院樂局出版的第一片CD中，即將【百家春】—【元宵美景】—【令催】聯套演奏，而為聯章樂曲，其樂譜如下：

【百家春】

十三音
台南市以成書院

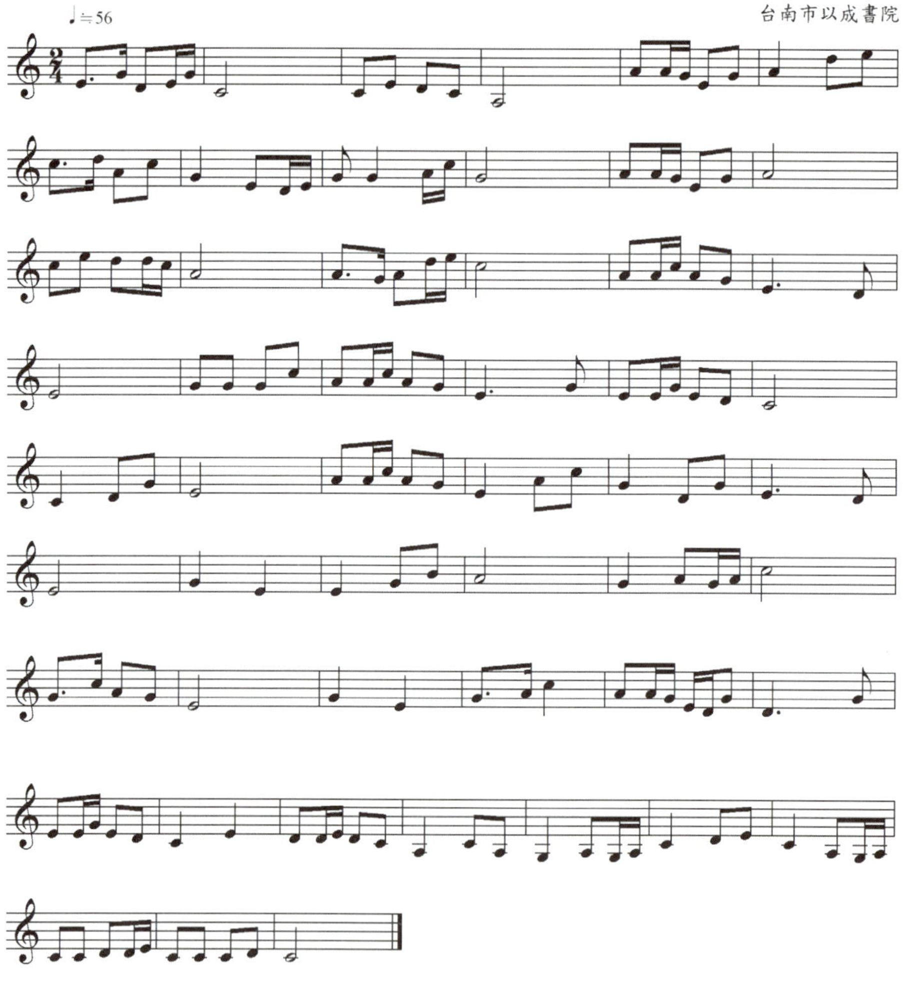

【元宵美景】

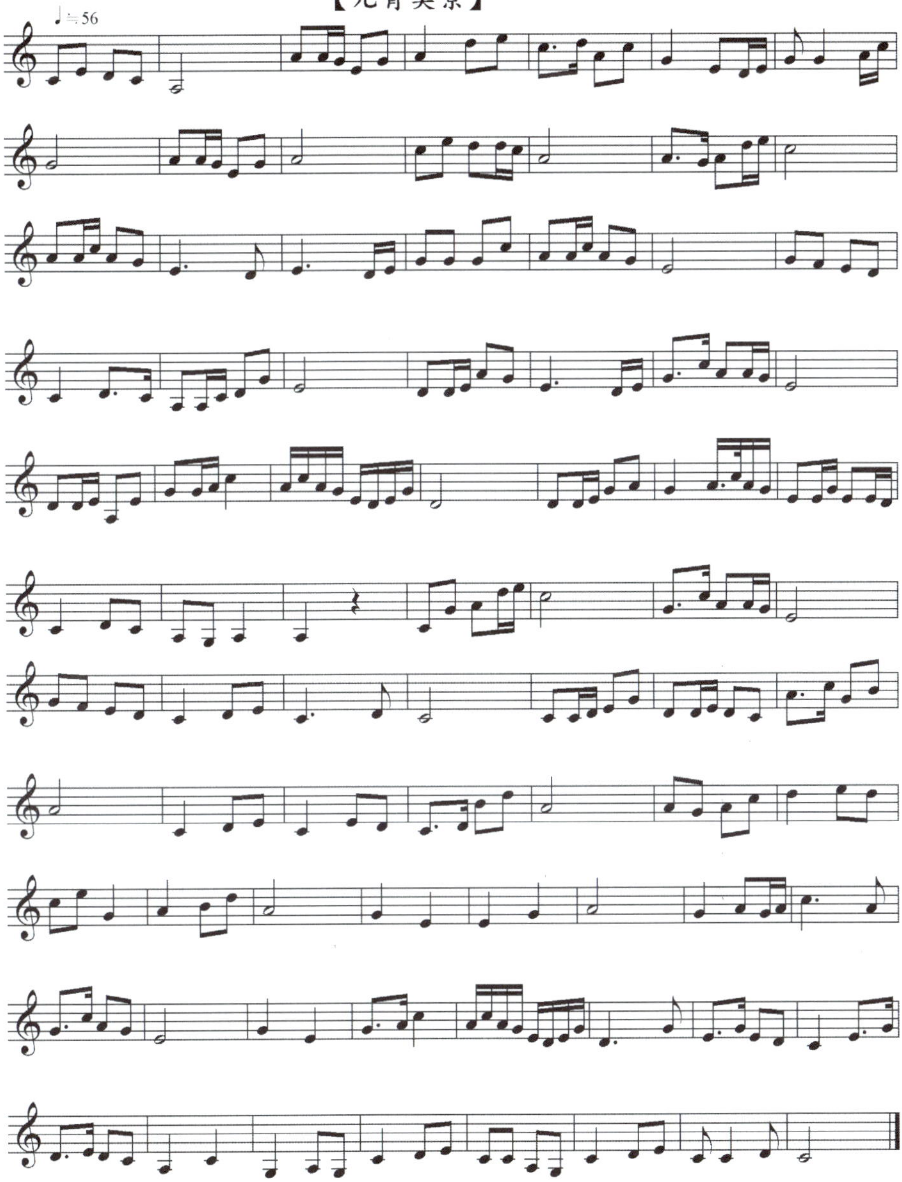

【令催】

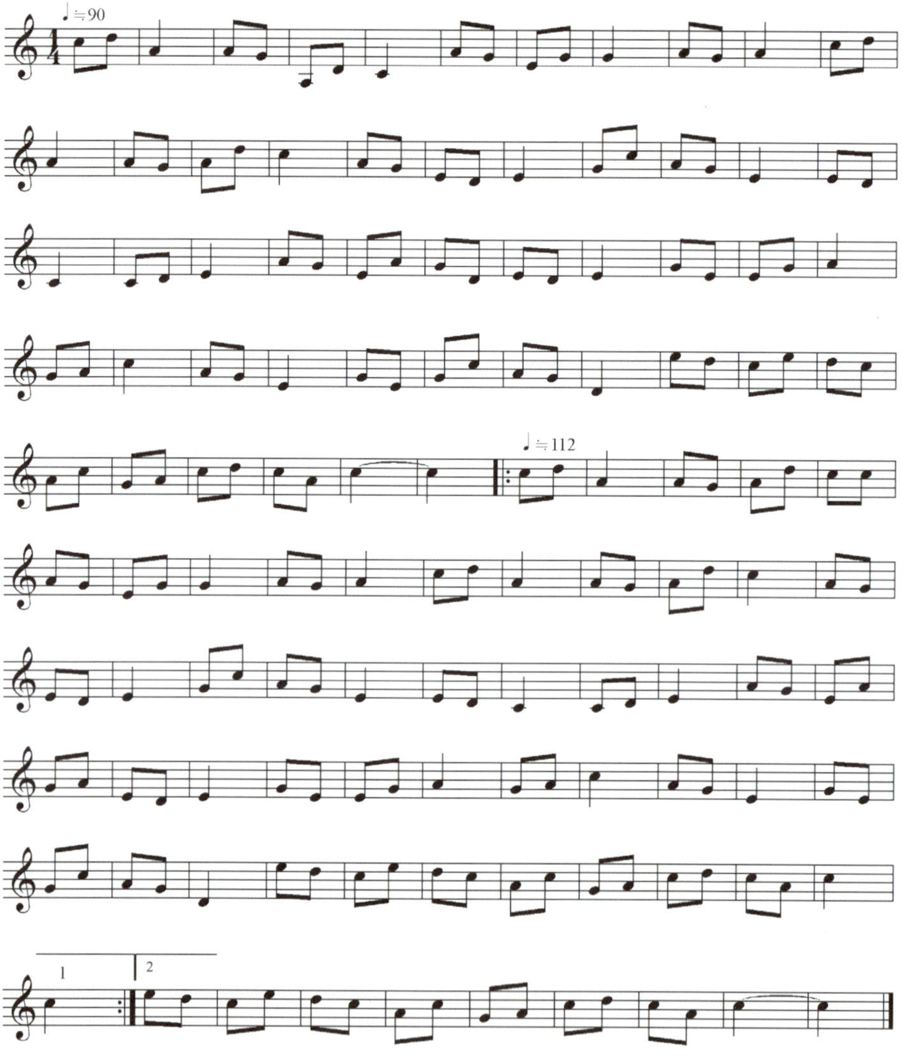

十三音中的聯章樂曲，聯套方式係組合若干單章樂曲而來，亦即稱為聯章的曲目，樂曲之間並無必然關係，例如稱為上四套者，4首樂曲分別為【敲山】、【玉連環】、【白雪陽春】、【新大八板】，其中的每段實為獨立的樂曲，不若南管譜的聯章方式，每套譜的各個章節間有其必然的連接關係，如由5章組成的〈梅花操〉，章節依序為：釀雪爭春—臨風妍

笑—點水流香—聯珠破萼—萬花競放，亦即各章統一於相同的意象中，並各自發展，而拍法也有一定的關係，亦即由慢至快漸進。

㈢音樂風格特徵

十三音為一種絲竹合奏音樂，隨著演奏團體社會或文化背景的不同，音樂色彩也有些許差異。例如台南市孔廟以成書院樂局，該團樂員的經濟或文化層次頗高，所組成的樂隊規模大，儼若中型的絲竹樂團，因此，該團演奏的十三音樂曲，音色豐富多樣；且該團也不乏專業的演奏者，如擔任琵琶演奏的杜潔明先生，為一位職業的琵琶演奏家[22]，故演奏技巧與音色的處理都頗佳。由於這些因素，使得以成書院十三音樂團演奏的音樂細膩，且有典雅之風，這當也是該書院系統自視十三音為雅樂的原因。至於台南與高雄沿海鄉村的十三音樂團，多由「農民階層」組成[23]，一般言之，該類十三音樂團所組成的樂隊編制較小，演奏技巧也較為粗糙。

至於十三音的音樂型態方面之特徵，音階方面，多數樂曲為五音音階，純粹五音音階的樂曲如：如【百家春】、【令催】、【秋景】、【葡萄架】、【敲山】、【新大八板】。而也有以五音音階為主體，加上第七音作為經過音者，如【天下樂】，或主調五音音階與屬調五音音階並置，而成為do-re-mi-sol-la-si的六音音階，如：【春景】、【夏景】、【冬景】；或以五音音階為主體，加入第四級音者，如【白雪陽春】，在68小節的樂曲中，第四級音只出現一次，至於【左霓裳】、【右霓裳】、【霓裳曲】，第四級音的出現次數稍多，故也能視為六音音階，【將軍令】也屬於使用第四級音的六音音階。也有少數七音音階之例，如【玉連環】，其中第四級音（凡）為純四度，第七級音（乙），僅出現兩次。

十三音的樂曲屬聯章者，其樂曲篇幅有一項共同的特徵，亦即68板的結構。凡屬於聯章者，不論聯套樂曲數量多寡，組成套的每段樂曲都相同地為68板，其情形如下表：

---

22 杜潔明先生為台南科技大學音樂系的琵琶教師。

23 此處所稱農民，並非特定指下田從事水稻種植的農夫，而泛稱與之相同階層的常民。

表5-3 聯套十三音曲目特徵表

聯章名稱	各節樂曲名稱	板　數
八套之一	珍珠簾	68板
八套之二	金龍戲水	68板
八套之三	漁樵景	68板
八套之四	春鶯織柳	68板
八套之五	梅雀爭春	68板
八套之六	平沙落雁	68板
八套之七	子夜吟	68板
八套之八	白鶴歸巢	68板
上六套之一	空谷蘭	68板
上六套之二	昭君怨	68板
上六套之三	蜻蜓點水	68板
上六套之四	凌波詞	68板
上六套之五	鈞天樂	68板
上六套之六	蝴蝶穿花	68板
下六套之一	水龍吟	68板
下六套之二	暗相思	68板
下六套之三	折桂令	68板
下六套之四	漢宮春	68板
下六套之五	月兒高	68板
下六套之六	鴛鴦歸巢	68板
上四套之一	敲山	68板
上四套之二	玉連環	68板
上四套之三	白雪陽春	68板
上四套之四	新大八板	68板
下四套之一	秋聲詞	68板
下四套之二	鴛鴦戲水	68板
下四套之三	錦帆風	68板
下四套之四	黃蜂歸巢	68板
上二套之一	風流詞	68板
上二套之二	燕剪花	68板
下二套之一	大八板	68板
下二套之二	萬象包羅	68板

第三節

3

陣頭式音樂

陣頭式音樂以特定的社會習俗為背景，其展演的特徵為在戶外演出，作為特定事象的襯場，在移動狀態下一面行走一面演奏。在農業社會時期，陣頭式音樂可謂豐富多樣，而且幾乎是多數民眾對傳統音樂認識的來源，隨著社會生活以及習俗的演變，其中多數皆已因生態的消失而不復存在。

有關陣頭類音樂較全面的調查研究，為黃琬茹所撰的《台灣鼓吹陣頭的音樂研究》[24]，該論文對鼓吹類陣頭的種類、使用場合、使用之樂器與樂隊編制等，有極為豐富的實地調查資料，透過該論文，能認識歷史上台灣漢人社會的各類陣頭式音樂。本文將對曾存在於漢族社會的陣頭式音樂做理論式的描述，並以實際的樂譜，呈現用於這類場合的若干樂曲。

一、音樂性陣頭概述

以組織觀之，不同的陣頭各有恰如其功能的名稱，而即使相同名稱的陣頭，也能用於不同場合，例如南管館閣所出的十音，可以在迎神賽會的行伍，偶也能見於喪葬的行伍。亦即從使用的場合，甚至樂隊編制、運用的曲目等，音樂性的陣頭具有若干共同點。

廣義論之，台灣漢族傳統音樂中的所有樂種，都能組織為一個音樂的演奏群體，用於迎神賽會或喪葬的行伍。這類出現於行進演奏的表演團體單位，民間語通稱為「陣頭」，也可單稱為○○陣，如：南管陣、車鼓陣。至於「陣頭」中的「頭」，則如拳頭、斧頭，或石頭、木頭中的

24 黃琬茹目前任教於台北市螢橋國中，該文為國立台灣師範大學音樂系的碩士論文，由作者所指導。

「頭」，屬於不具意義的語尾詞[25]。根據表演性質的不同，陣頭分為文陣與武陣，音樂與歌舞類的演出群體，如車鼓陣、太平歌陣等，為文陣；武術類的演出群體，如宋江陣、八家將等，則為武陣。

被稱以「陣頭」的音樂表演團體（或單位），其共同特徵為在路上行進中演奏，演出場合分為喜慶類與喪事類。喜慶類的場合包括迎神賽會、結婚、祝壽，喪事類為喪家將其亡故親屬送至山上墓場埋葬的出殯行伍。迎神賽會為漢族社會對廟宇所有活動的通稱，實則廟宇的活動可分為儀式性的活動與民俗性的活動。儀式性的活動又分為對廟宇神明的祝賀或祈求儀式，以及一般性的祈求儀式。陣頭類音樂為用於民俗性的神明遶境。

㈠迎神賽會中的陣頭

除了少數具有喪葬意涵的陣頭，多數的陣頭都能用於迎神賽會。用於迎神賽會的音樂性陣頭，屬於器樂形式者計有：鼓亭、開路鼓、馬隊吹、八音、十音。這類音樂性的陣頭都以嗩吶為主奏樂器，在台灣的傳統音樂語彙中，嗩吶俗稱吹，如為大型的嗩吶，稱為大吹，中型的嗩吶稱為小吹或噯，因此，這類陣頭有時也被稱為陣頭吹。

開路鼓為一種用於迎神賽會隊伍前端，作為廟宇神明前導的鼓吹陣頭。這類音樂性陣頭中最具規模、且歷史古老者，為雲林縣北港鎮的金聲順開路鼓，該團體成立於清同治五年（1865年），由楊添丁、蔡德宣、蔡老慶、王山知、蔡馬來五人所發起，初名為北港開路鼓。金聲順的常態活動為北港朝天宮媽祖出巡時的駕前鼓吹，該廟媽祖的例行遶境活動為正月初四、初九；二月十九、二十三；五月初五、十三、二十九；六月初九、十九；九月十九日等。根據實地調查的了解，金聲順的組織相同於北管館閣，有一處尚稱寬敞的館閣建築，內並祀奉音樂性的神明西秦王爺，該館所擁有的音樂性與儀仗性器物，與當地的古老北管館閣集雅軒並無差異[26]。作為神明駕前的開路鼓之外，金聲順也於婚慶、喪事場合演奏。

---

25 此一說法參照知名的俗文學專家曾永義教授的解釋。

26 作者曾於1993年11月及1997年3月，進行兩次北港鎮金聲順及相關北管館閣的調查。有關該地區北管類陣頭的資料，可參閱〈師大音研所82年度田野採集——北港三通為迎神賽會中的另一種鼓吹形式，主要流傳於台南地區，根據台南地區的樂師吳輝煌、三通的樂師鄭金條表示，三通可用於迎神賽會與結婚的場合，但不能用於喪事場。

㈡婚慶類陣頭

根據漢人的習俗，婚慶類的場合有結婚與生日的祝壽。與婚禮相關的音樂性演奏，可分為結婚前夜的拜天公，由於結婚被視為終身大事，故傳統上都會舉行拜天公儀式，以答謝上蒼與祖先，為了增加廳堂的熱鬧與喜氣，有聘請傳統音樂團體排場演奏的習俗，前往新娘家迎娶的場面，則聘請樂隊作為迎娶行伍的前導。另根據台南地區的婚嫁習俗，訂婚有小聘與大聘之分，大聘即俗所稱的「大插針」，由於講究排場的緣故，因此富裕之家也會聘請鼓吹樂隊，作為送聘禮行伍的前導。用於這類場合樂隊，稱為三通，由於樂隊人數有多寡之別，故又區分為大三通與小三通。

用於迎娶當天的鼓吹樂隊為八音，在迎娶的行伍中作為前導，除了具有開路的功能，也能讓鄰里知道有結婚的喜事，以及給予雙方當事者的預報，以便為迎送做準備。由於迎娶的方式已經完全不同於農業社會時期，故用於這類場合的鼓吹音樂已消失，結婚的儀式也因而毫無民族的特色，這不能不謂為一種憾事。

㈢喪事類陣頭

台灣漢人之俗，親人過世須為其超渡，免淪於地獄之苦，藉著法事的力量，將亡故親人超渡於西方極樂世界。親人或熟識朋友過世，雖為人世間最為悲傷哀戚的事情，然而在為亡者送終的場面，漢人皆有聘請音樂類陣頭，迎送靈柩至山頭的習俗。由於喪事為漢人社會常態現象，聘請音樂陣頭為送終場面添增排場，又是漢人的普遍習俗，故傳統社會使用於喪事場合的音樂陣頭頗多，而喪葬習俗隨著家族或宗族的傳統，甚至地方的慣習等，皆可能有不同的樣貌，因此，用於這類場合的音樂陣頭乃更為多

鎮、嘉義市之調查報告〉一文。

樣。

用於喪葬場合的音樂類陣頭，根據陣頭的實際用途，又可分為熱鬧性音樂陣頭與儀式性陣頭，熱鬧性的音樂陣頭，常見者有鼓亭、北管、八音、十音，如亡者或其親屬與南管館閣有結社的關係，也能見南管館閣所出的南管十音於送葬行伍中。熱鬧性的音樂類陣頭由亡者的生前友朋，或親屬所聘請，以壯大送葬行伍的陣容，這類陣頭列於行伍的前端，通常只送到山腳下。

送葬場合中具有儀式性的鼓吹，根據台南市的樂師鄭金條先生解釋[27]，計有：開路吹、棺前吹、棺後吹、感戚鼓，棺前吹又稱鐃鈸鼓或鐃鈸吹，這類陣頭都作為引導或護衛棺材，故都列於它的前或後。

關於雲林縣北港地區的喪葬類音樂陣頭，據1997年3月8日在集雅軒訪問蔡燦華先生的談話，他論及喪葬方面的陣頭情形如下：

> 感悽鼓就是一支鼓用木頭插住，還有一個在打銅鐘，就是那個kam^3-kam^3 tse^1，有五個人，用於那是埋死人的啦！現在沒有了，都散掉了，光復後好久沒看見了，日本時還有！前面是開路鼓。
>
> 北管出這種喪的陣頭，只是出的傢俬分兩種，喪的和喜的要換不同套。我們出喪的仍稱「北港集雅軒北管」，八音或十三腔是另外的，也有洞館。
>
> 喪的就鑼鼓啦！再出一些幡旗。五音就大鈔、小鈔、通鼓、扁鼓，再一個響盞。

上述各種用於出殯行伍的的鼓吹陣頭，都位於棺木的前或後，與一般北管館閣所出的喪事陣頭不同，後者乃位於送葬行伍的最前面。

---

27 1997年4月2日，在台南市灣裡舉喜堂的訪問，當場尚有樂師吳輝煌，以及國立台灣師範大學音樂研究所的研究生潘汝端與蔡璋琳。

二、八音與十音

台灣漢族傳統音樂語彙中，以「音」命名者，樂器類有：雙音、三音，音階類如五音，實例為南管音樂，若干筆記小說類的文章也將此樂種描述為五音音樂。樂隊編制類如八音、十音，樂種類如客家八音、十三音。用於漢人與迎送有關的各類音樂性陣頭中，最普遍的形式、且用途與樂隊編制最為混淆者，當為八音以及十音，隨著地區習俗的不同，兩者的用法也有若干差異。

(一)概述

由於八音與十音並非如同南管或北管般，為一個特定的樂種，作為人們閒居娛樂的音樂品種，而是以功能性存在於各種民俗場景。學術界對它的了解或認識，皆來自相關的文字，該些紀錄常被解讀為學術性的文章或論著，實則乃某人的民俗見聞錄，且多為一次性聞見的的紀錄。後人對該類文章則經常解讀為彼時的特定典範，而演繹為八音為喜事類的陣頭，編制為如何如何，十音為喪事類的陣頭，編制又如何如何。

從宏觀的台灣漢人迎送類的習俗言之，八音主要用於喜慶類場合，十音主要用於喪事類場合。然而也有少數相反的情形，將八音用於喪葬場合，十音也能用於喜慶場合。而作者相信，事或物的初始皆有特定用途，其功能隨著時間逐漸擴張，乃有延伸性的用法，形成能用於喜慶的八音，乃延伸至喪事場合，十音除了喪事場合，喜慶場合也能見之。

以音樂的特徵論之，八音與十音所演奏的曲目來自北管的絃譜，故可概略地將它們視為北管系統的音樂。由於北管音樂分為器樂類與歌樂類，其中的器樂類樂曲體裁又分為牌子、絃譜，其中牌子屬鼓吹音樂，絃譜為絲竹音樂。八音或十音的曲目雖來自絃譜，樂隊編制則有些差異，係以絲類樂器及較小尺寸的嗩吶合奏，並加上小型的打擊樂器，嚴格論之，仍為一種鼓吹音樂。而北管絃譜以絲類樂器、竹類樂器合奏，屬於典型的絲竹音樂。換言之，八音或十音與牌子同屬鼓吹樂，然而兩者的風格有明顯的差別，台灣漢人傳統音樂文化圈對這樣的風格差異情形也有所知，乃進一步稱，以北管鼓吹編制所演奏者為粗吹，以較小型的嗩吶及小型的打擊樂器合奏者為細吹。

㈡八音

在中國古代音樂中，八音原作為樂器分類的總稱，所指的八音分別為：金、石、土、革、絲、木、匏、竹。由於八音為所有樂器的集合體，該詞可能被民間引伸視為具有「全面」或「完美」的意思，乃被引用為樂種名稱，如上文所述的客家八音。八音除了作為樂種，指稱客家文化圈的八音，該詞仍為福佬社會普遍的音樂語彙，為了區別於客家八音，學術界偶也稱後者為閩南八音。

關於八音在漢人傳統社會中的情形，可從若干實地調查中獲知一斑。作者於1997年年4月1日，在台中縣大安鄉錦樂園的調查，受訪樂師對八音的經驗為：小鼓叭子，用於娶新娘或其他喜事。樂隊編制：小鼓、叭子、絃類、響盞、kuang^{5}-a^{2}，曲目計有：【八句詩】、【百家春】、【錦上添花】、【四景】、【水底魚】等；行伍前行的順序：八音吹—禮品（si^{n}a^{n3}）—媒婆—新娘。

作者於1997年3月8日，在雲林縣北港鎮調查當地的北管音樂時，針對用於結婚時的陣頭音樂，曾特別訪問集雅軒的蔡燦華先生[28]，他對迎娶場面的細膩描述，讓人對當時結婚的迎娶場面，儼若身歷其境之感，茲將當時有關結婚迎娶的情形摘錄如下：

> 娶新娘這方面，以前也是用北管，就是明天要娶，今晚就排場。男方要去女方那裡把她娶回去時，是用八音啦！八音就ta^{n}i^{n}-ta^{n}i^{n} ko^{k}，ta^{n}i^{n}-ta^{n}i^{n} ko^{k}，亦有ko^{k}-a，絃、噯，像是有七、八個人⋯⋯都是豎線，亦有一支品，是倒品，不是豎品，這八音就要有八個啦。
>
> 古時從男方這邊出陣去，轎用扛的啦！以前沒有車子，是用以前演戲的那種大頭椅。現在都沒有人用這種的啦！以前是用木頭的轎來

---

28 該段訪問談話，由蔡瑋琳整理，她當時為國立台灣師範大學音樂研究所的研究生，目前任教於台北市古亭國小。

扛，前面兩個、後面兩個，一人一支這樣來扛。

去娶的時候，新郎沒去，現在新郎才去，以前是新郎在家等，迎親時由媒婆領人扛著大餅去娶的；女方要準備大粒米香帶來，男方就要準備大餅、聘金去，用si^{n}a^{n7}扛的，草地是用牛車chia^{1}，要抱紅啦！草地人是這樣啦！新娘坐著以前兩輪的牛車，抱著紅彩在前面這樣啦。這不一樣，si^{n}a^{n7}就是用一支棍子扛東西，有兩個人來扛。裡面裝餅啦、什麼的。以前是分兩邊，有大小邊，一邊羊，一邊就放在si^{n}a^{n7}裡面，禮物上要放紅紙，現在都不同了，以前比較麻煩的，現在都直接用餅，看女方要多少再去訂，以前都要用si^{n}a^{n7}去扛。

上文談話中的si^{n}a^{n7}，稱為槲，是一種竹編的容器，通常都用於結婚場合，以裝盛禮品。ta^{n}i^{n}-ta^{n}i^{n} ko^{k}，為對銅類樂器音響的描述，豎線指擦奏式樂器，倒品指橫吹的樂器，如笛子，豎品為直吹的樂器，如洞簫。

㈢十音

十音，可視為樂隊編制，最為明確者為南管文化圈的十音，民國六十八年以來，南管十音編制所使的樂器計有：琵琶、三絃、洞簫、二絃、噯、拍、響盞、叫鑼、雙音、四塊，如以錄音帶或館閣所藏的樂器言之，以前尚使用扁鼓、銅鐘。南管館閣的十音被視為樂隊編制，該編制用於排場開始的演奏，如與曲目連稱，又稱為「十音指」或或「噯子指」；而如果南管館閣出陣頭，無例外地都為十音的編制，作為迎神賽會或喪葬中的陣頭。

通常所稱陣頭鼓吹中的十音，並非南管館閣所出的陣頭，而為北管館閣或職業樂師所出的陣頭。南管館閣所出的陣頭之外，一般所稱的十音陣頭，所使用的樂器可分為旋律性與節奏性，旋律性樂器又分為絃類與吹類。吹類樂器以叭子為主奏，視情況可加入其他的竹製吹樂器，根據吹奏方式的不同，這類樂器分為豎品——簫，與倒品——笛。實際上如何使用，根據1996年8月24日在台北縣瑞芳鎮九份集和堂的訪問，該館樂人云十音用於送葬，所用之樂器有豎線、倒線、豎品、倒品、笙、壎、叭子、鑼等，鄰近的義和堂樂人云，用於十音的小型打擊樂器為雙音、單音、木魚、銅磬。

又1996年10月12日訪問基隆市聚樂社陳火旺先生，關於十音的用途以及編制等，他云十音用於喪事，使用的樂器有：叭子、絃、品、線路，其中叭子為頭手，至於八音則用噯子，該件樂器也是頭手。喜事與喪事用的譜不同；認為基隆之北管人不兼八音，台北則兼用。而八音又分為大八音與小八音，大八音屬坐場，用大吹，或對曲唱曲，小八音用噯子。

1996年10月12日，訪問基隆市暖暖區靈義郡陳天火先生（1916）時，他對十音的描述為：

> 十音都用於喪事，演出人員同樣為靈義郡館員，樂器用：噠子（頭手，為小支的吹）、殼子絃（亦是頭手）、董子絃、和絃、月琴（頭手琴）、鼓琴、三絃、品、七音、雙音（三面）、叩子、鐘，曲目為【月兒高】、【粉紅蓮】、【寄生草】[29]、【千里怨】、【陰陽別】。

1996年8月23日，訪問台北縣瑞芳鎮得意堂，該館也稱十音為清音，使用之樂器為：洞簫、倒品、豎品、頭手（月琴），以及4件小樂器木魚、銅磬、雙音、單音。

㈣樂曲風格特徵

即使如客家八音有一定曲目，能視為一個樂種，而並非一個客家八音班所演奏的曲目都為客家八音，其中屬於吸收者所占的比例仍相當大，但不論如何，客家八音樂團所演奏的樂曲，都統一在相同的風格。流傳於台灣漢人除了客家地區之外的八音與十音，雖非特定的樂種，在台灣的鄉鎮仍處於農業結構的時期，兩種陣頭音樂在迎神賽會、婚嫁之迎娶、送葬等場合的頻繁使用，在相當程度上兩者儼若館閣的音樂，當能給予民眾音樂

29 【寄生草】的曲目名稱，陳添火先生口述為「寄青草」。

欣賞或認識經驗。因此，從音樂生態言之，它們雖無法稱為樂種——無固定曲目、樂隊編制以及館閣，如從音樂欣賞的角度論之，仍帶有若干樂種的功能。

如果以寬鬆的態度審視八音、十音，兩者皆為單一的樂種，只有器樂而無歌樂，不過多數的樂種如南管、北管，都包括歌樂與器樂。八音以及十音屬於鼓吹樂，所使用的吹或節奏性樂器都屬較小型的尺寸，音量小，故兩者相同地都為細吹。相對於北管牌子、開路鼓或鼓亭的音樂，所使用的樂器都為大尺寸，嗩吶為俗稱的大吹，鑼鼓亦然，這種編制演奏的音樂，音響都極為宏亮、氣氛熱鬧。在音響的對比下，八音或十音顯得文靜細膩，在以迎神與喪葬等熱鬧為導向的認識之下，有些論者乃將八音或十音的音樂稱為屬於「南的」，語彙中所稱的「南」意指較文靜的，不過卻也被延伸解釋為南管。在這類延伸的解釋之下，北管譜也就變成南管譜，典型的例子為，將【百家春】視為南管譜。

八音與十音的曲目都來自北管譜，北管譜有聯章與單章，八音或十音所用者，為其中的單章。在迎神或喪葬的行伍，行進時間須若干小時，每次的演奏為一首樂曲做多次反覆，以噯或叭子主奏，其餘樂器和音，基本上各件旋律樂器演奏同一曲調，再視樂器性能的不同，而有不同裝飾性的演奏手法，以產生符合樂器特性的聲部。至於用於其中的打擊樂器，則視樂器的性能，隨著音樂的律動擊打板或撩。

如以音樂型態觀之，八音或十音的陣頭樂隊所奏的譜，樂曲形式以及音階調式方面相同於北管譜，若干樂曲的拍法則有差異，尤其是北管中的三撩板樂曲，如【百家春】，在北管館閣中，該首譜由第二撩開始，以四拍為一小節，八音或十音陣頭則以板為始，且以兩拍為一小節，兩者的拍法差異如下：

北管：

工六乂工上　上工乂上士　士合工合士　乂工上　士上合　工乂合　士　合

八音：

工六乂工上　上工乂上士　士合工合士　乂工上　士上合　工乂合　士　合

相同的材料，北管館閣所奏者為5板（小節），八音或十音所奏者，常為10板（小節）。八音團與十音團所演奏的【百家春】，可參見黃琬茹撰之《台灣鼓吹陣頭的音樂研究》第126-132頁、133-136頁，上述的樂段在黃琬茹的採譜中，皆為10小節，而棟發十音團所演奏的【百家春】，在演奏之前有一段稱為「吹引」者，亦即黃文的樂譜第一小節，並非【百家春】樂曲本身的旋律，而是樂師所即興加入者。

理論上八音或十音演奏的曲目，可為任意的北管單章絃譜，實際上由於演奏習慣、曲目能力、樂曲特徵等的因素，仍然形成慣用的曲目，如：百家春、拜元宵（或北元宵）、朝天子、鵪鴿飛、水底魚、八句詩、千里怨等。

在民國五十至七十年代，台北地區知名的民間音樂團體為省都十音團，負責人陳冠華先生，他曾獲得薪傳獎音樂類獎項，並經常受著名的音樂學者許常惠邀請，在各種文化場合演奏。由許常惠策畫、第一唱片行曾出版一張「陳冠華與福佬什音」[30]，其中收錄的十音曲目為【水底魚】，所用的樂器為：殼子絃、和絃、洋琴以及叩子板，其曲調如下：

【水底魚】

福佬十音
陳冠華演奏
1982年

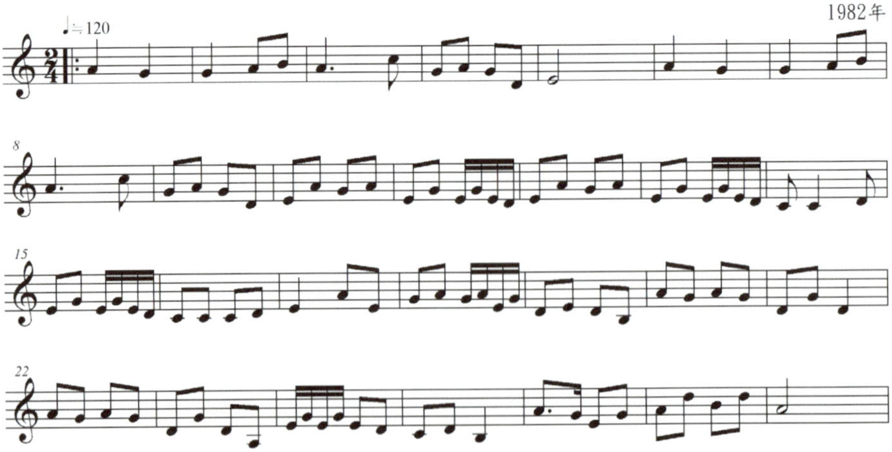

30 該張唱片於2000年翻製為CD，出版者亦改名為第一影音文化事業公司。

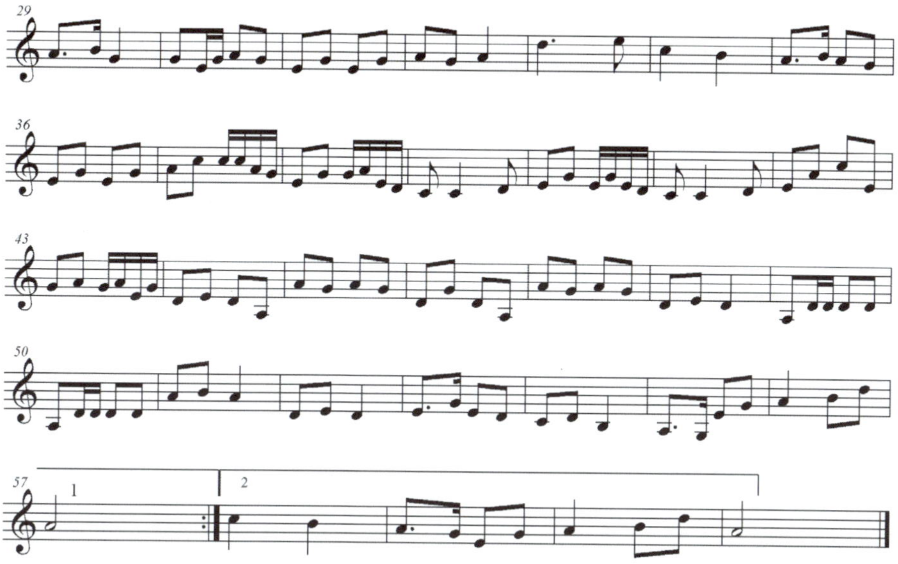

陳冠華所演奏的這首【水底魚】，曲調完全相同於北管館閣，例如彰化市梨春園的演奏。

三、開路鼓、馬隊吹與三通

開路鼓、馬隊吹、三通，都為用於迎神賽會等，屬於吉事類的陣頭音樂。開路鼓目前仍存在於廟會遶境活動，馬隊吹偶見於喪事類送葬行伍，至於三通，作者於實地調查中並未親見。

(一)概述

開路鼓，顧名思義，屬於作為前導的鼓吹，通常都作為媽祖系統廟宇進香的行伍，該類宗教性的場面多相當壯大，為了壯大場面，以及隊伍行進的通暢與安全，故皆設有鼓吹樂隊以為前導。

作為通稱，開路鼓泛指民俗行伍中作為前導的鼓吹，可以包括北管館閣所出的陣頭、鼓亭；作為專稱，則指名為「開路鼓」的鼓吹陣。組織名稱為開路鼓者，據所知，為雲林縣北港鎮的金聲順開路鼓，該團體屬於北港朝天宮媽祖出巡時的開路鼓陣頭，如以音樂內容言之，它與北管館閣並無差別。其他地區的開路鼓，則多由北管館閣或一般鼓吹陣所組織，例如台中縣大安鄉西安村的民間音樂團體錦樂園，也出開路鼓的陣頭，根據館員莊順義、陳茂竹、吳和陽等，對該館以「開路鼓」的活動之描述，云[31]：

> 開路鼓用於到新港進香，走八天路程，一天要走二十小時，南下花三天、停留一天、回來再走四天。陣頭行伍為：彩燈—三仙旗—鼓—鈔—吹，所演奏曲目為【芹菜葉】。

馬隊吹為另一種形式的鼓吹陣頭，也稱為馬陣吹，為一種騎坐於馬上演奏的鼓吹樂形式，可見於南北各地。根據實地調查所見，為乘坐於真馬的陣頭，而北港鎮的馬隊吹，則為綁著紙馬的行路演奏。馬隊吹主要用於迎神賽會，至於有些講究排場的喪葬行伍，也有聘請馬隊吹的情形。

馬隊吹的組成，根據嘉義縣六腳鄉馬隊吹樂師蔡焜安先生的解釋：

> 一陣最少都十個。兩支哨角、兩支旗、兩支吹、兩粒鼓、兩個鈔；出陣時，最前面是兩支旗，再來是兩支哨角，這樣就有四個人了，然後兩支吹就六個，一個打鼓的就七人、一個打銛的就八個，再一個打銅鐘、一個打雙音就十個了，若是要用很多吹也是可以，但就要加錢了。
>
> 整陣出去都要穿馬褲、紙馬，紙做的馬身，或柚子布，夜間的時候，裡面可以插燈火，前後都有兩盞燈（以前用蠟燭，後來用電池的）。出馬隊吹很辛苦的，也要走路、也要吹譜一個多小時，有時候要上廁所更是麻煩，把那隻「馬」拔下來去廁所，再裝上去時，已經不知道別人走到多遠的地方去了，若是丹田不夠的也沒辦法吹，又走又吹的實在很累。

---

31 1997年4月1日在該館的訪問。

> 馬陣吹用的譜，【狀元遊】、【將軍令】，大譜很多……頭齣就是「三齣頭」，這是算扮仙，這分成三階段，頭慢、再來一撩的、最後就是快的，這分成三截，這個譜吹來差不多要一小時，例如媽祖要出廟，就要先吹這首，算是給祂起馬；這布袋戲要做也是先扮仙啊！意思是相同的，但布袋戲是比較簡單的。

上述訪問日期為1997年3月9日，在嘉義縣六腳鄉蘇厝村蔡宅，隨後於同年4月1日，作者再次前往，在當地的五福宮錄製馬隊吹，曲目有：福祿壽、南元宵、下聖旨、過江龍、龍尾、小江流水一而佳祿尾，演奏者有：蘇遠詩、王海南、蔡焜安、蔡維彬、蔡丁貴、蘇仁義。演奏者所稱的樂曲名稱有多處為諧音別字，與正確寫法的參照為：小江流水→小江兒水、而佳祿尾→漁家樂尾。

三通為迎神賽會中的另一種鼓吹形式，主要流傳於台南地區，該音樂演出者自稱其樂曲為「三撩」，主要用在迎神祝福時，不用於喪葬場合。此處所稱的三通，與北部地區用於道教儀式的【三通】並不相同，台南地區的大三通屬於陣頭形式，樂隊編制為兩支吹（二號吹）、兩面鼓、兩面鑼，吹奏的曲目，基本上為【狀元符】與【三通】，並以之進行變化吹奏。目前台南地區的三通樂人，據所知僅有鄭金條、鄭清泉父子。

㈡曲目

以名為「開路鼓」的團體或館閣言之，所擁有的曲目為北管館閣的牌子，例如雲林縣北港鎮金聲順開路鼓，排場時所演奏的曲目，根據當時演奏者的能力，可為任意的北管牌子，不論聯套的牌子或單章牌子，如作為迎送行伍的開路鼓吹陣頭，演奏的曲目為體裁較簡的單章式牌子。

根據經驗判斷，馬隊吹屬於功能性的音樂性陣頭，受聘於迎神賽會或喪葬場合時才存在，如以個別性的團體——北港奏樂團觀之，則以馬隊吹形式從事演奏者，仍有固定的館閣，並有祀奉神明——田都元帥的習俗，不但如此，且有豐富的曲目。從北港奏樂團樂師蔡焜安先生所保存的抄本觀之，不但曲目數量豐富，且體裁也不止一體，計分為三種，一為由三闋樂曲組成者，三段的關係為：三撩——一撩—疊拍，屬於這種形式的曲目計有：

二句半1、二句半2—一撩、二句半3—尾，三出頭1、三出頭2—一撩、三出頭3—折、三出頭4—紅繡鞋、三出頭4—續尾1、三出頭4—續尾2，下山虎1、下山虎2—一撩、下山虎3—尾，下聖旨1、下聖旨2一撩、下聖旨3—尾，千里遊玩1、千里遊玩2—一撩、千里遊玩3尾，大開門合館1、大開門合館2一撩、大開門合館3—尾，小江流水1、小江流水2—一二拍、小江流水3—緊，小開門1、小開門2—一撩、小開門3尾，五傳花、五傳花—續一二拍、五傳花—續尾，北元宵—一撩、北元宵一撩拍、北元宵合乙館、北元宵—尾，北普庵咒2—一撩、北普庵咒3—緊，正德令、正德令—一撩、正德令—緊，百家春、百家春—一撩拍、百家春折，行路歌2—一撩、行路歌3—尾，炎豬仔普1、炎豬仔普2一撩、炎豬仔普3—尾，炎豬仔普串1、炎豬仔普2一撩、炎豬仔普串3—尾，南普庵咒1、南普庵咒3—緊、南普庵咒—一撩，客人普1、客人普2一撩、客人普3—尾，拜印1、拜印2—一撩、拜印3—尾，拾八全1、拾八全2一撩、拾八全3—尾，草冥弄圭厎1、草冥弄圭厎2—一撩、草冥弄圭厎3—尾，將軍令、將軍令—續緊、將軍另—續令尾，集賢賓1、集賢賓2一撩、集賢賓3—尾，楊文玉1、楊文玉2—一撩、楊文玉3—尾，雷鐘台1、雷鐘台2—一撩、雷鐘台3—尾，漢東山1、漢東山2—一撩、漢東山3—尾。

二為由兩闋樂曲組成者，兩段的拍法為一撩——疊拍，屬於這種形式的曲目有：

一江風、一江風—續月弄，乙座1、乙座2—尾，元昌台1、元昌台2—尾，公西和、公西和折，天下同樂、天下同樂尾，王大娘、王大娘折字，古路過江龍、古路過江龍尾，狀元遊、狀元遊—續西湖柳，南二佳鹿、南二佳鹿尾，南元宵—一撩、南元宵—尾，南到春來

1、南到春來2——一二拍，昭君問、昭君問尾，秋串1、秋串2——一撩，哭五更、哭五更—緊，過江龍、過江龍尾，對子、對子—緊，福祿壽、福祿壽折，福祿壽清、福祿壽—續西湖柳，算少普、算少普尾，雙凹乙士合、雙凹乙士合—緊，雙清1、雙清2—尾。

上述樂曲名稱中，二佳鹿、算少普應為：漁家樂、算帳譜。三為單章的樂曲，曲目計有：

七寸蓮、七句詞、十丸頭、三五七、大八板、大江流水、大開門工館、大節、五馬隊、月字高、水底魚、冬景、北元宵士館、北元宵正乙館、北而佳鹿、北到春來、北朝天子、四綢摘、打拾煥、玉高山、江而水——一撩、而佳詞、西湖柳、西湖柳折、西湖柳—落花宰乂管、西湖柳—落花宰士字、南二丸尾、南普天祿——一二拍、南朝天子、拜金印、春串、春景、柳朝金、秋景、秋登樓、紅花柳、降小樓、哭鳳天、夏景、梳粧樓、草蓮仔、記新草、貢桃三、馬陣吹普、鬥草、鬥草、鬼仔圖、鬼仔圖清、鬼蕊點、將軍令、新福祿壽、煙而樂、跳龍門、對面答、滿天星、監洲歌、福祿壽清、醉後登樓、錦上添花、翻仔普、騎而探親、關公巡城。

此外，尚有吸收自小曲者，曲目計有：

一見才郎、九連環、二八佳人、十八帽、王大娘、探芙蓉、補剛甕、鼓弄、劉廟。

上述曲目皆照抄自蔡焜安先生的抄本，其中有不少為諧音別字。

㈢音樂風格特徵

開路鼓、馬隊吹以及三通，都相同地屬於陣頭式鼓吹中的粗吹，樂隊由嗩吶、鼓、銅器組成，因此，音樂的色彩較八音或十音為熱鬧。以個別性言之，開路鼓的人數較多，尤其是雲林縣北港鎮的金聲順開路鼓，所使用的鼓類以及銅類樂器與北管館閣一致，故其所演奏的鼓吹音樂，完全相同於北管館閣的牌子演奏，既高亢又熱鬧。由於開路鼓所使用的樂曲相同於北管牌子，故本文不另行分析舉例。

馬隊吹雖也以大吹（嗩吶）作為主奏樂器，所用的銅器件數較少，且尺寸小，例如作者於1997年4月在嘉義縣六腳鄉採集馬隊吹，蒐集到的曲目有：福祿壽、南元宵、下聖旨、過江龍一龍尾、小江兒水一漁家樂尾，所使用的樂器以及演奏者分別為：大吹（蘇遠詩、王海南、蔡焜安）、鼓（王海南、蔡焜安）、銅鐘（蔡丁貴）、小鐃（蔡維彬、蘇仁義）。雖同屬以大吹主奏的鼓吹樂，由於沒有繁密以及響亮的鑼鼓音響，因此，馬隊吹的音樂比北管牌子音樂稍清越些。除了音色、音響之外，馬隊吹相較於北管牌子的最大特徵為，樂曲的速度頗為緩慢，如下例之【小江兒水一漁家樂尾】：

【小江兒水-漁家樂尾】

馬隊吹
北港奏樂團
1997年

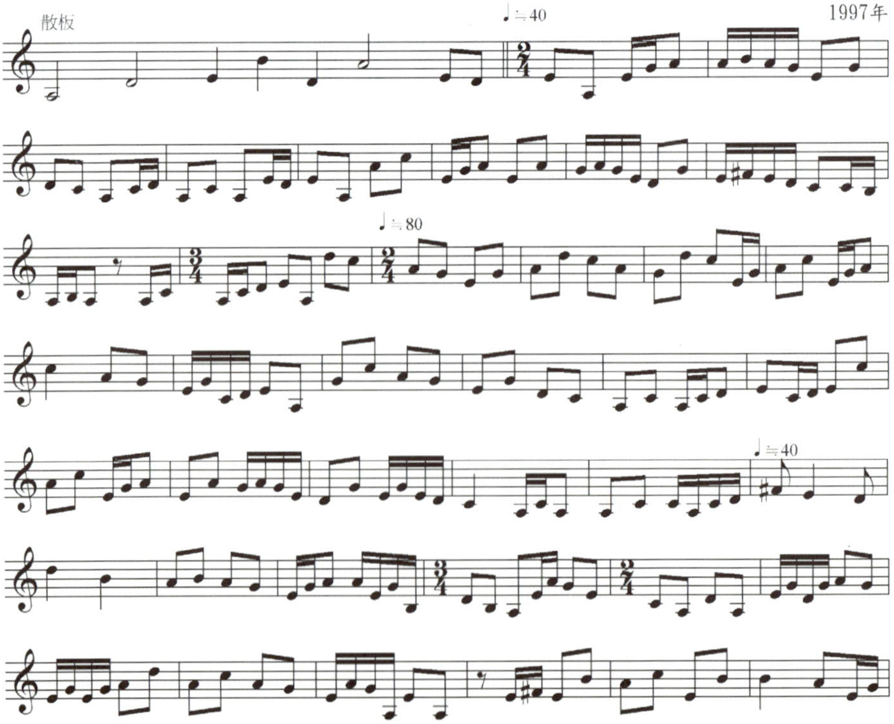

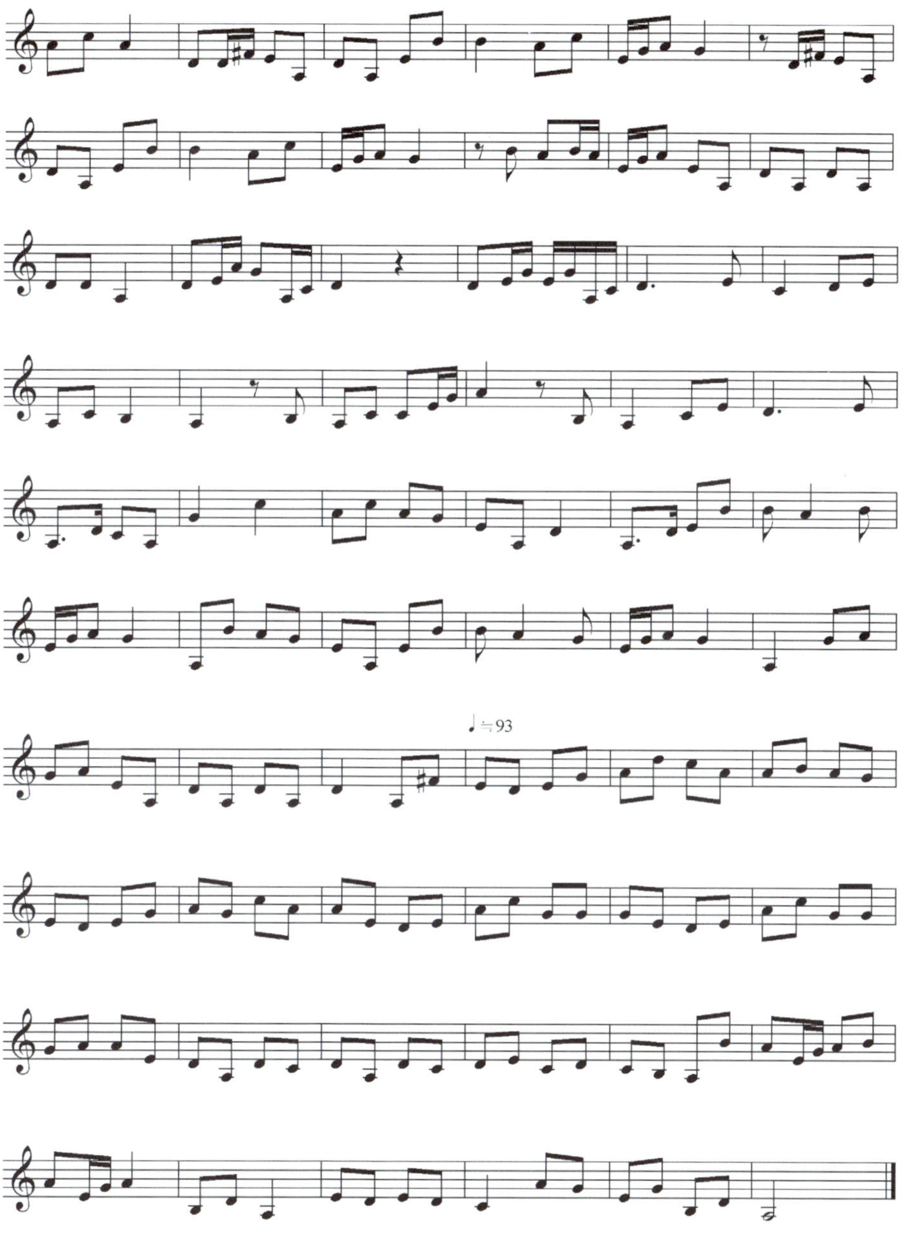

三通或三通鼓，為用於婚嫁場合的陣頭音樂，由於結婚習俗的演變，此類陣頭已經完全消失。作者於1997年4月2日，曾邀三通鼓樂師鄭金條

先生特地演奏大三通，演奏的曲目計有【拜印】、【狀元遊】、【字字錦】，使用之樂器為：大吹、鼓、鑼、小鈔，其中大吹兩人，鼓、鑼、小鈔各一人。由於所使用的鑼鼓類樂器件數少、尺寸也較小，故音響不若北管牌子熱鬧。

根據1997年4月的訪問錄音，可能出於三通鼓已經很少演出，使得演奏者的技巧生疏，因此，當時錄音時兩支大吹的音調頗不一致，因而產生相當不諧和的音樂。茲以當時演奏的【拜印】為例，例釋大三通樂譜如下：

【拜印】

大三通
鄭金條演奏
1997年

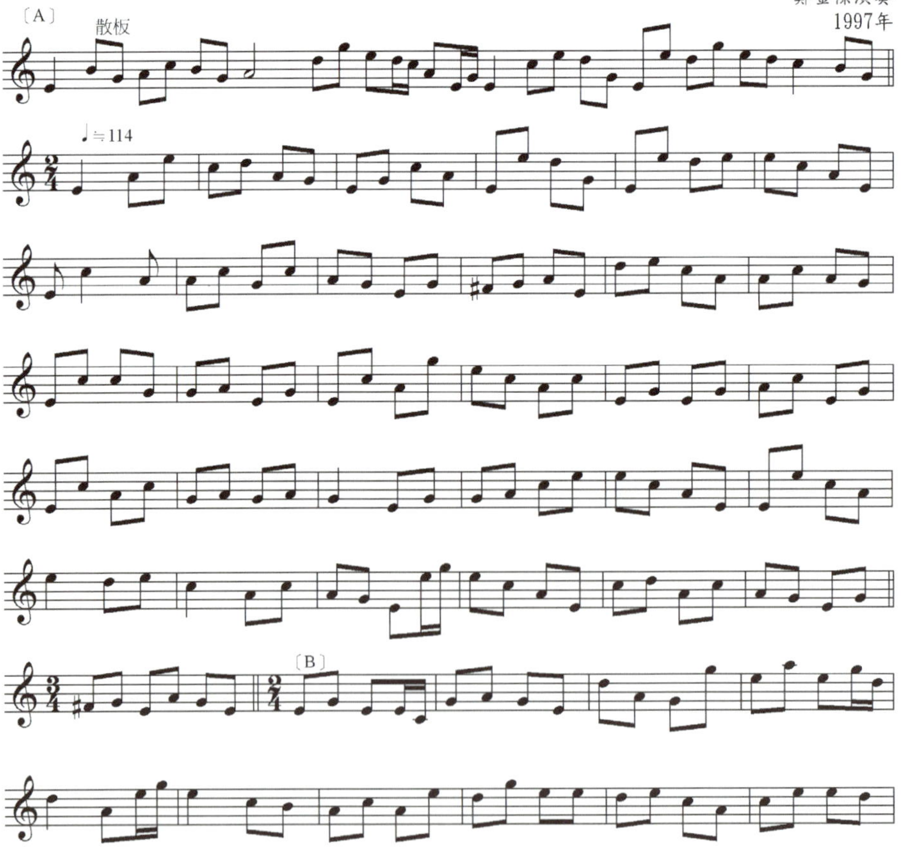

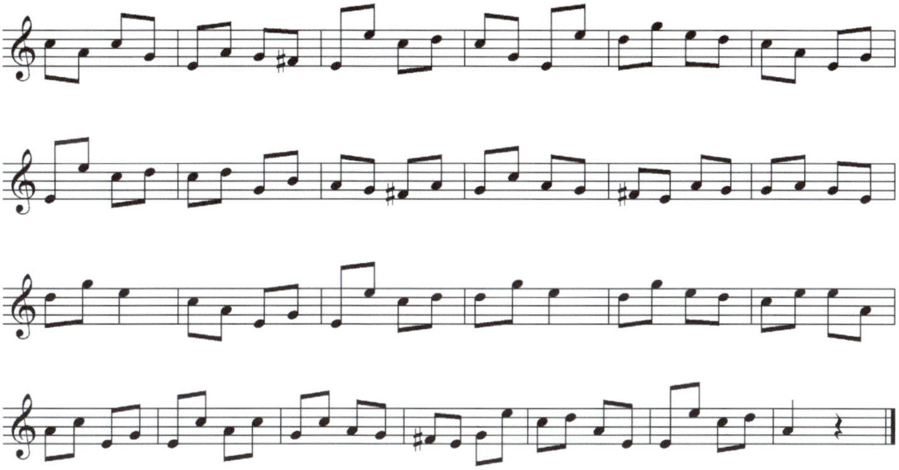

四、鐃鈸鼓與棺後吹

鐃鈸鼓與棺後吹用於喪葬的出殯行伍，作為棺木的前導或護送，具有儀式性，由喪家聘雇。其他用於喪葬行伍的陣頭吹，則屬於熱鬧性質，大體上皆由亡者生前親戚友朋，或喪家的鄰里親友所聘請，以壯場面的聲勢或熱鬧。

㈠鐃鈸鼓

鐃鈸鼓又稱為感戚鼓（kam²-tse¹ ko²），據台南市的民間樂人鄭金條先生表示，他稱民國初即有此稱呼，也稱為引魂吹[32]。鐃鈸鼓用於出殯前將棺木移動時，該儀式稱為請棺，儀式時間雖短，卻極為凝重與嚴肅，此時的銅器類音響具有破穢的作用。送葬行伍將亡者引至山上埋葬時，鐃鈸鼓並作為棺木的前導。樂隊編制為：一鼓、一吹、大鈔、小鈔。

關於鐃鈸鼓所使用的樂器、演奏方式等，嘉義縣六腳鄉的民間樂人蔡

32 1997年4月2日，在台南市灣裡舉喜堂的訪問。

焜安的解釋為[33]：

> 那是si-sol-mi，鐃鈸鼓，我們稱為感悽鼓。這就是要熱鬧的，有一個吹、一個鼓、一個打鐃鈸，這要打「三魂七魄」，別人大都不會打。感悽鼓一陣最少四個，鈔就是在打撩拍的。古時也稱為鐃鈸鼓，也稱為感悽鼓，一隊就：鼓、鐃鈸、兩支吹，四個一組，用於送葬。
>
> 迎神明若用這個會被人khaen^{1}[34]，說是瘋子，一樣的一首曲子，在迎神明時的吹法就會不同，用「高位」啦！這一首曲子剛好可以吹七管，有兩管在吹si-sol-mi的，在吹熱鬧的、好理，這裡的大小孩子都聽得出來，別處可能都是隨便吹，也沒撩拍，就吹得hi^{n1}-hi^{n1}-ha^{n}i^{n1}-ha^{n}i^{n1}。

上文受訪者所稱的si-sol-mi，指送喪的陣頭，為目前該行業的普遍語彙。由於鐃鈸鼓的儀式性，實地調查時並無法錄音，下述的樂曲並非來自送葬行伍錄音的採譜，而為特地邀請鄭金條先生等之演奏錄音，當時所錄的曲目計有【北元宵】、【甲指】，所使用樂器為大吹、鼓、小鈔，其中大吹兩支，鼓與小鈔各一。

【甲指】

鐃鈸鼓
鄭金條演奏
1997年

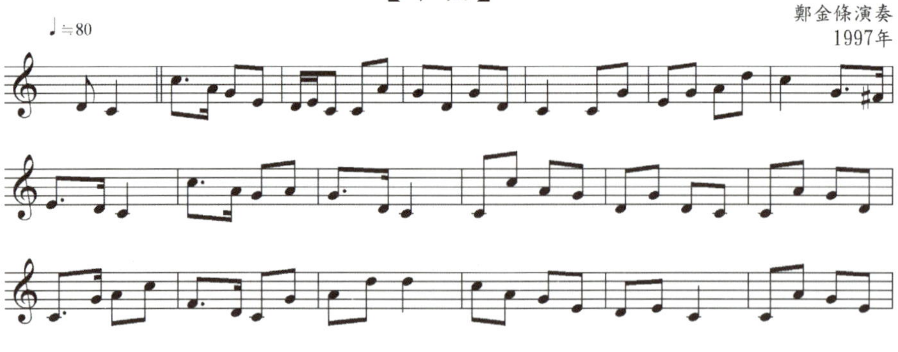

---

33 上述的訪問日期為1997年3月9日，在蔡焜安先生宅，訪談由蔡瑋琳整理。

34 khaen^{1}，意指敲、擊，通常都指敲頭殼，為台灣福佬語的俚語。

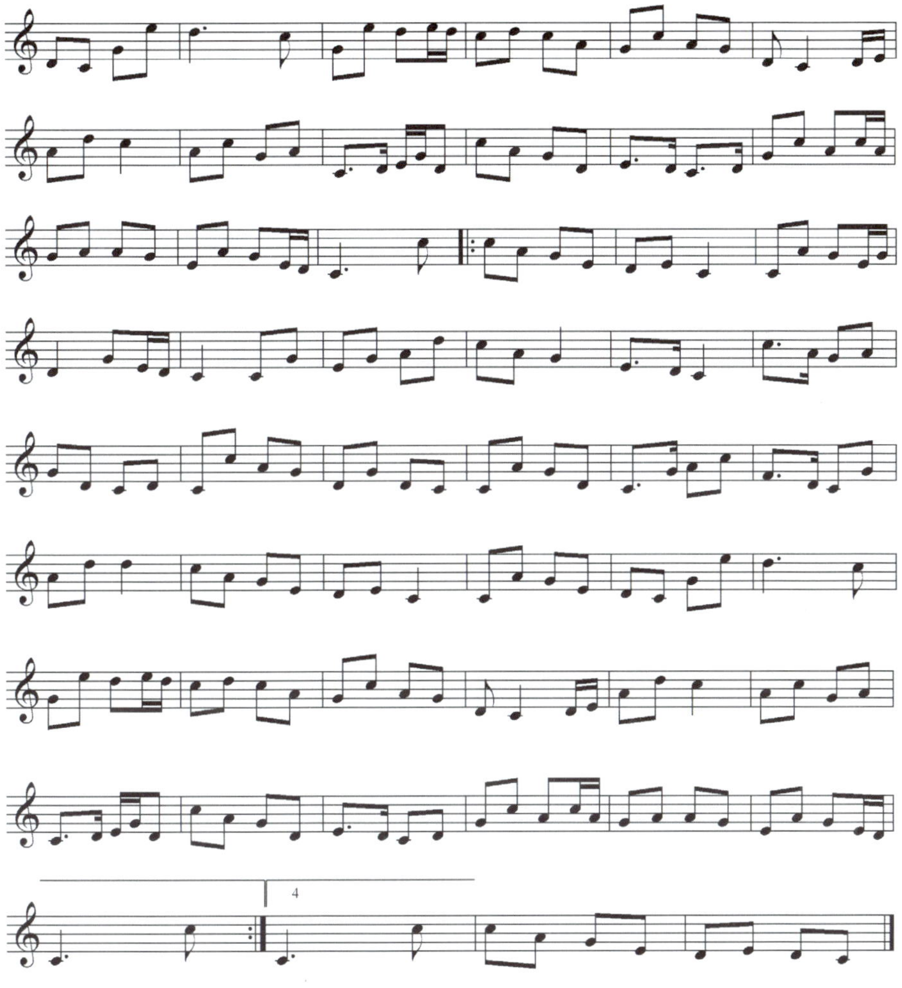

㈡棺後吹

棺後吹為用於送葬場合，亦即俗所稱「出山」、將亡者送至墓場的過程，陣頭的位置為棺材之後。這類陣頭的音樂並無現場的演奏錄音，作者曾請台南市民間樂人鄭金條等，特地演奏用於此場合的樂曲，計錄得【哭皇天】與【蕃薯譜】。在該次錄音過程中，作者才初次體會，民間樂人對樂曲品種演奏空間場所的分明區別：當時的錄音場所為台南市灣裡的舉喜堂（廟宇），所錄的樂曲種類有三通與棺後吹，先錄三通，演奏者在廟宇正殿以排場式吹奏，隨後的棺後吹，演奏者立即移到廟宇外面，一首立於廟宇旁的巷子口演奏，另一首在廟埕，以行進的方式演奏。鄭金條先生謂，三通屬於喜事類的音樂，故可以在神明前吹奏，棺後吹為喪事類的音樂，不能在神明前演奏。

演奏【哭皇天】與【蕃薯譜】時，所使用的樂器為噯、二胡、拍、叫鑼，兩首都以噯與二胡演奏旋律，拍相同於南管的制樂節樂器—拍，每小節打一下。叫鑼為一面小型的鑼，相同於南管的叫鑼，而無木魚，以「打撩」的方式擊奏，亦即每拍打一下。【哭皇天】的樂曲如下，開始的兩個音為試奏，以潤樂器。樂曲為一段式，由兩樂句組成：A(a＋b)，計反覆演奏5遍，第5遍僅演奏至a即結束。

【哭皇天】

棺後吹
鄭金條演奏
1997年

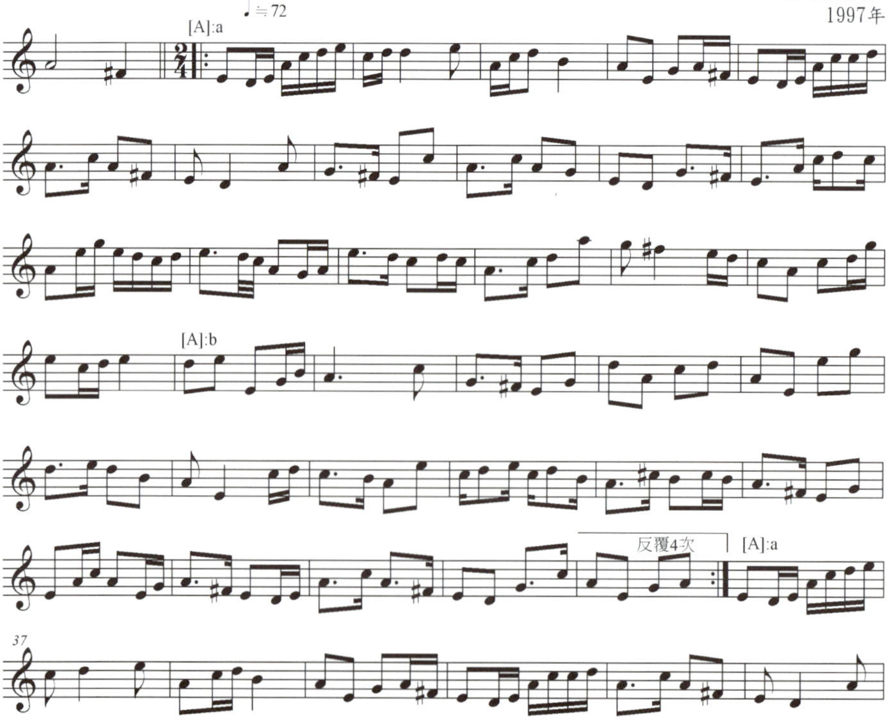

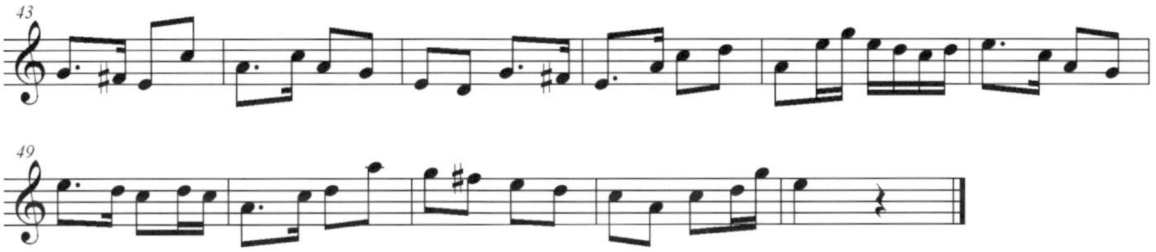

【蕃薯譜】的樂曲亦為一段式，由兩個樂句（a,b）組成，當次的錄音共計反覆7遍，開始的兩個音仍為潤樂器的試奏，第二遍的a與第一遍a稍有些差異，多出兩小節，亦即相較於第一遍，第二遍可視為「前腔換頭」，至最後一遍（第7遍），僅演奏一個樂句。

【蕃薯譜】

棺後吹
鄭金條演奏
1997年

♩≒63

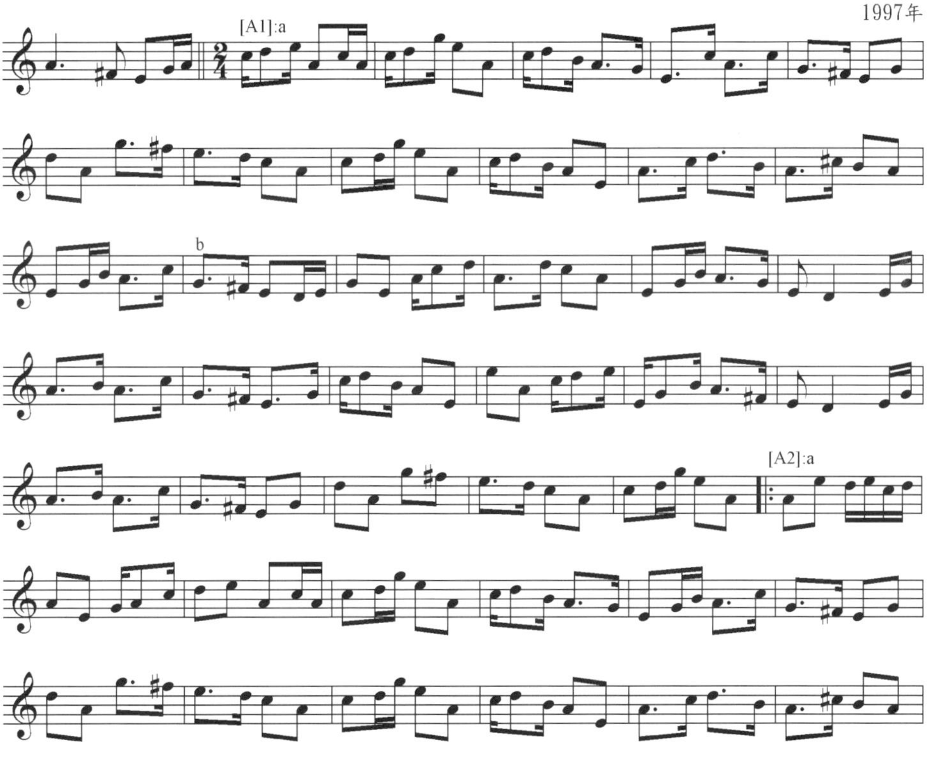

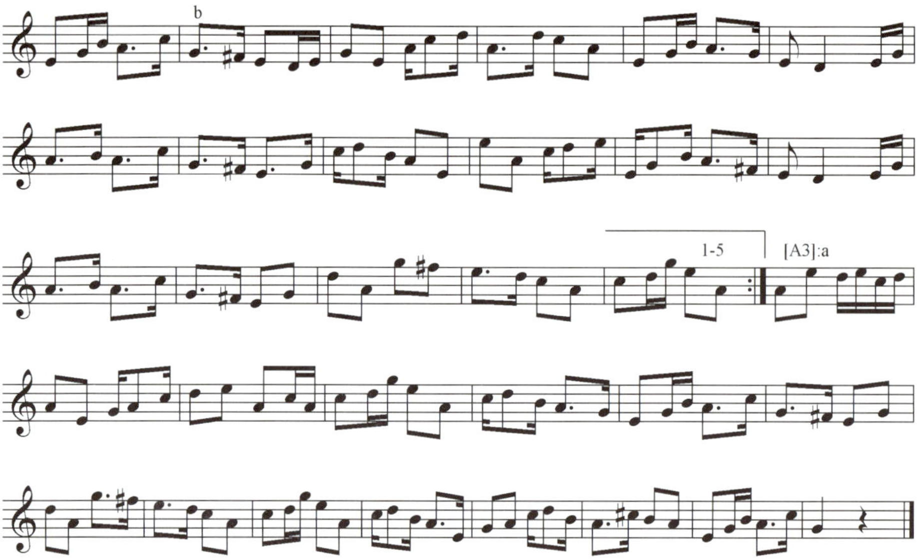
b
1-5
[A3]:a

第六章

戲劇過場音樂

本章「戲劇過場音樂」中的戲劇，乃傳統戲劇的省文，不包括當代戲劇或現代戲劇，亦即習稱的傳統戲劇，為一種包括歌、樂、舞的表演，如以唱腔為主要對象，可稱為戲曲。傳統戲劇為漢族社會特有的文化現象，原住民社會則無。台灣傳統戲劇諸劇種的音樂，無論人戲或偶戲，皆相同地包括唱腔與過場音樂，唱腔部分為歌樂，由前場演員或演師演唱，已見於本系列《台灣傳統音樂概論——歌樂篇》。台灣傳統戲劇各劇種的後場器樂，都屬借用，為吸收自傳統音樂的各樂種。

人戲的劇種計有：南管戲、交加戲（高甲戲）、北管戲、歌子戲、白字戲，偶戲有布袋戲、傀儡戲（嘉禮戲）、皮影戲，其所使用的後場音樂來源，主要為北管的牌子與譜，此外則為南管指套與譜、潮調，以及稱為「外江」的京劇音樂。

第一節 1

北管系統後場樂器與樂隊總述

以北管牌子、譜作為過場音樂的劇種，分別有北管戲、交加戲（或書為高甲戲）、歌子戲、白字戲、布袋戲、傀儡戲，涵蓋的劇種雖多，所使用的主要樂器與編制等，基本上則相同。

一、樂器種類

以北管器樂作為過場樂的各個劇種，所使用的樂器雖多樣，基本上都具有共同的原則，也有若干特殊的現象，其中形成特殊現象的原因較為複雜，有經濟因素，也有地區傳統音樂文化背景的因素，或樂師音樂養成訓練、技藝專長等所使然。

(一)鼓板類樂器

從功能觀之，鼓板類樂器為戲劇後場的首要樂器，所使用的器物計有小鼓、通鼓、大鼓，以及板。小鼓為北管館閣較常使用的語彙，該件樂器實即中國傳統戲曲後場的單皮鼓，台灣傳統戲劇的後場較常稱以ta^{k4}-ko^{2}，而由於對狀聲詞彙描述的不同，也有人稱為pia^{k4}-ko^{2}或tia^{k4}-ko^{2}。小鼓為南管戲之外的傳統戲曲的後場指揮，司該件樂器的樂師稱為頭手。通鼓為北管戲、交加戲、傀儡戲必備的鼓類樂器，以民國四十年代的錄音資料觀之，歌子戲、白字戲等並未使用通鼓。

本文所稱的大鼓，並非指迎神賽會舞獅或舞龍陣頭中的巨型鼓。其形制特徵為鼓面直徑長於鼓身高度，由於鼓的形狀大於通稱的小鼓，故特稱為大鼓。用於北管後場的大鼓，也被稱為扁鼓，然而在台灣傳統音樂所使用的樂器中，南管、北管或十三音也有一顆稱為扁鼓的樂器，其鼓型扁平而小，「扁鼓」的名稱完全符合此件樂器的形制特徵，因此，如將戲劇後場的較大型的鼓稱為「扁鼓」，將與此件真正的扁鼓產生不必要的混淆。

北管系統後場的大鼓屬非普遍性的樂器，主要見於職業亂彈戲班以及北部的北管館閣，它有特定的用途，用於大型的戰爭場面，故也以其功能稱為戰鼓。

(二)銅類樂器

以演奏方式論之，銅類樂器分為棒擊式與互擊式，棒擊式計有大鑼、鑼、響盞，除了業餘的北管館閣使用大鑼，其餘職業戲班演出的劇種並不使用該器，鑼與響盞則為必備。北管音樂文化圈所稱的鑼與響盞，實即中國傳統戲劇後場的大鑼與小鑼。互擊式的鈸俗稱鈔，根據尺寸的不同分為大鈔、小鈔，北管子弟團的演劇活動兩者皆用，職業戲班的演戲通常只用一種，亦即如為業餘北管子弟館的戲曲表演，都由專人負責大鈔與小鈔；如為職業戲班演戲，常以一位樂師負責所有銅器，因此之故，乃將一面鈔固定，以單手握持一面鈔以撞擊另一面。

(三)嗩吶家族樂器

嗩吶俗稱吹，以尺寸的大小分為大吹、小吹、叭子（ta[t4]），三者雖同屬嗩吶家族樂器，功能卻有基本的差異，大吹用於演奏鼓吹類音樂場合，劇場的小吹出現於南管戲、交加戲與嘉禮戲，該些場合多稱該樂器為噯，使用噯的場合乃作為唱腔伴奏。叭子（ta[t4]）僅用於特定的北管戲唱腔，當戲劇中演唱一種稱為【梆子腔】的唱腔時，須以此件樂器伴唱。

(四)絲竹類樂器

以數量言之，絲竹類樂器最為多樣，也是形成戲劇後場音樂個別性風格的關鍵。絲類樂器都相同地以殼子絃為頭手，其他的和音樂器可為：和絃、喇叭絃、大廣絃、三絃、月琴、秦琴等，業餘北管館閣演劇時，使用的和音類樂器較多，職業戲班演戲通常只為一件。

竹類樂器計有品（笛）、簫、直笛、鴨母笛等。民國八十年代之後的戲曲活動，已未見使用竹類樂器；以錄音資料觀之，民國四十年代的歌子戲後場，偶見以鴨母笛伴奏唱腔的情形；梨春園於民國五十年代出版的唱片，有使用品伴奏唱腔，至於過場串並無以該器演奏。

二、樂隊編制

戲劇後場所使用的樂器，以北管音樂為後場者基本上都相同，至於編制方面則有職業與業餘，或今昔的差異。

(一)業餘演劇

業餘演劇涵蓋的劇種有北管戲與歌子戲，以生態言之，北管具有全國性，業餘歌子戲只見於宜蘭地區稱為「老歌子」的表演形式。業餘演劇由於沒有演出經濟的問題，相反地，藉著參與演出可增加熱鬧，進而參與地方事務或民俗文化，故後場演奏者係以多為導向。文場樂器由於有操作上的技術問題，故演奏者人數沒有明顯的差異，銅器則較能任意增加演奏人數。

㈡職業演劇

職業演劇由於演出場合多為迎神賽會，空間為廟前廣場，故也被稱為外台戲，這類戲曲活動都屬於受聘的演出，雇主為廟宇方面因迎神賽會的需要，或一般的民眾拜神獲得靈驗後的謝戲。傳統上，演戲是神聖且必要的，目的為酬謝神恩，在此功能的規約下，所有劇種於正式演出前都須演扮仙戲。

傳統的演劇活動於民俗上雖如此重要，給予戲班的演出酬勞則極微薄，目前所見，一台戲的戲金約3萬左右，因此，後場編制都以精簡為原則，在這種情形下，並須慮及樂師所能操作的樂器件數。衡量經濟與音樂表現，職業演劇活動中的後場編制，武場與文場各以兩人的編制為常態。而如果戲金確實非常菲薄，也有武場一人，兼鼓與銅器，文場一人，只以一件殼子絃或大吹演奏的情形，可以想像，這種編制下的音樂色彩的單薄性。

㈢文化場

民國八十年代之後，隨著各級政府在文化活動方面的經費挹注，職業傳統戲劇團體經由企畫製作的機制，能向文建會、國立傳統藝術中心、國家文化藝術基金會，或縣市文化局申請補助，這類演劇活動多在戲劇廳（或音樂廳），演出的經費來源，相同地為政府的文化部門，演出活動為某個藝文系列活動中的節目之一，因此，職業演劇界乃形成「文化場」的名詞，以區別於廟會的演出。

文化場的戲劇演出皆為大型的製作，經費較為充足，約介於30萬至80萬元台幣，該類戲劇表演的特徵，舞台設計華麗講究，演員排場大且戲服絢麗，為了與前場相對稱，後場也都為較大的大編制。以2002年台北市保安宮慶祝保生大帝聖誕，舉行系列的藝文活動，其中一項名為『家姓戲』的節目為例，演出團體的樂隊編制如下：

表6-1　保生大帝家姓戲劇種與樂隊編制表

4/17	亦宛然掌中劇團	紅霓關 大鬧天宮	板鼓：林永志、鑼鈔：張月娥 小鑼（吹）：王祥亮、頭手吹：吳威豪 二手吹：蔡武哲、笛、簫：邵千鳳 三絃：謝瓊崎
4/18	秀琴歌劇團	罪	電子琴：朱蔚嘉、鼓、板：陳申南 鑼、鈔：張秀雅、二胡：莊中春 三絃：姬沛瑩、鴨母叭子：陳新傳
4/19	漢陽北管劇團	長板坡 蟠桃會、天水關	頭手絃：莊進才、和絃：羅清榕、鴨母叭子：吳素香、三絃：賴芳郎、提絃：周以謙、大鑼、鈔：葉瑞奇、小鑼：莊進旺、鼓、板：朱作明
4/20	薪傳歌仔戲劇團	五女拜壽	笛、簫：黎翰江、洋琴：蔡雅玲、秦琴、月琴：○○、殼子絃、六角絃：陳孟亮、鐃鈸：陳敬宗、大鑼、小鑼：王清松、鼓：莊步超
4/21	河洛歌子戲團	菜刀、柴刀、剃頭刀	大提琴：劉靜怡、笛、簫：張肇麟、揚琴：莊雅萍、倒線：劉俊傑、豎線：劉逸群、周以謙 鼓、板：林永志、小鑼：許鈞炫、鈸：尤國懿
4/22	陳美雲歌劇團	鍾馗嫁妹	電子琴：許明貴、豎線：柯銘峰、揚琴：呂冠儀、笛、簫：莊家煜、鼓：陳能忠、鑼：蕭志誠 鈔：詹進財
4/23	秀枝歌劇團	潞安洲	鼓：孫榮輝、鈔：邱金水、鑼：詹進財、林根樹、笛、簫：莊家煜、電子琴：蘇育德、三絃、大廣絃、嗩吶：蔡春安、豎線：林義恆
4/25	小西園掌中劇團	靈蛇奇緣	板鼓：張士金、通鼓、吹：謝耀銘 小鑼、吹：朱清松、鑼鈔：邱燈煌 響盞：陳福來、倒線：陳雲卿
4/28	新櫻鳳歌劇團	慈母淚	電子琴：王炳皇、三絃：楊金鳳、和絃：張啓明、鼓：陳維清、響盞：王清松、鑼：林根樹、 鈔：邱金水
5/2	陳美雲歌劇團	樊梨花斬子	電子琴：許明貴、豎線：柯銘峰、揚琴：呂冠儀、笛、簫：莊家煜、鼓：陳能忠、鑼：蕭志誠、 鈔：詹進財
5/7	亦宛然掌中劇團	白蛇傳	主唱：呂雪鳳、響盞：張月娥（主唱）、板鼓：林永志、小鑼、雙鐘、吹：王祥亮、鈔：許鈞炫、鑼：尤國懿、頭手吹、頭手絃：吳威豪、二手吹、豎線：蔡武哲、笛、簫：邵千鳳、三絃：謝瓊崎、月琴：莊惇惠、洋琴：黃婉如

第二節 2

南管戲的過場音樂

南管戲為一種特殊的戲劇文化現象，姑且不論其歷史性，它與蒲仙戲同為現存中國最古老的劇種，該劇種所使用的多數音樂語言幾乎都屬獨用，而不見於其他劇種。用於南管戲的過場音樂，藝人稱為「串」，或「過場串」，該語彙為所有傳統戲劇後場的通用語彙，指絲竹類的過場音樂，至於如為鼓吹樂，則另稱「吹譜」。

南管戲的前場演員唱腔來自南管曲，同時若干劇目也吸收指套演唱，後場演奏的過場音樂，也多來自南管的指套與譜，此外，也有若干屬於南管戲特有的樂曲。

一、南管戲略述

南管戲以其唱腔為南管音樂系統，故名，內行也自稱梨園戲。如以腳色行當的特徵命名，則稱為chi^{t4}-kio^{2} hi^{3}，語彙意指劇種的腳色有七科——生、旦、淨、末、丑、外、貼，因以為名，該語彙的書寫形式應作「七腳戲」，目前多數文字性的描述皆書寫為「七子戲」，詞義非但不符語意，詞彙的語音也不盡與活傳統的語音相符合。該劇種從福建閩南傳入，在泉州地區，南管戲隨著劇目的系統，分為老戲與小梨園，老戲又分為上路與下南，為成年演員所搬演，小梨園為尚未成年的小孩所搬演，故也稱為囝子班。

(一)民國以來的演戲概況[1]

以戲劇源流的古老性，以及舞蹈與音樂的細膩典雅而言，南管戲可謂現存中國傳統戲劇之最，故傳統音樂或戲劇界對南管戲向皆極為推崇。從

1 民國六十年代之後的南管戲活動，可參閱呂錘寬著《台灣的南管》，第82-89頁。

生態方面觀之，最起碼自民國初年以來，台灣並無職業的南管戲班。台灣的南管戲最早的文字紀錄，當為呂訴上所撰的〈台灣南管戲略史〉[2]，相對於他在歌子戲、布袋戲、皮影戲、傀儡戲等的豐富實地調查資料，南管戲一文除了泰半引用余承堯的文章，僅以最後一段文字記錄民國四十年代的劇團。該文所稱的南管戲班，實際上多為交加戲（高甲戲）班，即使被學術界認為最早的南管戲班「泉郡錦上花」，所演出的劇目如〈狸貓換太子〉、〈血書牙痕記〉[3]，也為交加戲劇目而非南管戲。

民國五十年代之前，台灣的南管戲多由交加戲班兼演，即使號稱為南管戲班的泉郡錦上花，也以演出交加戲為主。真正的南管戲演出組織，出現於民國五十年，當時由台北市的南管界招募14位年約十三、四歲的女子，由南管戲的耆老徐祥擔任教師，在永和市曾省先生家訓練，學習南管戲的科步與唱腔，民國七十年獲聘為重要民族藝術藝師的李祥石，當時即擔任助教的工作，而目前南管戲藝術的知名藝師吳素霞女士，也為其中的學員。當時良家子學習南管戲，堪為南管界的美談，故該13位學員也被稱為「南管戲十三金釵」[4]。

「南管戲十三金釵」並非職業的南管戲班，而是台灣與菲律賓南管熱絡交流下的結果：民國四十至五十年代的菲律賓經濟發達，其國移居自福建閩南的商人酷愛南管音樂與戲曲，而菲律賓的社會環境並無南管資源，至於是時的中國正處於鎖國時期，在這種背景下，該段時期每年的菲律賓閩南裔商人都組團蒞台，與台灣的南管界進行交流[5]。另一方面，台灣組團赴菲律賓者，主要成員則為台南市南聲社，由於當時台灣並無真正的南管班，因此促成該歷史性的南管戲傳習。

經過一年的訓練，「南管戲十三金釵」在民國五十二年至五十五年

2 呂訴上撰之〈台灣南管戲略史〉，參見由他所著之《台灣電影戲劇史》，第187-194頁。

3 泉郡錦上花劇團於民國十三年演出的該兩劇目之海報，可參閱呂訴上撰《台灣電影戲劇史》，第194頁。

4 14位學南管戲的年輕少女中有一位早逝，故成為「十三金釵」。

5 與菲律賓有南管素養的商人蒞台的南管交流，主要為民國三十八年遷居台北的閩南人，以及鹿港鎮雅正齋的黃根柏先生。

間，除了應邀前往菲律賓首都馬尼拉演出，也曾在台北演出。民國五十三年期間，在台北市演出的劇目有：白兔記、天仙配、仙女摘花、天台別離、雪梅教子、宿瀟湘店，民國五十四年演出的劇目有：雪梅教子、陳姑操琴。至於在菲律賓的演出，並未見演出錄音流存。

民國六十年代末，台灣的文化界自覺地興起保存傳統文化，其一為鹿港鎮出現名為『鹿港民俗維護暨地方發展委員會』的組織，推動鹿港的有形與無形文化的保存，具體的社會呈現為每年舉辦一次『鹿港民俗節』的大型活動，對主辦單位言之，系列內容中如能有多年難得一見的南管戲，將能把活動帶至高潮，並能達到真正保存當地傳統文化的意義，因此，在地方人士辜偉甫以及聚英社社長王崑山等人的推動下，民國六十八年的鹿港民俗節，在龍山寺演出一場南管戲，劇目為〈益春留傘〉、〈陳三五娘私奔〉與〈咬臍打獵〉。翌年，又在相同的地方演出〈入山門〉與〈雪梅教子〉[6]。有了實際演出的能力後，民國六十九年十月，知名的音樂學者許常惠為聚英社策畫在台北市實踐堂演出一場南管戲，節目為《郭華買胭脂》的三齣折子（齣頭）〈買胭脂〉、〈約會〉與〈入山門〉。

繼聚英社之後，為以台南市南聲社為主體的南管戲演出：民國六十九年四月，南聲社於春祭期間，在當地圖書館的育樂堂舉行一場南管戲演出，節目為〈益春留傘〉與〈入山門〉。民國七十年九月，由許常惠主持的中華民俗藝術基金會策畫舉辦一項『南管音樂國際會議』，系列活動中，由南聲社演出一場南管戲，劇目為〈花嬌報〉；同年十月，南聲社於秋祭期間，於台南市的永福國小禮堂又演出〈陳三跳牆〉。南聲社的南管戲演出，戲劇指導與後場鼓師，都為民族藝師李祥石，後場樂隊為南聲社館員，主要演員包括吳素霞、邱素慧、邱七慧等，皆屬外聘。

㈡使用的樂器與樂隊編制

南管戲後場使用的樂器，可分為旋律性樂器與節奏性樂器，多數旋律性樂器皆相同於南管，包括：琵琶、二絃、三絃、噯、品（笛子），有時

---

6 〈咬臍打獵〉與〈入山門〉分別為《白兔記》（又稱《劉智遠》）及《郭華買胭脂》中的折子（齣頭）。

也使用大管（廣）絃，節奏性樂器計有：南鼓、拍、響盞、叫鑼，這樣的樂器組合，並不見於其他的漢族劇種。

南鼓之外的其他用於南管的樂器，可參閱第三章〈南管指套與譜〉第四節，或作者所著《台灣傳統音樂概論——歌樂篇》的第三章〈南管曲〉第三節詮釋與展演中的介紹。南鼓為一種鼓面直徑大於鼓身高度的扁平狀大鼓，鼓身兩面蒙以皮革，鼓面並非完全緊繃，而是略帶有張力。演奏時以一腳的腳跟壓於鼓面，藉著腳跟的壓力，可以調整鼓面的鬆緊度，以改變鼓聲的音高。

關於南管戲演出時使用樂器的實際情形，可從下述若干演出得知：民國五十三年演出〈郭華買胭脂〉、〈公主別〉或〈仙女摘花〉所用的樂器計有：南鼓、叫鑼、響盞、琵琶、二絃、大管（廣）絃、品、噯。演出〈白兔記〉所用的樂器為：南鼓、鑼、叫鑼、響盞、拍、琵琶、噯、品，其中的鑼相當於京劇的大鑼，只用於開場月下老人出台時，隨後咬臍與三娘的主戲只用叫鑼，至於是否有二絃與三絃，由於錄音的品質不佳且雜音多，故並無法辨識。

台南市南聲社於民國六十九年演出〈入山門〉與〈益春留傘〉時，所用的樂器計有：琵琶、二絃、三絃、品、噯、響盞、叫鑼、南鼓，而翌年演出〈陳三跳牆〉所用的樂器也相同。其中南鼓由民族藝師李祥石負責，其餘樂器則由南聲社的館員彈奏。

南管戲的樂隊編制，並不若北管戲或歌子戲，有分為文場與武場的說法，樂隊乃坐於同一側，而未分別坐於戲台的兩邊，其他樂器坐於南鼓的稍後方，以便於鼓師的視線能掌握戲場演員的一切動作。

㈢現存劇目引用的樂曲概述

南管戲中的小梨園劇目，向來有「十八棚頭」的說法，亦即十八齣戲，而以《陳三五娘》所留存的齣數最多，其餘多僅有若干齣傳世。根據南管藝師蔡勝滿的蒐集[7]，流傳於台灣的南管戲劇目計有：陳三五娘、劉

7 蔡勝滿（1948-2005），為台南市南聲社的館員，擅長洞簫、品與二絃的演奏，曾於民國九十二年擔任南聲社社長，並任教於國立台北藝術大學傳統音樂系，教授南

智遠、雪梅教子、朱弁、郭華、呂蒙正、高文舉、辨真假、董永、宿瀟湘店。根據習慣，南管戲多以劇中的男主角為名，由於南管戲多出自宋元南戲，故如果以中國古劇為參照，則其對應關係為：陳三五娘—荔鏡記、劉智遠—白兔記、朱弁—冷山記、郭華—留鞋記、呂蒙正—破窯記。

《陳三五娘》為南管戲中最為膾炙人口的劇目，目前流傳的「齣頭」計有：送嫂、賞春、提燈、說親、投井、掞荔枝、求藝、磨鏡、掃厝、捧盆水、賞花、跳牆、相思、留傘、繡孤鸞、約會、私會，其中又以〈益春留傘〉、〈跳牆〉、〈私會〉等較常演出。

蔡勝滿所抄寫的南管戲劇本，包括唱腔的曲詞與琵琶指法譜，過場處並有標示所用樂曲的名稱，根據他抄寫的曲本，用於《陳三五娘》、《郭華》、《董永》、《劉智遠》、《朱弁》、《呂蒙正》、《雪梅教子》、《高文舉》、《辨真假》中的過場樂曲如下：

《陳三五娘》：〈提燈〉—【乂工譜】，〈說親〉—【花玉蘭】，〈磨鏡〉—【三疊尾】，〈掃厝〉—【三疊尾】，〈捧盆水〉—【花玉蘭】、【虧歷山】，〈賞花〉—【三疊尾】、【花玉蘭】，〈留傘〉—【六綿搭】，〈私會〉—【梅花操．琴韻】。
《郭華》：〈買胭脂〉—【一朝清】，〈入山門〉—【雙玉蘭】，〈審郭華〉—【霏霏颯颯】。
《董永》：〈仙女摘花〉—【一朝清】，〈天台別〉—【虧伊歷山．錦板疊】、【乂工譜】，〈出仙宮〉—【虧伊歷山．疊韻悲】。
《劉智遠》：〈井會〉—【昭君悶】，〈打磨房〉—【花玉蘭】。
《朱弁》：〈棄子扶姑〉—【霏霏颯颯】，〈過玉樓〉—【哭皇天】，〈裁衣〉—【八展舞．六綿搭】、【出庭前】，〈公主別〉—【哭皇天】，〈花嬌報〉—【哭皇天】。
《呂蒙正》：〈彩樓配〉—【一朝清】。
《雪梅教子》：〈斷機教〉—【霏霏颯颯】。

管音樂。

《高文舉》：〈打冷房〉—【八展舞】，〈責溫金〉—【一朝清】。
《辨真假》：〈宿破廟〉—【花玉蘭】，〈入花園〉—【哭皇天】，〈辨真假〉—【霏霏颯颯】、【乂工譜】。

二、吸收自南管指譜的樂曲

通常都認為南管戲不但唱腔演唱南管曲，過場音樂也來自南管，如以引用於南管戲的過場樂數量比例言之，的確能如此地概括。茲以實際演出的資料為依據，進一步探索南管戲使用南管音樂的情形。有關南管指套或譜的曲調，可參閱劉鴻溝編輯之《閩南音樂指譜全集》。

㈠指套

對南管館閣而言，指套為器樂，用於整絃演奏的第一個部分，即使樂譜包含指詞，實際上並不演唱。若干指套也被故事內容相同的南管戲所吸收，作為演唱曲，如《郭華》的〈入山門〉演唱〈趁賞花燈〉全套，只是拍法有所改變，例如南管指套〈趁賞花燈〉的第一節為極緩慢的七撩拍，引用於該齣南管戲中的演唱，拍法變為快速的一撩拍；又如指套〈春今卜返〉全套，也用於南管戲〈雪梅教子〉中。

指套除被南管戲吸收為唱腔，部分地也被引用為過場樂。用於南管戲中的指套有兩特徵，樂曲方面，都屬於摘遍式引用，而非整個樂章，且由於戲劇的速度進行得較快，故適於作為過場樂者，為拍法較小的指套章節，亦即俗稱的「指尾」。樂隊編制方面，此時指套乃過場樂，而非音樂藝術氛圍的表現，因此，都以「細吹」的編制演奏，亦即以琵琶領奏，噯主奏，並有品、三絃、二絃（或大管絃）合奏，而隨著琵琶指法的律動，南鼓也擊奏音高持續抑揚變化的鼓聲，以襯托腳色（多為女性主角）婀娜多姿的身段體態。

傳統戲劇引用過場樂的時機為，腳色無唱腔或說白，而為較長的身段動作的時候，亦即有做工的劇目[8]，才有引用過場樂的需要。由於南管戲的舞蹈性頗強，且舉手投足的動作皆極為細膩，因此，慎選節奏與曲調較有變化的樂曲作為伴奏，將能彰顯舞蹈之美。《朱弁》之〈裁衣〉一齣，朱弁妻王氏欲上玉樓為公婆裁衣時，有一段將近5分鐘的科介動作，根據所蒐集的錄音資料，此時後場演奏南管指套〈一紙相思〉第三節【出庭前】的下述樂段：

> 出庭前，忽聽見叮叮噹噹鐵馬聲響，攪得阮只處新愁舊恨，阮只心腸都來交併。又聽見南來有一孤雁，在許天邊聲嘹喉。雁，你因何不代阮掠書傳。

在戲劇的過場演奏時，該段音樂為純粹器樂，並無歌唱，上述所標示的指詞，僅為了讓讀者可以確切了解演奏時的摘句情況。該齣戲所演奏的【出庭前】樂譜如下，所記錄採譜者為琵琶的彈奏聲部，音符下方的符號「＋」標示甲線指法，演奏方法為拍打第四線或第三線，該位擔任琵琶的樂師，所彈奏的曲調完全與南管指套相同：

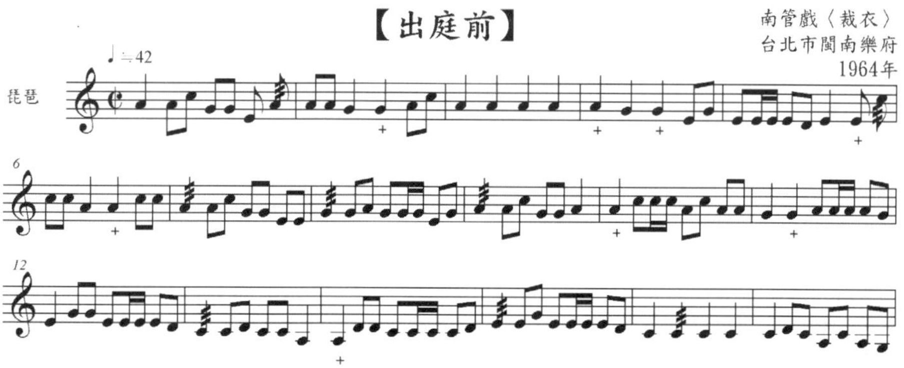

---

8 總體言之，南管戲應都屬於唱工戲，如果以比較性的觀點論之，其中仍有做工較長且較困難的劇目，《朱弁》中的〈棄子扶姑〉、〈裁衣〉等，即屬於做工較難的劇目。

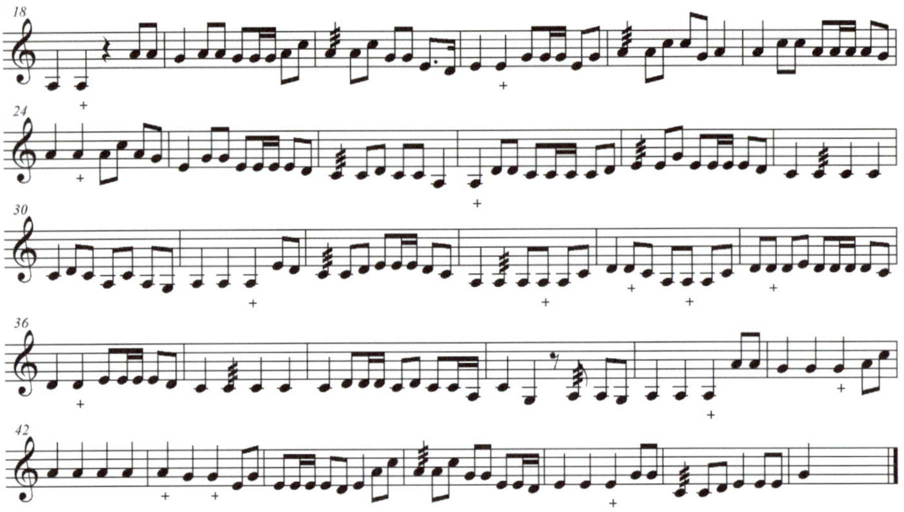

上例為引用較長篇幅南管指套的情形，至於較短的身段動作，如〈審郭華〉、〈棄子扶姑〉、〈斷機教〉、〈辨真假〉等劇，皆引用指套〈記相逢〉的第三節【霏霏颯颯】，該節的門頭為【錦板滿堂春】，拍法雖為一撩拍，不過琵琶指法相當繁密，實無異於疊拍。南管戲劇本雖皆有標示所使用過場樂的名稱，實際演出時，隨著樂師的音樂能力，而可能有個別性的差異。例如1964年演出的〈雪梅教子〉，在蔡勝滿抄寫的劇本，樂譜標示過場串為【霏霏颯颯】之處，樂師所演奏者卻為【北青陽】。

引用短節南管指套的另一實例為〈天台別〉，董永與仙女在槐蔭樹下將要分別，兩人一齊合唱：

> 行過槐蔭又是草亭，又聽見悲悲慘慘鳥鵲投林，又恐畏了日落西山，我邀你舉步慢行，舉步慢行。

接著的身段動作，根據1964年的錄音資料，後場演奏指套〈虧伊歷山〉第三節【我哥】中的片段，該樂章的門頭為【錦板疊】，所摘取演奏的段落為：

同林雁卻被鷹趕散，比目魚又遇猛浪分，妄降狂風，吹散天邊彩雲。

【我哥】全章為3段，被引用的部分為該節的第二段，其旋律如下，所採譜者為琵琶聲部分：

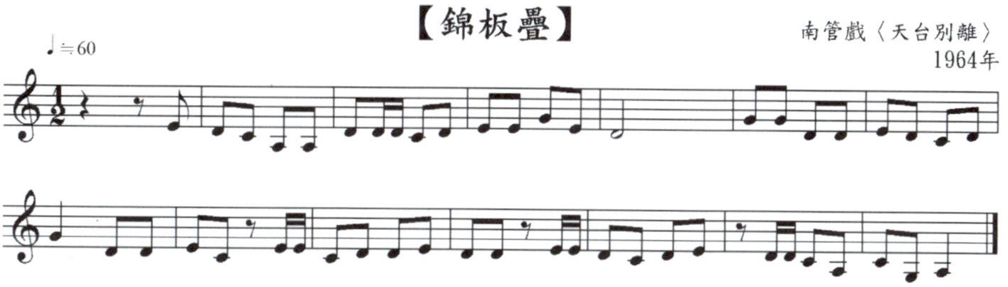

㈡譜

被引用於南管戲中的南管譜，仍屬節奏較為輕快者，大致不外【花玉蘭】、【綿搭絮】、【雙玉蘭】、【夜遊】、【三疊尾】等，前兩者為〈起手板〉的第四章與第五章，【雙玉蘭】為〈梅花操〉第三章，【夜遊】為〈八面〉第二章[9]，【三疊尾】，為〈陽關三疊〉第八章【三疊尾聲】的尾段[10]。

【雙玉蘭】為〈梅花操〉的第三節，也稱為【點水流香】，用於《郭華買胭脂》的第二齣〈入山門〉，郭華與胭脂鋪店家女兒月英訂約，赴會前被朋友灌得酩酊大醉，因而在相國寺等候時乃朦朧昏睡，月英與其丫環梅香於是架著他的兩手臂欲將他搖醒，這一段純屬科介動作的表演，乃以【雙玉蘭】作為串場。1964年「十三金釵」，或1980年由台南市南聲社的演出，所奏者都相同。

【雙玉蘭】的長度62小節，演奏時間為3分鐘，月英與丫環搖醒郭華

9 南管譜〈八面〉，目前多已被改稱為〈八展舞〉。

10 〈陽關三疊〉的第八章有4段，分別標示為：首段、次段、中段、尾段。

的動作將近6分鐘，因此，作為戲劇的伴奏時，須將樂曲進行反覆，以配合身段動作。【雙玉蘭】為變奏曲的三段式，第一段A1（1-19小節），屬於序奏性質，開頭的樂句以主題的高五度調演奏，隨後為A2（20-39小節），與以稍有變化的方式做反覆的A3（40-61小節）。作為〈入山門〉的串場音樂，【雙玉蘭】的形式經多次反覆後成為：A1—A2—A3—A4—A5—A6—A7，而A4之後的各段實際上為A3的再反覆。用於〈入山門〉中的【雙玉蘭】如下，錄音資料為南聲社於民國六十九年，在台南市圖書館育樂堂的演出：

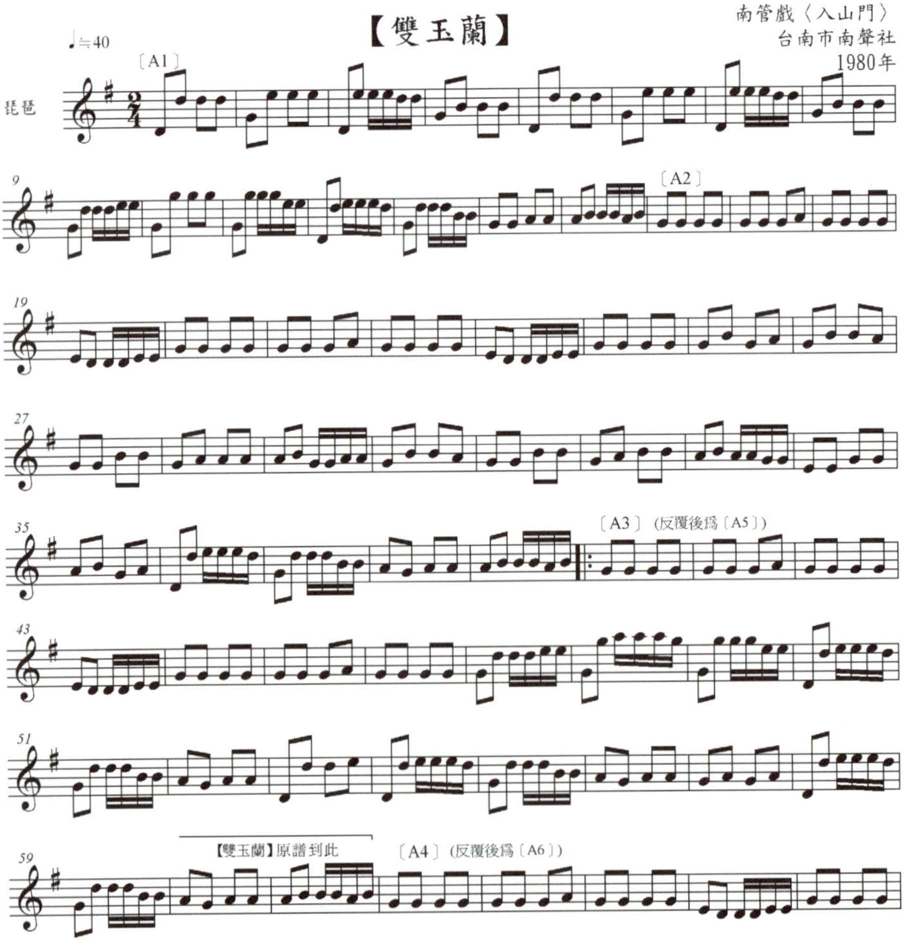

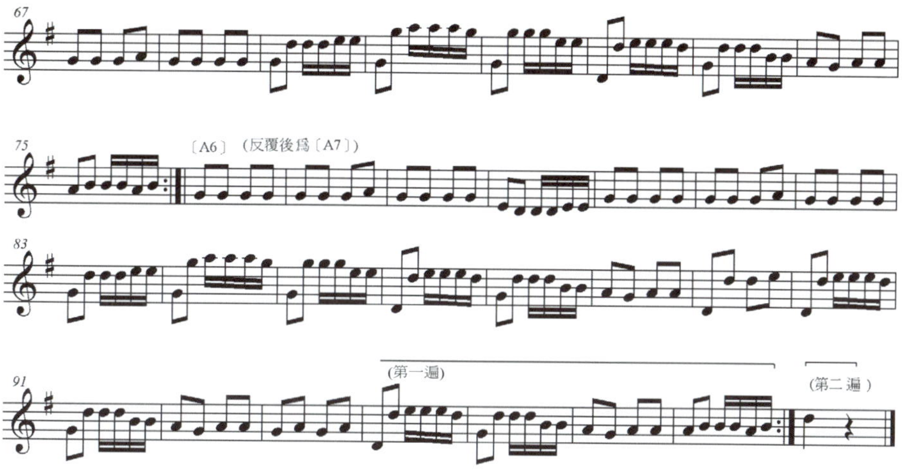

其他引用【花玉蘭】、【綿搭絮】或【三疊尾】者，都為整個樂章演奏，不若【雙玉蘭】有較為複雜的反覆。此外，也有若干劇本標示以指套作為串場音樂，演出時卻演奏譜的情形，如〈斷機教子〉，雪梅哀嘆早亡故的丈夫，唱畢【春今卜返】後[11]，抄本註明串場樂為〈記相逢〉第三節【霏霏颯颯】，1964年演出錄音則為〈八面〉的第三節【夜遊】，該節全長為19小節，僅演奏前面12小節。

三、南管戲特有的樂曲

用於南管戲的過場樂，不屬於南管指套或譜，而也不是引用自北管譜或其他民間音樂者，本文乃將這類樂曲稱為南管戲所特有。根據作者所蒐集南管戲錄音資料的分析，屬於南管戲特有的譜計有【一朝清】、【北元宵】、【乂工譜】等。

(一)【一朝清】

根據蔡勝滿抄寫的劇本，以【一朝清】為串場樂者，計有〈買胭

11 此處所言的【春今卜返】，為指套〈春今卜返〉的第一節。南管指套的〈春今卜返〉由5節組成，在南管戲〈雪梅教子〉中，該套每一節都當作一首曲子演唱。

脂〉、〈仙女摘花〉、〈彩樓配〉與〈責溫金〉。此首樂曲在南管戲中的使用頻率相當高，有如北管牌子【風入松】在北管戲使用的情況一般。以〈買胭脂〉為例，月英出場唱一首【短相思】的曲子：

> 晨風起早步行遲，梳整羅衣，梳整羅衣春心興。頭上雲鬢斜敧，阮掠玉鬢來整理。一陣微風，一陣輕風透入繡羅幃。

由於想起前些日子前來胭脂鋪的英俊男子，月英頓時不覺心頭懶悶，乃走出店鋪散心，曲譜上標示的串場樂分別為【花玉蘭】與【一朝清】，由台北市閩南樂府作為後場主體、「十三金釵」演出的〈買胭脂〉，該處所奏者皆相同於蔡勝滿抄寫的劇本，【一朝清】的曲調如下，該段樂曲為二段式，第一段以琵琶主奏，第二段由大管（廣）絃演奏：

【一朝清】

南管戲〈買胭脂〉
台北市閩南樂府
1964年

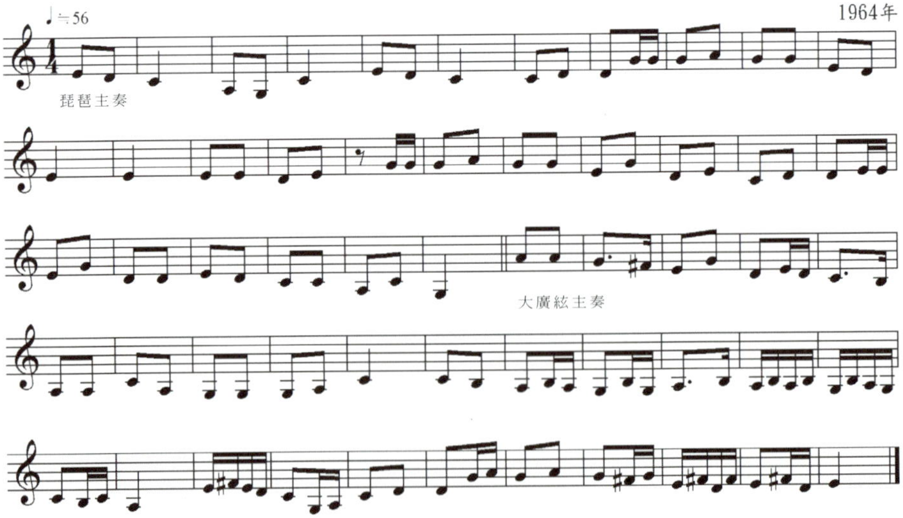

㈡【北元宵】

【北元宵】為用於《郭華買胭脂》中〈入山門〉的串場樂。在元宵節的晚上，月英由丫環梅香陪同，前往相國寺與郭華約會，途中月英有些反悔，怕被母親知道而挨打，梅香云可以元宵夜出外賞花燈為說詞，月英覺得有理，乃繼續前行。進入相國寺山門純屬科介動作，台南市南聲社於民國六十九年的演出，所演奏者即為【北元宵】，其曲調如下：

【北元宵】

南管戲〈入山門〉
台南市南聲社
1980年

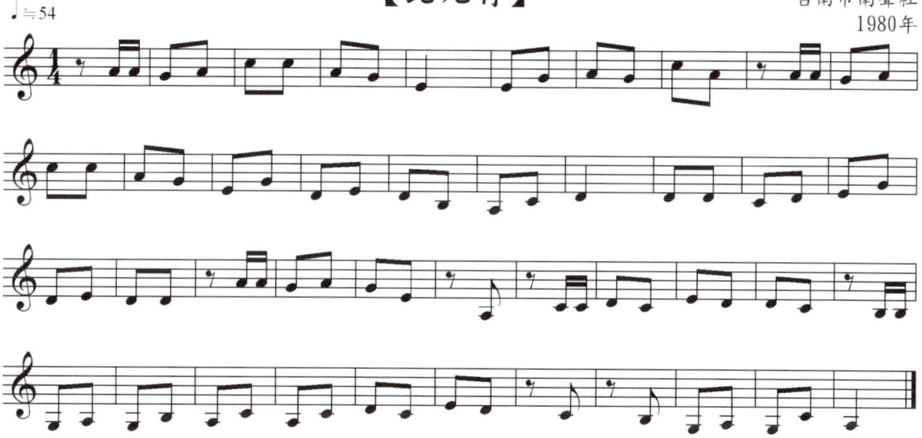

【北元宵】的同名樂曲亦見於北管譜，也稱為【卜元宵】[12]，它與上述的旋律並不相同，屬於名同異曲之例。

㈢【乂工譜】

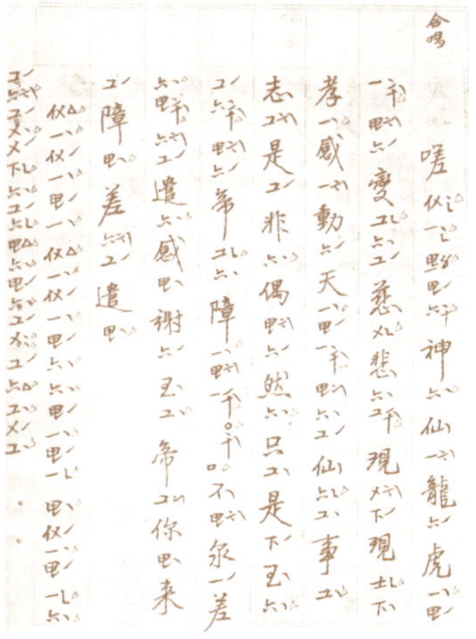

【乂工譜】為一首佚名樂曲，故以它的譜式命名，使用此樂曲作為過場串者，據所知有〈陳三五娘・提燈〉、〈天台別〉與〈辨真假〉，前兩齣使用的情形有錄音資料驗證。關於這首樂曲的譜，南管藝師蔡勝滿抄寫於於〈天台別〉中的資料，如右圖最後兩行，該首樂曲的譜式為南管琵琶譜，包括

12 北管譜【卜元宵】的樂譜，可參閱呂錘寬輯《北管絃譜集成》，第134-135頁。

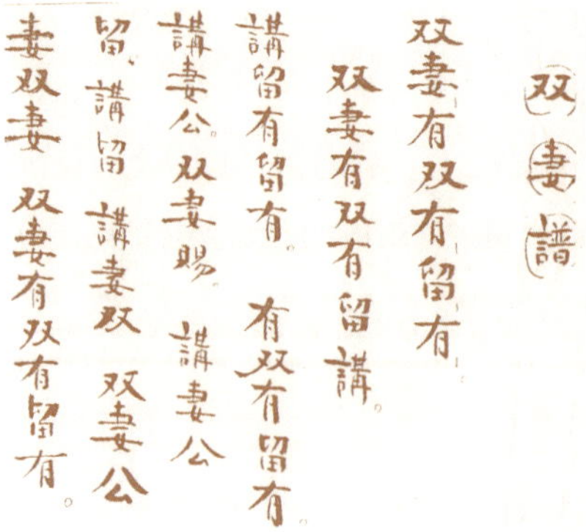

南管記譜法的3項要素：音高、琵琶指法、撩拍。該譜為疊拍，所標示的符號為△，音高與指法部分，所使用的符號完全相同於南管記譜法，至於所使用的管門（調），係以五孔四仪管記譜，故其音階為：乂-工-六-士-一-仪。

用於南管戲中的【乂工譜】，也使用於道教儀式後場，樂師們稱該首樂曲為【老婆譜】，運用於較為輕快的法事。此外，車鼓弄的表演也有上述樂曲，車鼓弄表演的音樂組成為：起譜—唱曲，所唱的曲子多吸收自南管曲，「起譜」的部分為樂器清奏，此時表演者已開始手舞足蹈，且隨著器樂的旋律唸工尺譜，其中有一首樂曲的旋律，民間樂人以諧音字所抄寫的樣式如上圖，為一種較為奇特的文字譜，實際上每個字都為通行工尺譜的諧音，其相對應的情形為：雙—上、妻—乂、講（與公）—工、留—六、有—五、賜—士，利用如是的工尺譜諧音字，一方面也流露基層社會對「娶大某細姨」的心情。

茲以〈天台別〉一劇的過場串為例，將【乂工譜】採如下譜，演奏的樂隊編制為：琵琶、噯、大管（廣）絃、響盞，錄音資料為1964年的演出。

【工乂譜】

南管戲〈天台別〉
1964年

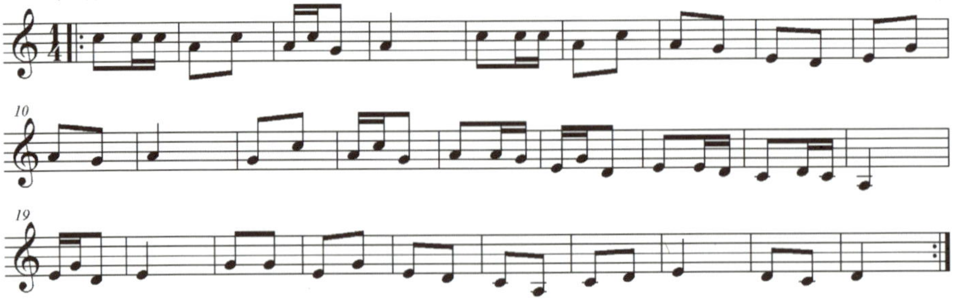

北管戲〈黑四門〉也有使用此首樂曲，參見本章第三節。

㈣其他

南管戲過場樂屬於南管戲所固有者，除了上述曲調名稱確知者外，尚有未標樂曲名稱者，如南市南聲社於民國六十九年所演出的〈入山門〉，當女主腳王月英與丫嬛梅香兩人合力要搖醒郭華時，後場演奏一段過場譜以作為科介的伴奏，其旋律如下，所採譜的曲調為琵琶聲部。

【醒郭華】

南管戲〈入山門〉
台南市南聲社
1980年

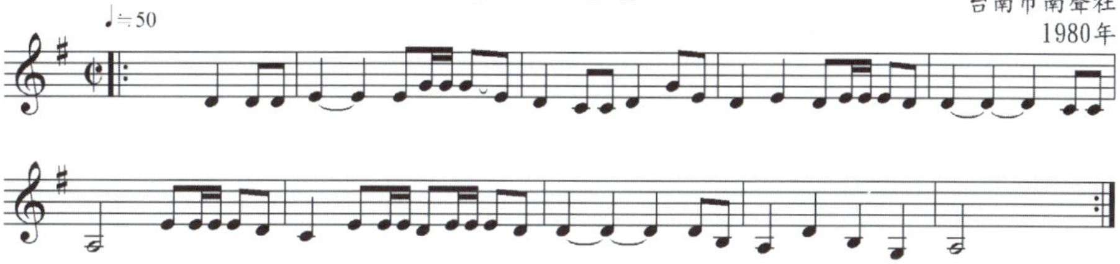

有些劇目的過場譜所標示的樂曲名稱，與劇情並無關係，如《白兔記》中的〈井會〉，三娘在唱過一曲【生地獄・記得當初】之後的科介，後場演奏一段稱為【昭君悶】的過場譜，其曲調如下：

【昭君悶】

南管戲
〈劉智遠・井會〉

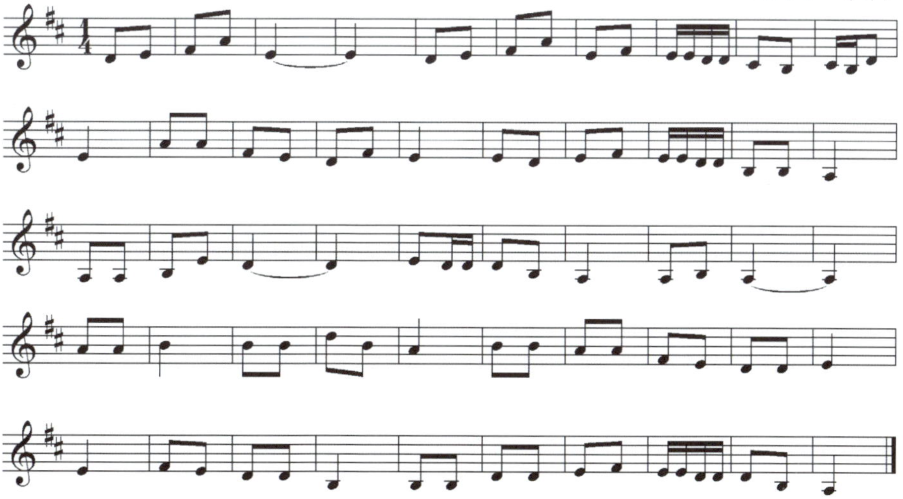

第三節

3

北管戲與交加戲的後場音樂

從演劇活動言之，北管戲也稱為亂彈戲，或北管子弟戲，也簡稱為子弟戲，演出的團體有職業戲班與業餘的傳統音樂團體。職業的北管戲劇演出團體被稱為亂彈班，該類劇團所演的戲，習慣上都被稱為亂彈戲；業餘的傳統音樂團體都來自北管館閣，也稱為北管子弟館，其中的樂員稱為北管子弟，故由這類團體演出的戲曲，乃被稱為北管子弟戲或子弟戲。交加戲的劇種常被書寫為高甲戲，或以諧音字書寫為九甲戲、戈甲戲，演出者都屬職業戲班。

北管戲與交加戲各有自身的劇目系統與唱腔，至於兩者的後場音樂，包括使用之樂器、樂隊編制、器樂運用的情形等，基本上都相同，亦即以後場樂的觀點切入，北管戲與交加戲為相同的音樂體系。

一、器樂與樂隊概述

北管戲與交加戲雖為兩個不同的劇種，劇目方面有明顯的差異，北管戲以中國歷史劇、公堂戲為主體，交加戲則以民間故事戲為多。兩者在演出的人員劃分上，都相同地分為前場與後場，後場方面的音樂語言且為相同的體系，唯在相同的架構下，仍存在相同性與差異性。

(一)器樂之分類

整體言之，交加戲的後場器樂來自北管音樂，樂師都須有北管牌子與譜的養成訓練。因此之故，樂師用於戲劇中的過場音樂，從曲目至音樂語彙，都相同於北管戲曲。根據樂曲的性質，北管戲與交加戲的後場樂，都相同地分為鼓吹樂與絲竹樂。鼓吹樂總稱為吹譜，依樂曲速度的快慢，又分為緊吹場與慢吹場。兩者的總講上都會以框框將它加以明顯的標示，而「慢吹場」常以諧音字被書寫為「萬吹場」，如下右圖交加戲《丹桂圖》

劇本中的標示[13]，至於劇中所用的吹譜，也有明確標示須吹奏曲牌的情形，如下，左圖北管戲〈倒旗〉總講的最後一頁的標示[14]。

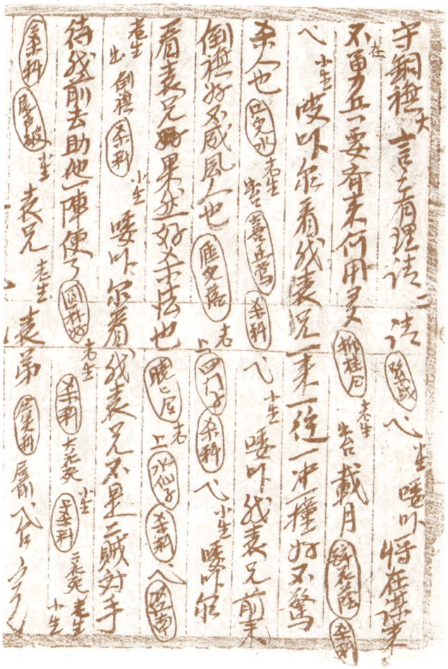

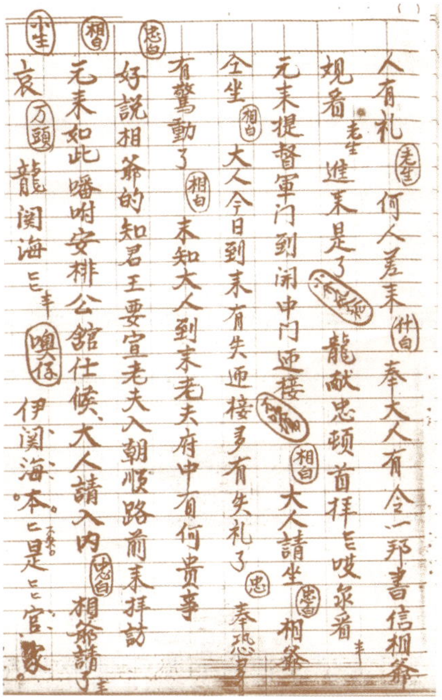

用於北管戲與交加戲中的絲竹音樂，總稱為「過場譜」，於抄本上的標示方式則較為多樣，除了過場譜之外，尚有小過場、串等。

㈡北管戲器樂之理論運用

用於北管古路或新路戲中的器樂，來自北管的牌子與絃譜，用於戲劇中的牌子也稱為「棚頂牌子」或吹譜，絃譜稱為過場譜或串。多數的北管戲須用何者作為後場樂，都有固定的安排。以彰化市梨春園吳昆明抄寫的《大河東》總講為例，各齣折子標示使用的牌子情形如下：

---

13 圖例交加戲《丹桂圖》中的【襖仔】，為南管曲調【紅襖納】的簡稱。

14 該頁總講引自鹿港鎮玉如意北管戲抄本。

〈金殿〉——監州歌[15]、清吹、點江、小過場。

〈別府〉[16]——六母令、風入松小介破、風入松下節、小介哭相思、火炮、長點、哭相思、萬吹場、火炮、弄頭沙雙破、緊吹場、火炮、大瓶爵。

〈偷營屈斬〉——兔兒、墜子、番竹馬、風入松、水波浪、風入松、急三昌、慢戰，〈思將〉——火炮、哭相思。

〈斬歐陽訪〉——風入松、六母令連吹場、對玉環、風入松、風入松、六母令連緊吹場、六母令、一江風、清板連尾聲。

另以梨春園抄本中的〈斬經堂〉觀之，所使用的器樂包括吹譜與鼓介，計有：

小介、紗帽頭、點江、萬吹場、火炮、風入松、急三昌—得流子—連緊吹場、火炮、滿台、萬戰、水波浪、哭相思、雙火炮、三火炮、長點。

彰化市知名的北管藝師賴木松，蒐集了相當多的抄本，其中有〈逃關〉一劇，所使用的器樂也極為豐富，計有：

點江、六么令連吹場、緊吹場、六么令、風入松破、急三鎗、六么令、風入松、風入松、緊風入松、風入松、三不和、翠花陰、竹流子、喜廷鶯、竹流子、風入松破、四門子、刮地方、得流子、風入松、水仙子、鬧虎彩、水波浪、風入松破、風入松、北尾聲、風入松、尾聲。

〈仙姫送子〉所標示的過場樂曲為：

15 應為【甘州歌】。

16 此齣戲中的吹譜名稱有若干為諧音別字，正確的詞彙應為：六么令、慢吹場、浪淘沙。

點江、泣彥回（阿姨庄六母令）、千秋歲（阿姨庄泣彥回）、清板（阿姨庄千秋歲）、清板、尾聲。

上文「阿姨庄」為彰化市的一處地名，指該地館閣所用的樂曲為鹿港鎮玉如意抄本中的〈倒旗〉[17]，由於為武戲，故所使用的牌子更為豐富，計有：

一江方、泣顏回、吹場、醉太平、緊戰、千秋歲破、緊戰、火炮、吹場、風入松、火炮、緊吹場、清板、新水令、步步嬌連過場、水波浪、緊戰、折桂令、醉花陰、江兒水、喜遷鶯、雁兒落、四門子、曉曉令、水仙紫、收江南、圓林好、尾聲破。〈戰武昌〉—點江、小過場、風入松、吹場、緊戰、新大瓶祝。

北管戲總講另一重要的來源，為台中縣潭子鄉瓦窯村餘樂軒，由葉美景所抄寫整理的總講有百餘冊，其中有較為特別的後場樂之情形如下：

〈古下山〉——火炮、空排、遊葫蘆、天下樂、哪吒令、喜遷鶯、遊四門、寄生草、尾聲。

〈斬瓜〉——點江、六母令、千秋歲、火炮、哭相思、長點、斬瓜點、緊戰、風入松、急三昌、尾聲、冷戰。其中【哭相思】—【長點】——【斬瓜點】共計反覆7次。

〈大和番〉——大八板。

〈戲叔〉——珍珠點。

〈哭皇靈〉——龍頭點。

〈鬧西河〉——吹場、尾聲、吹、六母令、醉雲飛、六母令、吹場、跳台粉疊、曲彥回排子、風入松下節、吹急三昌破、急三昌、六母令、千秋歲上節、千秋歲下節、清板上節、清板下節、緊戰、風入

17 玉如意〈倒旗〉所標示的吹譜名稱，也有多處為諧音別字，其中不正確者分別應為：一江風、僥僥令、園林好、新大瓶爵。

松、員林好。

〈大思春〉——春串、夏串、秋串、冬串。

〈奇逢〉——奇逢點、珍珠點、阿片點。

〈紫台山〉——滿台、吹、尾聲破、吹場、大監州、起點得流水、監州歌、監州歌清、監州歌讚、風入松、千秋歲、鬧虎彩、水波浪、萬戰、滿台。

上述的樂曲名稱都根據葉美景的手抄本，其中仍有些諧音別字，如：六母令—六么令、急三昌—急三鎗等。

㈢樂隊編制原則

北管戲與交加戲所使用的樂器，已見本章第一節的論述，兩者在鼓吹方面，除了交加戲無大鑼，其餘完全相同。演奏過場譜或過場串的絲竹樂器差異性較大，用以演奏北管戲過場串的樂器，大體上相同於北管絃譜，交加戲後場的絲竹類樂器則較為複雜。交加戲被稱為「交加」，絲竹樂器方面正也反映此特徵，基本上包括南管琵琶、殼子絃、大管（廣）絃、噯。

北管戲之職業演劇與業餘演劇、交加戲等，後場都相同地分為文場與武場，設座的空間位置也相同，以觀眾的的角度觀之，文場位於戲台的右側，武場位於左側。樂隊編制方面有較為複雜的現象，其中有共同的原則，也有個別性的特殊現象。樂隊編制的共同原則為：武場與文場各有頭手與二手，二手也稱為下手。差異性為，交加戲文場所用的樂器較多樣。

二、北管戲的器樂運用

北管戲所使用的器樂，職業戲班與子弟館並無差異，編制方面則有較大的差別，職業戲班由於演出經濟的關係，故以精簡為原則，文場與武場各為兩人為常態，亦即通稱的「雙人組」。反之，業餘的子弟館的演戲原則為熱鬧，故後場的人員編制較大，每件銅器由一位樂師操作，而凡是有演奏絲竹樂器能力者，都可參與演奏。

(一)吹譜

北管戲如何使用過場樂，劇本中通常有加以標示，而從長年的演出經驗中，北管藝師也有一番歸納。根據彰化市梨春園館先生陳助麟的說法[18]，〈秦瓊倒銅旗〉使用〈倒旗〉，〈晉陽宮〉李淵醉酒用【新金榜】，〈長板坡〉曹操出兵時，要唸「新梨園」，〈忠義節〉巡撫出巡時用新、舊〈五馬〉，〈戰武昌〉中用【新江風】、【新二犯】、【新竹馬】、【新盤爵】[19]。有些牌子則用於特定的腳色情節，如【玉芙蓉】用於元帥起兵，【大盤爵】用於皇帝出宮，如劉備出來吹【新盤爵】，趙匡胤出行用【舊大盤爵】[20]。

鹿港鎮的職業樂師劉榮錦[21]，對牌子在戲劇的運用情形也有大致相同的說法，據作者訪問時他的自述，他曾與北管先生學過九十多首牌子，關於戲劇中使用牌子的情形，他云：【不是路】用於出賊兵時，【番竹馬】用於出番王時，【二犯】用於出番婆或小番，【一江風】多用在出元帥時，出武將時用【玉芙蓉】，也可用【甘州歌】，【山坡羊】用於喪事場合[22]。不論業餘子弟館或職業的樂師，對北管戲劇中應如何使用牌子，從實際演出中所歸納的經驗，樂師之間的說法大體都相同。

從北管戲錄音資料，可以了解樂師對後場音樂的具體運用。在台灣北管活動史曾扮演重要腳色的台北市靈安社，曾錄製《大河東》中的〈定棚〉、〈金殿〉與〈別府〉[23]，該本戲為公侯將相的歷史劇，故後場用了不少鼓吹樂，以襯托戲劇的盛大排場。本文所舉由靈安社演奏的過場鼓吹樂編制，都相同地為兩支嗩吶。〈定棚〉為《大河東》的首齣，出場人物

18 民國八十一年八月三十一日晚上，在彰化市梨春園的訪問。

19 【新江風】與【新盤爵】，分別為【新一江風】與【新大盤爵】的簡稱。

20 關於北管牌子的用法，另可參閱邱火榮、邱昭文編著《北管牌子音樂曲集》，第14-16頁。

21 劉榮錦先生對牌子的運用，為民國八十五年八月二十七日，在鹿港鎮施永吉道士家的訪問。

22 【山坡羊】的名稱，北管館閣抄本多以諧音書寫為【山芙蓉】。

23 靈安社演唱的《大河東》，於1977年由新時代唱片發行，唱片編號為：ST-5025、5026。

為鎮守於河東的將軍高懷亮，他帶領大軍前往虎堂寨，後場以鼓吹樂的形式演奏【大甘州】，以彰顯行軍的浩大場面：

【高懷亮往虎堂】

北管古路戲〈大河東・定棚〉
台北市靈安社
1977年

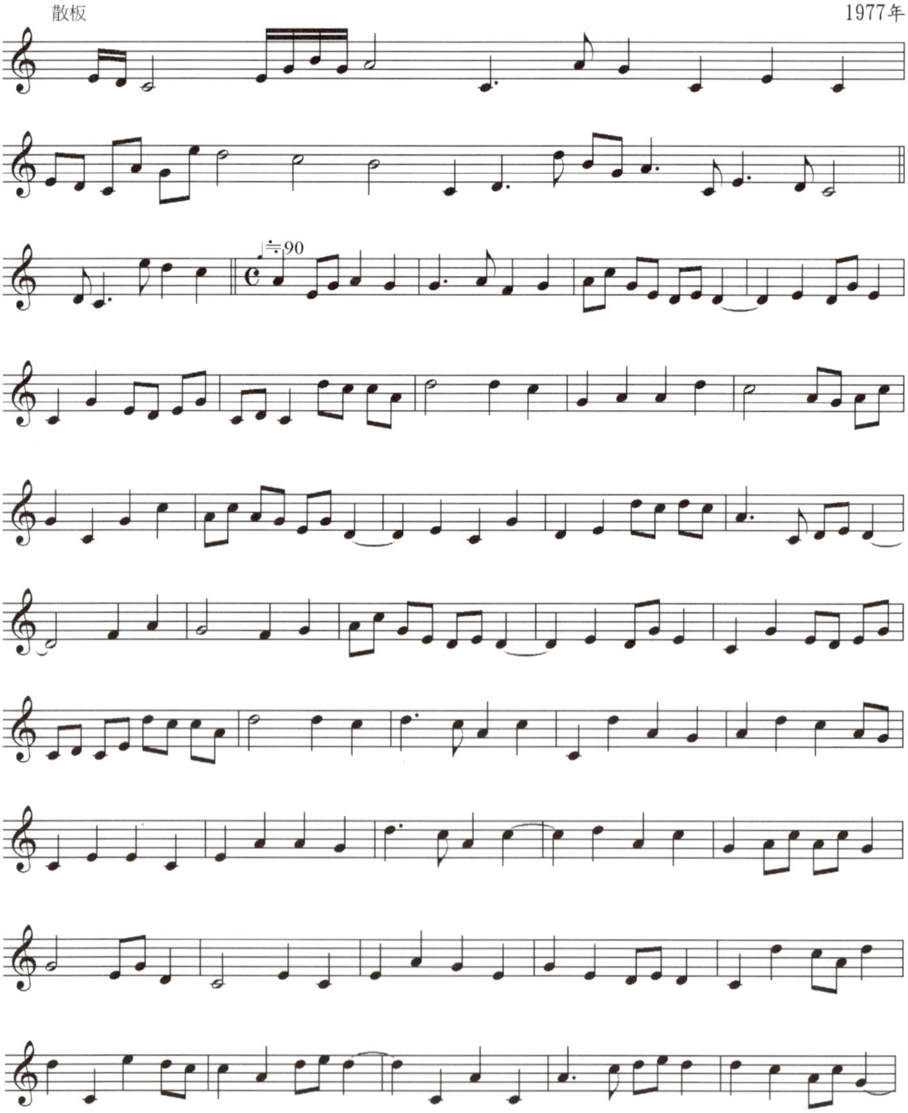

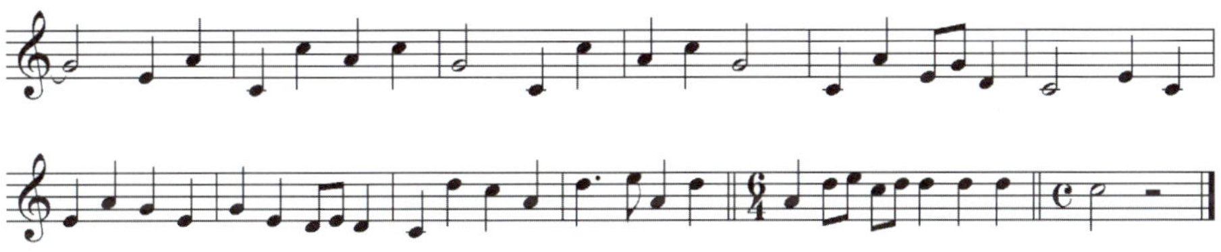

由於係行軍的場面，軍隊的陣容大，故演奏的後場樂也因而較長，選用的牌子篇幅亦較長。接於〈定棚〉後的場次為〈金殿〉，分別為宋朝的兩位朝臣歐陽訪與胡壽廷上殿朝駕，左班宰相歐陽訪出場上殿，所奏的鼓吹樂為【甘州歌・清】：

【歐陽訪上朝】

北管古路戲〈大河東・定棚〉
台北市靈安社
1977年

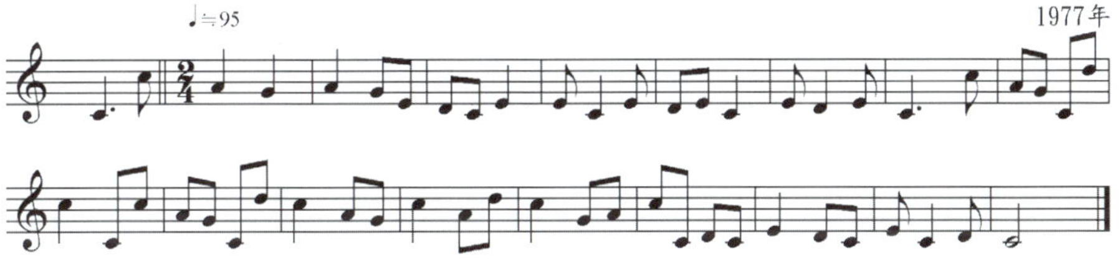

接著為兵部司馬胡壽廷出場，說白如常，上殿時所奏的過場樂為【甘州歌・讚】：

【胡壽廷上朝】

北管古路戲〈大河東・定棚〉
台北市靈安社
1977年

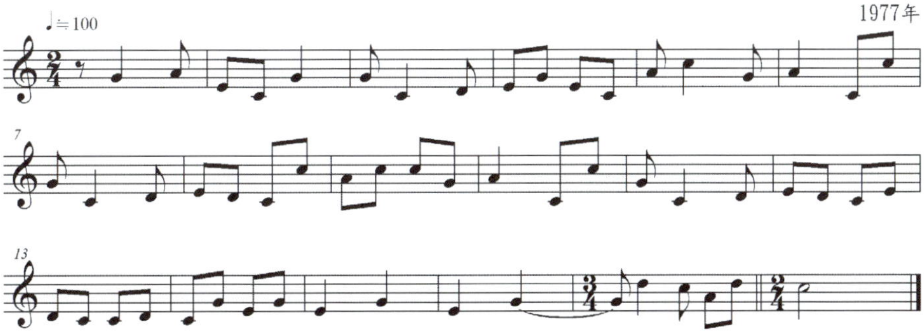

此時河東的守將謀反，打來一封連環戰表，宋皇帝乃欽命歐陽訪為征討大元帥，而胡壽廷曾與他有一箭之仇，乃向皇帝獻策，稱可封胡壽廷為馬前官，以便將來可藉機將他斬除，皇帝果然如他所求。胡壽廷退殿打道回府時所奏的鼓吹樂為：

【打道回府】

北管古路戲〈大河東・定棚〉
台北市靈安社
1977年

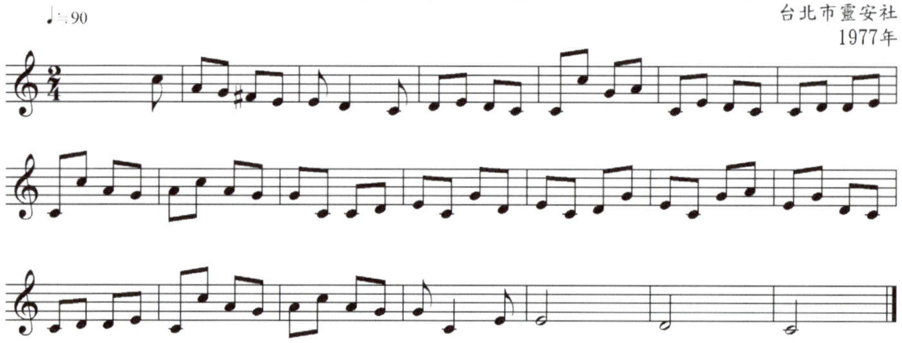

㈡過場串

當戲劇情節為文靜的燕居場面，所使用的的過場樂通常為絲竹音樂，亦即北管音樂中的絃譜，該類戲劇過場樂通稱為過場譜或過場串，也簡稱為串，已如上述。至於過場譜是否有固定的情節或戲齣，北管藝師並無這方面的說法，戲劇總講中通常也只有標示「小過場」或「串」，亦即一齣戲中所使用的過場譜，由樂師視情況予以處理，從同一齣戲的多次演奏錄音的比較，可以證明此一現象。不過仍可發現有安排以固定過場譜曲目的戲齣，如〈大和番〉唱【和番】第一牌之前[24]，演奏【大八板】。〈大思春〉中使用的過場串依序為【春串】、【夏串】、【秋串】、【冬串】。

作者於1997年曾錄得彰化市梨春園演奏的〈送京娘〉，該劇到了將近結束的時候，趙匡胤與京娘來到一處桑林，於是停馬納涼，此時京娘乃藉

24 〈大和番〉又稱〈雙鳳奇緣〉，劇情內容描述昭君和番。

機調戲他的結拜大哥：

> 大花：賢妹，來到此間乃是桑林之下，俺和爾在此納涼。
> 小旦：如此卻好。
> 大花：下馬。
> 小旦：曉得。（小過場，科）

總講上標示「小過場」，意指此時須演奏過場譜，實際演奏的樂曲為【百家春】，該段譜的演奏場合為兩人在桑林乘涼時：

【桑林乘涼】

北管古路戲〈送京娘〉
彰化市梨春園
1997年

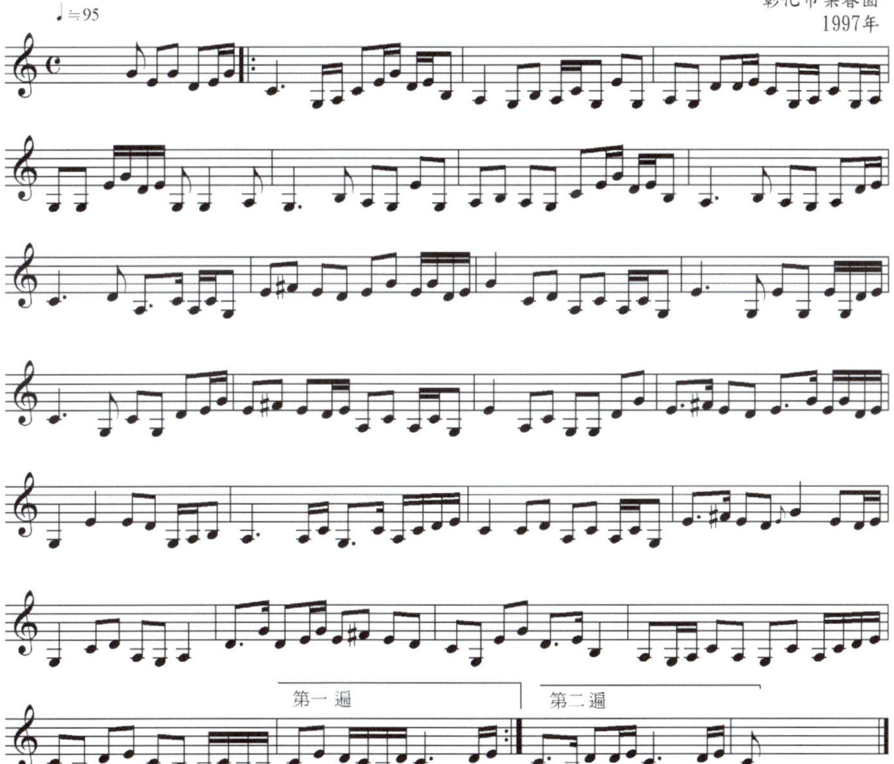

在上述絲竹音樂聲中，京娘與趙匡胤有一段打情罵俏式的對白：

小旦：大哥，這邊太熱了，妹子要那邊。

（中略）

小旦：大哥若不棄嫌，莫說是坐，就是睡也有的。

大花：胡說，為兄將劍為界，誰人過劍者看劍。

（中略）

小旦：大哥大哥，唉呀爾看大哥睡了，待我來挑戲他一場便了。

（小過場，科）

迨趙匡胤睡著，京娘換另外一種挑逗趙匡胤的方式，後場改奏另一首過場譜：

【戲弄匡胤】

北管古路戲〈送京娘〉
彰化市梨春園
1997年

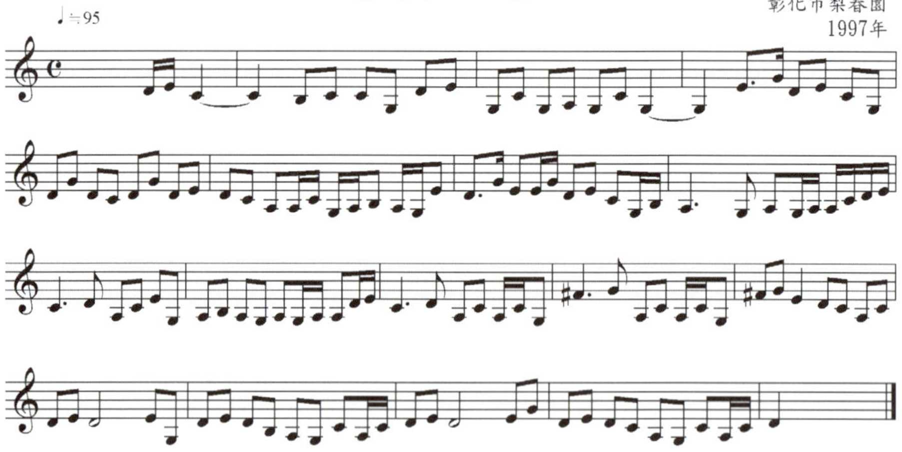

過場樂中，趙京娘一面戲弄匡胤，時而有兩個人的對白：

大花：死丫頭做什麼。

小旦：與大哥趕……

大花：趕什麼？

小旦：趕蚊蟲。

大花：青天白日哪有蚊蟲，睡罷。

上述過場譜為北管絃譜【醉扶登樓】，由於係不間斷地接於【百家春】之後，為了兩首樂曲的連接在律動的進行上能平順，因此，頭手絃從【醉扶登樓】原譜第一小節第三拍接入，而前一首【百家春】則停止於最後一小節的前半拍，使兩首樂曲之間的接縫極為順暢。

情節較為舒緩的過場譜，使用的樂曲為一板一撩或一板三撩的絃譜。如為匆忙的走路，則用速度快的絃譜，其拍法為疊板，後場術語稱為「緊串」。運用緊串之實例，可見於〈晉陽宮〉與〈黑四門〉，〈晉陽宮〉演述李淵仍為隋煬帝朝臣，被煬帝寵妾密召入宮，與之作樂的故事。當李淵酒醉醒來，發覺竟然在隋煬帝的晉陽宮，並且與他的妻妾飲酒調弄，在驚恐下乃倉卒逃出宮院，兩位寵妾從後面追趕李淵，此時的過場，台中市新春園，及豐原豐聲園與新豐園聯合演奏的有聲資料顯示[25]，為北管絃譜【七句詩】，演奏的樂器計有：吊鬼子、和絃、月琴，此外，並有鼓板與大鑼：

【逃出晉陽宮】

北管戲〈晉陽宮〉
豐原豐聲園
1970年

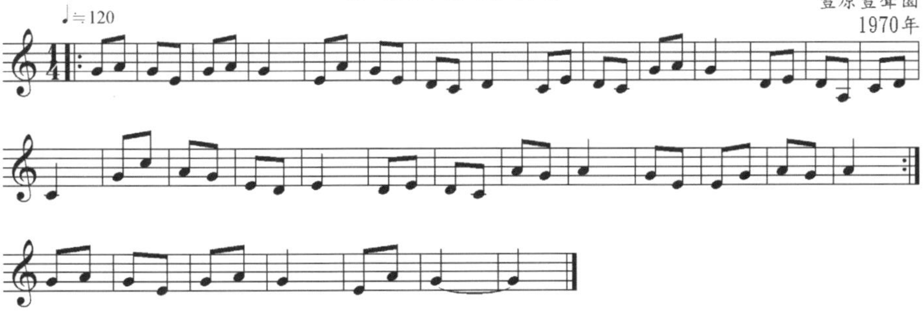

25 〈晉陽宮〉的錄音資料，為泰利唱片行發行（TLA-117），1970年出版的唱片。

在此情節中，【七句詩】反覆了一遍，由於動作即將結束，故第二遍僅奏了6板。〈黑四門〉為一齣含有較多唱腔的武戲，蘇香蓮率眾兒女 ，要與失散18年的丈夫尉遲恭相認，無奈尉遲恭不肯，兒子前往討戰又被殺敗，於是派子女媳婦把守關門，當點派小兒把守北門的時候，由於該腳色為小丑，因此與他的母親有詼諧的對白，此時的過場為：

【尉來領令】

北管古路戲〈黑四門〉
台北市靈安社
1975年

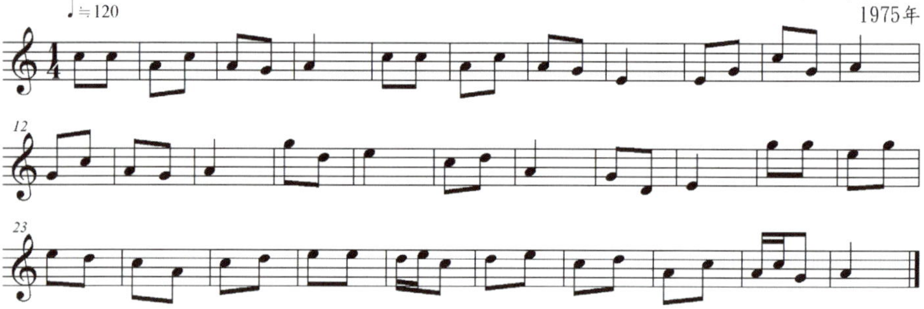

以生態分布言之，這首樂曲屬於吸收自南管戲的後場，南管戲〈天台別〉也有以此樂曲作為過場串，本書稱此調為【乂工譜】，相關論述可參見本章第二節。

㈢過場點

過場點，為專用於特定劇目的過場樂，其篇幅短，以絲竹樂器演奏，作為特定腳色科介的襯場。過場譜與過場點的不同之處，可以電影配樂作為比喻，有些電影或卡通並無請作曲家譜寫樂曲，而選用適合情節的樂曲為配樂，如貝多芬的《第六號田園交響曲》，〈暴風雨〉樂章常被引用為恐怖或具有暴風雨情節的配樂，終曲樂章〈牧歌〉，則有被引用於如仙境般氣氛的情節，諸如此類被引用於電影中的音樂，都各為獨立的樂曲，如同北管戲中的過場譜，都屬於北管絃譜的引用。有些電影則有聘請作曲家譜曲，所創作的樂曲常為特定情節的音響效果，北管戲中的各種過場點，也具有此性質，屬於特定劇目所專用。

根據北管藝師葉美景與賴木松的說法，北管古路戲與新路戲所使用的過場點計有：龍頭點、鳳尾點、珍珠點、阿片點、走馬點、斬瓜點、蘆花點、奇逢點、全點、半點。使用過場點者，都屬於唱工戲，其中【斬瓜點】用於〈斬瓜〉，該齣戲描述劉智遠斬瓜精，當劉智遠與瓜精打鬥時，後場演奏該曲調，以襯托科介動作，演奏者彰化市梨春園，有聲資料為1960年代由惠美唱片行出版的唱片：

【斬瓜點】

北管戲〈斬瓜〉
彰化市梨春園
1960年代

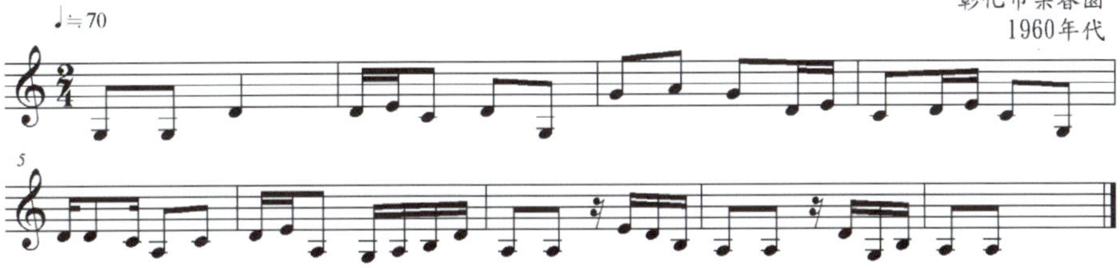

〈奇逢〉為一齣唱腔較困難的北管唱工戲，故事出自明傳奇《拜月亭》，描述蔣世隆在賊亂中不期而遇一女子王瑞蘭，兩人乃結拜為兄妹同行。戲劇開始的時候，後場所奏的絲竹音樂稱為【奇逢點】，作為兩個腳色在戲台上的逃難動作的襯場，由於該齣戲的難度較高，歷來並無實際的演出錄音，本文引用的樂譜為北管藝師葉美景所唸：

【奇逢點】

北管戲〈奇逢〉
葉美景唸譜

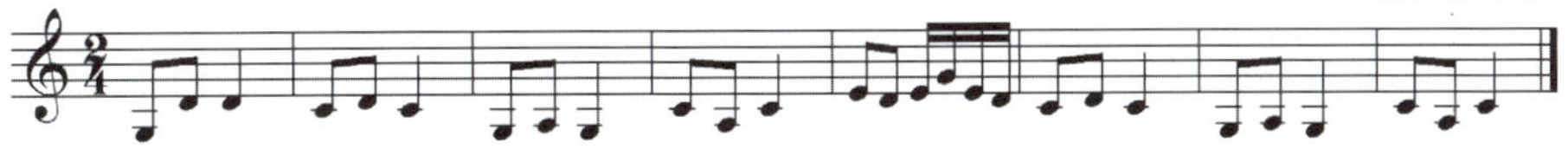

三、交加戲的器樂運用

交加戲為台灣傳統戲曲中，劇種名稱最為多樣者，其他名稱尚有：高甲戲、九角戲、戈甲戲，甚至狗咬戲[26]。不同的書寫樣式，都各有種種源流或特徵的說法，以活傳統的觀點審視之，作者認為該些文字化的劇種名稱，當為同義的諧音寫法。從音樂的角度考察，演員們對該劇種特徵的描述為「南唱北打」或「南北交加」，前者指唱腔部分為南管曲，後場器樂為北管，後者指南北管音樂交加於同一劇場。

(一)運用之器樂略述

交加戲所使用的音樂語言包括兩套，前場演員的唱腔為南管曲，他們的音樂訓練為南管，所使用的音樂語彙為南管。後場樂師的主要訓練為北管器樂，音樂語言來自北管，雖然演員演唱時後場樂師也須為其唱腔伴奏，基本上該類伴奏為依腔而和。

襯托腳色動作的音樂，交加戲劇場稱為過場樂，根據音樂的性質，分為鼓吹類音樂與絲竹類音樂，與北管劇場一般，鼓吹類的音樂也稱為吹譜，以速度快慢的不同，又分為慢吹場與緊吹場。絲竹類的音樂稱為過場譜，也稱為或過場串。

交加戲雖為獨立的劇種，然而並無固有的扮仙戲劇目，演戲時的扮仙劇目也吸收自北管扮仙戲。根據所蒐集的交加戲抄本，其中抄錄的扮仙戲劇目有〈三仙會〉、〈封王〉、〈金榜〉，該3劇所使用的北管牌子情形為：

> 〈三仙會〉——點江、玉母令、昆頭、耍孩兒、梆子腔、小過場、串仔清江引、尾聲。〈封王〉——點江、新水令、鎖南皮、北尾聲。〈新金榜〉——尾聲。

另一齣〈丹桂圖〉中所用的過場樂則有：

> 普天祿、風入松、急吹場、玉母令、風入松破、千秋歲、萬吹

26 台灣的交加戲發展概況，可參閱林麗紅、李國俊合著之《台灣高甲戲的發展》。

場、急吹場連萬吹場、小介風入松、急串、文對子、大監州、二凡續風入松破、風入松破連急吹場、過場普、得雷子、急三昌、十排。

用於〈丹桂圖〉的過場樂中，【風入松】共計用了27次。

㈡吹譜

吹譜，為以鼓吹合奏的後場音樂的通稱，如以速度的快慢區分，又有「慢吹場」與「緊吹場」，都與北管戲的後場相同，這乃因於交加戲後場樂師的鼓吹類音樂，係從北管文化圈習得之故，其中的「慢吹場」，交加戲的總講也常見以諧音字將「慢」寫成「萬」，兩個詞的台語皆為ban3。吹譜以嗩吶演奏旋律，並以鑼鼓隨著節拍擊奏，茲以《彩樓配》為例，說明交加戲運用吹譜的情形。

交加戲《彩樓配》的本事，出自明傳奇《彩樓記》[27]。劇中男主腳呂蒙正為落魄書生，女主腳劉千金為相國家千金，以拋繡球的方式招親，呂蒙正巧得繡球，唯千金之父嫌其貧困，乃拒此婚事，女主腳執意要許配蒙正，與父親爭執而被趕出家門，於是與蒙正困居寒窯。有一日京城舉試，蒙正竟一躍而登龍門。南管戲與歌子戲也有此本戲，故事內容基本都相同，交加戲《彩樓配》的女主腳並未以千金為名，而以月娥為稱。

根據1960年的演出錄音，第一場為〈相國入朝〉，身居朝宰的劉相國出台，後場擊奏北管鼓介，自報姓名如常，為了女兒婚事，他欲上朝請令，請皇上准予結彩樓招親，於是命轎夫抬轎，出發入朝，後場鼓吹樂：

【上朝參奏】

交加戲《彩樓配》
1960年

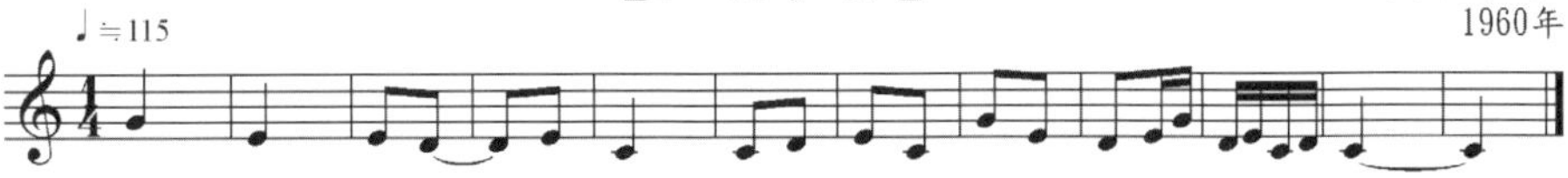

以兩支嗩吶吹奏，並有鑼鼓擊節襯托。接著為皇帝出場排駕，後場奏絲竹

27 明傳奇《彩樓記》的相關介紹，可參閱洪惟助主編《崑曲辭典》上冊，第78頁。

音樂，樂曲如後文。劉相國登殿謁見皇帝，秉明所求，皇帝奏准，乃謝過天子打道回府，後場以鼓吹編制演奏：

【相國回府】

交加戲《彩樓配》
1960年

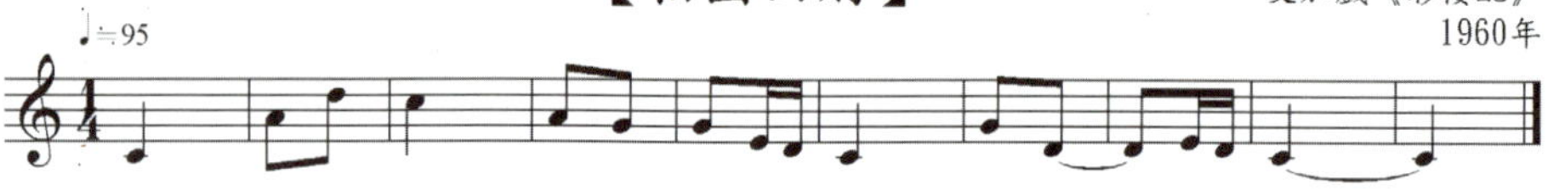

劉相國妻出場，唱一首南管曲，報名如常，得知夫入朝回來，乃出門迎接，後場吹奏鼓吹樂：

【迎接老爺】

交加戲《彩樓配》
1960年

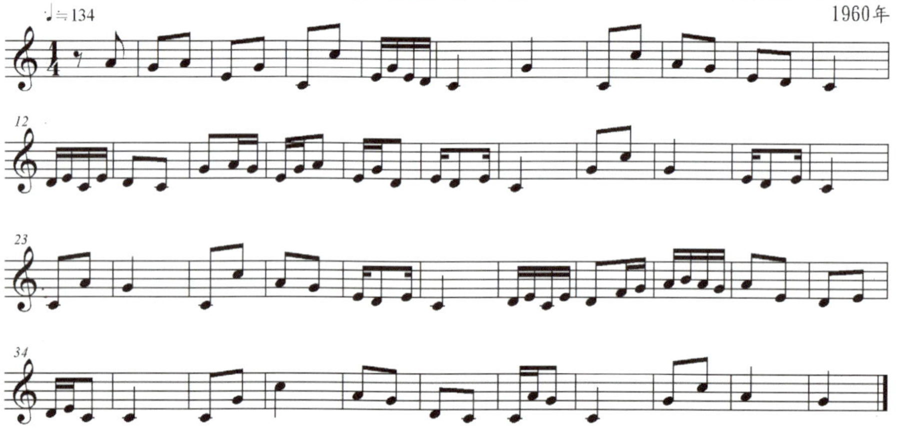

呂蒙正接到繡球，月娥下樓向他索回彩球並訂婚約，月娥旋請呂蒙正換彩衣，可能出於科介動作較長，後場演奏3段鼓吹樂作為過場：

【換彩衣】

交加戲《彩樓配》
1960年

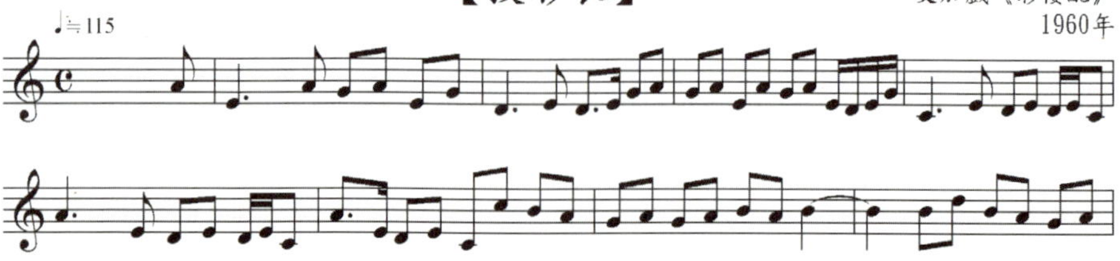

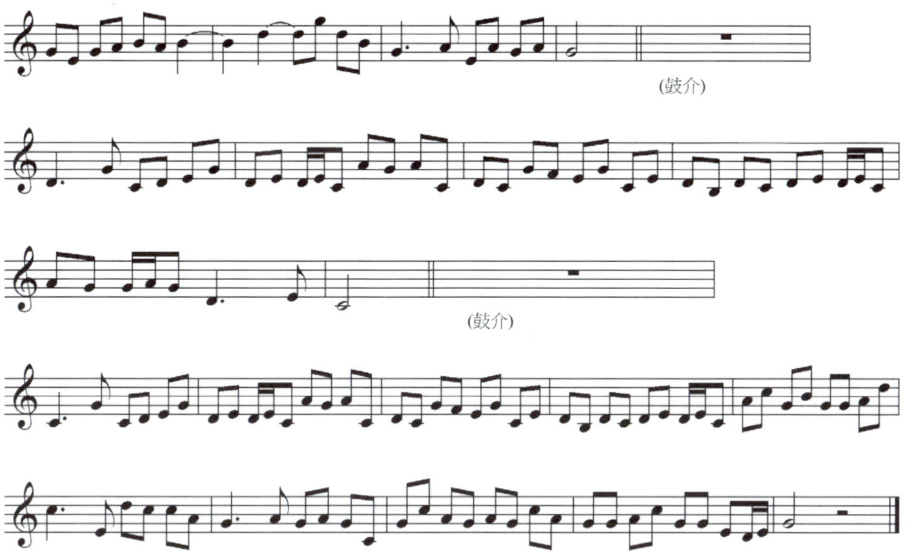

換彩衣畢，後場改奏以鼓吹樂，以襯托歡樂景象：

【尾聲】

交加戲《彩樓配》
1960年

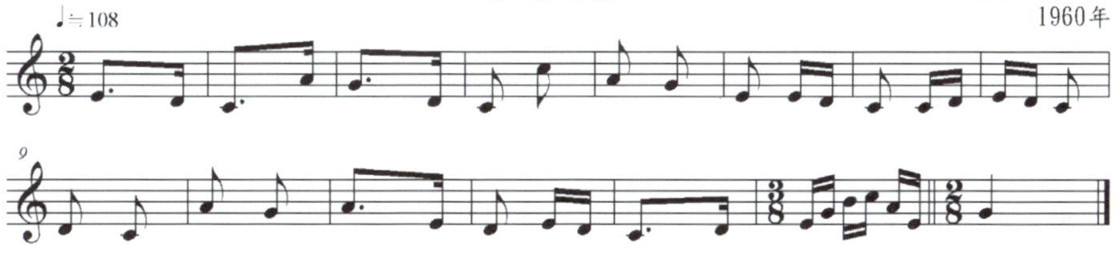

㈢過場串

鼓吹類音樂之外，交加戲後場也使用絲竹類音樂，這類音樂稱為串，或過場譜，語彙也相同於北管戲後場。交加戲後場使用絲竹類過場樂的情形，仍能於《彩樓配》中找到例子，劉宰相從府第出發前往金鑾殿，隨著的場次為皇帝登殿，皇帝出場排駕的場面，後場奏絲竹音樂，樂器用洞簫與琵琶，並以北管的鼓板擊節，樂曲如下：

【金鑾排駕】

交加戲《彩樓配》
1960年

♩≒100

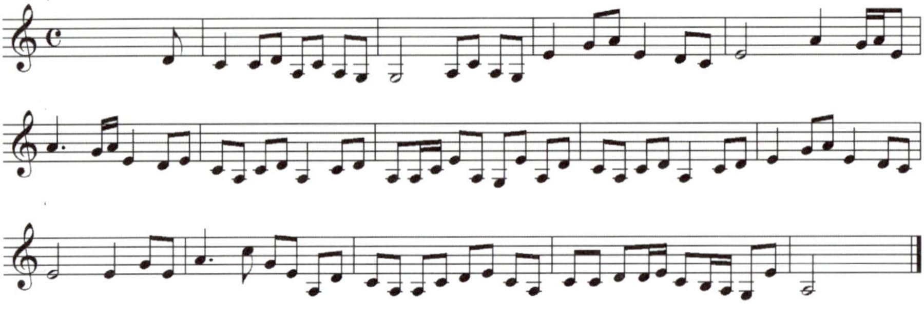

相國回府之後，喚其女兒出，命她以彩樓招親之事。月娥出場，唱一首南管曲【潮陽春】，唱畢，科介，後場奏絲竹樂，樂器為琵琶與洞簫：

【準備彩球】

交加戲《彩樓配》
1960年

♩≒95

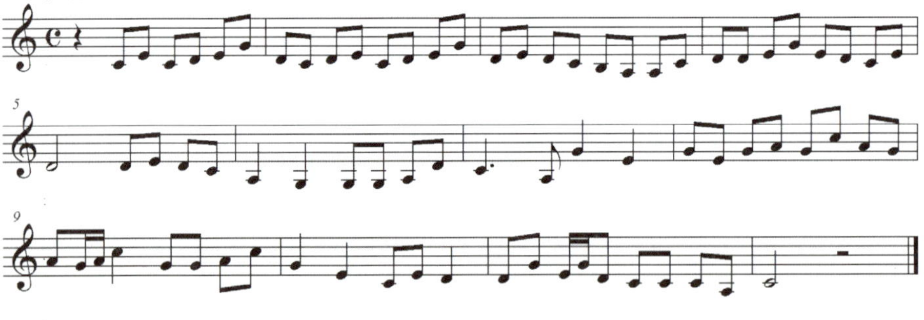

科介畢，樂止，報名如常，次隨丫環出閨房上彩樓，後場奏絲竹樂：

【登彩樓】

交加戲《彩樓配》
1960年

♩≒98

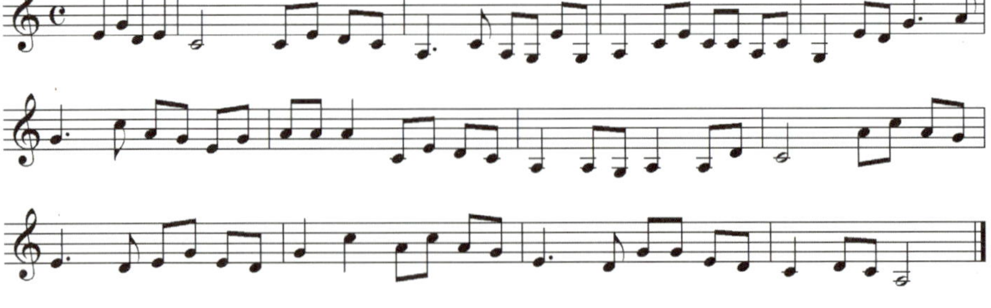

月娥燈彩樓拋繡球，民眾前往，呂蒙正亦在人群中，他接到繡球後，月娥與丫環下樓取回繡球，並與呂蒙正私訂婚盟，科介中後場奏絲竹樂：

【繡球定盟】

交加戲《彩樓配》
1960年

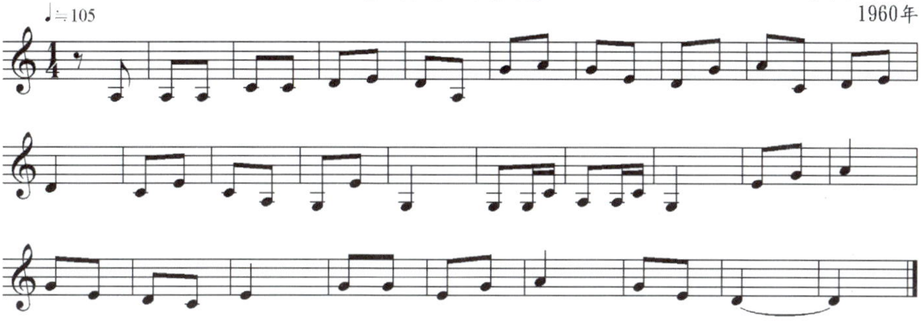

第四節 4

歌子戲與白字戲的後場音樂

歌子戲kua^{1}-a^{2} hi^{3}的劇種特徵為歌唱的，這也是其名稱kua^{1}-a^{2}之所指，kua^{1}後面的a^{2}乃語尾詞，相同於「桌」或「杯」的口語to^{1}-a^{2}pue^{1}-a^{2}中的a^{2}，而目前所見多數的文字性描述，都將它書寫為「歌仔戲」，實不符合漢文的書寫習慣。白字戲目前已經失傳，而即使它仍存在的時期，由於生態微弱，故它的劇目系統、使用之樂器、唱腔、後場音樂等，相關的論述極為缺乏或模糊不清。

歌子戲與白字戲並無劇本，兩劇種如何運用後場音樂，無法像南管戲或北管戲，可以藉著劇本的調查，只能透過實際的演出錄音資料。早期歌子戲錄音都為唱腔，民國五十年代之後，出現了長時間錄音的唱片，每面可以記錄30分鐘，因此，才出現較完整的歌子戲錄音資料。

一、樂器與樂隊

早期的歌子戲與白字戲所使用的樂器屬於北管系統，樂隊的區劃與編制也相同於北管戲。民國八十年代之後興起的「文化場」歌子戲，所使用的樂器則隨著個別的劇團，而有較為明顯的差別，有些並有「國樂化」亦即採取較大型絲竹編制的傾向。

㈠較特別的樂器

以現況而言，白字戲已經消失，本文所描述者，為它在民國四十年代的情形，至於歌子戲，它從民國初年產生迄今，活動一直相當蓬勃，而不同時期的歌子戲劇場，所使用的樂器也有若干差異。

總體言之，歌子戲後場使用的樂器都相同於北管館閣，故可概括地將歌子戲後場樂器歸類為北管系統樂器。歌子戲後場使用的樂器計為：殼子絃、大管（廣）絃、月琴、洞簫、管子，以及小鼓（單皮鼓）、鑼、鈔，其中的管子俗稱為鴨母叭，以其音色有濃厚鼻音，因以為名，該件樂器雖也出現於台北市艋舺集音閣，其他北管館閣並未見此樂器，故可視為歌子戲的特殊樂器。

從民國七十、八十年代的「文化場」或精緻歌子戲興起之後，歌子戲後場的樂器有更為多樣化的趨勢，電子琴已逐漸被劇團使用，而歐洲的大提琴，也為某些劇團所採用，以加強低音的聲部，至於爵士音樂的套鼓，也被用於後場。

㈡樂隊編制

歌子戲的樂隊編制，可分為傳統型態的編制，以及文化場的編制，如相對於文化場，傳統型態也能稱為「民戲」。傳統型態的編制分為武場與文場，兩者分別設座於戲台的左側與右側，且以兩名樂師為常見，武場方面由一位樂師負責鼓類樂器，另一名樂師負責銅類樂器；文場方面，一名樂師為頭手，另一名為下手或二手。如果演出酬勞低，劇團無法支付上述編制的樂師時，則武場僅一名樂師。

從演出經濟言之，「文化場」意味演出酬勞或戲金豐厚，民戲的演出一場僅為二或三萬元，文化場的演出常在三十萬元之譜，甚至高達五十萬元或之上。由於演出酬勞高，演員陣容與後場樂對編制等，都較為龐大。文化場型態歌子戲對樂隊的處理，已經稍有異於傳統型態，不復將樂隊清楚地分為武場與文場，逐漸傾向於將它視為一整體，亦即以「樂隊」的概念處理戲劇中的樂器組合。

二、歌子戲的後場樂

相對於老劇種如南管戲或北管戲，不但唱腔所使用的曲調固定，過場音樂也吸收自相同的音樂系統。歌子戲為年輕的劇種，劇本、表演體系、音樂等，都仍在發展演變中，後場音樂的使用也較為多樣，然而以來原論之，主體上仍為北管的牌子與絃譜，此外，也有少數吸收自通俗音樂的曲目。

(一)鼓吹樂

歌子戲為台灣的原生劇種，早期所演的劇目題材，如《陳三五娘》、《金姑看羊》、《破窯記》、《三伯英台》等，多為市井小民的故事，較少大型的歷史或征戰故事戲。歌子戲雖較少歷史劇，而以民間故事居多，這類故事仍有較大的排場場面，舉凡較大的排場，通常都以鼓吹樂作為襯場，以大吹（嗩吶）與鑼鼓演奏。其一為結婚的迎娶或夫妻交拜，如《三娘教子》中的例子：

【拜堂】

歌子戲《三娘教子》
汪思明劇團
1956年

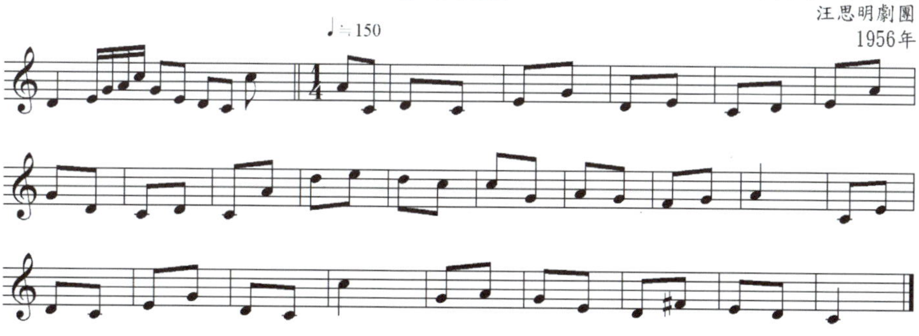

歌子戲雖多民間故事的情節，不過多數的劇目仍多有公堂的場面，凡是縣官出場陞堂場面，無例外地都演奏鼓吹樂，如《三娘教子》中的例子：

【陞堂】

歌子戲《三娘教子》
汪思明劇團
1956年

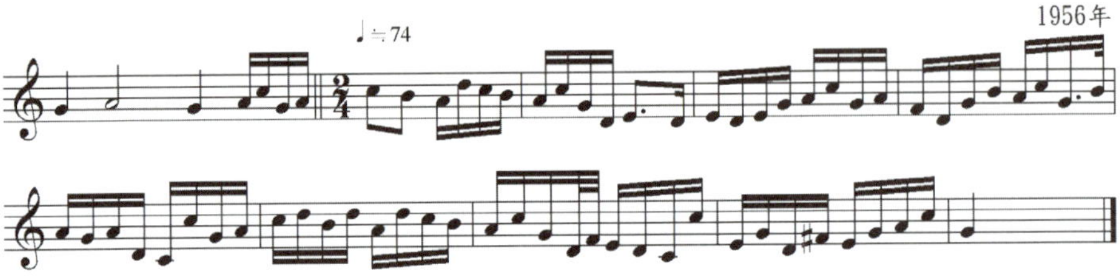

第三種使用鼓吹樂的場合為，娶親或迎接官吏的場面，《三娘教子》仍有此例：

【迎接】

歌子戲《三娘教子》
汪思明劇團
1956年

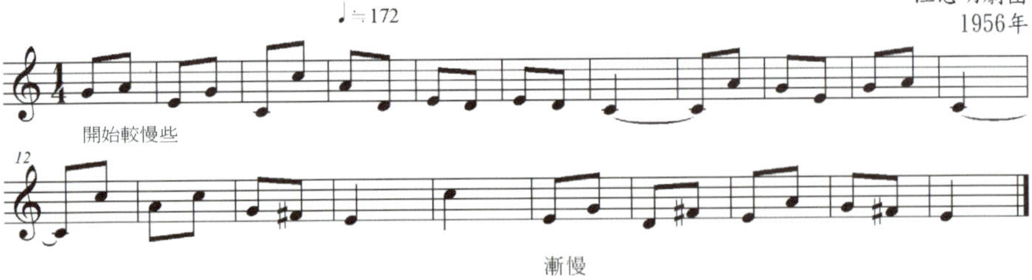

另一種情形為出土地公的場面，民國五十代之前的歌子戲，多悲情的情節，當男主腳或女主腳將遇害之時，土地公總是會適時地出現，為苦命的主腳化解險境。土地公出場的處理，歌子戲劇場相同於北管戲中公侯將相出場的方式，演奏引子類的牌子，其拍法屬於散板，如《金姑看羊》中的例子：

【出土地】

歌子戲《金姑看羊》
汪思明劇團
1957年

散板

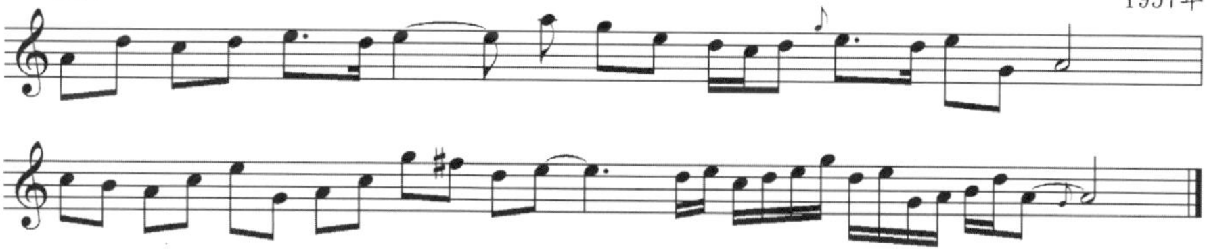

歌子戲的情節較特殊者，為神仙或道士類腳色的步罡踏斗，這類技術為吸收自道教儀式。步罡踏斗的場面，也是以鼓吹樂作為過場，《金姑看羊》中仍有此例：

【步罡踏斗】

歌子戲《金姑看羊》
汪思明劇團
1957年

♩≒126

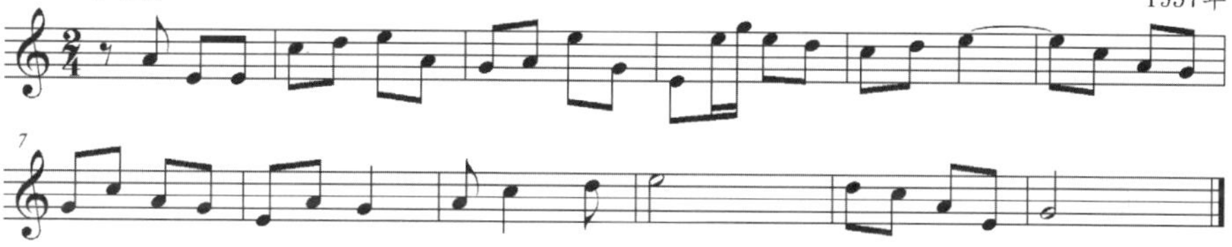

㈡絲竹樂

過場音樂採用絲竹編制者，為尋常生活的場合，或較為抒情的場面，如《三娘教子》中，女主腳春娥為公子奉茶的場面：

【奉茶】

歌子戲《三娘教子》
汪思明劇團
1956年

♩≒84

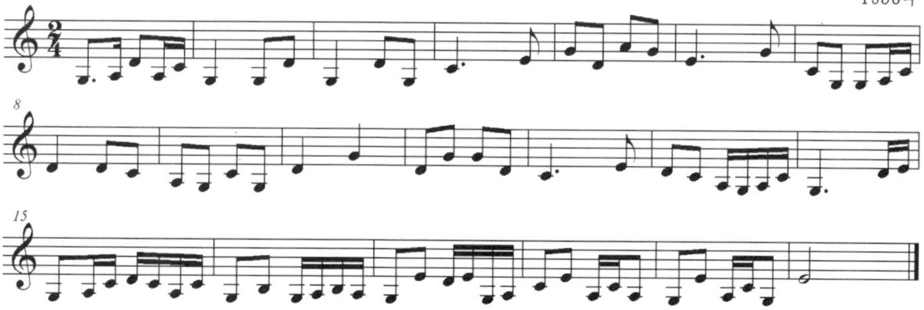

到後花園賞花，是歌子戲較為抒情的情節，腳色一面賞花，一面報花名時，後場樂師演奏絲竹音樂作為過場，如《三娘教子》中春娥到花園摘花的情形，該首樂曲為北管譜【百家春】：

【賞花】

歌子戲《三娘教子》
汪思明劇團
1956年

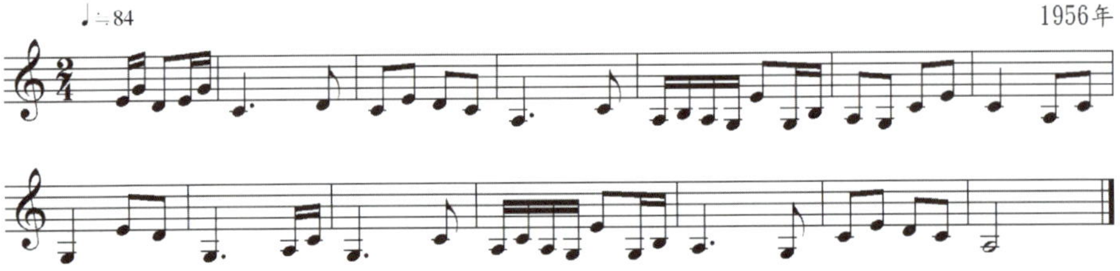

所用的樂器除殼子絃、三絃之外，並有管子（鴨母叭）。上述樂曲的拍法為一撩板，北管的【百家春】則為三撩板。又如《補破網》一劇，當劇中女主腳到花園賞花時，後場奏以抒情的絲竹樂曲：

【花園遊賞】

歌子戲《補破網》
汪思明劇團
1957年

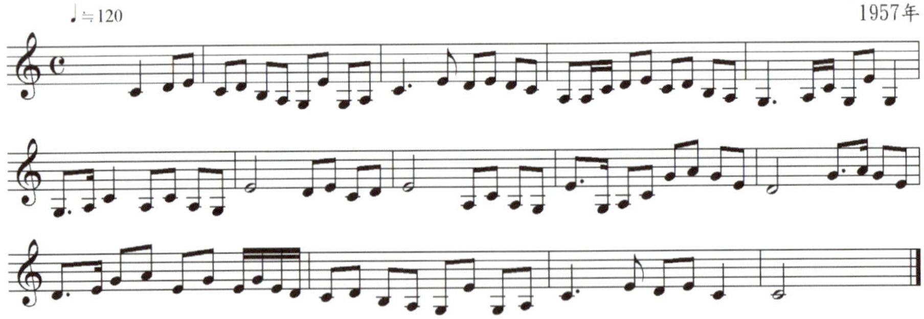

大夫為腳色看病診脈時，所使用的過場譜，根據《三娘教子》中的用法，後場樂師演奏北管譜【春串】：

【看診】

歌子戲《三娘教子》
汪思明劇團
1956年

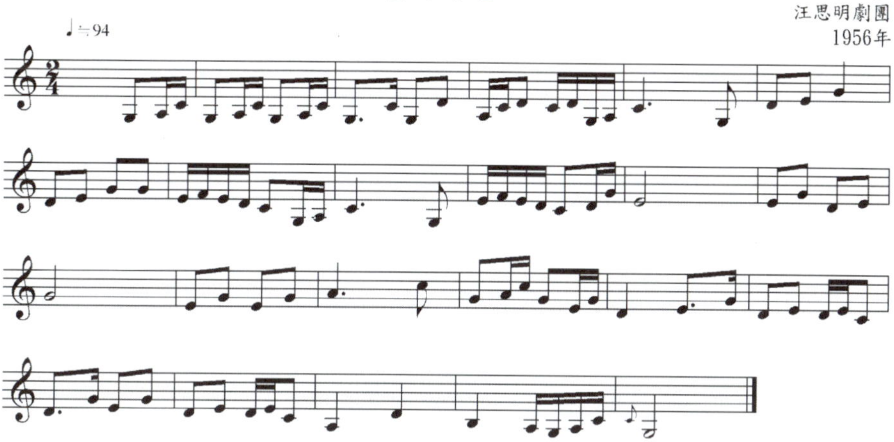

歌子戲運用絲竹音樂的另一例子，為腳色走避某一不喜歡的女子，途中邂逅另一女子的場面，如《補破網》中的例子，所演奏的過場樂為北管譜【醉扶登樓】：

【走路邂逅】

歌子戲《補破網》
汪思明劇團
1957年

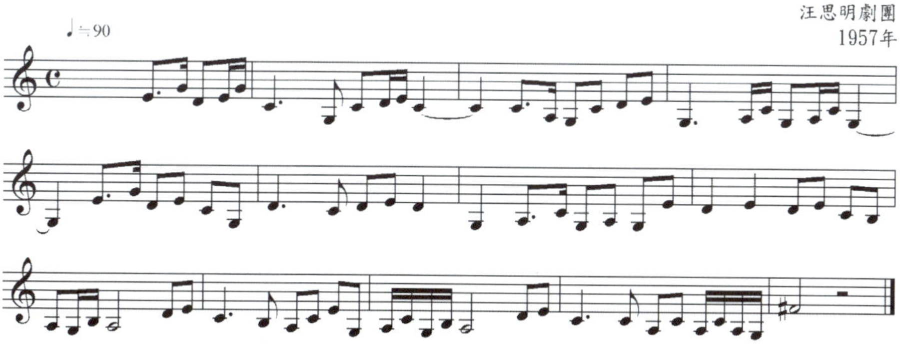

㈢通俗音樂

漢族傳統戲劇後場音樂的來源，主要為吸收自其他傳統樂種，另一來源為當代的通俗音樂。歌子戲後場音樂的來源自不例外，也有吸收自通俗音樂的情形，以民國四十年代的《補破網》為例，演員引用創作的通俗樂曲【補破網】作為唱腔，後場樂師在較為悲情的情節中，也以該樂曲作為過場，例如女主腳的父親將她逐出將門時，後場音樂為：

【逐出家門】

歌子戲《補破網》
汪思明劇團
1957年

♩≒120

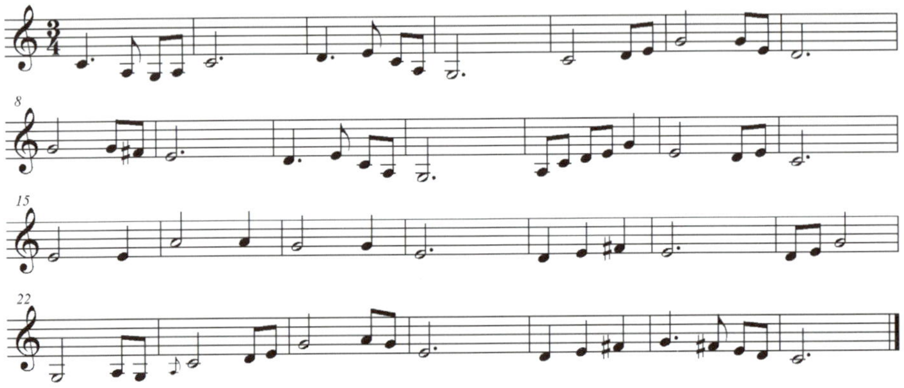

上述的曲調為【補破網】，歌子戲後場樂師的演奏，仍維持原樂曲的拍法——三拍子，不過調式卻有所改變，原曲的四級音為純四度，上例則為增四度。

三、白字戲的後場樂

從詞彙上解讀，白字戲為使用本地的語言，說白為市井小民語彙的戲劇，為一種相對性的劇種名稱。以台灣的戲劇傳統言之，它為相對於北管戲之使用被稱為「正音」的語言，或南管戲的典雅講究的詞彙。有關台灣傳統戲劇的論述，通常都會出現此劇種的名稱，不過卻無任何與該劇種有關的劇目、唱腔、使用的樂器與樂隊編制等方面的具體描述。

(一)白字戲略述

根據作者蒐集到的白字戲錄音資料：〈遊白樓〉、〈玉環記〉、〈陳三門〉、〈農家大發財〉，透過劇中情節、唱腔、說白的表現法之了解，可以確知白字戲為近似於歌子戲的劇種，說白與演唱語言為福佬語，不論說白或唱腔，都相同地為俚俗的語言，唱腔方面有南管曲調，以及歌子戲的七字調、都馬調、雜唸調，而引用的南管曲調，與使用於交加戲中者較為近似。後場樂器樂隊等，與民國四十年代的歌子戲一般，武場有鼓、鑼、鈔，文場計有：殼子絃、月琴、洞簫。

白字戲雖為一獨立的劇種，演出的戲班，當為歌子戲班兼演白字戲，〈陳三門〉中的陳三，〈遊白樓〉中的丑腳何子儀，〈玉環記〉的僕人，皆由汪思明飾演，其他演員的聲音，也都相同於由汪思明歌子戲班的演員所飾演，因此，能推斷該些白字戲也是由汪思明的戲班演唱，其中〈玉環記〉與〈陳三門〉錄製於1955年，〈遊白樓〉錄製於1957年。

關於白字戲的劇情，皆為通俗的民間生活，從〈遊白樓〉的內容情節可以窺見一斑：劇中的男主腳黃水金，本為官宦子弟，父在朝廷被奸臣所害，且遭抄家，他僥倖地逃過一劫，因而流浪在外。當地有位富家紈褲子弟何子儀，長相奇醜，有日，黃水金來到該地，由於天色已昏，借宿何家，何子儀乃要求與他結拜為兄弟。當地另有一位富家千金小姐白秀鳳，正當黃花之年，思想情人，有日與丫環上高樓賞花，恰巧何子儀也與黃水金到街頂閒逛，何看到白秀鳳生得娉婷，回家後乃要求母親找媒婆前往提親，媒婆知道何長相其醜無比，提親定不會成功，乃出一巧計，由黃水金佯為替代，白家一見立即應允。前往娶親的當天，適巧天降大雨，花轎無法回轉，佯為新郎的黃水金，當夜於是暫宿女家，黃水金與白秀鳳乃不期而結為夫妻。

㈡鼓吹樂

相對於北管戲或歌子戲，白字戲為小戲，情節都為小民的日常生活，沒有歷史劇或公堂戲，並無大場面的排場，因此，也就較少機會引用鼓吹類音樂。根據《遊白樓》，其中娶親場合使用一段鼓吹樂，曲調為北管牌子【風入松】，樂譜如下：

【娶親】

白字戲《遊白樓》
1957年

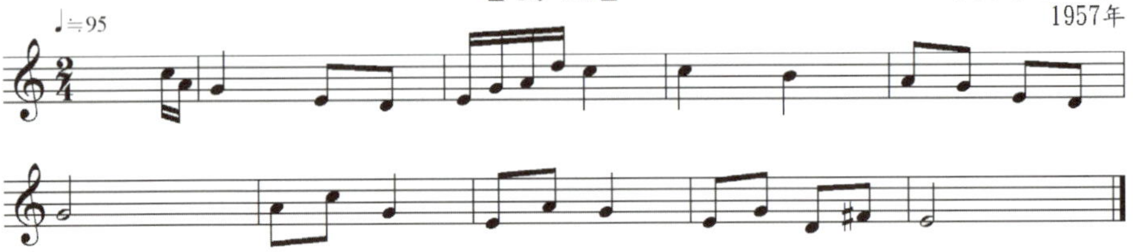

㈢絲竹樂

白字戲中科介性的段落，如登樓、整理閨房、洞房花燭夜等，由於並無唱腔，僅有說白與動作，這類情節都較溫文，故後場所演奏者都為絲竹音樂，以《遊白樓》為例，劇中所演奏的過場譜如下：

【登高樓】

白字戲《遊白樓》
1957年

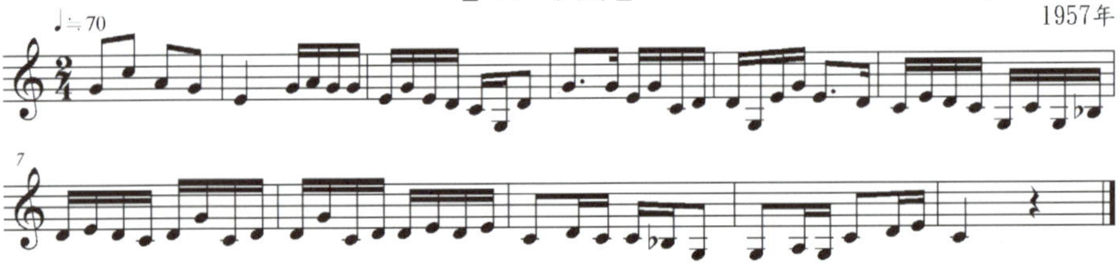

【整理洞房】

白字戲《遊白樓》
1957年

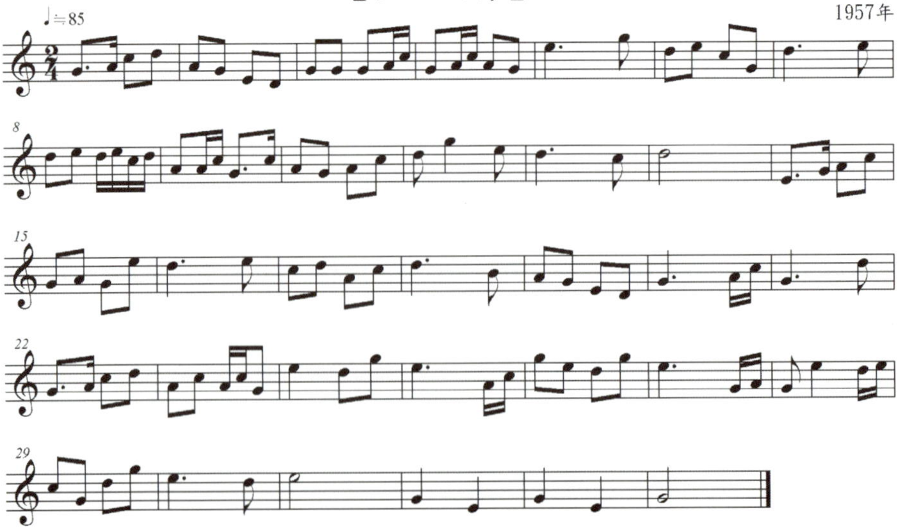

【洞房夜】

白字戲《遊白樓》
1957年

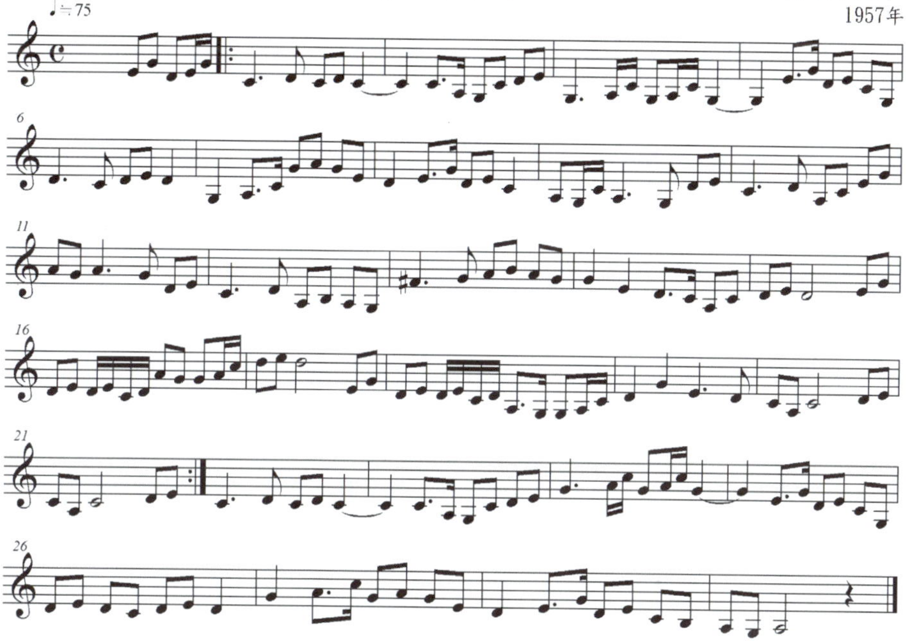

【媒婆新郎綁相連】

白字戲《遊白樓》
1957年

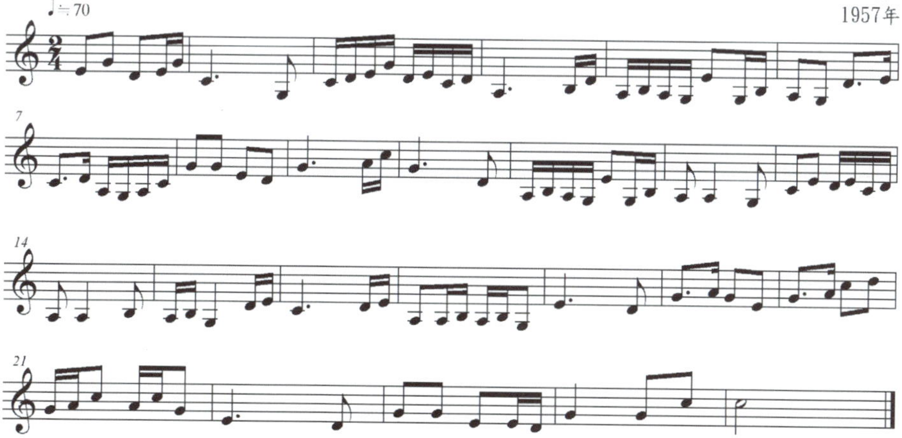

【新郎綁椅子】

白字戲《遊白樓》
1957年

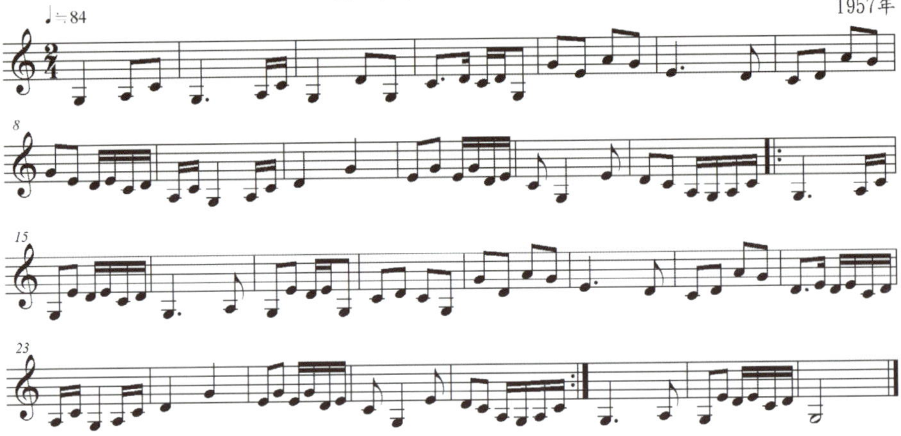

第五節

5

偶戲的後場音樂

依表演媒介的不同，台灣的偶戲分為布袋戲、傀儡戲與皮影戲，其歷史發展概況可參閱呂訴上著《台灣電影戲劇史》，或作者著《台灣傳統音樂概論——歌樂篇》中的第六章〈偶戲唱腔〉的簡述。

偶戲的表演媒介雖有不同，基本的戲劇語言則相同，演出者皆分為前場與後場，前場演師負責戲偶的操弄以及唱腔，功能一如人戲的演員。後場為樂師，演奏的音樂分為唱腔伴奏與演奏過場樂，前場演師如不擅於唱腔，則樂師也須兼唱腔的演唱，如台北縣新莊小西園掌中劇團，多由後場樂師朱清松負責演唱。綜觀台灣的各種偶戲所用的後場音樂，包括南管、北管、潮調以及俗稱的外江戲曲，茲概述如下。

一、使用南管音樂的偶戲

南管為台灣漢族的主要傳統音樂之一，其歷史古老，曲目也頗為豐富，故有提供其他劇種音樂養分的條件。引用南管曲作為唱腔者頗多，樂種方面為太平歌、車鼓，劇種方面有交加戲、布袋戲、嘉禮戲，而白字戲與歌子戲也吸收若干南管曲，至於後場的過場音樂引用南管的偶戲者，只有布袋戲。

(一)樂隊編制

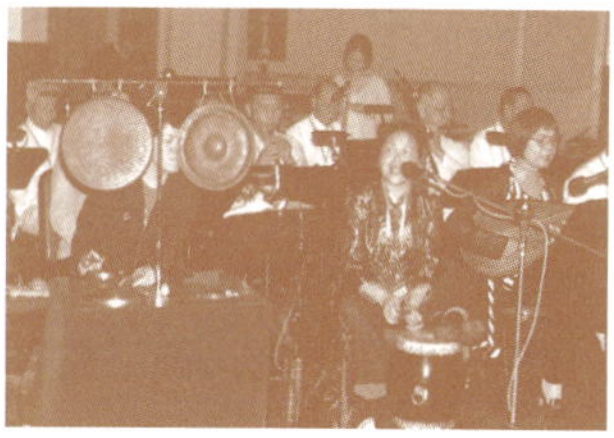

引用南管的布袋戲，似乎僅為北部地區的現象，這並不符合音樂的地理分布情形。根據呂訴上的說法，約於民國初年，台灣北部採用南管音樂的戲班，有金泉堂與龍鳳閣[28]，至於所使用的樂器情形，他並無任何描述。布袋戲的重要民族藝術藝師李天祿稱，他於民國二十年代，出於因緣際會的因素，由於當時台北有一團泉州來的南管樂師，乃聘請他們為後場，故而也曾有短暫的時期以南管作為後場音樂，該批樂師返回福建之後，乃改用京劇音樂[29]。

由於李天祿的亦宛然掌中劇團曾有採用南管音樂的經驗，由他的兒子李傳燦接掌劇團後，也曾嘗試以南管作為後場樂，於2004年5月在台北市中山堂演出新編的劇目《觀音收五百羅漢》，該次演出的樂隊如上圖，使用之樂器與樂師如下：

表6-2　南管布袋戲後場樂器表

		明
琵琶、叫鑼	張鴻明	南聲社館先生，曾獲聘任教國立台北藝術大學傳統音樂系，為南管教師。過場串時演奏琵琶，戲劇中演奏叫鑼。

---

28 引自呂訴上著《台灣電影戲劇史》，第416頁。

29 有關李天祿的布袋戲音樂藝術，作者曾於民國六十四年前往其府第訪問，並於同年邀請他到文化學院（今之文化大學）音樂系，舉行一場布袋戲示範表演。

		明
琵琶	洪員	合和藝苑館員。戲劇唱腔時的琵琶演奏。
三絃	劉贊格	台北市閩南樂府館員。
噯	蔡勝滿	南聲社館員，曾任該社理事長。
品簫（笛）	葉圭安	台北市閩南樂府館員。
洞簫	陳榮茂	高雄、屏東一帶的職業南管樂師。
大管絃	林振雄	台中縣清水鎮清雅樂府館員，後加入合和藝苑。
拍	張春玲	合和藝苑館員。
南鼓	吳素霞	南管戲藝師，曾獲教育部頒贈薪傳獎。重要無形文化資產南管戲保存者，執掌南鼓以及本劇唱腔之演唱。
銅鑼、北管響盞、叫鑼	吳曼綾	合和藝苑館員。
響盞	蔡添木	台北市閩南樂府館員，曾獲教育部頒贈薪傳獎，曾任國立台北藝術大學傳統音樂系南管音樂教師。
四塊	陳瑞柳	台北市閩南樂府館員。
雙音	鄭叔簡	曾獲教育部頒贈薪傳獎。

由於該次演出屬於目前所稱的「文化場」，演出經費較為闊綽，因此，樂隊編制在傳統戲演劇活動中，稱得上為大型樂隊。

㈡樂曲之運用

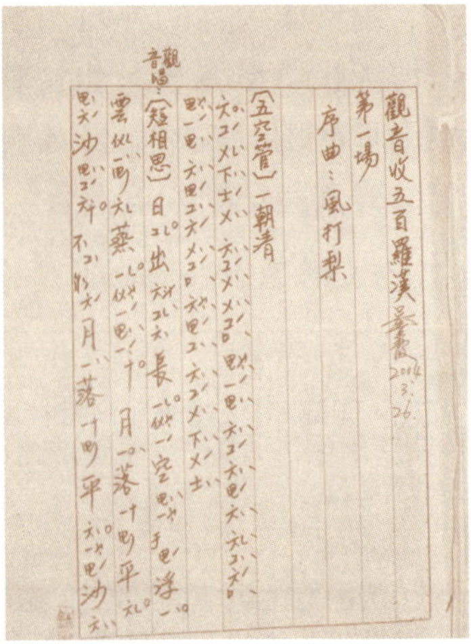

台灣的劇場活動史中，布袋戲曾引用南管的情形，為民間所樂道，而學術界的相關論述，也常有著墨，實際上民國三十年代的布袋戲如何運用南管，並無較具體的資料。布袋戲如何引用南管作為過場音樂，亦宛然掌中劇團曾於2004年新編《觀音收五百羅漢》，該劇的唱腔與配樂，由吳素霞女士編配。在開場之前先演奏一段音樂作為序奏，其性質有如歐洲藝術音樂的序曲（prelude），所奏的曲目為南管指套〈為人情〉的第三節【風打梨】，樂譜可參見劉鴻溝編《閩南音樂指譜全集》。

接續於【風打梨】之後，後場演奏【一朝清】，這首樂曲並非南管的指套或譜，而屬於南管戲的過場譜之一。根據南管戲劇目運用過場譜之調查，有運用【一朝清】的劇目計有〈買胭脂〉、〈仙女摘花〉、〈彩樓配〉與〈責溫金〉，顯示該譜為南管戲常用的過場之一，而可以確定的是，【一朝清】並非南管音樂。有關【一朝清】的相關資料，可參閱本章第二節「南管戲過場音樂」。

二、使用北管音樂的偶戲

引用北管牌子、譜作為後場音樂的偶戲，計有布袋戲與傀儡戲。布袋戲劇場運用北管的情形，普遍見於北部與中部，而中部的員林地區又發展出以【風入松】及其各種變體為後場樂的情形。傀儡戲以北管為後場樂者，為北部地區的現象。

㈠北管布袋戲

布袋戲引用北管音樂的情形，為戲劇後場引用樂曲消長的結果，在以南管作為後場樂的時代，有演師將當時流行的文戲改為武戲，同時改以北管作為配樂，竟大受觀眾歡迎，導致布袋戲以北管取代南管作為後場音樂[30]。台北地區運用北管為後場樂的布袋戲班，以新莊市的小西園最為有名，原因為該劇團的後場樂師都曾在北管館閣學習，其中的頭手邱火榮先生且曾獲得薪傳獎北管獎項，而另一位後場朱清松亦為知名北管樂師。

小西園掌中劇團於民國六十年代之後，長期受台北市大稻埕慈聖宮之聘請，每逢媽祖聖誕與飛昇的慶祝活動[31]，在該廟前搬演布袋戲以酬謝神恩，根據作者從民國七十年代以來的觀察，許王所演出的日戲為文戲，後

30 引自呂訴上著《台灣電影戲劇史》，第416頁。

31 媽祖聖誕通稱為媽祖生，為農曆三月二十三日，飛昇紀念日為農曆九月九日。民國七十至八十年代，台北市大稻埕媽祖宮皆舉行道教禮斗法會，以慶祝馬祖聖誕以及飛昇。

場音樂穿插以北管古路戲曲唱腔，並以牌子或譜作為過場樂，夜場的演出改為武戲或俗稱的金光戲，此時則無唱腔而為口白以及打鬥的動作，過場樂改運用京劇的鑼鼓曲牌，亦即以「外江」的音樂為後場樂。

中部地區也有以北管為後場樂，其中演奏唱技藝皆頗佳的布袋戲班，較具代表性者如彰化縣二水鄉的明世界掌中劇團，該團團長茆明福曾在當地的北管館閣震樂軒學習，後場的樂師也多來自該館閣，故所奏的北管音樂與北管館閣並無差異。

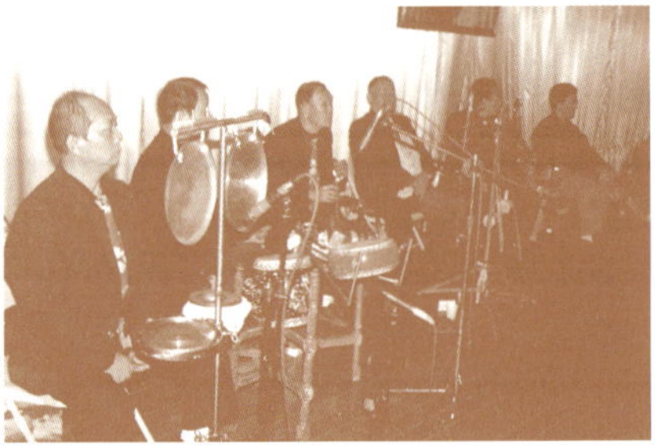

在國立傳統藝術中心的委託下，戲曲學者曾永義教授曾主持一項『明世界掌中劇團保存計畫』，作者曾於2000年的暑假，隨計畫人員前往錄製該團所演出的〈劉智遠斬瓜精〉，該劇也簡稱為〈斬瓜〉，劇中腳色有大花臉扮相的瓜精，以及小生扮相的劉智遠。茲以該次的演出，說明並分析布袋戲運用北管音樂的情形。瓜精出台跳台亮相，在戲偶亮相的過程中，後場吹奏【點絳唇】：

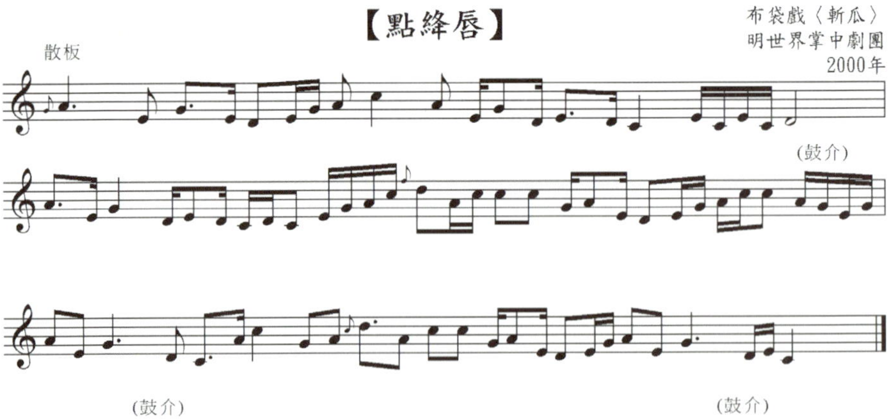

戲偶定位後，音樂停止，接著腳色報姓名：

本是深山一洞精，五百年前吾修行，俺今奉了玉帝旨，奉送兵書下凡塵。俺，瓜精是也。奉了玉帝玉旨，付在劉高使用，駕起祥雲。

說白完畢，後場鼓吹樂吹奏【六么令】[32]：

【六么令】

布袋戲〈斬瓜〉
明世界掌中劇團
2000年

♩≒100

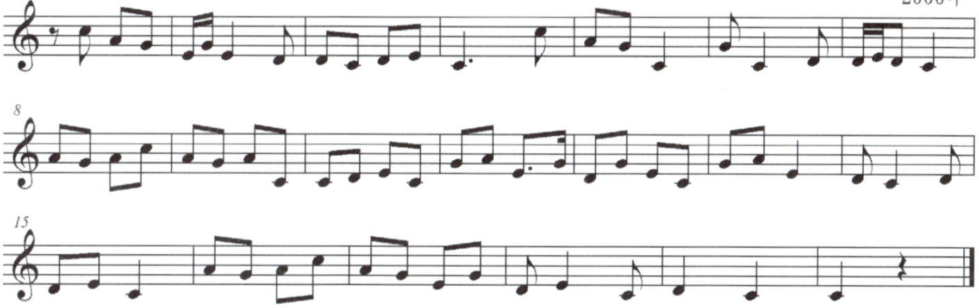

瓜精的科介動作表示空間的移動，由仙界前往到瓜園後，音樂停止，續以說白：

唉呀，到此就是瓜園，待俺站在一旁，好待劉智遠來也。

此時小生扮之劉智遠出台，後場鼓吹樂吹奏【千秋歲】：

【千秋歲】

布袋戲〈斬瓜〉
明世界掌中劇團
2000年

散板　♩≒110

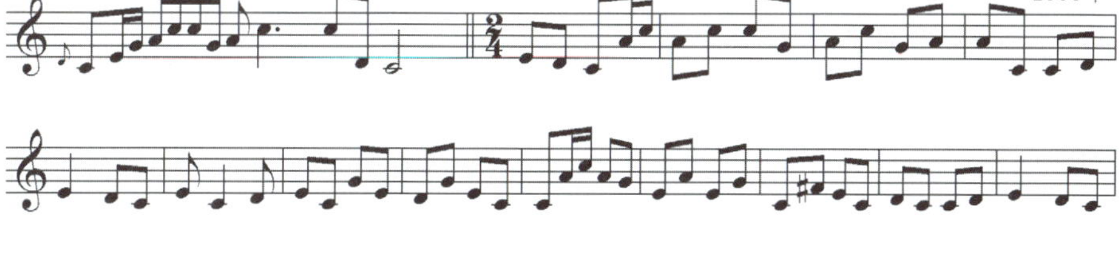

32 曲牌【六么令】，民間的樂語多以諧音說成【玉母令】或【六母令】。

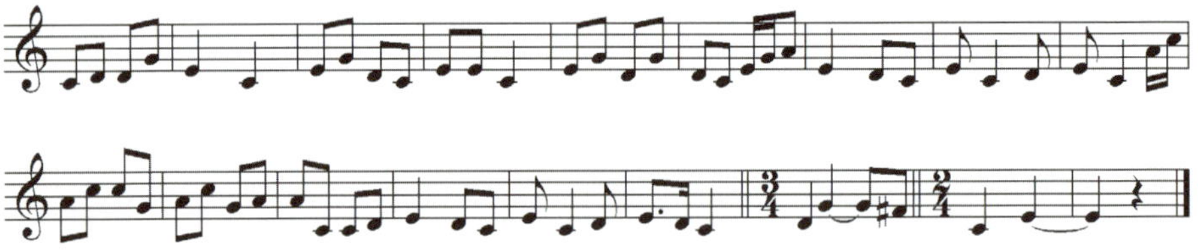

劉智遠出台後為〈斬瓜〉的主戲，科介動作為與瓜精交戰，方式為透過演唱長篇的【平板】唱腔，該唱腔中間並有插入【疊板】，各段的唱詞描述空間環境以及交戰的情形，與瓜精的實際對仗時，後場則演奏【長點】、【斬瓜點】與【哭相思】。交戰結束，劉智遠說白：

哈哈爾看，妖精戰俺不過，藏在地下，俺不免打開一看。

這段科介，後場吹奏【倒頭風入松】：

【倒頭風入松】

布袋戲〈斬瓜〉
明世界掌中劇團
2000年

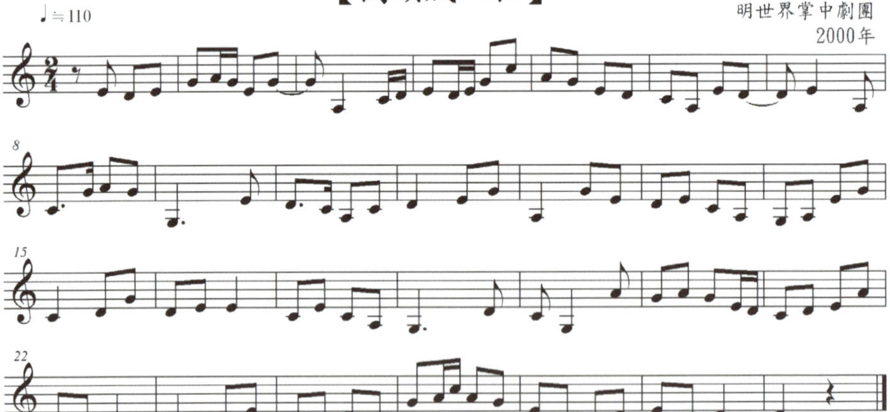

劉智遠挖了地底之後，發現所藏者並非瓜精，卻變為寶藏，續說白云：

唉呀，吾道什麼東西，原來兵書寶劍，俺今得了此寶，不免望空一拜。

說白畢，續唱一段【緊中慢】的唱腔：

皇天不負英雄漢，自有神仙打動機。保佑劉江成功就，還頭焚香答上蒼。今日夫妻分別去，【平板尾】未知何日再相逢。

唱畢，續說白：

唉呀，俺今得到此寶，不免忙往汾州投軍去也。

下台時後場吹奏鼓吹樂【尾聲】：

【尾聲】

布袋戲〈斬瓜〉
明世界掌中劇團
2000年

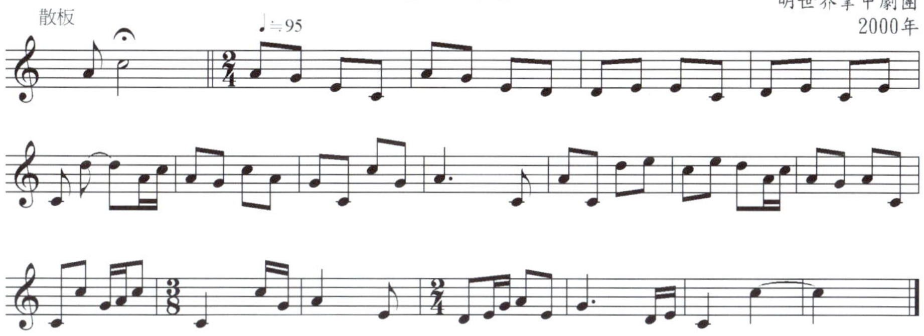

㈡「風入松」布袋戲

【風入松】為北管牌子中，曲調樣式最多者，計有：古路大風入松、新路大風入松、河北大風入松、古路風入松、新路風入松、倒頭風入松、掛頭風入松、緊風入松，以及工管、六管、凡管、五馬管等風入松[33]，因此，【風入松】可作為特定樂曲的專稱，也能作為曲牌家族的通稱。可能

33 【風入松】各種樣式的樂譜，可參見呂錘寬輯《傳統音樂輯錄北管卷——牌子集成》，第433頁-444頁。

出自具有豐富北管音樂資源的地緣關係，員林地區乃發展出一種以各種變體的【風入松】，作為後場音樂的布袋戲，故有人也稱這類的布袋戲為「風入松布袋戲」。

員林地區稱為「風入松布袋戲」，所使用的後場音樂計有：短節風入松、中節風入松、慢風入松、文風入松、武風入松、千秋歲、急三鎗等。

(三)傀儡戲

傀儡戲的戲偶以懸絲操弄，屬於一種懸絲傀儡。該類演出用於兩種不同的場合，南部與金門的傀儡戲用於正月的拜天公，或結婚時的拜天公，由於該些場合都屬吉禮，而該劇種的口語稱為ka^{1}-lê^{2}，故劇種的書寫名稱應為嘉禮戲。至於北部地區的旋絲傀儡則用於逐煞，人們仍以ka^{1}-lê^{2}稱該劇種，由於兩個地區的旋絲傀儡具有的功能完全不同，為了有所區別，故本文將台灣的懸絲傀儡戲，分別書寫為為嘉禮戲與傀儡戲，以示其功能與音樂系統的差異性。北部地區傀儡戲後場使用北管音樂的情形，完全相同於北部地區布袋戲後場。

三、潮調布袋戲

潮調，為台灣民間對傳統潮州音樂的簡稱，口語稱tio^{5}-tiau^{3}，有些民間樂人因語音的關係，也說為to^{5}-tiau^{3}，因此之故，有些論述乃將之書寫為「道調」，該寫法並不正確，潮調與道教音樂並無關係。台灣傳統戲劇使用潮調音樂者，僅見於布袋戲與皮影戲，皮影戲運用潮調於唱腔，若干地區的布袋戲班，除了吸收潮調作為唱腔，也以潮調作為過場樂。

(一)流傳概況

使用潮調作為布袋戲的後場音樂，根據呂訴上的論著，雲林縣水林、口湖一帶的布袋戲班，有引用潮調的情形[34]，知名的布袋戲班如黃海岱的五洲園、鍾任壁的新興閣，都曾以潮調作為後場而被文化界稱頌，然而從

---

34 引自呂訴上著《台灣電影戲劇史》，第417頁。

國立傳統藝術中心委託的布袋戲保存專案顯示，兩者於民國八十年代之後，已不復使用潮調音樂，其保存報告中也未見任何潮調的紀錄。

引用潮調作為布袋戲過場音樂的具體資料，來自員林與台南縣下營鄉中營村，其前場唱腔屬於潮調，從曲牌名稱與演唱風格的特徵等，都極為確定。

㈡潮調樂曲

員林的詹柳械先生抄本屬於譜的樂曲中，有四頁的譜式為以「二-三-四-五-六-七-八」記譜，曲目計有：悲怨、玉輔尾、比美怨、相思怨、五折、梳妝樓、粉紅連，其他則全部以通行的工尺譜記譜，其中【梳妝樓】的樂譜且與潮州音樂中的【梳妝活五】大體上相同，兩者的樂譜如下：

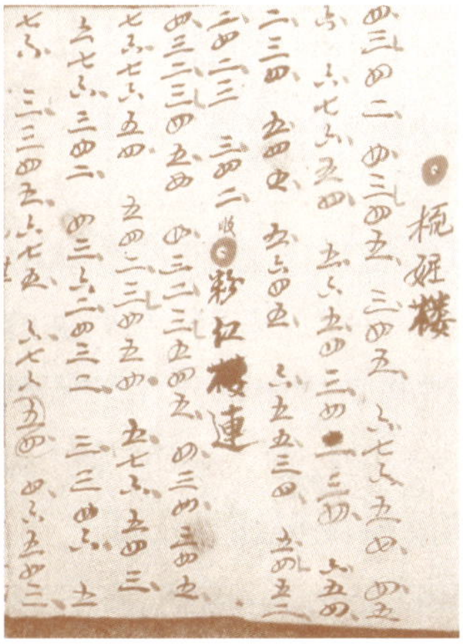

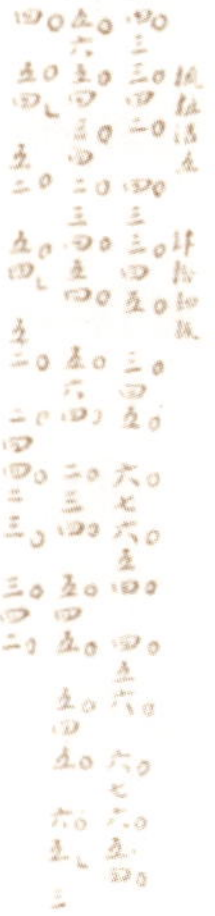

潮州的傳統音樂原以二四譜的譜式記譜，然而於民國五十年代之後，該古老的譜式已經在該地失傳，根據陳蕾士著的《潮樂絕譜二四譜源流考》，他稱[35]：

> 二四譜不但為潮州音樂長期使用之譜式，潮州戲劇音樂生命之

35 引自陳蕾士著《潮樂絕譜二四譜源流考》，第5-6頁。

> 所繫，亦是今日潮州樂調之依據……雖然二四譜自清朝末期至民國初期已逐漸被改為工尺譜，至今連工尺譜亦少見，多數被譯為簡譜……近數十年來，凡進過小學之人，莫不習用以阿拉伯號碼代表音階之簡譜，因而又從工尺譜再變而為簡譜，潮州音樂專用之二四譜遂至絕跡。

依陳蕾士的說法，二四譜在潮州已經絕傳，他所賴以論述二四譜的資料，乃來自在新加坡的潮州音樂團體——餘娛儒樂社的抄本，該冊抄本抄錄潮州樂曲55首，其中以二四譜的譜式抄寫者計有43首，而有12首已經改為工尺譜抄寫；該冊抄本中的樂曲名稱與詹柳械抄本相同者，計有【粉紅蓮】、【相思怨】，而名稱近似、曲調大體相同者，為上舉的【梳妝活五】，兩者前兩小節有拍子上的差別，詹柳械抄本的第二小節為板後，餘娛儒樂社抄本為板上。透過詹柳械抄本中的二四譜類樂曲，與以二四譜記錄的潮州樂曲之比較，能證明員林的詹柳械家傳布袋戲音樂，確實為傳統的潮州音樂。

台南縣下營鄉稱為潮調布袋戲的音樂，雖無若員林所擁有的寫傳樂譜，卻有更為珍貴的資源，藝人仍能使用二四譜作為樂曲的學習與敘述。在訪問下營鄉中營村的潮調藝人李註的時候，他除了演唱戲曲唱腔，也唱了4首譜：梳妝樓、相思怨、浪淘沙、粉紅蓮，除了【浪淘沙】之外，其餘3首都見於詹柳械抄本。隨著在訪問後場樂師林永祥之時，他也唱了1首【相思怨】，所唱的曲調以及唸的二四譜，與李註所唱者完全一致。

【梳妝樓】

潮調布袋戲音樂
台南縣下營鄉李註唱
1983年

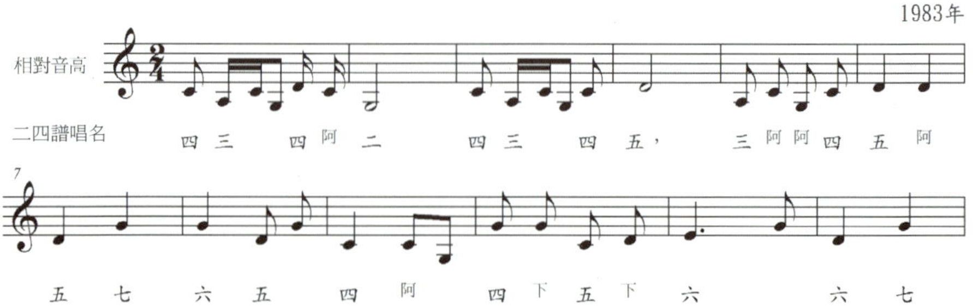

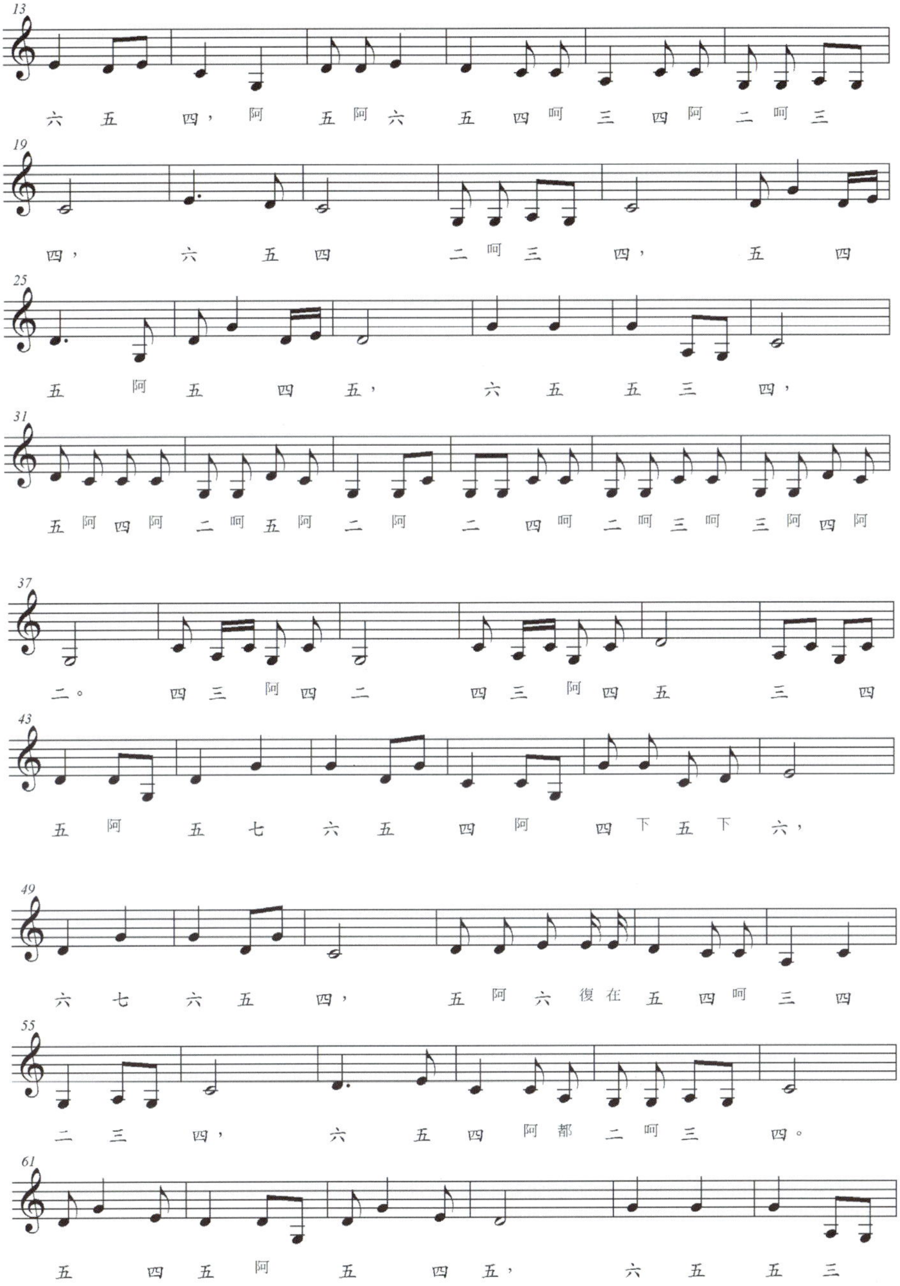
13
六 五 四，阿 五 阿 六 五 四 呵 三 四 阿 二 呵 三
19
四， 六 五 四 二 呵 三 四， 五 四
25
五 阿 五 四 五， 六 五 五 三 四，
31
五 阿 四 阿 二 呵 五 阿 二 阿 二 四 呵 二 呵 三 呵 三 阿 四 阿
37
二。 四 三 阿 四 二 四 三 阿 四 五 三 四
43
五 阿 五 七 六 五 四 阿 四 下 五 下 六，
49
六 七 六 五 四， 五 阿 六 復 在 五 四 呵 三 四
55
二 三 四， 六 五 四 阿 都 二 呵 三 四。
61
五 四 五 阿 五 四 五， 六 五 五 三

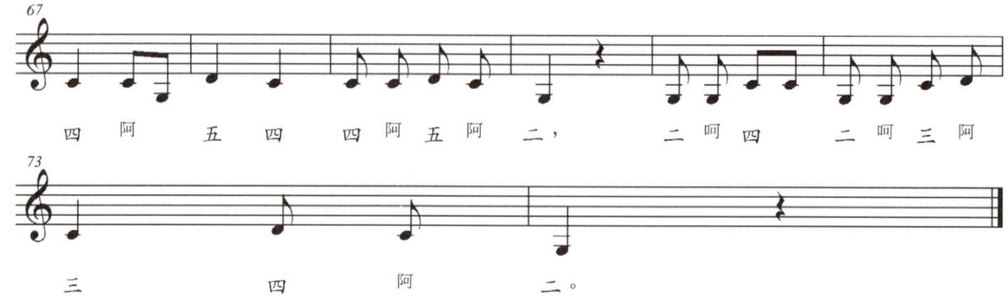

【相思怨】

潮調布袋戲音樂
台南縣下營鄉林永祥唱
1983年

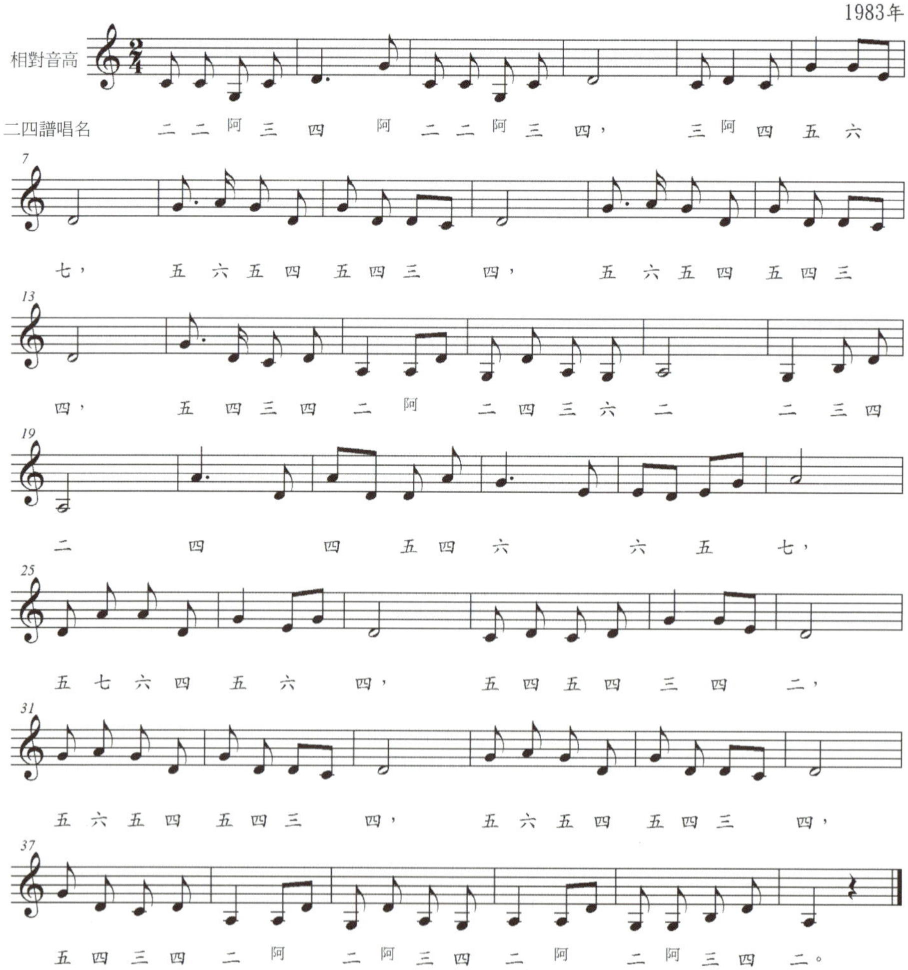

【浪淘沙】

潮調布袋戲音樂
台南縣下營鄉李註唱
1983年

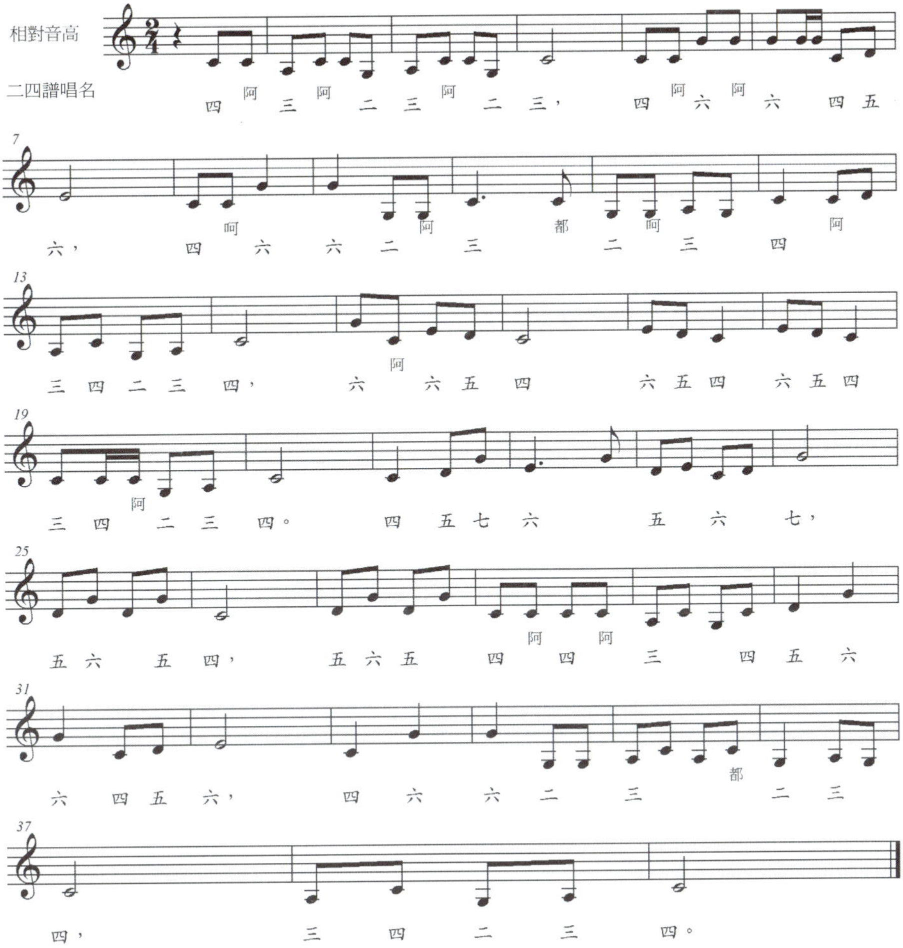

【粉紅蓮】

潮調布袋戲音樂
台南縣下營鄉李註唱
1983年

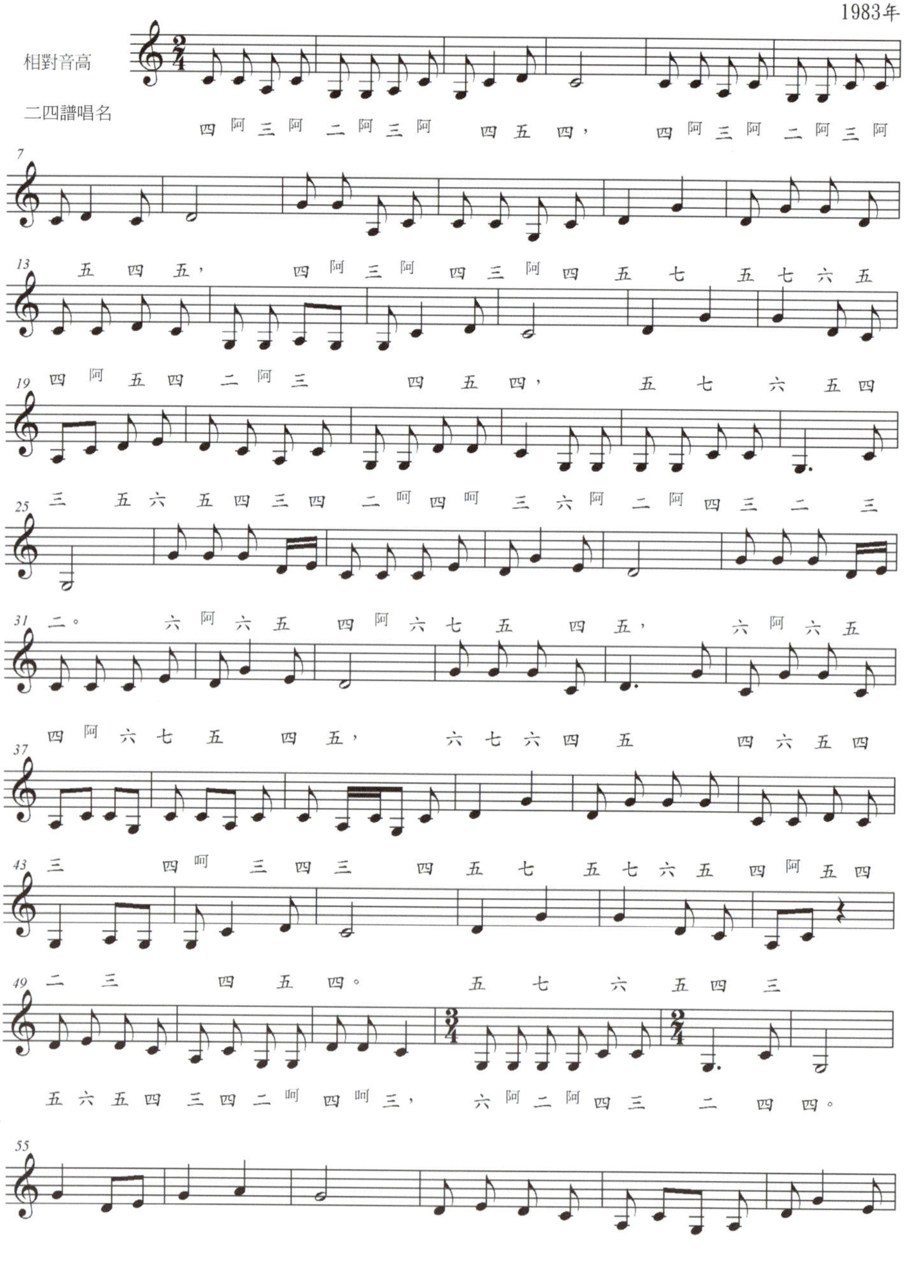

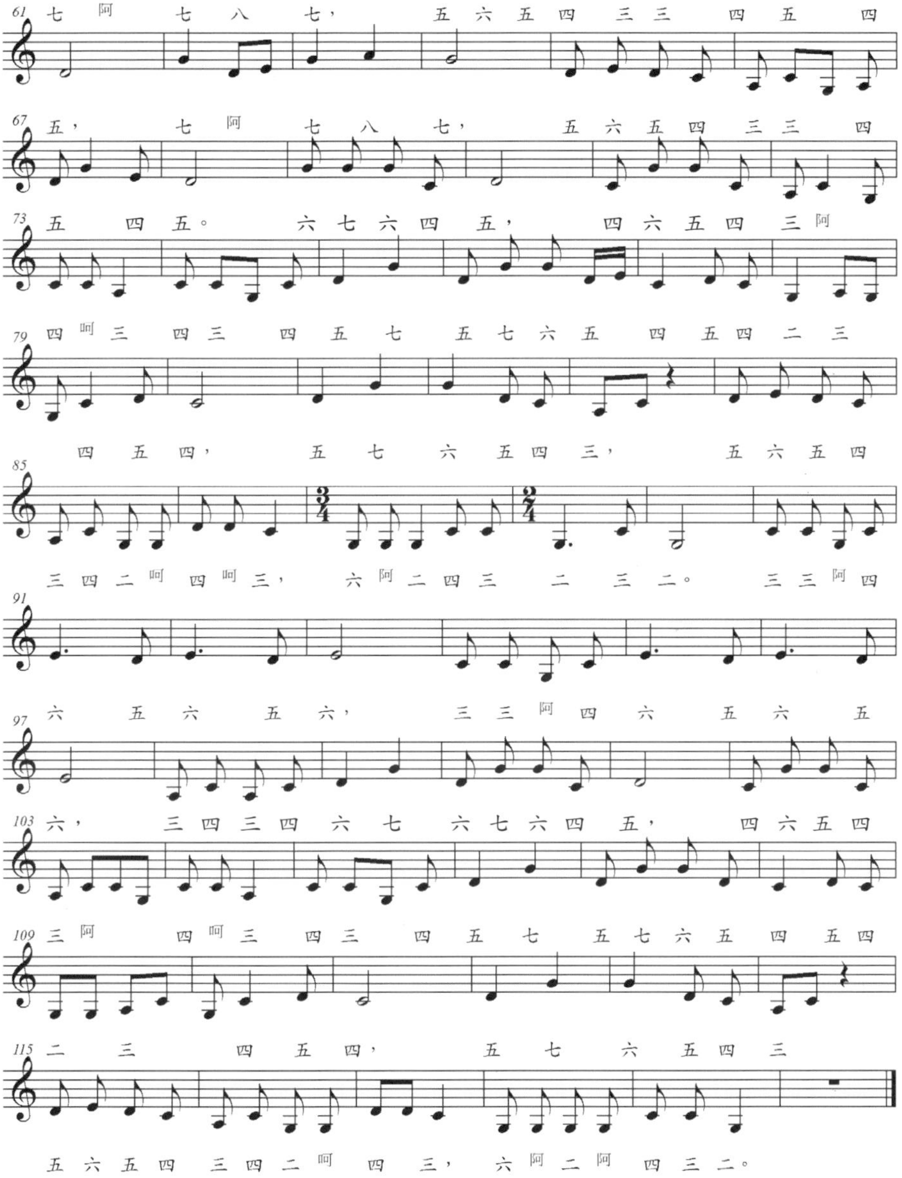

令人覺得相當不可思議者，如此隱微的音樂傳統，台南縣下營鄉藝人所唱的上述諸樂曲，二四譜的唸譜部分竟然幾乎完全相同，林永祥與李註所唱的【相思怨】，曲調與唸譜完全相同。

㈢潮調布袋戲中的北管器樂[36]

潮調布袋戲藝師詹柳械保存的抄本中，除了上述4首樂曲為潮調，其餘都為北管，包括戲曲、牌子、譜以及唱腔的過門，這似乎顯示，雖被稱為潮調的布袋戲，演出的劇目當以北管系統的劇目為多，如同早期被視為南管戲的戲班，演出的劇目多為交加戲，而稱為交加戲的劇團，則又以歌子戲為主要的演出劇目。

詹柳械抄本的第一頁為帳目，最前端並書有「明治四十三年四月二十九日庚戌桐月廿」的字樣[37]。前12頁為戲劇總講，根據抄本上的資料，劇目依序為：舊三仙、新金榜、新三仙會、封王、新封王、新金榜。接著的資料為工尺譜，隨後又是劇本的總講，劇目為：醉仙、大封王、大金榜、醉仙詞。

接於〈新封王〉、〈新金榜〉之後為工尺譜類資料，根據樂曲的性質，可分為鼓吹類與絲竹類，鼓吹類樂曲，北管文化圈稱為牌子。詹柳械先生抄本屬於此類的曲目計有：

> 武點江、三仙點江、粉蝶頭、一枝香、緊吹場、泣顏回、千秋歲、清板、尾聲。新金榜、風入松、急三鎗、園林好、得流子、對子、六母令。玉芙蓉、（清、讚）、一粒星、將軍令、番竹馬（清、讚）、舊二凡（清、讚）、新清板、新尾聲、僥僥令、收江南、新六母令、舊六母令、上小樓、下小樓、鐵連燈、一江風（清、讚）、大班對子、卓頭風入松、到頭三昌凡字、得勝令、大班德流子、大班三昌、千秋歲大班、送麟兒、清江引、耍孩兒。醉仙粉蝶、急顏回、上小樓、下小樓、黃龍滾、小樓記、疊疊犯、女點江、六母令。番竹馬（清、讚）、得流子、尾聲。風入松、急三昌，醉仙粉蝶、急顏回、上小樓、下小樓、黃龍滾、小樓記、疊疊犯。大班點江。蕊蕊金、新

36 關於潮調布袋戲藝師詹柳械的抄本內容，引自作者撰〈論台灣偶戲音樂中的tio^5-$tiau^3$〉。

37 明治43年為西元1910年。

得流子、新墜子、清板、員林好、吐兒。克雁回（清、讚）、北尾、過關、小仙園林好、紅繡鞋、不是路（清、讚）、新水令、步步嬌、四大金綱、新風入松、古美酒、小仙員林好、紅繡鞋、醉花陰、喜廷英、四門子、水仙子、一江風（清、讚）、尾凡詞（清、讚）。

上述樂曲都以工尺譜記錄，該些樂曲都屬於北管牌子，有些屬於連套牌子，用於扮仙戲之中，有的屬於北管藝人所稱的「散牌」，可作為戲劇中的過場，或排場曲目。這類樂曲的曲名都屬於南北曲系統，然而由於民間藝人幾乎沒有文學訓練，故曲調名稱有許多都以諧音字表示，有些則為形近的異體字，因此，正確解讀上述的曲牌名稱，須有古典音樂文學的基礎。

在扮仙戲總講之後，穿插於牌子類樂曲之間的曲目，以音樂的類別言之，屬於北管文化圈所稱的譜，這類曲目所抄錄者計有：

大開門折、紫雲飛、七句詩、水底魚、一寸連、百家春、大八板、普庵咒、福祿壽、福祿壽折。比美怨、相思怨、悲怨、玉輔尾、清涼、梳妝樓、粉紅連、五折、十三腔柳金、十三腔。兔兒（清、讚）、清涼、相思怨、新八板、女點江、武點江。比美怨、梳妝樓、玉輔尾、古美酒、蒜仔皮、德勝令、金杯、千百卓、壹封書、千秋歲、新克雁回、點江、克雁回、石榴花、黃龍滾、疊疊犯、火炎記、五馬朝安歌、朝天子、珠馬程、收江南、珠文飛、鐵連燈、德盛令、雙城子、蒜子皮母、大開門、三句半、天下樂、步步嬌、一寸蓮、過江龍、千里怨、平板、閹豬普、漢東山、水府登樓、過江龍、員林好、七條嬌、小八板、四不相。

與牌子一般，譜的樂曲名稱也多有諧音字的情形，要準確地解讀並非易事，須有相關的傳統音樂知識做基礎，包括廣東、福建、浙江、雲南等等地區的傳統器樂。從樂譜形式觀之，詹柳械先生抄本中的譜可分為兩種，一為通行的工尺譜，這類記譜法相同於北管文化圈，另一類為以：

二三四五六七八記譜，如果參照以陳蕾士的《潮樂絕譜二四譜源流考》，可以將該類樂曲的譜式稱為二四譜，這將是提供詹柳械先生的布袋戲音樂屬於潮州音樂體系的直接且具體的證據。

穿插於譜之間的樂曲資料，可以分析出既非扮仙戲、牌子或譜的部分，亦即戲曲的唱腔，以及唱腔中的過門，這類樂曲計有：坤啌頭、邦子啌大調、邦子啌生旦、慢中緊、緊中慢、工空、三角板、長運、十二丈、二紅、西皮。

上述的樂曲名稱中，部分仍為諧音字，以正確的書寫方式，應為：崑腔頭、梆子腔、長韻、二黃。【崑腔頭】、【梆子腔】為運用於部分扮仙戲中的唱腔，至於【慢中緊】、【緊中慢】、【十二丈】、【二黃】、【西皮】，則為古路戲曲與新路戲曲的唱腔，以該些資料推論，則詹柳械先生的布袋戲班，除了扮仙戲引用北管的劇目，正戲應也有引用北管戲曲唱腔的情形。

四、「外江」布袋戲

「外江」，口語稱為gua^{3}-kang^{1}，為台灣傳統社會對京劇，或京劇音樂的通稱，隱約地作為相對於本地的音樂戲曲傳統，該語彙有多義，可指稱特定的劇種如京劇，或音樂系統，此時指吸收自京劇的唱腔或它的後場器樂，包括鑼鼓、鼓吹或絲竹音樂。

(一)「外江」音樂略述

「外江布袋戲」並非通行的語彙，一般的敘述為：用「外江」音樂的布袋戲。外江音樂可視為台灣傳統社會對京劇音樂的相對說法，以區別於南管或北管。「外江」音樂與南管音樂極容易區別，兩者所使用的文字語言不同，音樂系統也完全互無關係，至於它與北管的關係就較難完全區分。狹義上，「外江」的音樂或戲劇，指民國三十八年以前，自發性地流傳於台灣社會的京劇，隨著國民政府傳入的京劇，就不再被視為「外江」，而直呼為國劇或平劇。

台灣的北管由牌子、絃譜、戲曲以及細曲組成，戲曲又有古路戲曲與新路戲曲之分，新路戲曲的唱腔包括西皮與二黃，故也被稱為「西皮」或「西路」，因此之故，一般的社會大眾或知識界，也常將「外江」與北管混為一談。實際上傳統音樂界如北管館閣，或傳統戲曲如布袋戲班，對兩者的界定是極為明確的，所指的「外江」，為來自京劇的，無論是唱腔或後場樂。欲進一步區別「外江」音樂與北管音樂，須有實際的音樂接觸，以唱腔言之，京劇與北管新路戲曲都有名為【西皮】的旋律，如果僅透過音樂詞彙，很容易將兩者視為一體的兩面，實際上兩者雖有相同的旋律架構，真正的樂曲風格仍有差異。

本文所指的「外江」音樂，指二十世紀中葉以前，即已流傳於台灣傳統社會的京劇音樂。布袋戲引用「外江」音樂的情形，有具體錄音資料作為佐證者，為台北市的亦宛然掌中班，該劇團由李天祿主持，作者曾蒐集到由他演唱的布袋戲劇目計有：失徐州、古城會、失荊州、過五關、蝴蝶杯、唐朝儀，為1960年中廣公司的錄音。憑著錄音資料，如果以劇本與唱腔為切入，也能將這6齣戲解讀為京劇，而整體戲劇的處理上，與京劇仍同中有異，相同之處包括：人物腳色、情節段落、唱腔、後場鼓吹音樂與鑼鼓，不同處在於：說白語言、說白方式，李天祿的說白語言為閩南語，說白方式則為布袋戲所特有的風格。

㈡後場樂實例

運用外江音樂於布袋戲劇場的實際情形，可以民國四十年代李天祿的演出獲得具體的例證。在《失徐州》一劇，張遼等4名將軍出台，演唱【點絳唇】，由李天祿演唱，出台報過姓名後，4位家將分班伺候，後場奏鼓吹樂：

【家將分班】

布袋戲《失徐州》
李天祿演出
1960年

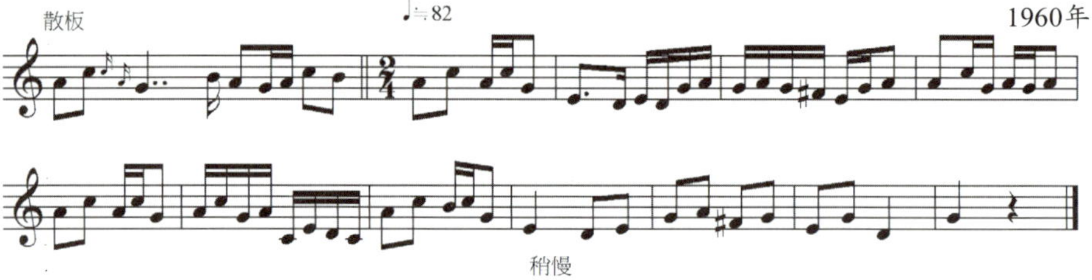

樂止，曹操出台，唱【點絳唇】，仍由李天祿演唱，曲調同前，唱畢，後場又奏鼓吹樂：

【曹操出台】

布袋戲《失徐州》
李天祿演出
1960年

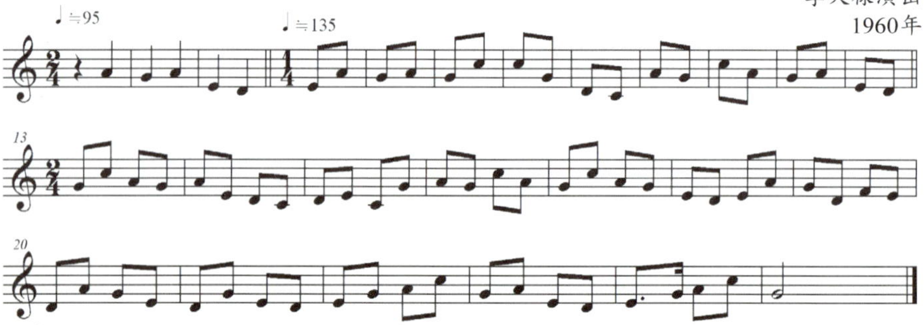

樂止，曹操唸定場詩，續說白：

老夫，曹操字明德，老夫該商之子，參之後，舉孝廉，誅董卓，輔冀漢帝。才過許昌起義，多望復漢同興（一鑼），聞知徐州劉備兄弟三人徐州起義，吾奉命提調十萬大軍，多望兵取徐州（一鑼），眾將（後場應）。

隨著為吩咐4家將任務等，續說白：

眾將（後場應），準備大隊，本部人馬，隨老夫出兵，兵取徐州城。

此時後場吹奏鼓吹樂：

【曹操出兵】

布袋戲《失徐州》
李天祿演出
1960年

♩≒84

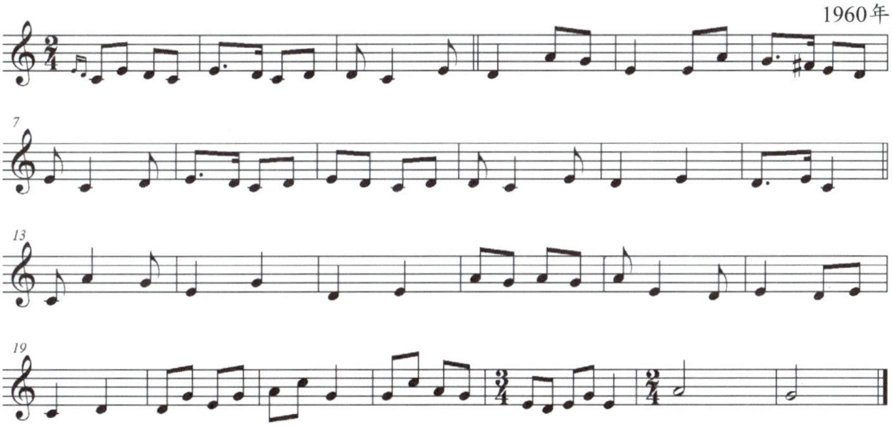

曹操等下台，接著的場次為劉備出台，出台時演唱一段【西皮】，續以定場詩、說白等，如一般戲劇的程式。接著探馬回報，曹操已經調動人馬攻打徐州，劉備乃請出張飛以謀對策，張飛於是獻計，云先出其不意突襲曹營，劉備覺得計謀甚佳，於是安排人馬準備行事，此時後場奏鼓吹樂：

【劉備出兵】

布袋戲《失徐州》
李天祿演出
1960年

♩≒90

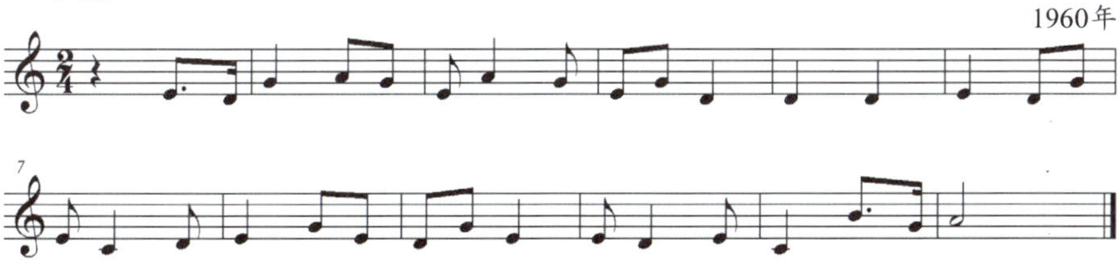

劉備兄弟計謀突襲操營，卻不知曹操的探馬已經事先得知軍情，因此

早先設下戰略，劉備軍隊中了埋伏，兄弟兩人乃被大軍衝散，於是逃到山裡，此段科介後場以鼓吹樂作為過場：

【劉備敗逃】

布袋戲《失徐州》
李天祿演出
1960年

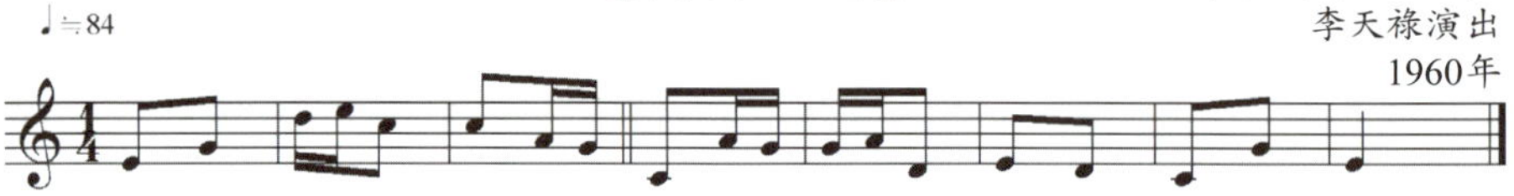

被衝散的張飛，尋劉備不著，也隨著逃入山，後場奏樂：

【張飛敗逃】

布袋戲《失徐州》
李天祿演出
1960年

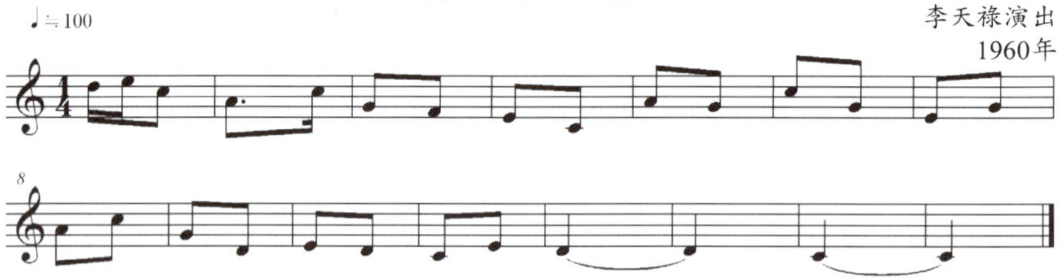

曹操獲報，劉備與張飛都分別逃逸，於是發兵前往徐州，所奏的過場樂為：

【進軍徐州】

布袋戲《失徐州》
李天祿演出
1960年

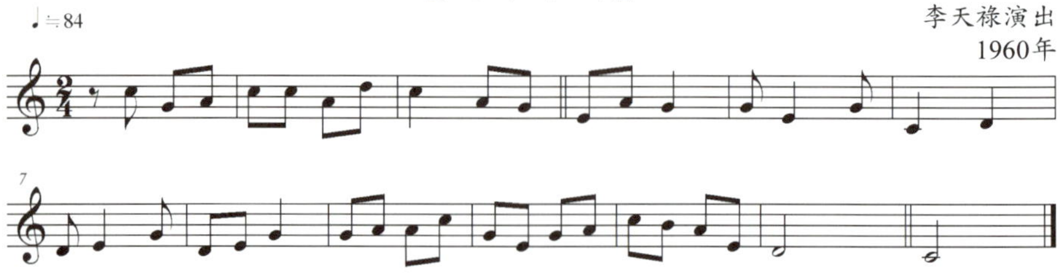

到了徐州後，乃指揮軍隊進入徐州城內，後場奏的鼓吹樂速度更為輕快活潑：

【曹軍入徐州城】

布袋戲《失徐州》
李天祿演出
1960年

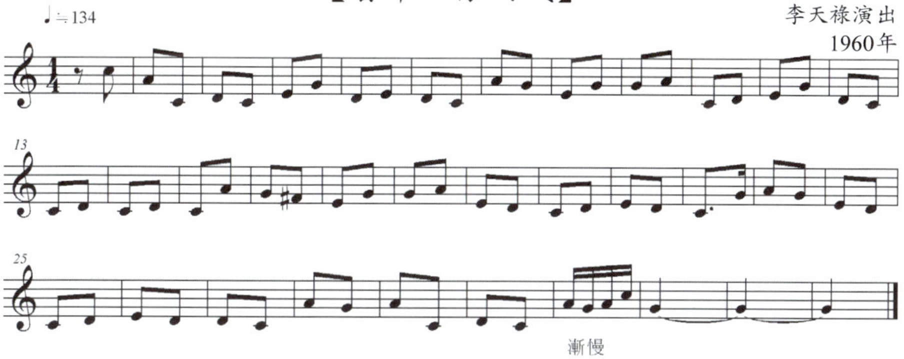

㈢音樂特點

由於布袋戲的戲偶小，戲台空間的長度約僅兩公尺寬，故戲偶的動作較人戲快速許多，在這種情況下，後場音樂的速度多為較快板，且樂曲的篇幅短。以傳統手法表演的布袋戲，如台北縣新莊的小西園，或彰化縣二水鄉的明世界，以後場音樂的運用言之，為目前所見最為古典者，後場樂師演奏的樂曲，通常皆屬短小的曲目，且色彩上較輕快活潑。

第七章

漢族宗教儀式中的器樂

台灣的民族主要為漢族，以及統稱為原住民的諸民族，原住民各類儀式中並無器樂，都以歌唱的方式宣行儀式或讚頌祖靈。漢族的傳統宗教信仰為佛教與道教，以及為醫療補運服務的法教，此外，尚有基督教與伊斯蘭教等，後兩者的音樂不在本文討論的範圍。漢族各種宗教儀式的音樂，可分為儀式主持者的演唱，以及後場樂師演奏的器樂，歌唱的部分可參閱作者所著的《台灣傳統音樂概論——歌樂篇》，至於儀式中的器樂，用於儀式開始與結束、儀式中具有科介性法事，或儀式空間改變時等之過場，擁有這類法事音樂的宗教，計有道教之正一派與靈寶派、法教、釋教。用於漢族宗教儀式的後場器樂，都非屬各個宗教的固有音樂，而為引用者，且都相同地吸收自北管器樂中的牌子或絃譜。

第一節 1

法事種類及演出之相關資料

漢族宗教中的道教與法教，與基層民眾的信仰習俗有密切的關係，故法事種類頗多且複雜，本文所述者，為儀式進行時有後場樂者，至於法教，亦即從業者所稱的小法，其儀式如祭解補運、召營、犒軍等，多數的情況並無後場音樂，因此，本文不予討論其法事的相關資料。

一、法事種類與規模

根據儀式功能的不同，台灣漢族各類宗教的法事分為拜神、醫療以及拔亡三類。由於法事所牽涉到的人事不同，故規模乃有大小的區別，其中以拜神類的規模最大，因此，所蘊含的音樂也最為豐富。

(一)拜神類法事

拜神類法事用於敬拜神明，從事這類法事活動的宗教為道教，而由於儀式主持者有道法派別上的差異，故又分為道教正一派與道教靈寶派，前者也做醫療類法事，而後者則兼從事拔亡類的法事。

根據規模的不同，拜神類法事分為建醮與禮斗法會，正一派與靈寶派道士都從事這類的法事。建醮為廟宇延聘道士從事系列科儀宣演，屬於最盛大的道教法事活動，建醮牽涉的祭區較廣，前往祭拜的信徒眾多，法事期間並有各種相關的禁忌。依所舉行天數的差異，建醮分為一朝醮、二朝醮、三朝醮、五朝醮等，偶爾並能見七朝醮、九朝醮，甚至49天的羅天大醮[1]。建醮法事規模中的「朝」，大體上與「天」同意，三朝醮為期3天，五朝醮為5天。

由於舉建醮典之目的不同，又有祈安清醮、慶成醮、逐瘟醮、禳火醮等之別，祈安清醮為單純地向神明祈求，以賜福風調雨順、國泰民安，屬於常見的廟宇建醮法事。慶成醮於廟宇修建完竣後行之，以逐煞奠安，並使居止安寧，屬於具有特定功能的法事。逐瘟醮俗稱王船醮或王醮，目的為驅逐瘟疫，見於南部沿海地區，至於北部地區並無該類法事。王船醮目前已成為定期的民俗嘉年華會，如台南縣西港鄉的慶安宮、佳里鎮的金唐殿，或屏東縣東港的東龍宮，每3年就舉行一次王船醮。

禮斗法會也稱為拜斗，其目的有二：慶祝廟宇神明壽誕，或紀念其得道飛昇，為信眾祈福消災。禮斗法會為廟宇內的活動，廟宇所在地境內的住戶，除了居於個人信仰，並不參與該活動。禮斗法會的主要儀式為拜誦經懺，最後一天並有拜天公與普度，所拜誦的經懺多寡，視舉行的天數而定，不論如何，通常都會有北斗經與南斗經，根據民間信仰，前者具有消災，後者有延生祝壽的功能。

1 台灣的廟會活動史曾有過一次49天的羅天大醮，於1984年11月在台南市的鹿耳門天后宮舉行，主持法事者為台南市集神壇道士陳榮盛。

㈡醫療類法事

醫療類法事的對象為「生人」，其目的為將祈求者身體中，或家庭之內的不潔、厭穢之氣驅逐出去，使體魄因而恢復健康，家庭生活順遂、工作與事業如意。醫療類法事的總稱，該行業對外多稱以「祭解」、「補運」，或「祭解補運」。內行之間也稱以「法場」，如論及較具體的法事施行，則稱「作獅」、「獅場」。按「作獅」或「獅場」，乃取義於法事中的翻土儀式，法師捲於草蓆中，以象獅子之狀，並做各種舞弄的科介，以逐趕房舍內不潔淨之穢氣邪祟。

從事醫療類法事者，有正一派道士，以及俗稱「法官」的人員。正一派道士兼行兩種法事，拜神類法事屬於「道門」，主要的神明系統為九御[2]－諸天星君－天師；醫療類法事屬於「法門」，神明系統為長生大帝－三奶夫人－閭山兵將。由於正一派從事的法事來自兩個教派，因此所供奉的宗師為「道法兩門宗師」。俗稱「法官」的儀式主持者，分布於全台以及金門、澎湖等鄉鎮，由於從業者眾，衍生的法派也較為複雜，分別有三奶派、閭山派、普庵派等，所從事的法事包括祭解補運、安營犒軍，祭解補運的對象為，身體欠安或居止不寧的信者，安營犒軍為駐守於廟宇的神兵將吏。

具有後場音樂的醫療類法事，為由正一派道士兼行的大補運法事，屬於規模最大的醫療類法事，故稱為「大補運」，平常的補運法事多為10或30分鐘，大補運法事則約1天，由上午10點左右至晚上8或9點。大補運法事即獅場，法事節目計有：請神、請水、安灶、奏狀、翻土、拋法、敕符召營、拜天公、造橋過限、割鬮、送火、犒師、卜碗卦、解壇。

㈢拔亡類法事

拔亡類法事俗稱為「做功德」或「做旬」，為信士親人剛亡故的超度法事，其目的為將亡者靈魂由地獄引渡至西方極樂世界。拔亡類法事的儀

---

2 道教神明體系中的「九御」，為九位帝王級神明的總稱，包括：元始天尊、靈寶天尊、道德天尊、玉皇大帝、紫微大帝、勾陳大帝、保生大帝、雷聲普化天尊。

式主持者分別有道教靈寶派的道士，以及俗稱「釋教」的人員。

拔亡類法事關乎信士家族眾多成員的信仰，以及地方習俗，因此有頗為複雜的民俗因素與地方色彩，法事規模則隨信士的經濟與信仰的情況而異，常見者為俗稱的「午夜功德」，法事從上午10點左右至夜間9或10點，此外，尚有「一朝宿啟」、「二朝宿啟」，甚至三朝的功德。

拔亡類法事的宗教雖有道教與釋教之分，法事節目表大致相同，兩者都以午夜的規模最為常見。午夜功德的法事節目計有：請神（道教，如為釋教，則為請佛）、開通冥路、放赦、打城、填庫，以及各種經懺，道教靈寶派為：度人經、三元水懺、藥師寶懺等，如為釋教，則為：梁皇懺。

二、儀式宣行的空間

不論拜神、醫療或拔亡的法事，都須於法事前搭建供儀式宣行的空間，除此之外，並有與儀式相關的設施。

㈠固定的儀式空間

固定的儀式空間，為法事期間宣行大部分儀式的場所，於將舉行法事之前才臨時搭設，法事結束後即予以拆除，此一場所通稱為「壇」，拜神類特稱為道場，如為建醮類法事，也稱為醮壇，通常搭建於廟宇正殿，如正殿的空間太小，則搭設於廟的其他合適空間，例如台北市松山慈祐宮於民國七十六年舉行的五朝醮。如為王船醮，通例為搭設於廟宇後殿或其他適當處所，正殿皆鋪設為臨時的王爺府。醫療類法事的儀式空間為信士宅第的大廳，或主持法事法師的私人神壇。拔亡類法事為亡者親人宅第的庭院，或住所附近足以宣行儀式的空曠場所。

儀式的空間由正面的高階神明，以及左右兩側的神明組成。拜神類布置於正面的神明為三清大帝、玉皇大帝、紫微大帝等，左右兩側為兩班神明，對面並須搭設三界神明壇。醫療類的正面神明為長生大帝、三奶夫人，兩側為法教所屬的神兵將吏。拔亡類法事如為道教靈寶派，正面為三清大帝與救苦天尊，釋教為三寶佛，兩者的左右兩側都為十殿閻王殿。

不論何宗教派別，三種法事於正面神明前方都擺設一張桌子，稱為科儀桌，其上擺置與法事相關的神明，以及儀式中所需的各種法器，儀式的主持者圍遶科儀桌站立，以宣行各個儀式。

㈡臨時的儀式空間

臨時的儀式空間，為即將舉行某些較為特殊的儀式時，才臨時布置者。臨時布置的儀式空間，拜神類法事為拜天公（或進表）、普度、犒軍，以及法事期間每日三時例行的祀燈篙，醫療類法事為拜天公、勸師、祭五方，拔亡類法事為放赦、打城、填庫、過橋等。上述宣行儀式的場所需要較大的空間，故都在廟外或屋外，尤其是填庫，由於須燒化大量的紙錢，更須於空曠之處舉行儀式。

㈢相關設施

與道教儀式相關的設施，主要見於拜神類法事，至於醫療類法事，由於規模小，故並無此項內容。拜神類法事中的建醮，皆須於廟宇四周搭建大型牌樓式的壇，這類設施統稱為外壇，有時也被稱為醮壇，為建醮期間供各角頭民眾參拜之處。牌樓式外壇搭建的座數，隨著地區信仰與廟宇層級、建醮規模等，而有差異，一般言之，以「四大壇」：天公壇、福德壇、天師壇、北帝壇，或「五大壇」：前4壇之外，加上觀音壇者為常見，也有搭建十大壇者，如民國七十七年台北縣三峽祖師廟所舉建的五朝醮，以該廟宇為中心，在鎮內四處搭建10個巨型外壇。禮斗法會則無須搭建外壇。

建醮另一重要設施為燈篙，為高數丈、帶有枝葉的竹子，通常立於廟宇大門口的兩側，或對面的適當空地。北部之俗，燈篙的頂端懸掛一盞燈，稱為天燈，南部則為七星燈，用以照耀天地四界，此外，並掛長約丈餘的布，稱為地布，為通陰界的告示。禮斗法會的同性質設施為五斗旛，仍立於廟宇大門口或前方。建醮或禮斗法會期間，道士例行地於一日三次到燈篙前祀燈篙。

建醮與禮斗法會相同的設施為普渡亭與大士爺，兩者都為紙糊，普渡亭包括金銀山、翰林院[3]、同歸所，這些設施通常都暫時地擺置於廟門前，至最後一天普度時，再移至普度場。

拔亡法事與儀式相關的設施為紙厝，為以紙糊製的豪宅，裡面擺置日常生活的各種物件，都為紙製，於法事結束後燒化，供亡者於陰間使用。

三、儀式的主持者

漢族的各類宗教儀式，為經由受過法事訓練的神事情人員，依照科儀書以逐一宣行完成，由於儀式有繁簡之別，故不同宗教所做的法事，儀式主持者也有若干差異。

(一)道教

台灣的道士雖有正一派與靈寶派之別，儀式中參與宣行的道士的職業則基本相同，不過要以靈寶派拜神類法事所需的道士最多，其職務分工也最為完備。

道教靈寶派拜神類法事，經懺之外，科儀類的儀式須由5名道士共同宣行，其中一名為主行，稱為高功，內行稱為「中尊」，該名道士站立於中間，負責主要科儀文之宣誦、儀式中各個主要法事之執行，如步罡踏斗、掐指訣、運炁、存想等。次於高功的道士稱為都講，負責科儀中的唱唸讚頌，再次為副講，亦即副都講，執掌科儀中各件表文的宣讀。另兩名為引班與值香，引班執掌遶壇類法事的引領，並灑法水以淨壇，值香也稱侍香，負責科儀中所需香料（香與金紙）之準備。

正一派道士有職稱的道士只有三名，一為高功，職司的法事相同於靈寶派，二為左班道士，相當於都講，三為右班道士，相當於副講，所執掌者相同於靈寶派，左班與右班道士也稱為龍君、虎君，連稱則作龍虎君。至於儀式中所需香與金紙的準備，則另由在道場協助的人員處理，該名人員通常為道士充任，稱為「走壇」。

3　有些糊紙的工匠也把翰林院寫為寒林院。

靈寶派道士所主持的拔亡類法事，參演的道士職務也分為五等，相同於拜神類法事，執掌也相同，不過由於拔亡類的規模小，且儀式經濟也較為有限，因此，也有以三名道士宣行，更特殊的情況則僅有一名道士[4]。

(二)法教

法教一語，乃較為陌生的學術詞彙，它為一種為民間信仰服務的各種法事的之統稱，相關的內容參閱後文。法教的儀式主持者，隨著派別與地方的習俗，分別有：桌頭、法官、sai¹-kong¹等不同稱呼。「桌頭」名稱的由來，源自該名儀式主持者在作法時，為立於神明桌之前，透過不斷地請神，以降臨在他旁邊的乩童，後者為神明的代言人，神明之降臨則透過「桌頭」行法。「法官」一語目前僅用於行業之內，由於中華民國成立之後，政府的司法系統中也有法官一職，故即使民間偶爾引用該語，也都以較輕蔑的語氣稱為「法官子」。至於sai¹-kong¹，學術界相關的研究都將之書寫為「師公」或「司公」，根據法事性質以及語義的分析，該些詞彙並不正確。

根據北部的法場補運法事，從事該類法事的動詞為「做sai¹」，名詞為「sai¹場」，其中的sai¹為指事，取義於法事節目中的翻土，該儀式分為兩部分，前段以捲綁成束狀的草蓆拍打壇的五方，以逐除潔淨壇場，第二段的法事，儀式主持者將草蓆攤開，並將身體裹藏於草蓆中，以象徵獅子，在壇場四處舞弄，以袪除一切不潔的邪穢。這段法事當取義民間舞獅驅邪的民俗，故以翻土的舞弄獅子法事觀之，做sai¹或sai¹場，應書寫為「做獅」、「獅場」，而從事這類法事者sai¹-kong¹，書寫形式應為「獅公」。

(三)釋教

對佛教界或學術界而言，「釋教」一語或將被視為佛教的另稱，實則它為一種分布廣泛的儀式文化現象，其神明體系、經懺等，與佛教相同，

4 以一名道士宣演的拔亡類法事，道士界特稱為「獨腳」（口語唸為to^k4^-khio^k4^），這種規模的法事較少見。

也能視為引用自佛教。由於釋教與佛教具有相同性，故民間也有稱該法事主持者為和尚。對該行業的局內人而言，他們並不自稱和尚，和尚屬他稱，他除了以「釋教」自稱，也以「做事的」作為行業的籠統稱呼。

四、後場

道教、法教以及釋教的法事林林總總，所有儀式宣行時都相同地須有後場，以為儀式演奏各式的過場音樂，這些不同宗教的法事，功能或目的都不相同，然而後場方面的所有文化現象，以及使用的後場音樂內容等大體上都相同，後場所使用的樂器為北管系統的樂器，用於後場的樂曲，為吸收自北管的牌子與譜。

㈠使用之樂器簡述

道教、法教、釋教的後場樂器，皆相同地分為武場與文場，且所使用的樂器基本也都相同。武場樂器分為鼓類與銅器，鼓類樂器計有：荅鼓、通鼓、扁鼓，其中荅鼓即北管的小鼓，儀式後場樂師通常都稱該件樂器為 tak^4-ko^2，扁鼓即北管後場的大鼓，主要用於北部的正一派與釋教。如為行進間的演奏，鼓類樂器以手鼓取代，該件樂器有長柄，以便於握持演奏，故也稱為柄鼓。銅類樂器計有：銅鐘、鑼、鈔。

文場樂器方面，如演奏鼓吹音樂，都相同地為兩支大吹，亦即嗩吶，演奏絲竹類過場樂的樂器，主要為殼子絃、和絃、三絃、秦琴，三絃主要用於北部正一派，秦琴用於南部靈寶派，此外尚有：洋琴、品，拔亡法事已經有普遍使用電子琴或電吉他的趨勢。至於中部地區的拜神法事，也有使用電子琴的現象，如民國七十六年，台中市萬春宮所舉行的媽祖飛昇法會。

㈡後場的運用

後場的武場與文場，分別設座於儀式演出空間的左側與右側，情形與傳統戲劇的場面完全一致，其中仍以武場負責鼓類樂器者為頭手，銅器演奏者為二手，文場也有頭手與二手之分。在主要儀式空間的所有宣演，後場都以坐樂的型態演奏過場樂，如儀式移動至廟宇外面，則後場改以行樂的方式演奏，由鼓師為前導，銅器演奏者隨後，後面依序為嗩吶吹奏者、儀式主持者、信眾。

㈢編制原則

不論道教、法教或釋教，後場的編制都以兩人為常見，亦即武場與文場樂師各兩人。法場與拔亡的事主為單一信士，如遇儀式演出的酬勞較微薄時，後場則可能調整為單人的編制。在建醮類法事中，由於道士團的人數眾多，如逢道士也擅於樂器之演奏，則在該些道士無上場演出時，他們也常會在後場客串演奏，這種情況下，後場的演奏者則能見多於四名的編制。

道教之正一派與靈寶派、法教、釋教等之後場樂師，文場樂師都為職業樂師，知名者如北部地區的李子財、李子坤、林水泉，南部地區的李水樹、吳輝煌，都兼做幾種法事或戲劇的後場，以北部的情形，後場樂師通常兼做拜神、醫療、甚至拔亡的法事，南部樂師兼做拜神與拔亡的法事，如林水泉，並曾為歌子戲廖瓊枝的後場。

至於武場樂師，由於須熟悉科儀的內容，以及相關的法事節次，才能於各個法事段落適時地演奏鑼鼓點，以及科儀文的宣白中擊奏正確的鼓介，這種情形實完全相同於傳統戲曲後場的打鼓佬，他為熟知前場唱腔與科介動作者，在演劇活動中，其腳色為後場樂師，而不是前場演員。因此，鼓師通常都具有道士的養成訓練背景，甚至就是該次法事的資深道士充任。儀式後場的鼓師雖具有道士的養成背景，然而在當次的科演中，他的身分明確地為樂師，而非道士。

第二節 2

道教正一派法事的器樂

正一派道士所從事的道場法事，包括建醮與禮斗法會，舉行的空間都為廟宇，這類法事的科儀相當多，且結構複雜，因此，有頗為豐富的器樂，此外，正一派道士經濟生活所賴的主要法事，則為法場的祭解補運。根據使用場合的不同，正一派道士所從事的法事器樂，可分為特定功能的鼓吹、儀式起始與結束的鼓吹、科介性法事的過場樂。

一、正一派後場樂總述

道教正一派儀式音樂，可分為前場道士的唱腔，以及後場音樂，道士所演唱的部分，可稱為道曲，曲詞都記錄於科儀書中，曲調則經由口授代相傳，有關道教正一派道曲，可參閱作者著《台灣道教儀式與音樂》以及《台灣傳統音樂概論——歌樂篇》。後場樂的部分由後場樂師的系統傳承，這部分的樂曲有其寫傳的傳統，樂師藉著工尺譜將樂曲抄寫流傳。本文所論，為後場樂師在儀式中演奏的過場樂。

(一)曲目

用於道教正一派儀式的後場音樂，都來自北管的牌子或譜，北部地區知名的道教儀式後場樂師，老一輩（70歲以上）如台北縣蘆洲市的李子財、李玉坤、李樹枝等，養成訓練都來自當地的北管館閣，又如台北市艋舺的林水泉，也曾在北管館閣學習，甚至曾與知名的北管細曲演唱家王宋來學習過[5]。

5　王宋來曾擔任國立台北藝術大學傳統音樂系教授級專業技術教師，教授北管細曲，其生平與音樂藝術，可參閱呂鍾寬著《北管藝師葉美景・王宋來・林水金生命史》。

作者從1987年以來，曾持續對北部正一派建醮與禮斗法會進行調查，空間範圍包括台北市、三重市、板橋市、樹林鎮、三峽鎮、桃園市、宜蘭縣礁溪鄉，所見的後場樂師演奏的後場音樂，確實都來自北管，主要為牌子，次為譜，而後場樂師也都有手抄的工尺譜集，作為學習或參考。以三重市顯法壇陳永發道士收藏的兩冊後場樂曲集為例，可以了解北部正一派道場所用的後場音樂情形。兩冊所抄寫的譜式都為工尺譜，第一冊的封面書寫：

蘆洲樹枝傳授
三重顯法壇陳永發（顯法壇印）
中華民國七十六年六月吉旦

封面第一行「蘆洲樹枝傳授」，指樂譜來源為李樹枝先生所傳授，按李樹枝長年從事道教後場樂師的工作，亦為作者所熟識的後場樂師之一，其音樂養成訓練，來自台北縣蘆洲市的樂樂樂北管館閣。為便於了解該冊抄寫的曲目性質，茲將其中的牌子與譜分類如下：

牌子類　三仙（點江、粉蝶、三通、曲顏回、七寸蓮、上小樓、下小樓、七句詩、千秋歲、清板、尾聲）、醉仙、十排倒旗、金葫蘆、火神咒、銀葫蘆、銅葫蘆、鐵葫蘆、遊葫蘆、油葫蘆（天下樂、哪吒令、喜庭鷹、遊四門、寄生草）、西城、鬥連春、小仙、鐵龍山、鬥鵪鶉、乙江風、新乙江風、二凡、新二凡、番竹馬、新番竹馬、兔兒、新兔兒、大班足、新大班足、人頭沙、新人頭沙、倒頭風入松、尾聲、新尾聲、北尾聲、酸辣皮、舊蒜皮、外江蒜仔皮、玉芙蓉、遊醬令、雙鳳記、新普天祿、尾番詞、清天詞、良洲詞、月眉詞、鬥龍詞、大監州、監州歌、放疆、大燈對、大報、舊玉母令、新金榜、下山虎、不是路、火神咒、得勝令、翻魂扇、大吉三昌、六字三昌、三昌、新急三昌、隊子、新隊子、北隊子、註雲飛、舊金杯、四平千秋歲、舊得留子、新竹流子、水龍帝、過江龍、流水過界、緊流水、川不足、慢板過點、新玉母令、新香養娘、七管反、言而樂、十牌雁兒落、三通、外江三通、緊通、外江緊通、緊風入松、慢風入松、回頭風入松、倒頭風入松、七管反。

譜 進酒、二錦、一支香、寄生草、遊月宮、紅花蕊、卜元宵、水底魚、水底魚節、水月登樓、陰陽別、朝天子、澤蘭花、漢中山、踏跳普、八句詩、唐山普、登元贊、百年花、天地網、七寸蓮、到春來、大開門、大開門尾（三通）、小四套（春至清、春來香、百家春、一串連）、龜炳水、千長皮、二皇、百花串、四季串、四季花、四季春、一年春、一朝根、一串蓮、芹菜葉（、一枝花）、草上風、普庵咒、不知明、三貴子、外江新雙貴子、雙生子、上酒樓、下酒樓、將軍令、娛樂平、粉紅連、鸞鳳宵鳴、拜大殿、金串、銀串、春串、夏串、秋串、冬串、棹串、梅花串、五子串、龍頭串、柳拐串、外江春串、喜鳳串、胭脂串、喜串、福祿壽、福祿壽串、福祿壽節、月兒歌節、鬧西河半串、金串節、老爺普、進酒節、洗馬、半平連、三句半、七句詩、七句清、對玉環、小過江龍、粧台想思、萬壽無疆、王昭君、大節、天下樂。

上述曲名加底線者，表示以諧音字書寫。如同北管館閣樂譜集中的樂曲名稱，常見以諧音字表示的情形，由道教後場樂師收藏的牌子/譜抄本，樂曲名稱以諧音字書寫者也相當普遍，以上述曲目言之，所使用的諧音樂曲名稱，正確的曲調名稱情形，茲以若干例說明之：

曲顏回／泣顏回，喜庭鷹／喜遷鶯，鬥連春／鬥鵪鶉，乙江風／一江風，大班足／大瓶爵，人頭沙／浪淘沙，酸辣皮／嗩吶皮，大監州／大甘州，言而樂／雁兒樂。

㈡使用之樂器

使用於正一派道場的後場樂器，如以統計學的方法進行描述，包括皮類、銅類、吹類以及絃類樂器，至於在後場樂的場合所使用的樂器，則為皮類、銅類、吹類，亦即主要為鼓吹類樂器，絃類樂器只用少數特定的道士唱腔之伴奏。

正一派道場演奏後場樂的鼓吹類樂器，鼓類樂器有單皮鼓、通鼓，以及大鼓，該面鼓俗稱扁鼓，儀式中的過場樂通常只用單皮鼓與通鼓，大鼓主要用於鬧壇，此外，後場另有一件有柄的鼓，它係用於外壇的儀式，或行進間。銅類樂器有銅鑼、鑼、鈔。吹類樂器唯一地只用嗩吶，該件樂器俗稱大吹，後場也能見另一支比嗩吶稍短的嗩吶家族樂器，稱為小吹或噯，它用於儀式中伴奏道士的演唱。

二、特定功能之鼓吹

特定功能的鼓吹，根據功能的不同，可分為起鼓、鬧壇、起班，前兩者共同地使用於建醮與禮斗法會，起班只用於建醮類法事。起班，口語稱為khi^2-pang^1，只見於建醮法事，且特定用於三個朝科——早朝、午朝、晚朝宣演之前，用以醒道眾，以及聚集參與科演的人眾。

起鼓，為建醮或禮斗法會的第一個節目，安排於道場布置完畢、發表科儀之前[6]。起鼓具有特定的法事功能，只唯一地出現於法事之初，它具有淨壇的功能，在這段儀式中，主壇的道士先點燃金紙，將道場的樂器、科儀桌上的法器等，以燃著的紙火將其潔淨。在以火潔淨道場上相關的法器之後，主壇道士隨著坐於武場的鼓位，開始擊奏鼓，隨著銅器演奏者加進來擊打鑼。根據道士的解釋，這時的鼓段演奏具有「引鼓神入醮」的作用，其中的鼓神為雷聲普化天尊，祂具有破穢的功能。

在儀式性的逐穢、引鼓入醮之後，接著為後場樂師的演奏，曲目來自北管牌子。道教正一派的起鼓雖具有法事意義，隨著的演奏為北管牌子，演奏的情形完全相同於隨後每天晚上的鬧壇。

鬧壇為拜神類法事期間，包括建醮與禮斗法會，每天於用過晚餐後的

---

6 規模較小的禮斗法會如無發表科儀，則起鼓安排於啓請之前。

第一個節目，樂師於道場進行音樂演奏，以營造並添增建醮或禮斗法會的熱鬧氣氛。鬧壇所演奏的曲目，可為北管扮仙戲的劇目，或北管牌子。正一派鬧壇的樂隊編制，無例外地都為鼓吹，大吹以兩把為常態，如道士之中亦有習後場，且熟習當場樂師所演奏的曲目，也常加入演奏的行列。武場編制方面，鼓類樂器與銅類樂器各為一名樂師，而由於節奏性樂器的操作較容易，故道士團中對音樂有興趣者，也常加入演奏，所操作的樂器多為鈔、響盞（形制同於京劇的小鑼）。由於鬧壇時並無道士的科儀演出，此時武場的樂器尤其是鼓類，通常都會移坐於道場中央，銅器、大吹等，或坐於原來的位置，或也移坐於近道場中央處，一般而言，乃隨著道場空間的大小而權宜設坐。

由於鬧壇為建醮或禮斗法會每天晚上皆有的音樂演奏，所演奏的曲目無例外地都為北管牌子（或譜），故樂師的演奏能力、牌子的養成訓練等，主要為藉著此場合展現，在鬧壇的演奏中，樂師都有「一展其技」的企圖心。另一方面，北部地區盛行北管音樂，每個鄉鎮也多有北管的子弟館，具有演奏能力的北管子弟，也常會出現於該場合，以觀摩或鑑賞一番。因此之故，北部正一派鬧壇的北管鼓吹音樂演奏，其技巧大體上都比北管館閣更為圓熟，且更為高亢熱鬧。

鬧壇所演奏的樂曲，如為北管扮仙戲，曲目多為《三仙白》，演奏方式相同於北管館閣的排場，例如台北縣樹林鎮的濟安宮，於丁卯年（民國七十六年）所舉行的祈安三朝清醮，第一天晚上鬧壇的曲目即為〈三仙白〉[7]，三重市護山宮於癸酉年舉行的五朝祈安清醮，鬧壇演奏的曲目為《醉仙》，其中使用的曲牌分別有【點絳唇】、【粉蝶兒】、【泣顏回】、【上小樓】、【下小樓】、【千秋歲】、【清板】、【尾聲】。

正一派道場的鬧壇，經常演奏的曲目為北管牌子，具體地演奏哪些樂曲，係由樂師當場協調決定，以民國八十五年台北市大稻埕慈聖宮所舉行的媽祖飛昇法會為例，法會期間演奏的北管牌子計有：金葫蘆、火神咒、進城折、福祿壽、番竹馬等[8]，其中的〈金葫蘆〉屬於聯套，共計四牌，由

7 台北縣樹林鎮濟安宮三朝清醮，於1987年國曆的11月26日至28日舉行。
8 該次法會為當年國曆10月26日至11月1日，由蘆洲市顯妙壇朱建成道長主持。

樂師林水泉與顏兩傳吹奏嗩吶，其旋律如下：

〈金葫蘆〉

道教正一派
禮斗法會
1996年10月

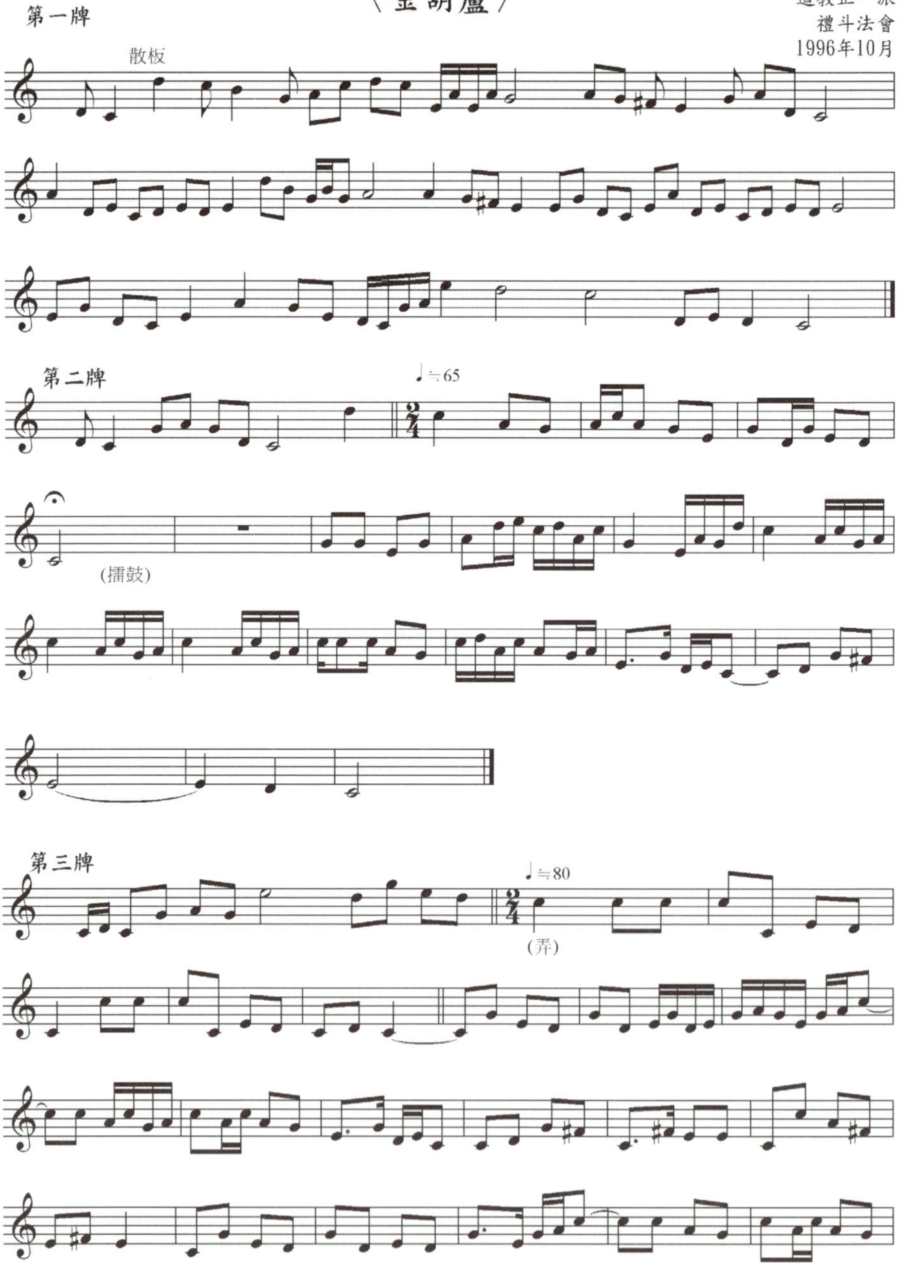

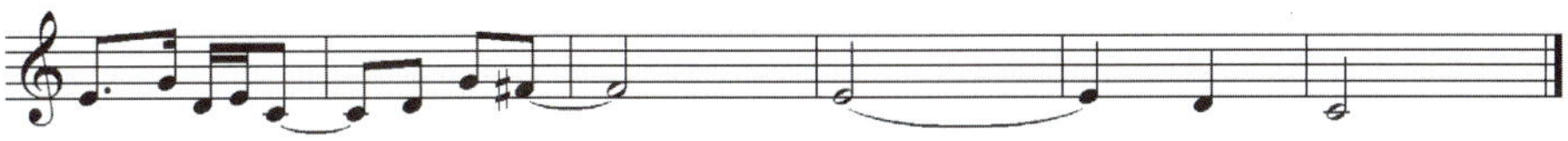

第四牌

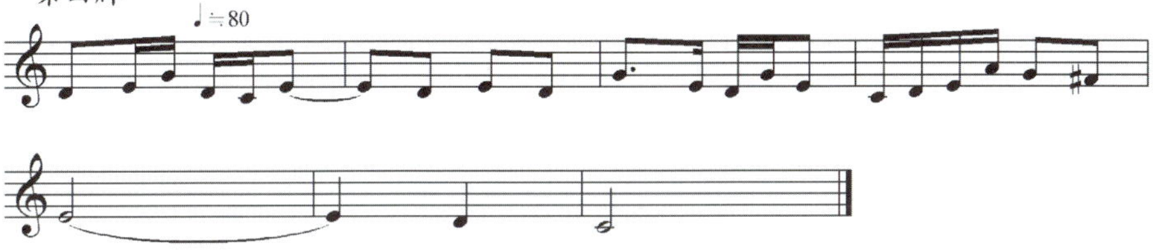

〈金葫蘆〉之後，隨著吹奏〈火神咒〉。〈火神咒〉分為三段，分別稱為：母身、清、讚，其旋律如下：

〈火神咒〉

道教正一派
禮斗法會
1996年10月

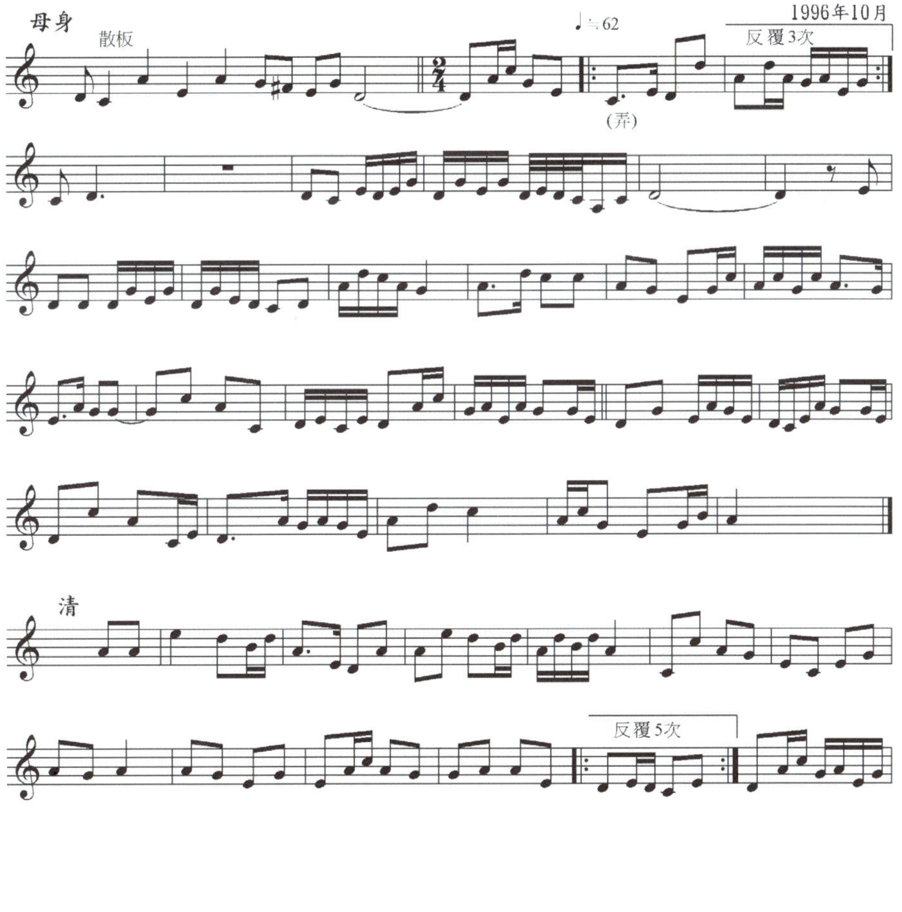

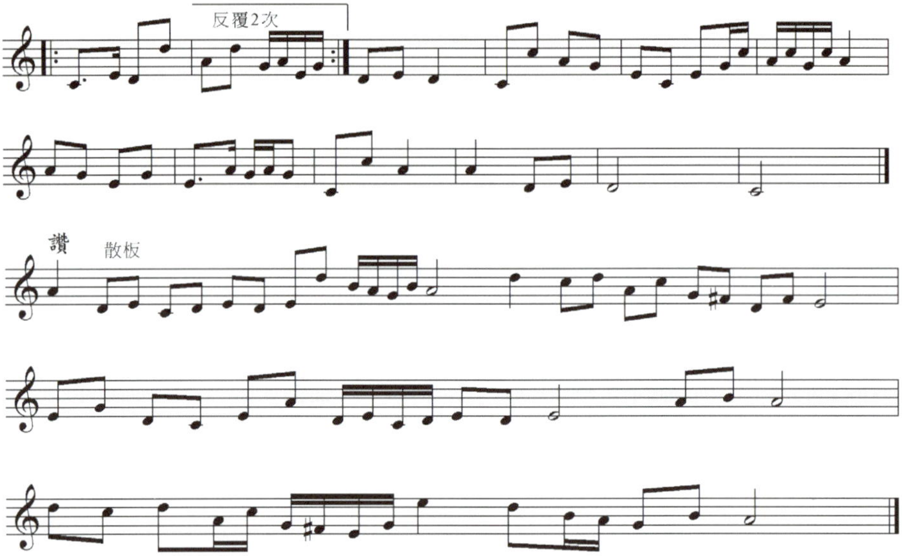

北管館閣演奏的通例，如演奏〈金葫蘆〉，之後必須接著演奏〈火神咒〉，道教正一派後場樂師的演奏亦然，顯示他們對牌子的使用情形，都依循北管文化圈的用法。

三、儀式起始與結束的鼓吹

儀式開始前以及結束時，在道士上香朝禮神明的過程中，後場都照例地演奏鼓吹音樂作為襯場。

㈠延香

正一派建醮與禮斗法會的所有儀式，包括科儀類與經懺類，在宣行儀式之前都須先「延香」，將道場中每個神明幕上香，使其香火延續不斷，此時參拜的斗燈首行「拜香」，向道場各幕的神明禮拜。道士延香與斗燈首拜香時，後場樂師照例地都演奏鼓吹樂，作為道士與信士禮拜的過場。

儀式宣演前的延香過場樂，由於場面較為一般，樂師所演奏的過場樂多為北管譜，如【百家春】、【一支香】、【朝天子】等，在北管館閣中，這類樂曲係以絲竹樂器演奏，此處則以嗩吶吹奏，並加上若干鑼鼓點。正一派儀式的延香音樂較為特殊者，為禁壇科儀，由於該科儀宣演方式特別，含有較多的科介動作，正一派道士稱該科儀的特色為「武禁壇」。換言之，該科儀的宣行有相當程度的熱鬧性，因此，作為科儀的延香音樂也頗為熱鬧，以襯托儀式的氣氛。根據多次的調查，用於禁壇科儀延香的過場樂，都為北管牌子【風入松】，以民國八十四年台北市大稻埕慈聖宮舉行的媽祖飛昇紀念法會的禁壇科儀為例，該次的【風入松】曲調如下，第一小節為吹引，真正的【風入松】由第二小節開始，2-43小節反覆一次，亦即演奏兩次，中間有3個反覆的小片段，稱為「掛弄」，屬於嗩吶的即興式演奏：

【禁壇延香】

道教正一派
《禁壇科儀》
1995年11月
台北市慈聖宮

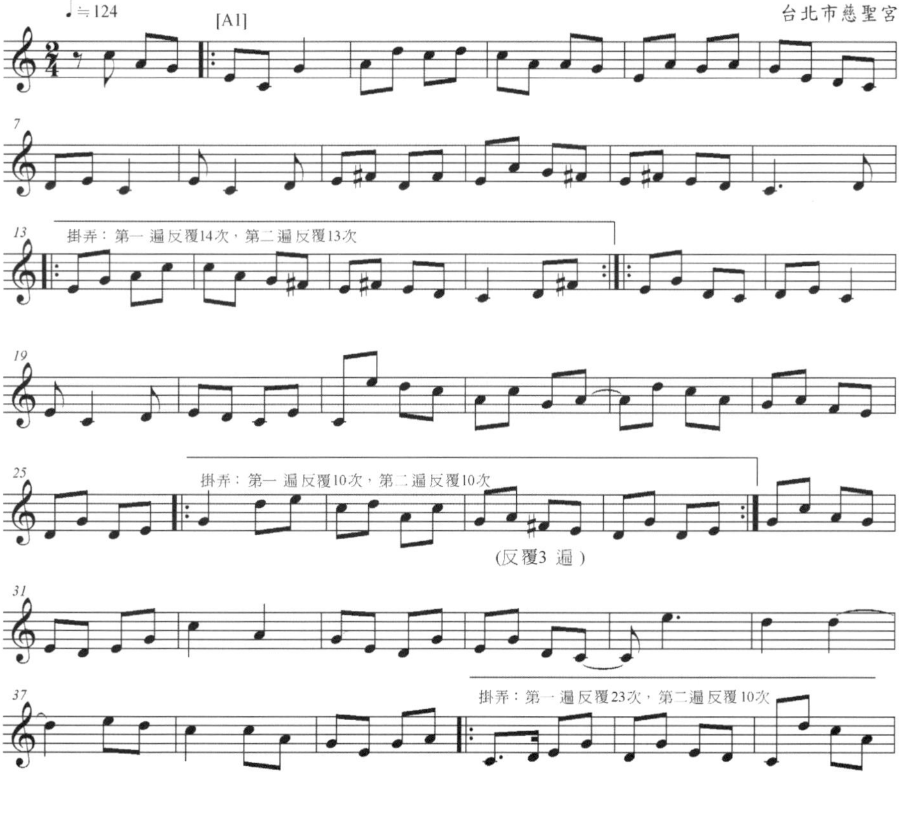

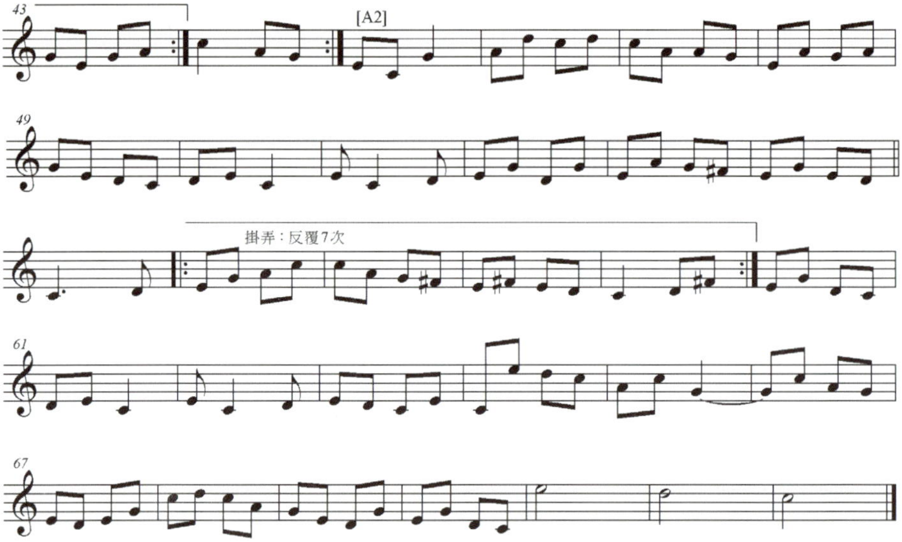

道教正一派後場的【風入松】，與北管館閣演奏者相同，唯一的差異為掛弄時反覆的次數，北管館閣通常以反覆三次為節，道教後場反覆的次數相當多，這是基於配合道士延香動作的關係。

㈡科儀結束

如同儀式的開始，科儀將結束之前，在道士與斗燈首落壇的過程中，後場仍奏樂以為過場。科儀結束的音樂演奏仍為鼓吹編制，一般而言，可分為道士落壇的過場，以及科儀結束後的牌子演奏。道士落壇過程的過場樂，曲目通常為北管譜，雖仍以嗩吶吹奏，氣氛則較為典雅，如台北市北投鎮安宮於民國七十六年舉行的五朝醮，第三天清晨的早朝科儀，科儀即將結束前的鼓吹樂曲為：

【早朝出戶】

道教正一派
《早朝科儀》
1987年10月
台北北投鎮安宮

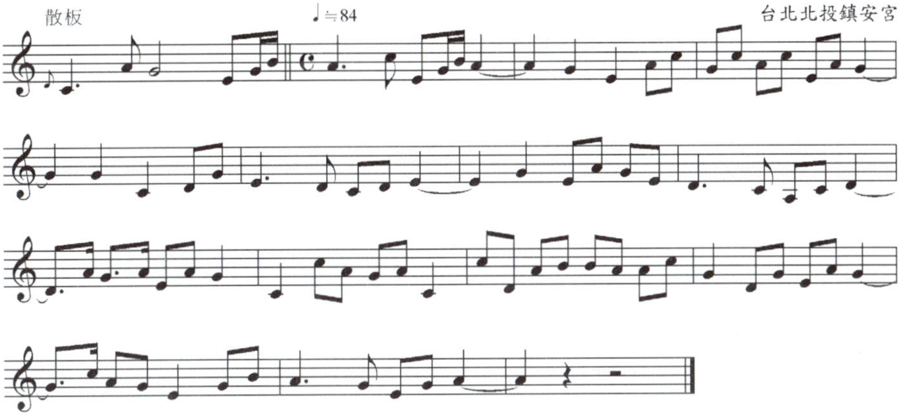

如果法事的時間並非緊迫，或尚稱寬鬆，在道士落壇的過場樂演奏完畢之後，通常都會接續演奏牌子，以熱鬧的氣氛收場。當然，此時的牌子通常為較短的單章式牌子，而非長篇幅的聯套牌子。

四、法事過場音樂

正一派建醮或禮斗法會的儀式中，有過場樂的法事僅有通稱的「朝科」，該類科儀計有：早朝、午朝、晚朝、宿朝。每個儀式的宣行時間皆約須2小時又30分，其中午朝科儀則須3小時以上，過場樂用於入戶三上香與飛罡進表的法事，以及最為科介化的儀式《敕水禁壇》，該科儀實由〈敕水〉與〈禁壇〉組成，宣行儀式所需的時間約為兩小時，過場樂分別用於敕水召四靈，以及禁壇的五方結界。

㈠三上香

三上香為正一派朝科的共同法事，該段法事極為複雜，三上香之前的法事為旋遶陞壇、啟告官將與天尊，旋遶陞壇時道眾同聲演唱【入戶偈】，並以緩慢的速度遶壇，高功啟告官將及天尊時，左右班道士暫時退壇，由高功道士執行，於內壇各幕化符、密咒、步罡等，此時後場僅演奏鑼鼓點為節。三上香的法事包括三上香、三大拜、上手爐香、跪爐、運爐、笏畫三天。

在三上香的法事中，後場皆演奏鼓吹樂，作為法事的過場，以作者所調查過的諸多建醮法事，如1987年的台北市北投鎮安宮三朝醮、樹林鎮濟安宮三朝醮、桃園市鎮撫宮三朝醮等，或1993年的三重市護山宮五朝醮、台北市大稻埕慈聖宮二朝醮等，後場樂師的處理方法皆相同。三上香的法事由高功道士宣行，左班與右班道士序立在高功的兩側，將高功道士捻過的香插至三清各幕的香爐。在此節次的法事中，後場所奏的鼓吹樂如下：

【三上香】

道教正一派
《早朝科儀》
1987年10月
台北北投鎮安宮

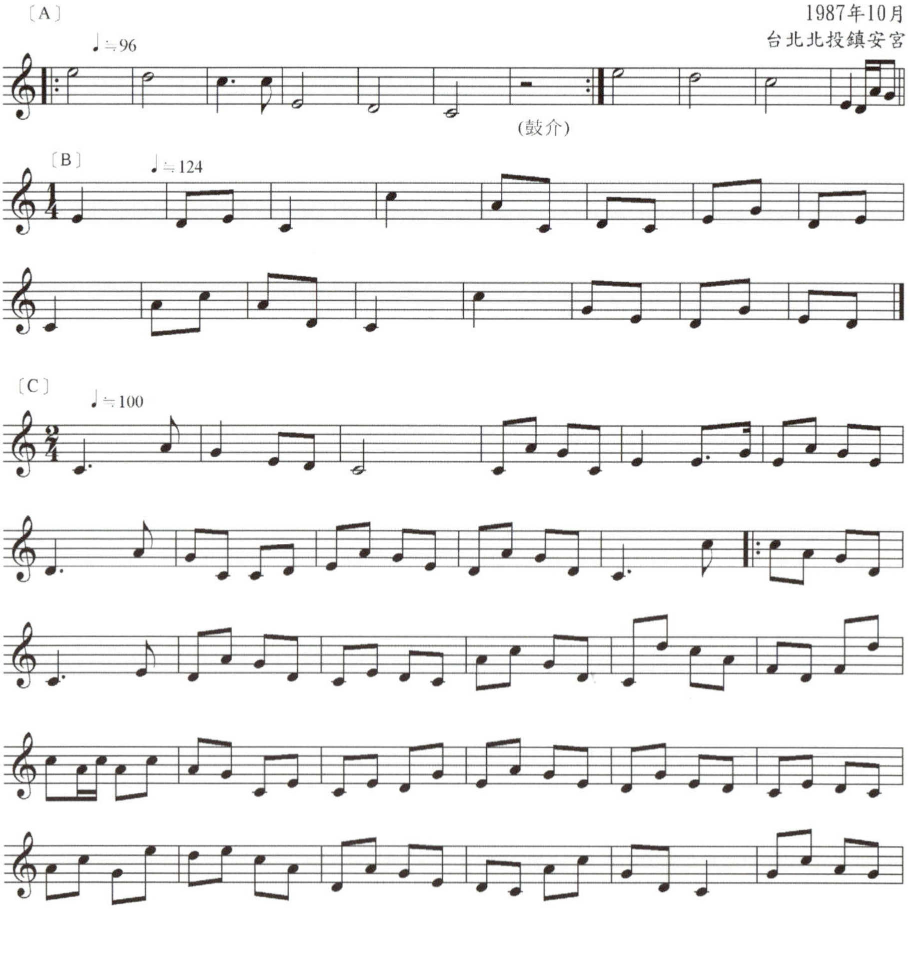

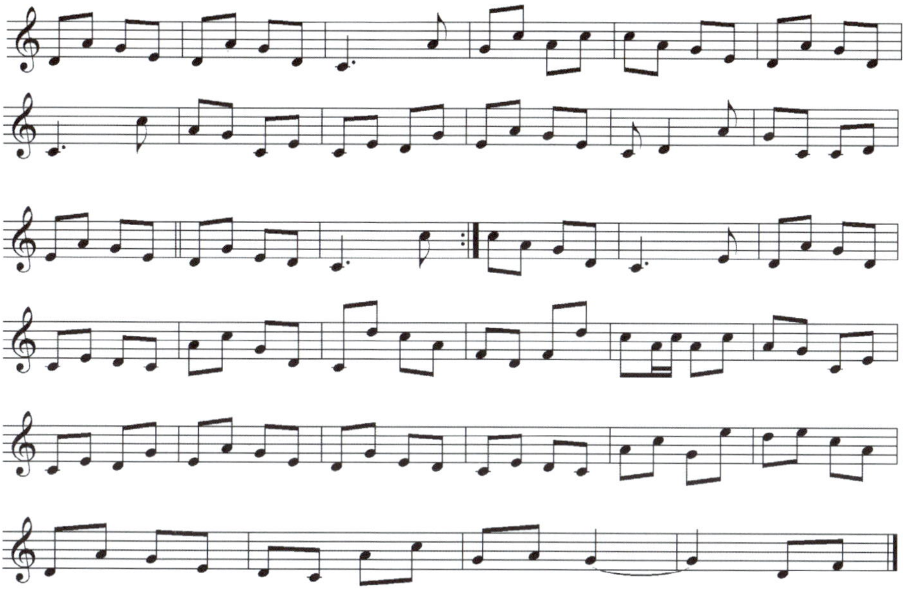

〔D〕

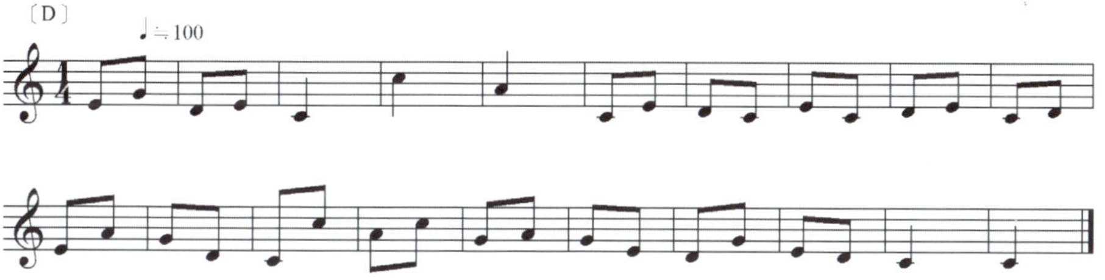

㈡飛罡進表

飛罡進表為正一派道士朝科的主要法事，道士登壇入戶、發爐，啟請諸天神明，並做過十獻之後，隨著即為飛罡進表，這段法事相當於靈寶派的呈疏表。不同朝科呈表文的對象雖不同，早朝為度人三十二天大帝，午朝為雷聲普化天尊，晚朝為北斗九皇星君，宿朝為泰皇萬福真君，法事動作則相同，由高功道士在科儀桌前步踏複雜的罡斗，以將表文呈現給神明。

根據道教文化圈的定義，步踏罡斗為飛越罡風世界的方法，飛罡進表的罡斗由數個罡斗組成，每個罡斗都有固定的步踏程序，而一連串的罡斗係由高功道士宣行，左班與右班道士此時序立科儀桌兩側。

㈢召四靈

召四靈為用於正一派敕水禁壇科儀中的法事，四靈為鎮守於東－西－南－北四方的靈獸，依序為：青龍、白虎、朱雀、玄武（龜）。召四靈為宣召四靈前來，以鎮守道場。召四方的靈獸各有功法祕訣，當牠們前來時，法師係以具象的動作模仿四種靈獸。以台北市大稻埕慈聖宮於民國八十四年十一月舉行的禮斗法會為例[9]，當道士模仿青龍的攀騰飛舞時，後場演奏的樂曲為：

【召青龍】

道教正一派
《禁壇科儀》
1995年11月
台北市慈聖宮

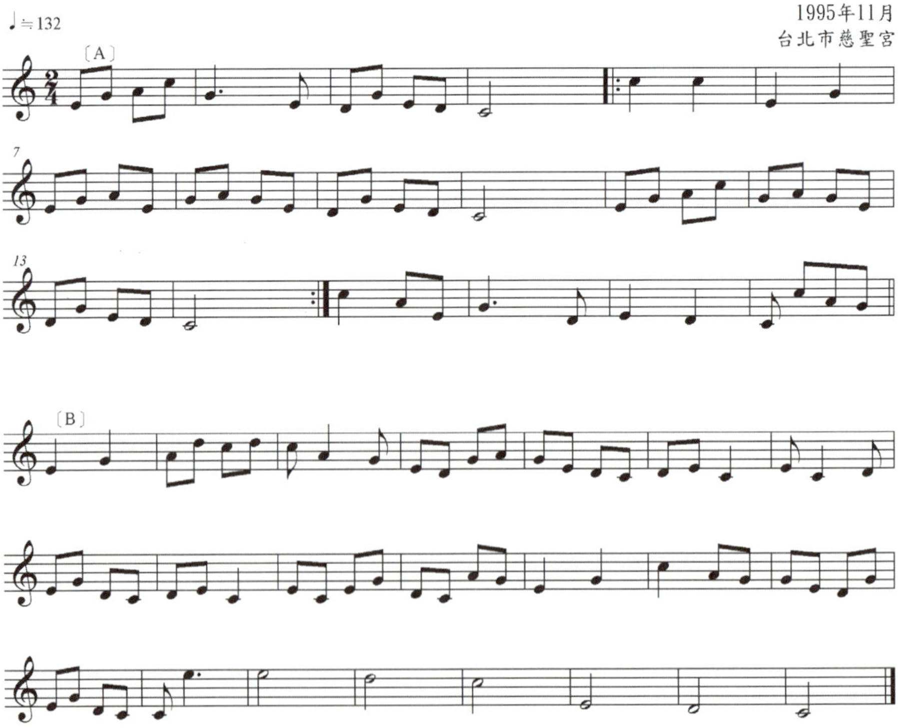

9 當年國曆的十一月，為農曆的九月，該次法會係恭祝媽祖飛昇，主壇道士為台北縣蘆洲市顯妙壇朱建成道長。

召西方白虎時，道士模仿虎的行走動作，後場吹奏的樂曲如下，曲目為北管牌子【風入松】的變體，稱為【緊風入松】或【風入松折】：

【召白虎】

道教正一派
《禁壇科儀》
1995年11月
台北市慈聖宮

♩≒136

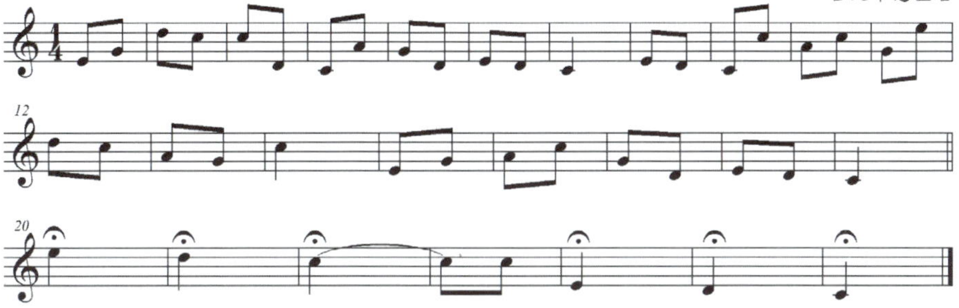

宣召南方朱雀時，道士模仿鳥的飛翔狀，方法為將兩手臂水平伸直，再上下擺動，由於道袍外型特徵的關係，極像鳥的雙翼。後場在道士舞動之時，吹奏的樂曲為北管譜【七句詩】，如下譜：

【召朱雀】

道教正一派
《禁壇科儀》
1995年11月
台北市慈聖宮

♩≒103

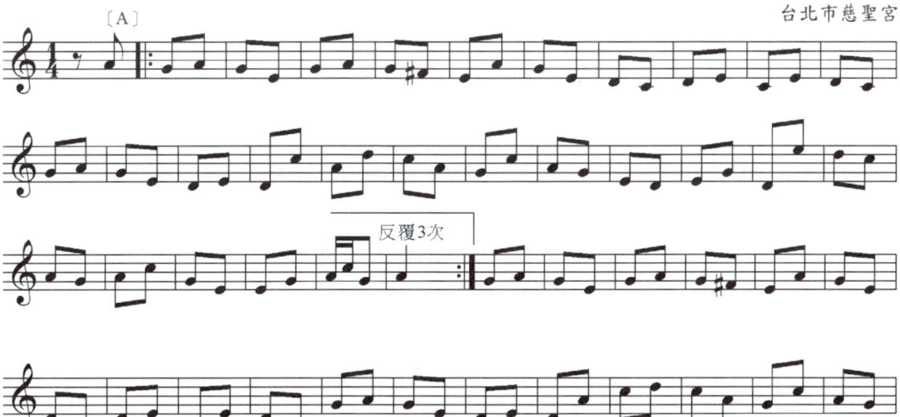

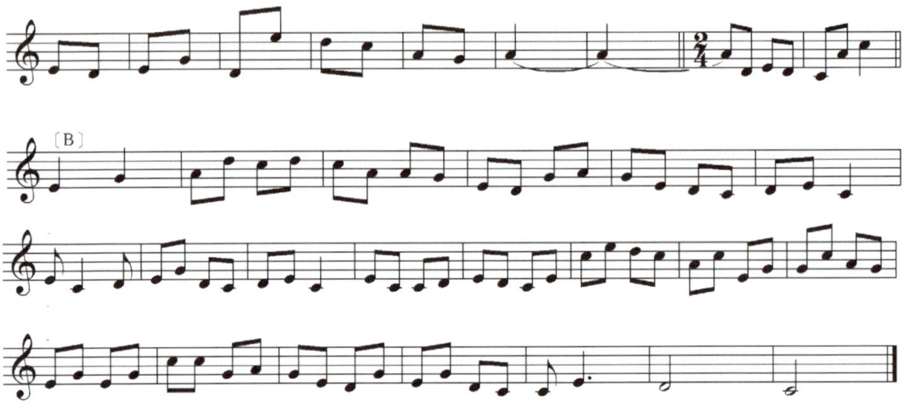

當宣召北方玄武之時，玄武為龜的另稱，道士爬於折疊成麵包狀的棉被，在道壇伏爬，由於藉著道袍覆蓋住全身以及棉被，僅露出頭部，故外型極像烏龜。此時後場吹奏的樂曲如下：

【召玄武】

道教正一派
《禁壇科儀》
1995年11月
台北市慈聖宮

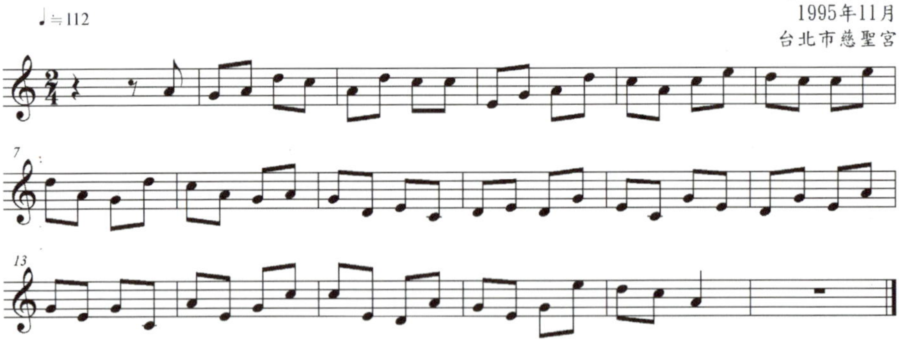

㈣禁壇結界

禁壇結界，指禁壇科儀中的五方結界法事，案：禁壇為敕水禁壇科儀的第二部分。五方結界為禁壇科儀的主體法事，目的為將道場的四面八方結界封禁，使一切鬼祟邪穢無法入侵。五方結界依序為東、南、西、北、中，每結界一方，道士形象地以舞弄雙鐗，象徵將鬼祟逐除，五方共反覆5次，該套雙鐗的舞弄方法，係出自北管戲〈倒銅旗〉中，秦瓊倒銅旗時的舞弄雙鐗。

北管戲〈倒銅旗〉，當秦瓊打倒每一銅旗陣時，腳色需要弄雙鐗，後場配合演員的表演雙鐗演奏一套牌子，此套牌子由4闋曲牌：醉花陰、喜遷鶯、四門子、水仙子組成，該套牌子也以運用的場合而被命名為〈倒旗〉。正一派道壇於禁壇的五方結界時，後場無例外地都演奏上述的北管牌子〈倒旗〉，而且在鼓吹樂的演奏中，道士也隨著嗩吶的曲調演唱。茲以民國八十四年台北市大稻埕慈聖宮的媽祖飛昇法會為例，將禁壇結界時，後場演奏的牌子〈倒旗〉，以及道士演唱的曲詞採譜如下，嗩吶吹奏者為林水泉與顏兩傳，演唱的道士為朱建成道長：

【東方結界】

道教正一派
《禁壇科儀》
1995年11月
台北市慈聖宮

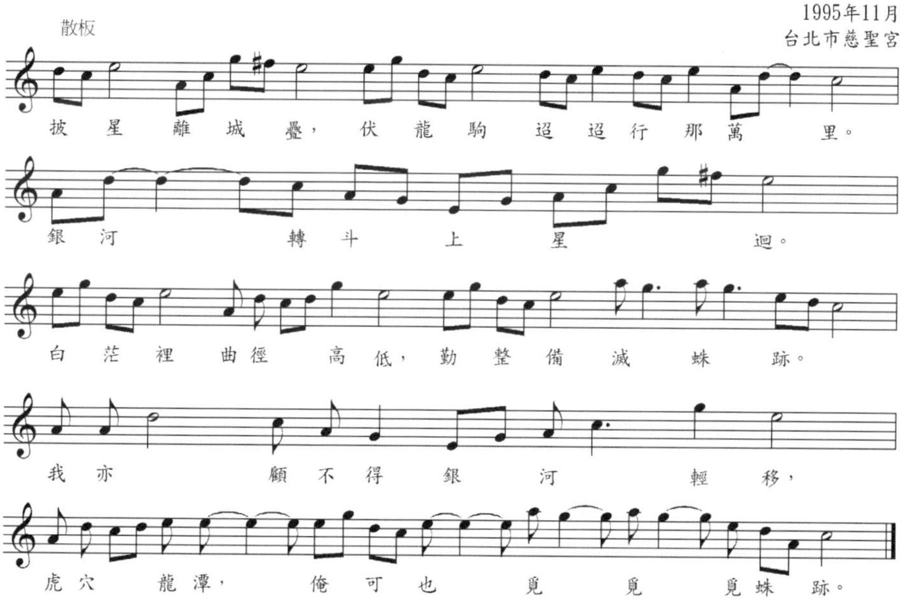

【南方結界】

道教正一派
《禁壇科儀》
1995年11月
台北市慈聖宮

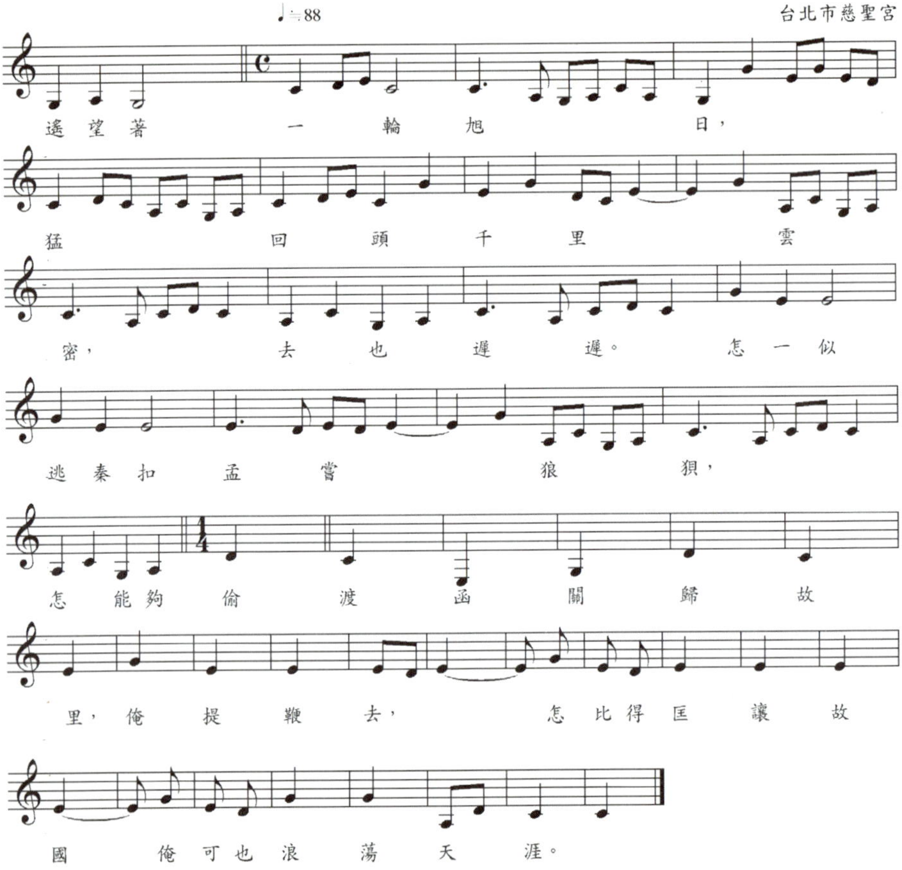

【西方結界】

道教正一派
《禁壇科儀》
1995年11月
台北市慈聖宮

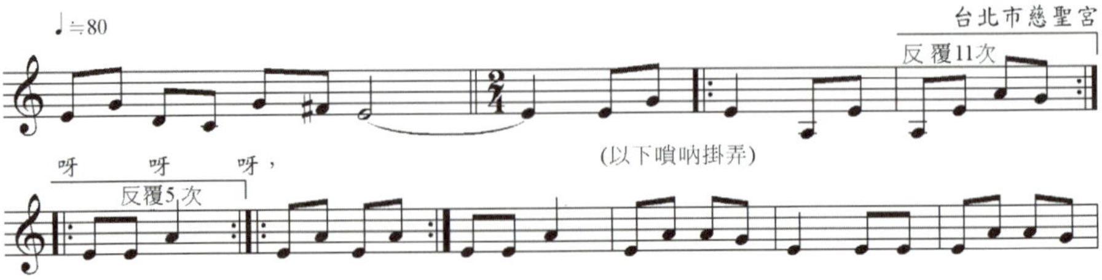

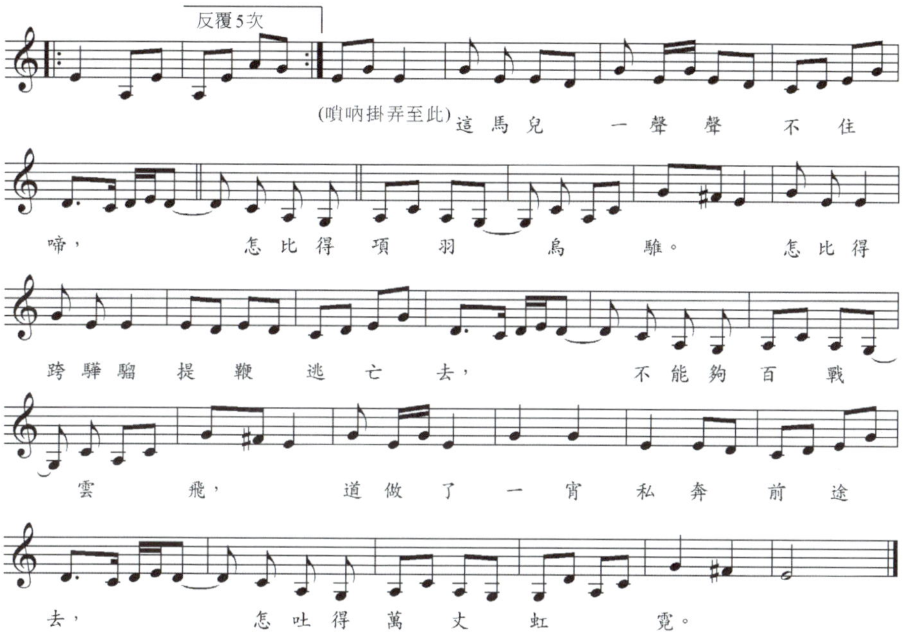

【北方結界】

道教正一派
《禁壇科儀》
1995年11月
台北市慈聖宮

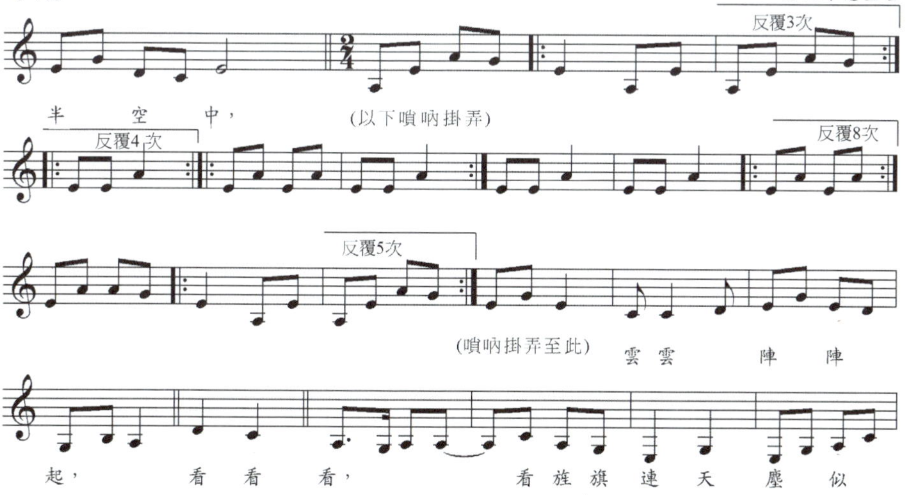

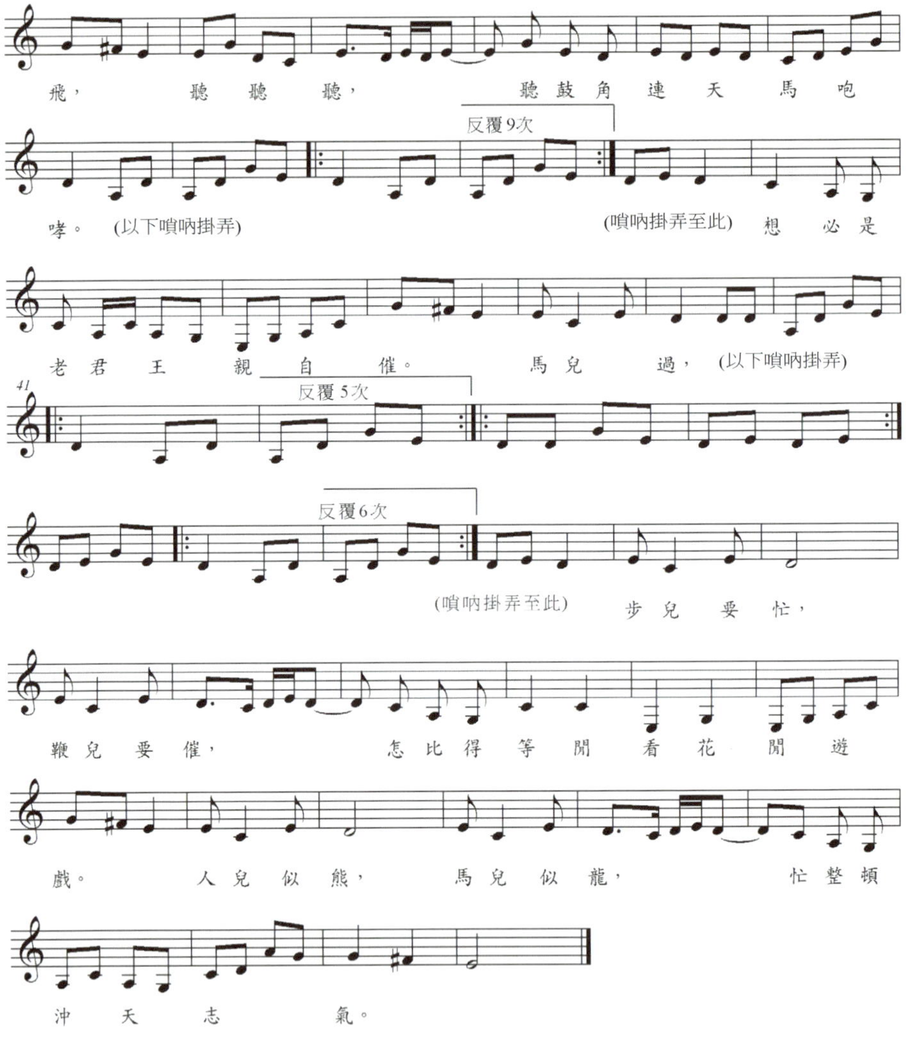

上述僅正一派道場禁壇科儀宣行的一例，實際上北部正一派道士包括基隆市的李松溪、中和市的林舜卿（林威呈）、新竹市的陳賜海等，五方結界時的音樂也與此相同。

第三節

3

道教靈寶派法事後場樂

靈寶派道士所做的法事，包括拜神類與拔亡類，拜神類法事分為建醮與禮斗法會，禮斗法會為年度性的法事，通常以慶祝廟宇主神的誕辰名義舉行。建醮為特殊事故時舉建，民國七十年代之前，以一間廟宇而言，兩次建醮的間隔時間極長，通常為十二年、二十年，甚至八十年才舉行一次建醮活動，例如台南縣佳里鎮金唐殿於民國七十六年舉行一次五朝醮，前一次建醮則為八十年前。

在農業社會時期，靈寶派道士的主要法事為拔亡超度，建醮法事難得有機會主持。由於社會的轉變，民間的廟宇活動興盛，目前靈寶派道士的拜神類法事頗為頻繁，以台南市知名的道士陳榮盛為例，他每年主持的建醮法事，多者甚至有十餘科。因此之故，道教儀式的後場音樂頗為發達。

一、靈寶派後場樂總述

道教靈寶派拜神類與拔亡類法事的後場音樂，以呈現形式言之，包括器樂與歌樂，而以器樂為主，歌唱類音樂只用於規模較大的建醮法事之鬧壇。靈寶派道士各類法事所使用的後場音樂，以及使用的樂器情形，其概略情形如下。

(一)曲目概述

以現況而論，道教靈寶派法事主要流傳於中部與南部，兩地的後場樂師使用的樂曲仍為北管的牌子與譜。根據台南市知名的集神壇道壇所保存的音樂簿[10]，所抄錄的北管牌子為：

---

10 集神壇為陳榮盛道長的壇名，其祖輩為南部地區知名的道教後場樂師，至其父親陳嗡才專習道法，實際上仍兼曉前場儀式與後場音樂。

倒旗逃關、醉仙、十牌、金杯玉芙蓉、鐵銀釘、監州歌、玉芙蓉、普天祿、降黃龍、點江、字犯、風入松、番竹馬、壹江芳、尾犯詞、六毛令、新路三擊頭小八仙、新路三出頭、尾聲老虎、外江曲元迴、不是路、外江玉芙陽、外江普天祿、報馬、兔兒。

曲調名稱有許多諧音別字，如：字犯應為二犯，壹江芳應為一江風等。

除了北管曲目，該冊音樂簿也有標示為「南克」的曲目，按「南克」為南曲的諧音別字，抄錄的曲目計有：

身穿紫袍、告大人、你去多多、我只心、園內花開、二個、花園外、忽聽見、虧伊、刑罰障重、董永送、出仙宮、紗窗外、啟公婆、黃五娘、聽伊說、虧伊歷山、因為歡喜。

上述的南曲，為使用於建醮期間每晚的鬧壇，以呈現方式言之，屬於歌唱式，不同於北管牌子或譜為器樂，而由於同屬用於鬧壇的音樂，就功能上論之，上述曲目並非儀式中的唱腔，故亦應歸納為後場樂。

作者曾特地邀請台南市道教後場樂師演奏錄音，參與演奏的樂師計有：吳輝煌、葉豐南、杜永昌、戴清長、葉信添，所使用的樂器計有：洋琴、秦琴、鐘鼓、和絃、殼子絃，演奏地點為台南市舉喜堂，時間為1997年2月13日，所錄用於靈寶派儀式後場的譜（絲竹類音樂）如下：

昇平樂、小紅燈、七重天、將軍令、朝天子、霓裳曲、五連環、上繡樓、福路壽（小）、蝴蝶圖、南翔、瀟湘夜雨、福路壽、拜元宵、普庵咒、拾元頭、百家春、五彩雲、上小樓。

㈡使用之樂器

與正一派後場一般，道教靈寶派後場所使用的樂器雖同屬北管樂器，就細節觀之，兩者仍有相當程度的差異性。正一派道場雖也能看到大吹之外的絲竹樂器，主體上幾乎都以大吹伴唱或吹奏後場樂。用於靈寶派儀式的後場樂器，鼓類與銅類樂器基本上相同於正一派後場，絲竹類樂器則較為多樣。

絲類樂器方面，以殼子絃為各不同道場或法事所共同使用的主要樂器，與殼子絃搭配的和音樂器，常見者為：秦琴、洋琴，其次為二絃、大管絃、品（笛），偶也曾見直簫、琵琶。中部靈寶派後場則有電子琴的使用。

二、起鼓與鴻壇奏樂

起鼓與鴻壇奏樂，為系列法事開始之前的音樂演奏，並帶有儀式性質。

(一)起鼓

起鼓用於法事初啟時，凡是建醮、禮斗法會或拔亡功德，當道場搭建布置完畢之後，即行起鼓的儀式。從音響上觀之，起鼓為鑼鼓的演奏，其中鼓與銅器的節奏頗為簡單，銅器大致為一拍一音，不若北管鼓介，各件樂器有不同的節奏音型。起鼓具有淨壇的作用，此時主壇道士點燃金紙，以之將科儀桌上的法器，以及後場的樂器潔淨。

(二)鴻壇奏樂

靈寶派道士所編輯的建醮法事節目表，謂每天晚上安排於晚餐之後的儀式為鴻壇奏樂，口語則稱為鬧壇。鴻壇奏樂或鬧壇，屬於法事的一部分，如從音樂的角度觀之，實相同於北管館閣在民俗場合的鬧廳，仍為演奏牌子，也可演奏扮仙類曲目，如國立傳統藝術中心於2002年3月14日至15日所舉行的開館慶成法會。

傳藝中心開館的法事，聘請台南市集神壇陳榮盛道長主持，當時鴻壇奏樂的曲目，第一個部分為以排場的方式演奏北管扮仙戲〈三仙白〉。從演劇觀點言之，〈三仙白〉為一齣戲劇，音樂上它則為聯套牌子。第二個部分為演唱南曲，演唱的曲目為【聽機房】、【我為乜】、【孫不肖】，這3首曲實際上為南管指套〈春今卜返〉的第三節至第五節。

三、儀式起始與結束

道教靈寶派的儀式，無論拜神類或拔亡類，開始的延香以及結束時的落壇，後場樂師通常都會演奏過場樂作為襯場。

開科延香，指科儀開始前，道士與信徒對道場各幕神明的拜禮，此節次所用的過場樂，隨著儀式的種類、信徒的多寡等，而有個別性的差異。建醮類儀式，尤其是發表、請神、朝科、進表等，屬於最隆重的道教儀式，所用的後場樂多為鼓吹樂。而即使是建醮的儀式，如為經懺之拜誦，由於儀式簡，且僅以一名道士課誦，這種場面，有時只由武場樂師演奏鑼鼓作為襯場。

建醮類科儀開始前的延香，由值香道士負責，分別在洞案、三清幕、左右班幕、三界壇上香，此時斗燈首則向三清大帝行跪拜之禮。以台南縣佳里鎮金唐殿於丁卯年所舉行的五朝王醮為例[11]，啟白科儀開始前的延香[12]，後場樂師李水樹（頭手吹）與吳榮千（二手吹）所吹奏的過場樂如下：

【拜香】

道教靈寶派
《啟白科儀》
1987年2月

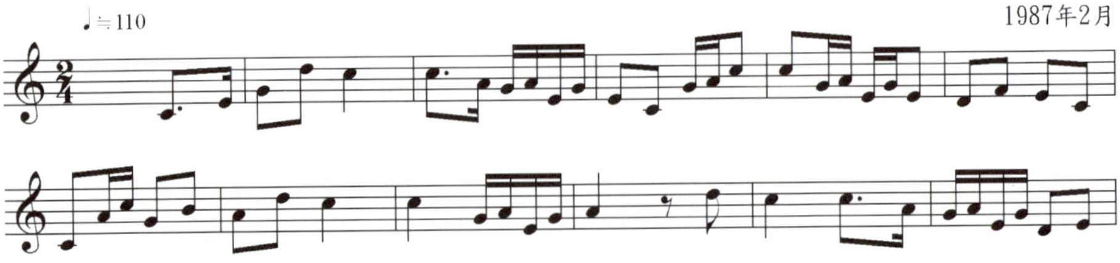

11 丁卯年為1987年，佳里鎮金唐殿的該次醮典，主持的法師為陳榮盛道長，該科醮距前一次醮典的時間為80年。

12 啓白科儀也稱為啓請，俗稱請神。

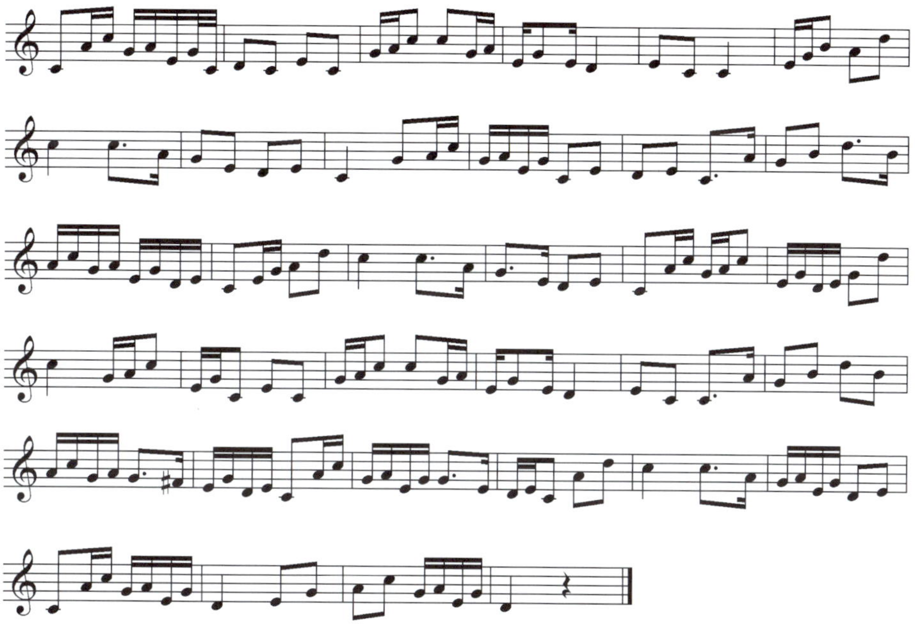

開科延香的過場樂通常都為鼓吹樂，然而也有例外，如佳里鎮金唐殿五朝王醮第四天清晨的重白科儀，後場樂師所奏的過場樂則為絲竹音樂。當科儀結束的時候，後場樂師無例外地以鼓吹樂的形式演奏一段樂曲，作為儀式的結束。

四、法事過場

道教靈寶派儀式中的科介性法事，如朝科中呈疏表的淨壇舞劍、敕水禁壇科儀的淨壇舞劍、朝科的三捻香與禮十方等，這類片段的法事純屬科介性，並無唱腔或說白，道士在執行法事的時候，後場樂師都演奏以過場樂作為襯場。茲以朝科的三捻香為例，說明道教靈寶派儀式這類法事過場音樂的運用情形。

㈠三捻香

三捻香為朝謁三清大帝時的法事，使用於道場進茶、早朝、午朝、晚朝等科儀，由高功道士分別向玉清宮、上清宮、太清宮進香。三捻香時演奏的過場樂，以台南地區道士建醮的調查，都相同地為絲竹編制，初捻香為向玉清公進香，以台南縣佳里鎮金唐殿於民國七十六年舉行的五朝醮觀之，早朝科儀初捻香時，後場演奏的樂曲為【蝴蝶圖】，使用的樂器為殼子絃、秦琴，並有鼓、板、鈔擊打節拍，其樂譜如下：

【初捻香】

道教靈寶派
《早朝科儀》
1987年2月

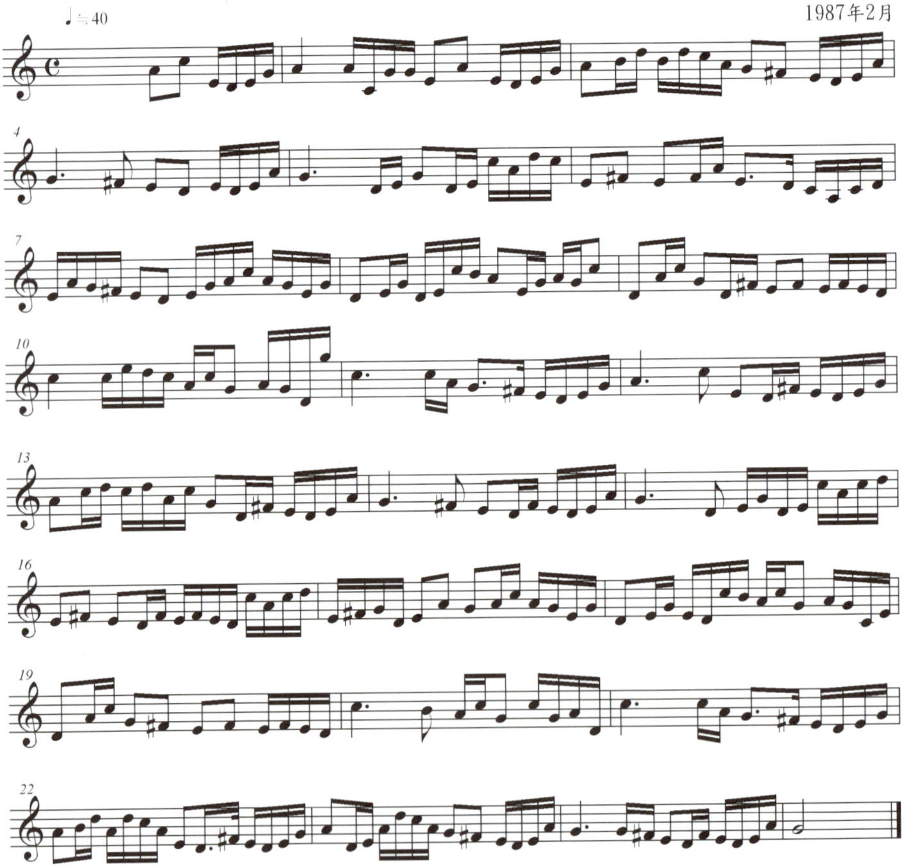

再捻香為向上清宮進香，佳里鎮金唐殿五朝醮之早朝科儀，再捻香所演奏的樂曲為【十杯酒】，使用的樂器同上，其樂譜如下：

【再捻香】

道教靈寶派
《早朝科儀》
1987年2月

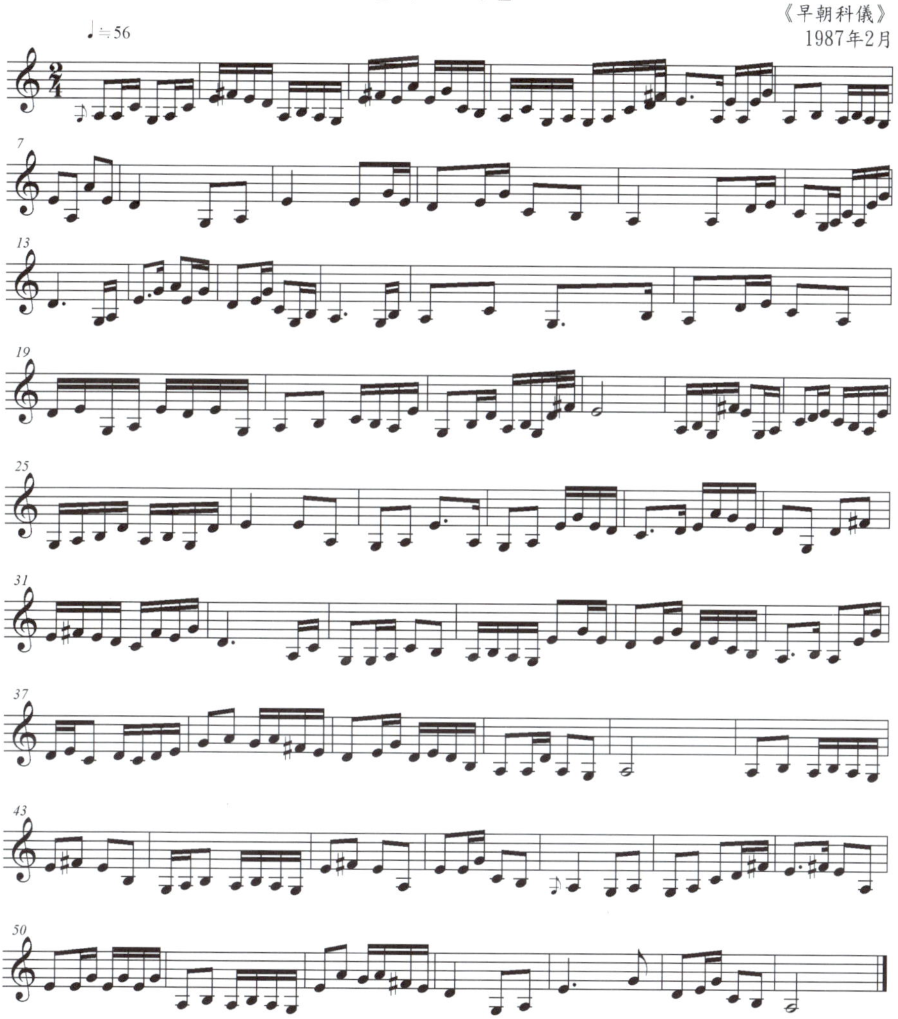

三捻香為向太清宮進香，佳里鎮金唐殿五朝醮早朝科儀之三捻香，演奏的樂曲為【二句半】，使用的樂器同上，其曲譜如下：

【三捻香】

道教靈寶派
《早朝科儀》
1987年2月

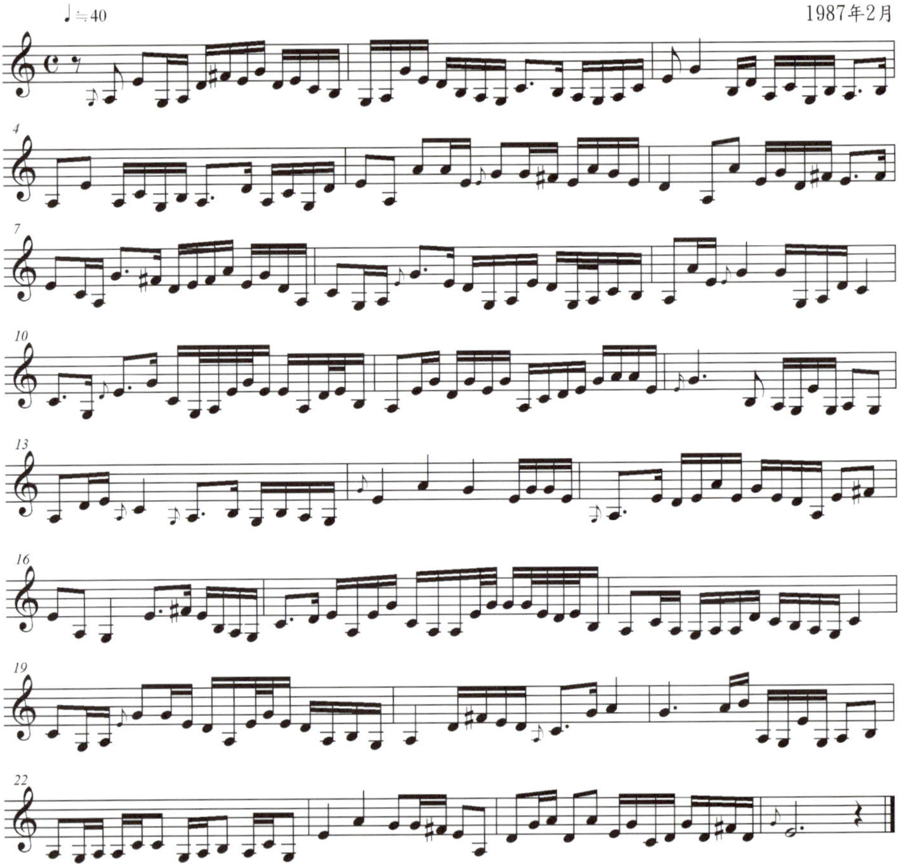

㈡三進茶

三進茶為接續於三捻香之後的法事，亦即：初捻香－初進茶—再捻香—再進茶—三捻香—三進茶，為道場進茶、早朝、午朝、晚朝科儀的共同法事。如以所進飲食品的確切內容言之，也稱為三進茶湯，三個朝科分別進獻不同的飲品，早朝科儀為茶，午朝為酒，晚朝為甘草湯或胡椒湯。三進茶時，靈寶派各道壇所演奏的過場樂屬於鼓吹樂，都以兩支嗩吶演奏，並加上鼓、鈔擊打節拍。以佳里鎮金唐殿五朝醮為例，早朝初進茶為向玉清宮進獻茶，演奏的樂曲為【福祿壽】，其樂譜如下：

【初進茶】

道教靈寶派
《早朝科儀》
1987年2月

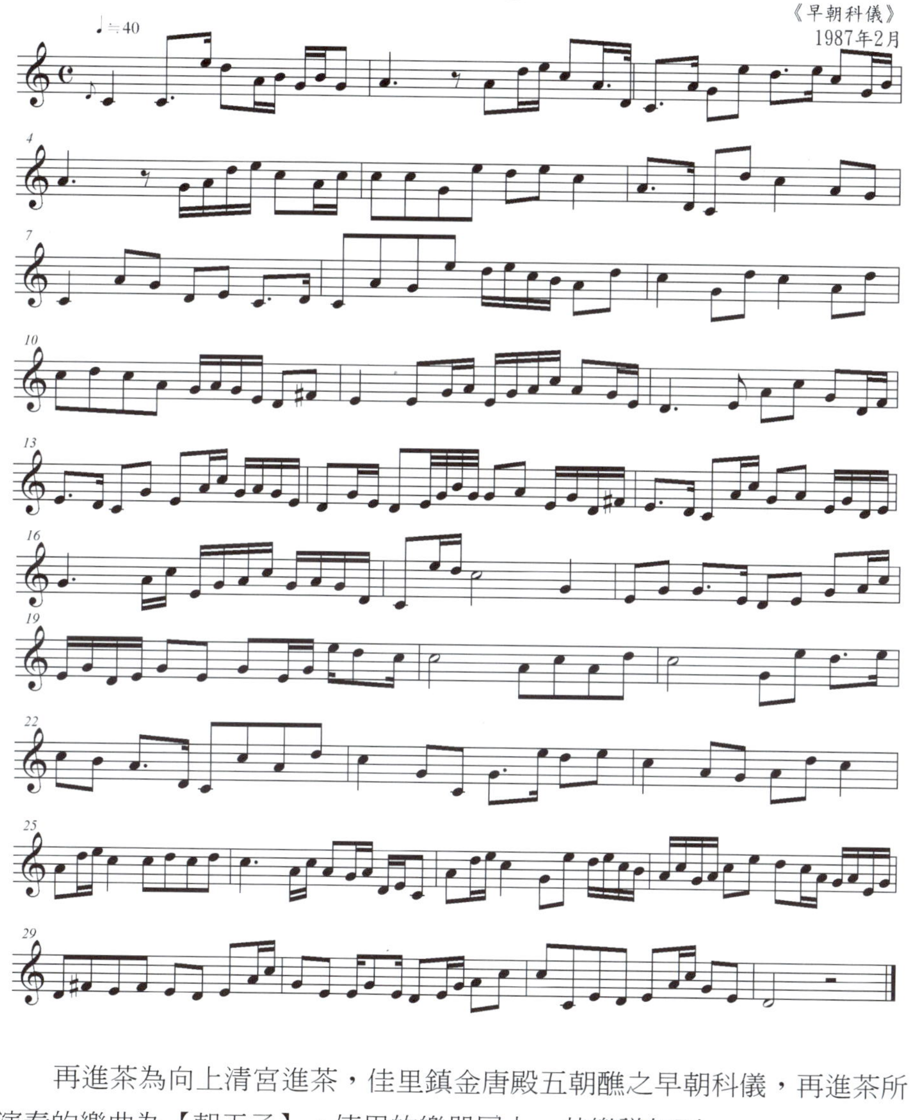

再進茶為向上清宮進茶，佳里鎮金唐殿五朝醮之早朝科儀，再進茶所演奏的樂曲為【朝天子】，使用的樂器同上，其樂譜如下：

【再進茶】

道教靈寶派
《早朝科儀》
1987年2月

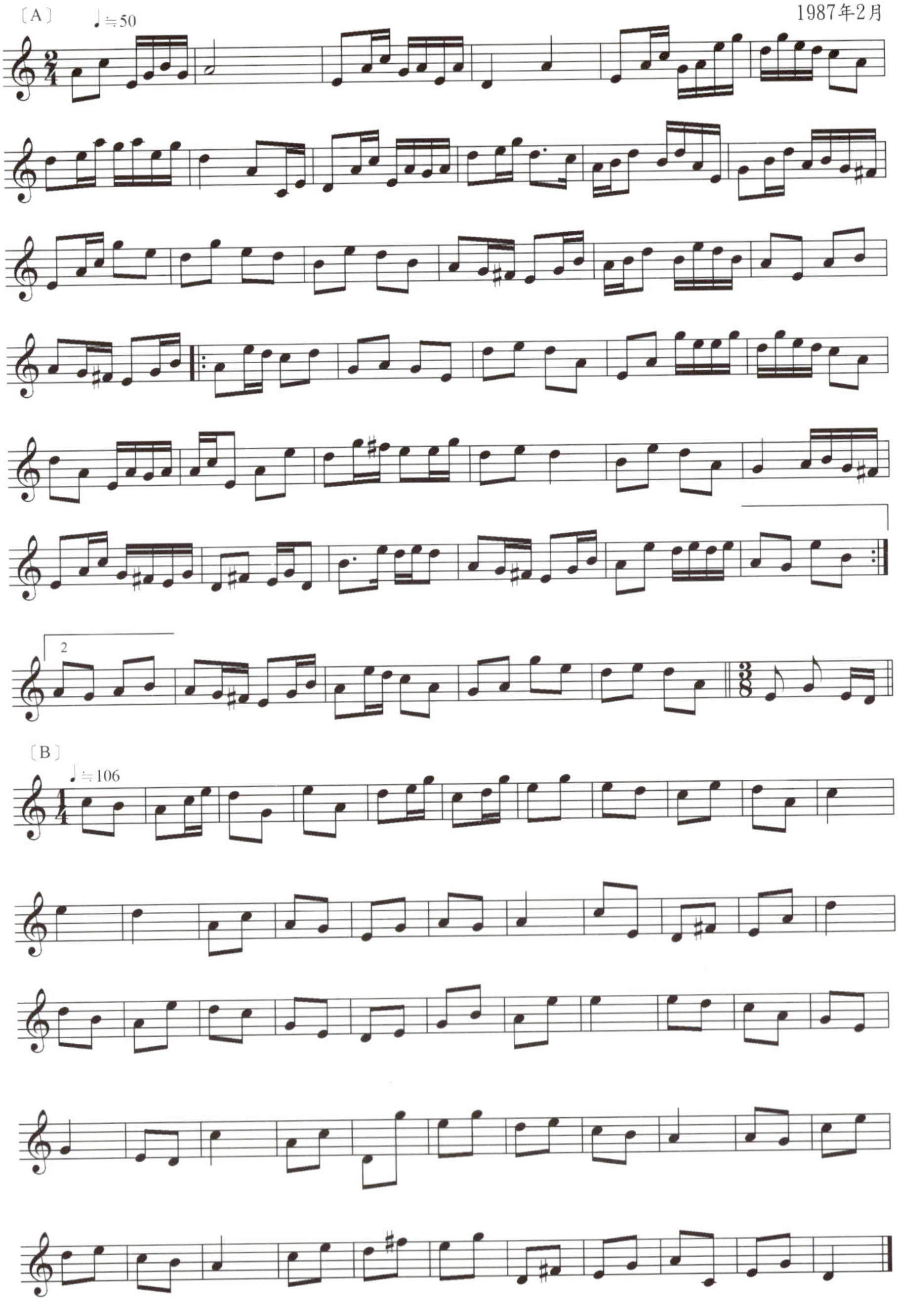

三進茶為向太清宮進茶，佳里鎮金唐殿五朝醮早朝科儀之三進茶，演奏的樂曲為【百家春】，使用的樂器同上。道教靈寶派後場吹奏的【百家春】，樂曲長度相同於北管館閣，然而兩位後場樂師所吹奏的旋律差異頗大，在兩個聲部的音色都相同的情況下，聽寫極為困難，故本文將其樂譜省略。

㈢淨壇舞劍

道教靈寶派的淨壇方法有二，一為以法水淨壇，此法用於開科，接於步虛之後，道眾全體遶壇，並齊聲演唱【淨天地神咒】，引班道士在行列之首，一面以枝葉沾法水，向道場四處灑淨。二為進疏表前的淨壇，該節次雖也有用法水，主要的科介性法事則為舞劍。以舞劍的方式淨壇者，分別見於宿啟、道場進茶、早朝、午朝、晚朝、敕水禁壇、進表等科儀，法事的做法皆相同，先由引班道士舞劍，次為高功道士。

當道士舞弄天師劍時，後場的武場樂師擊奏鑼鼓，文場樂師無事。淨壇舞劍的鑼鼓極為簡單，鑼為一拍兩擊，如將速度解讀為快速，也能視為一拍一擊，鼓則大體為每拍4擊。

第四節 4

法教之法事

相對於佛教與道教的宗教屬性明確，法教一語在學術界或民間則甚為陌生，認識上也較為模糊含混。從教義以及組織上言之，法教並非宗教，它為一種為民間信仰服務的儀式，這類儀式有具體目的，即為信士消災祈福或醫療疾病，故多被今之統治者或文士階層視為迷信，在中國的古代，則常被稱為巫。

從語義言之，法教為透過法術的施行，以召喚天兵天將，執行法師交付的任務，或逐除各種不潔的邪穢，使信士康寧、居止常安的法事之總稱。由於法教與漢族的民俗信仰的關係密切，故法事分布廣，從事該類法事者的稱呼，也有較大的差異。在南部或澎湖地區，有稱以「法官」、「法師」；如以他們所執行的法事與乩童搭配，則常被稱為「桌頭」。這類法事主持者所從事的儀式並無後場音樂。

根據所見，法教的法事規模較大者，為北部地區由正一派道士兼行的大補運法事。該類法事的內行隱語稱為「做sai[1]」或「sai[1]場」，亦即「做獅」、「獅場」，正式的名稱為「法場」，以區別於拜神類的法事「道場」。法場的法規模通常為「午夜」，從上午10點至晚上9或10點。

本文所描述具有後場音樂的法教，為流傳於北部地區，由正一派道士兼行的法場補運法事，該類法事或在信士宅第，或在道士私人的神壇舉行，至於在廟宇內每日例行的祭解補運，並無後場。

一、起鼓

一如拜神類法事，法教的法場法事在開始之前，也有起鼓的儀式，由主持的法師點燃一疊金紙，將科儀桌上的法器，以及後場的樂器一一予以潔淨，方法為利用點燃的金紙之火焰，在物件表面拂掠數下。接著為擊奏小鼓（單皮鼓），以由慢至快的擊奏為一個樂節，一個樂節結束時敲擊銅器。隨著為嗩吶加入合奏，曲目仍為北管的牌子。

法場的起鼓，以嗩吶與鑼鼓合奏的情形，與拜神類法事的起鼓相同，差別為演奏的曲目較短，音樂的氣氛也較為一般，不若道場之高亢熱鬧。

二、儀式起始與結束的過場

法場的法事節目，從開始的請神至結束的解壇，約有15個儀式。相對於拜神類或拔亡類的道教儀式，這類儀式較為簡短，約為10或20分鐘。由於場面布局簡，故儀式開始前的準備以及延香的時間短，因此，後場樂師通常僅擊奏鑼鼓作為襯場。

如同建醮或禮斗法會，大補運法會也有拜天公，祈求上蒼賜予患者以平安。單一信士的補運法事之拜天公，與廟會的聚眾式拜天公的差異僅規模的大小，其他方面大致相同，仍須搭天公壇，雖然信士僅有一位。以1989年1月1日在台北縣雙溪鄉坪林村所舉行的大補運中的拜天公為例，該次法事由台北縣五股鄉顯真壇道士林清智主持。該次儀式開始的拜香，後場樂師演奏的鼓吹樂如下：

【拜天公拜香】

法教儀式
台北縣雙溪鄉
1989年1月

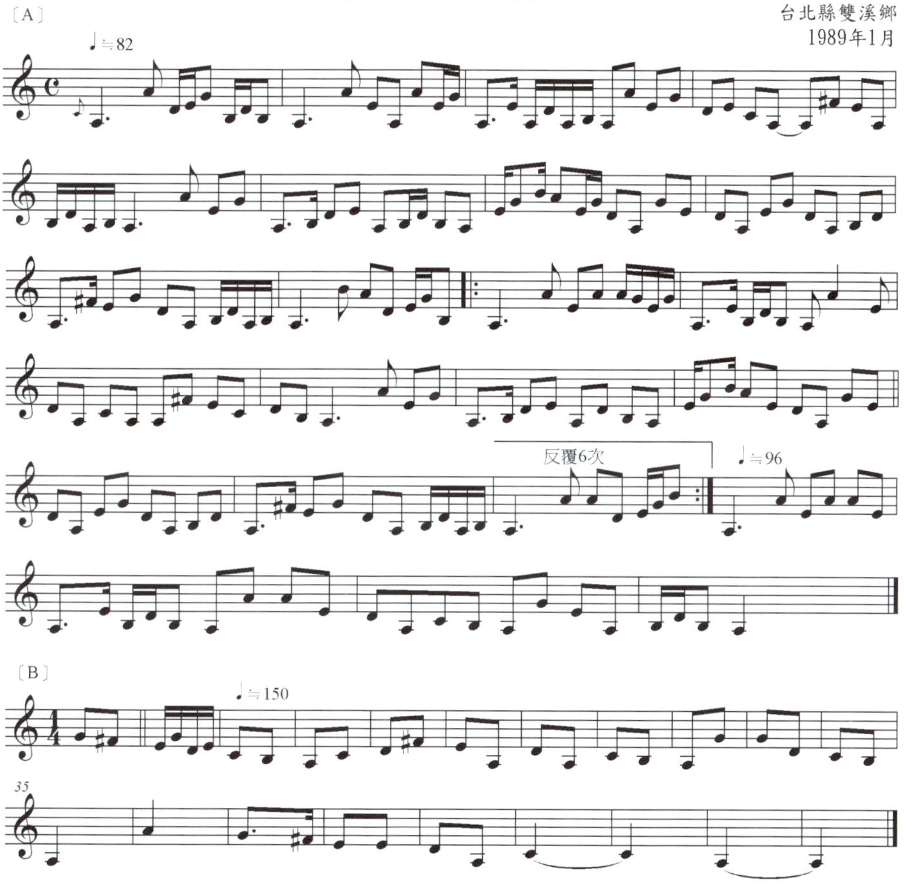

以所調查過的4次法事言之，大補運的各個儀式結束時，後場樂師仍有鼓吹樂的演奏。仍以雙溪鄉的大補運法事為例，請神儀式結束時所奏的

鼓吹樂如下，由於音樂係用於儀式的結束，故速度快，且氣氛較為熱烈。

【請神落壇】

法教儀式
台北縣雙溪鄉
1989年1月

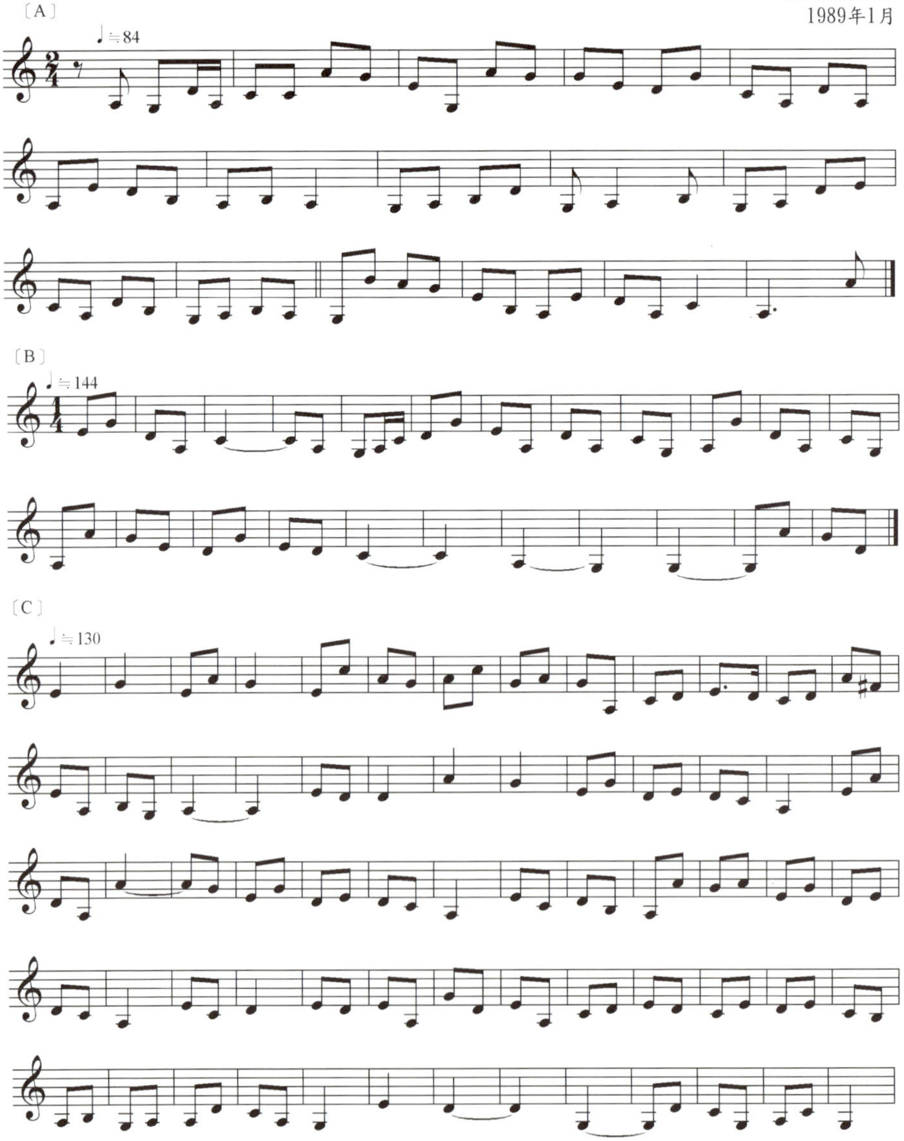

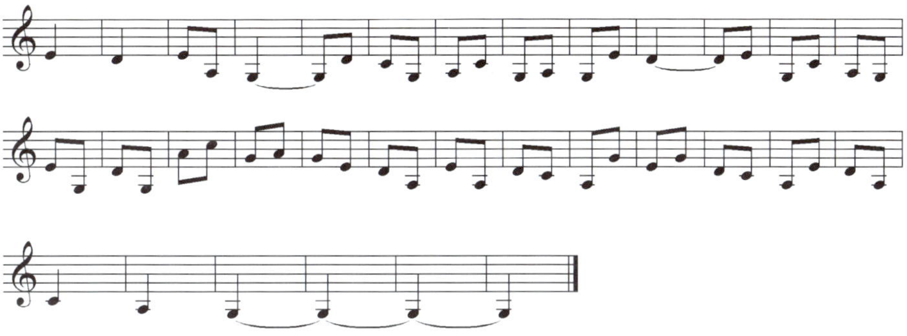

儀式結束所演奏鼓吹樂的另一例子為，台北縣三重市城隍廟於1994年4月3日所舉行的獅場，翻土儀式結束時的鼓吹音樂如下，其速度仍相當快，且氣氛熱鬧。

【翻土・落壇】

法教儀式
三重市城隍廟
1994年4月

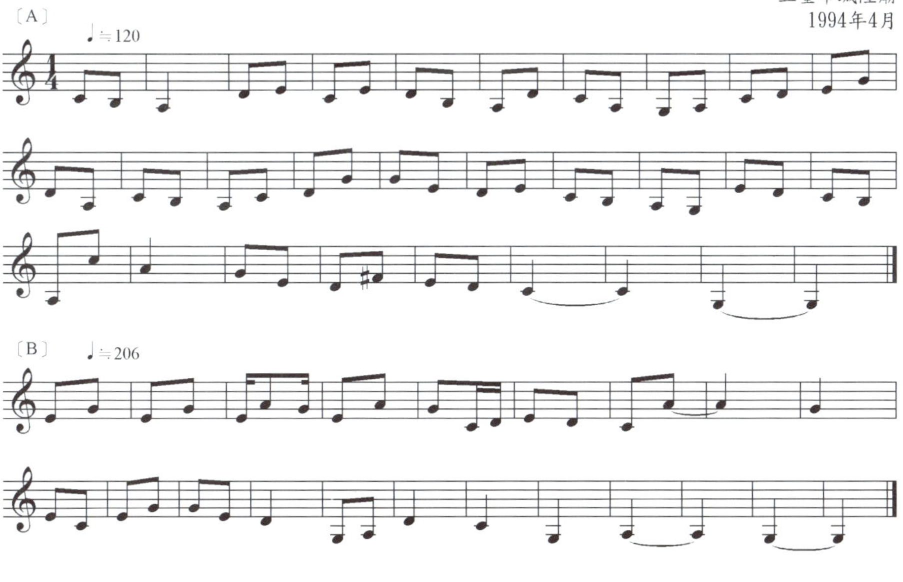

三、科介性法事的過場

科介性法事，指儀式中僅藉著或透過肢體性的動作詮釋的片段，具有這種特徵法事者為翻土儀式，其目的為逐除信士居家空間的邪穢不潔，其中有兩個主要的法事皆僅有動作，一為法師利用捲著的草蓆拍打壇場的五方，以潔淨廳堂的四處，以三重市城隍廟於1994年4月3日所舉行的獅場為例，後場樂師演奏的鼓吹樂為：

【翻土・打煞】

法教儀式
三重市城隍廟
1994年4月

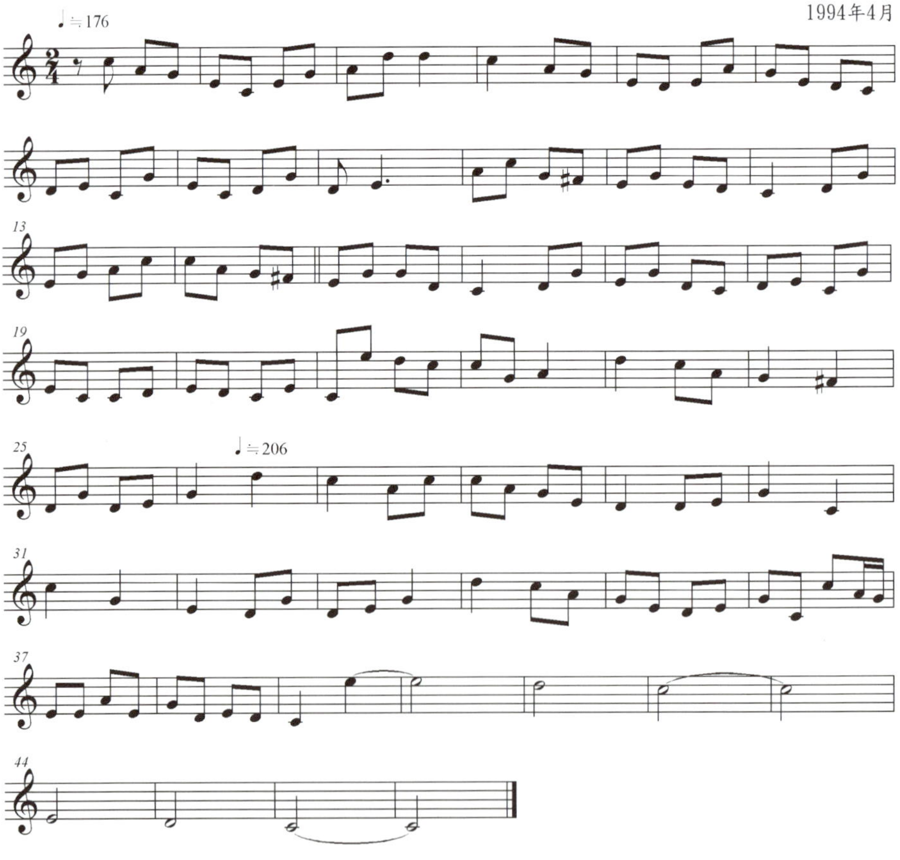

當打煞完畢之後，法師旋將草蓆解開，隨之以草蓆裹住全身（亦即將身體包於草蓆中，僅露出雙腳），然後在壇場的五方做舞弄之狀。該段法事寓意弄獅，以逐除居家環境的厭穢之氣。三重市城隍廟獅場翻土儀式中的弄獅，後場樂師演奏的鼓吹樂如下，速度仍為快板，樂曲的氣氛則為輕快詼諧：

【翻土・弄獅】

法教儀式
三重市城隍廟
1994年4月

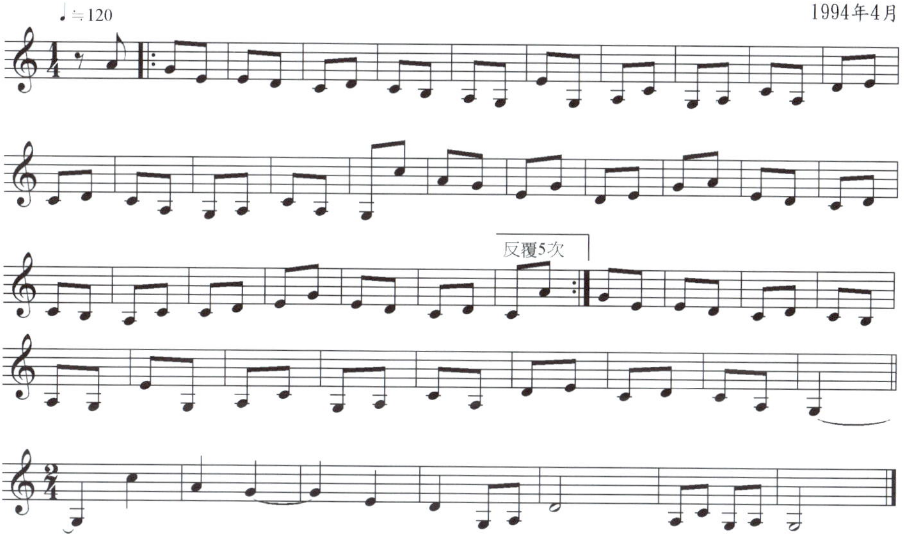

上述的曲調為【銀柳絲】的摘句，並以快速的疊板演奏。

第五節

5 釋教法事

釋教為台灣民間對專門超度亡者的法事之總稱，道教中的靈寶派雖也有為信眾舉行超度法事，該教派同時也做廟宇的建醮或禮斗法會。根據法事源流的不同，釋教又分為沙門與錙門，南部地區的釋教圈也有稱屬於龍華派的說法。如果面對眾所熟悉的佛教，人們對「釋教」一詞難免會有迷惑不解之處：它究竟為佛教學術語彙的另稱，或者如何？

從儀式主持者的人文背景言之，人們對釋教法事人員的稱呼分別有：和尚、sai[1]-kong[1]、做事的等等。根據所見，包括北部、中部、南部地區的該類法事的主持者，都為結婚有家室者，且並無齋戒，不過儀式中所穿著的法服仍為佛教法師的袈裟，儀式中所禮拜者為釋迦牟尼、三寶佛等，誦唸的經懺亦來自佛教。故而，如撇開主持者的社會背景，台灣民間所稱「釋教」所從事的儀式，毫無疑問地屬於佛教系統。

釋教所禮拜、宣行的經懺雖都與佛教相同，唱腔方面也有引用之處，對後場音樂的運用則完全不同。釋教法事大量引用器樂，佛教儀式則只為法師的讚偈或經韻，而無後場音樂。從後場音樂切入觀察，則釋教所做的拔亡法事，與道教靈寶派拔亡法事基本上是相同的。如以北部地區的釋教法事言之，由於後場樂師多有北管的訓練，故用於北部釋教儀式的後場音樂，風格上極為高亢與熱鬧。

一、釋教後場器樂簡述

釋教分布於全台各地，以後場音樂的運用以及演奏技巧言之，要以北部地區釋教後場樂師最為突出，故本文所敘述的釋教後場器樂，主要為北部地區的現象。根據從宜蘭地區蒐集到的釋教抄本，其內容實相當於北管牌子簿，以工尺譜抄寫，抄錄的曲目計有：

十牌、醉仙、玉芙蓉、千秋歲、粉蝶兒、聲聲兒、急三昌、一江風、玉麒麟、倒旗、雙龍、雙鳳、雙飛、雙舞、雙鳳記、鬥龍詞、月眉詞、新月眉詞、尾凡詞、大班祝、大急三昌、大風入松、大鑑洲、鑑洲歌、大遊放恭、番竹馬、新番竹馬、翻仔歌、翻連扇、賜朋貳凡、新貳凡、舊貳凡、普天樂、新普天樂、小班祝、桂花香、下山虎、火神咒、降風龍、錦川道、五馬、金杯、朝鷹歌、兔兒、新岳母令、封官、遊耕洲、清板、岳母令、珠文輝、新珠文輝、新鐵連丁、棹頭風入松、倒串、新泣顏回、北尾聲、小仙子、秀鑾開、紅秀鞋、金葫蘆、銀葫蘆、玉葫蘆、紅葫蘆、遊石虎、遊石豹、遊石獅、遊石象。

總體觀之，曲牌名稱多準確無誤，只有一些諧音的書寫樣式，如：大班祝、鑑洲歌、朝鶯歌等。

二、鬧壇

釋教所從事的超度功德法事，俗稱為「做旬」，於亡故後每七天超度一次，須做七次，稱為「七旬」，規模以「午夜」為常見，如僅於出殯時做一次超度法事，由於在不到一天的時間須做的儀式頗多，通常沒有多餘的時間可以鬧壇。如為每逢奇數旬各做一次超度功德，這種情形下，晚上就能有時間舉行鬧壇的音樂演奏。

以民國七十六年七月期間，在台北縣蘆洲市中山路所調查的超度功德為例，亡者的家屬為釋教的從業人員，因此，頭旬、三旬、五旬、七旬都各舉行超度法事。第五旬法事的晚上，後場樂師即舉行鬧壇演奏，共演奏了兩套北管牌子〈大報〉與〈鬥鵪鶉〉。所演奏的〈大報〉，可參見第四章第二節〈北管牌子與譜・牌子的音樂〉中，聯套所舉的譜例。台北縣蘆洲釋教後場於鬧壇所演奏的〈鬥鵪鶉〉，共計有5段，各段之間以鑼鼓連接。其樂譜如下，第一牌與第五牌為散板，第二牌至第四牌為規律式拍法：

〈鬥鵪鶉・第一牌〉

釋教法事・鬧壇
台北縣蘆洲
1987年7月

散板

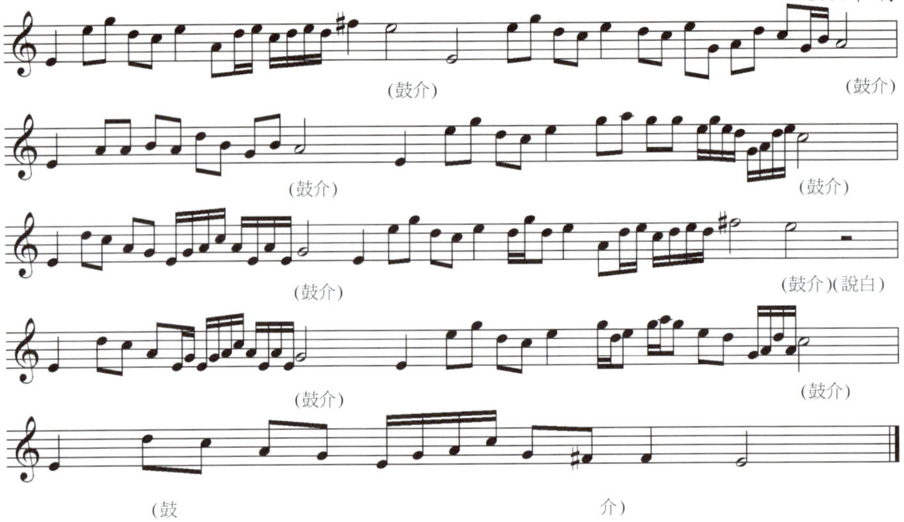

〈鬥鵪鶉・第二牌〉

釋教法事・鬧壇
台北縣蘆洲
1987年7月

♩≒70

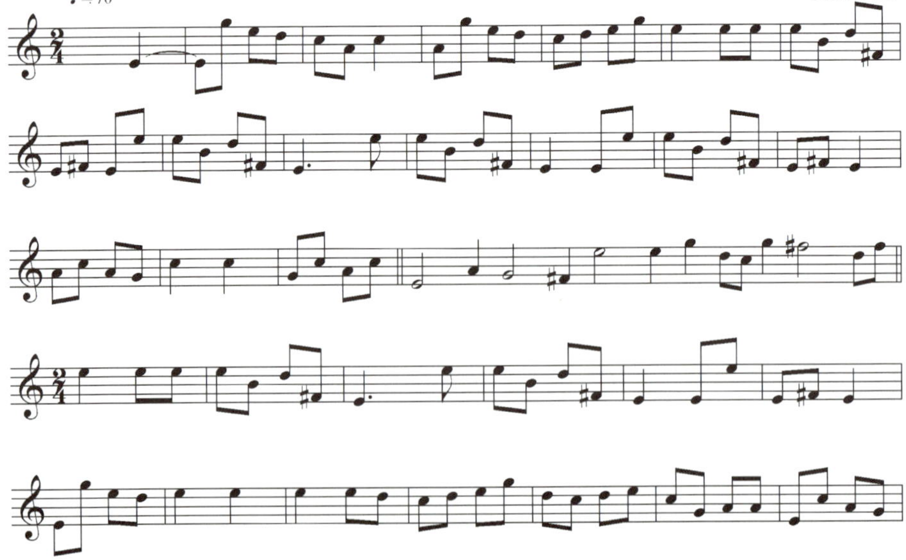

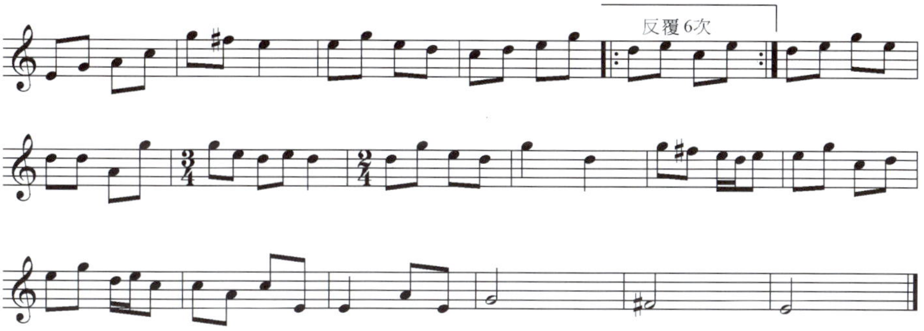

〈鬥鵪鶉・第三牌〉

釋教法事・鬧壇
台北縣蘆洲
1987年7月

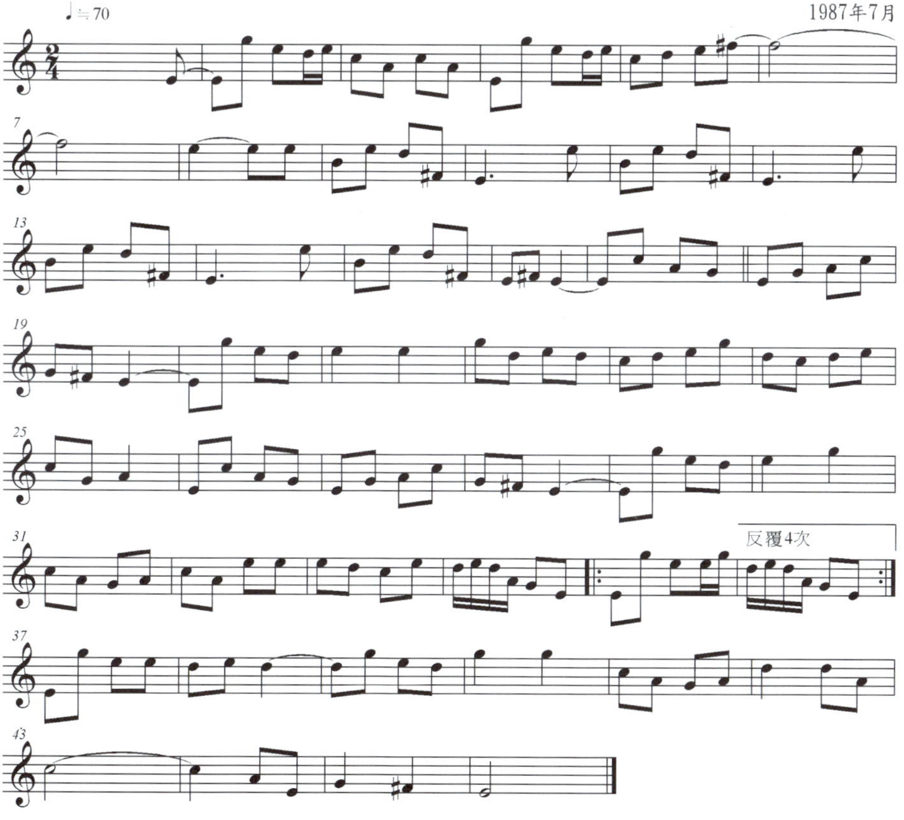

〈鬥鵪鶉・第四牌〉

釋教法事・鬧壇
台北縣蘆洲
1987年7月

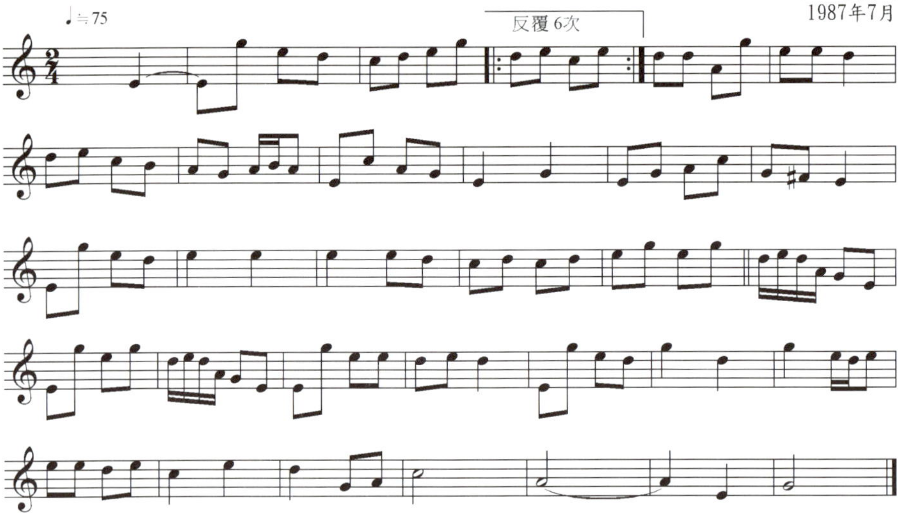

〈鬥鵪鶉・第五牌〉

釋教法事・鬧壇
台北縣蘆洲
1987年7月

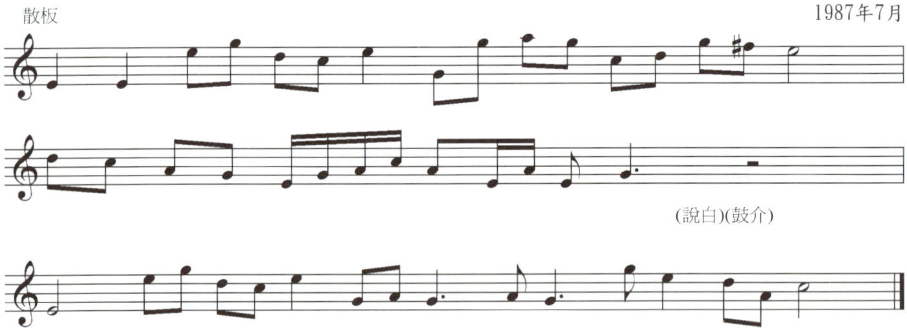

三、儀式起始與結束之過場樂

釋教的全套法事計有：發表、請佛、開魂路、獻供、走赦、打城、過金橋、填庫等，經懺類有慈悲三昧水懺、梁皇懺等。儀式開始的時候，由於儀式主持者與孝眷須向各壇神明拜香，後場樂師皆演奏過場樂作為襯場。如1987年7月台北縣蘆洲中山路所舉行的功德法事，發表科儀延香所奏的鼓吹樂如下：

【拜香】

釋教《發表》
台北縣蘆洲
1987年7月

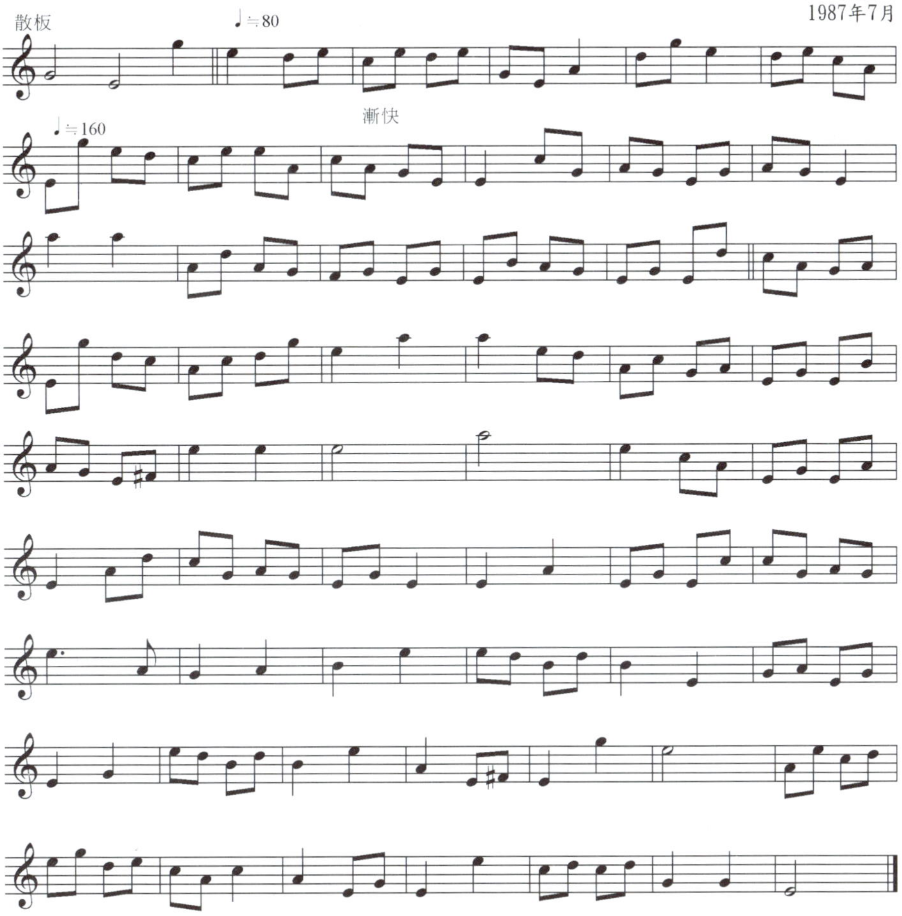

如同延香時演奏鼓吹樂，儀式結束時也能演奏鼓吹音樂，實際的情形則須視前後儀式安排的鬆緊情形。一般而言，發表科儀之後緊接著請佛，請佛之後隨著為引魂，就沒有時間可演奏牌子，僅以簡單的手法結束。至於經懺類儀式，由於宣誦的時間短，前後儀式間的時間充裕，故常有演奏牌子的情形。如蘆洲中山路的功德法事，梁皇懺結束時，後場樂師及演奏一首鼓吹樂：

【落壇】

釋教《梁皇懺》
台北縣蘆洲
1987年7月

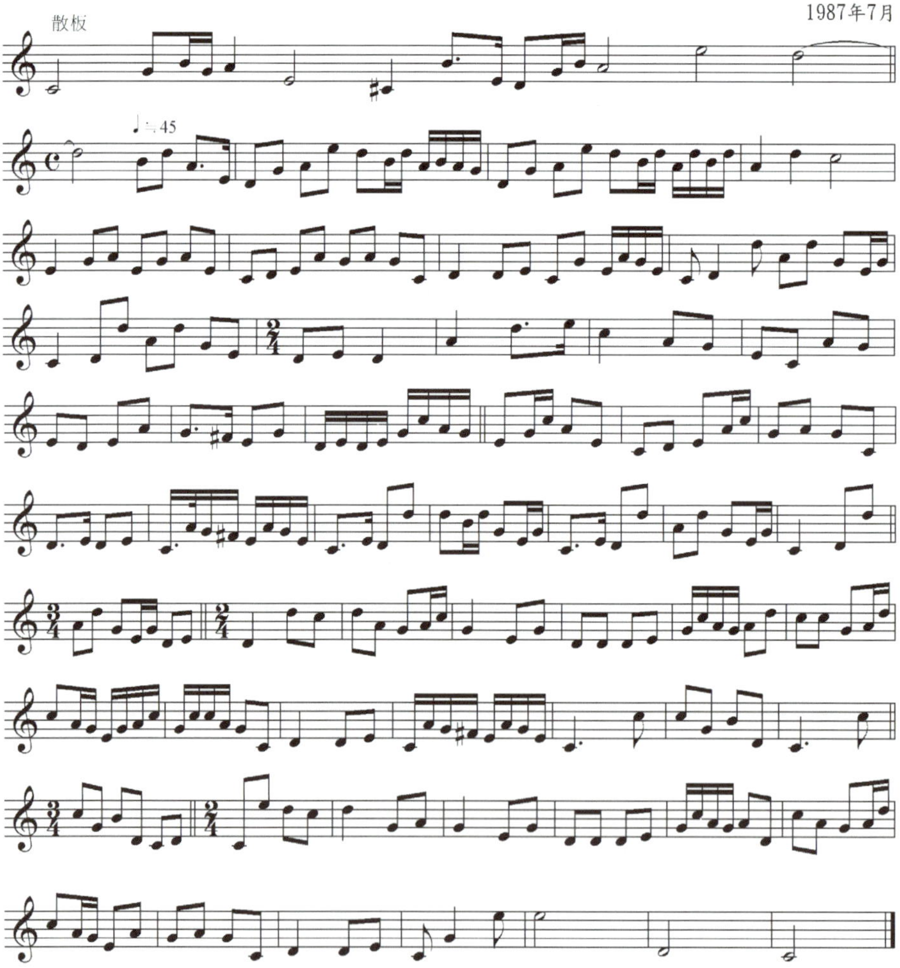

四、科介性法事的過場

釋教的儀式中，具有科介性的法事者，只有頒赦與打城。頒赦儀式有多稱：放赦、放赦馬、走赦、走赦馬。該儀式主旨為頒布赦書，以赦免亡者生前的諸罪愆。儀式透過情節化的方式宣行，主持儀式的法師之外，並有赦官與赦馬，兩者皆為紙糊，赦馬為赦官的坐騎。當儀式宣行至頒赦的節次時，全體參演科儀者即在壇前來回交班旋遶，此時後場皆奏以氣氛極為高亢熱烈的鼓吹音樂，曲目通常都為【緊風入松】，其曲調相同於北管館閣。

由於釋教儀式屬於經常性的法事活動，幾乎每天都有演奏的機會，在「熟能生巧」的情形下，故後場樂師的技巧頗佳。因此，雖相同地演奏北管牌子，其節奏速度頗為流暢，音樂色彩方面的處理，甚至比北管館閣更有熱鬧的氣氛。

參考資料

一 1

音樂類

(一)出版品

布農族之歌，1992，台北縣，音樂中國出版社
排灣族的音樂，1995，台北縣，風潮有聲出版公司
排灣笛藝人吹奏錄影記錄（光碟片兩片）2001，宜蘭，國立傳統藝術中心
台灣的南管音樂——台南南聲社，2000，台北，第一影音公司，台灣民俗音樂專輯精選版專輯一
南管指譜大曲全集，2000，台北市，漢唐樂府
南管八音招聲，2005，台北市，中華民國民族音樂學會
北管戲：大河東，1977年、新時代唱片發行（ST-5025、5026），晉陽宮，1975年、泰利唱片行發行（TLA-117）
邱火榮的北管後場音樂，1997，行政院文建會
台灣的北管音樂——彰化梨春園，2000，台北，第一影音公司，台灣民俗音樂專輯精選版專輯二
北管牌子音樂曲集，2000，國立傳統藝術中心
懷念民俗風入松（一）（二），樂聲有聲出版社（無出版年資料）
陳慶松與客家八音，2000，台北，第一影音公司，台灣民俗音樂專輯精選版專輯四
鄭榮興音樂專輯（CD四片，第一、第三片為客家八音系列），2003，苗栗，財團法人慶美園文教基金會
陳冠華與福佬什音，2000，台北，第一影音公司出版，台灣民俗音樂專輯精選版

專輯三
雅樂十三音（CD二片），2001/2005（?），台南市，台南孔廟樂局以成書院

㈡非出版品（蒐集物及實地調查錄音）

南管戲：董永（天仙配、仙女摘花、天台別離）、郭華、雪梅教子、劉智遠（白兔記）、朱弁、陳姑操琴，1964年，台北市閩南樂府；益春留傘、入山門（1980，台南市南聲社）；陳三跳牆（1981，台南市南聲社）；雪梅教子（1983，台北市實踐堂）；陳三五娘全集（1977年，菲律賓）

北管戲：送妹（1997年、彰化市梨春園）

交加戲：彩樓配（1959、1960）

歌子戲：陳三五娘、玉蜻蜓、郭華買胭脂、金姑看羊、李少明認妻，資料來自中國廣播公司台北台，錄音日期為1951年至1960年。

潮調布袋戲：金簪記，1984年6月23日，台南縣下營鄉中營村中清社

李天祿布袋戲：蝴蝶杯、唐朝儀、古城會、失荊州、過五關、失徐州，1960年，中廣公司錄音。

道教正一派儀式音樂：台北市北投區鎮安宮三朝清醮，1987年10月7日-9日；台北縣樹林鎮濟安宮三朝清醮，1987年11月26日-28日；桃園市鎮撫宮三朝清醮，1987年12月25日-27日；三重市護山宮五朝清醮，1993年12月25日-29日；台北市大稻埕慈聖宮禮斗法會，1995年11月8日-14日

道教靈寶派儀式音樂：台南縣佳里鎮金唐殿五朝王醮，1987年2月14日-20日；高雄縣湖內鄉太爺村鎮安宮五朝清醮，1988年1月14日-18日；高雄縣茄定鄉崎漏村正順廟七朝祈安慶成清醮，1988年4月15日-21日

法教儀式音樂：台北縣雙溪鄉坪林村外坪林午夜獅場，1989年1月1日；台北縣三重市城隍廟午夜獅場，1994年4月3日

釋教儀式音樂：台北縣蘆洲市中山路拔亡功德，1987年7月31日

二 曲譜

琵琶指法，清道光6年（1846）（中國戲劇出版社2005年出版為《袖珍寫本道光指譜》）

文煥堂指譜，清咸豐七年（1857）（中國戲劇出版社2003年出版為《清刻本文煥堂指譜》）

泉南指譜叢編，民國元年（1912），林霽秋編輯（上海文瑞樓出版）

泉南玉指譜，大正丙辰年（1916），鹿港雅正齋藏

同聲集，昭和八年（1934），台南市以成書院林海籌編

昇平奏指譜集，民國24年（1935）曾省重抄

閩南音樂指譜全集，1952年，劉鴻溝編（菲律賓國風社出版）

絃索十三套，清・榮齋等編（1982年台北市學藝出版社）

南管戲：陳三五娘（送嫂、賞春、提燈、說親、投井、掞荔枝、求藝、磨鏡、掃厝、捧盆水、賞花、跳牆、相思、留傘、繡孤鸞、約會、私會）、郭華（買胭脂、入山門、審郭華、月英悶、審月英）、董永（仙女降凡、仙女摘花、天台別、出仙宮、皇都市）、劉智遠（井會、迫父歸家、打磨房）、朱弁（棄子扶姑、過玉樓、裁衣、困冷山）、呂蒙正（贈衣、彩樓配、打趕、入窯）、雪梅教子、高文舉（高文舉、玉真行、周婆告、審李直、打冷房、責濫金、團圓）、招商店、辨真假（宿破廟、入花園、辨真假、三元會）

員林詹柳械藏潮調布袋戲抄本

傳統音樂輯錄北管卷——牌子集成，呂錘寬輯註，1999宜蘭，國立傳統藝術中心

傳統音樂輯錄北管卷——絃譜集成，呂錘寬輯註，1999宜蘭，國立傳統藝術中心

J. S. Bach: Suite No. 1-4 東京 全音樂譜出版社

W. A. Mozart: 交響曲K.504, K.543, K.550, K.551 Eulenburg/湖南文藝出版社

L. V. Beethoven: 交響曲第三號、第五號、第九號，Eulenburg/湖南文藝出版社

Bela Bartok: Concerto for Orchestra 1974 Boosey & Hawkes

Igor Stravinsky: The Rite of Spring 1997 London: Boosey & Hawkes

三 論著

㈠中文書目

周禮，大司樂、樂師
禮記・樂記
唐・段安節撰，樂府雜錄
舊唐書・音樂志
宋・陳暘撰，樂書，四庫全書本
宋・郭茂倩編，樂府詩集
元史・禮樂志
樂學軌範，萬曆38年刊本，昭和8年古典刊行會影印刊行
呂訴上著，1961，台灣電影戲劇史，台北市：銀華出版部
呂炳川著
1974，台灣土著族之樂器，台中市：東海大學音樂系民族與教會音樂研究中心，東海民族音樂學報第一期
1979，呂炳川音樂論述集，台北市：時報文化出版公司
1982，台灣土著族音樂，台北市：百科文化事業公司
安祿興撰，1982，京劇音樂概論，濟南：山東人民出版社
譚其驤主編，1982，中國歷史地圖集・隋唐五代十國時期，上海：地圖出版社
呂錘寬撰
1982，泉州絃管（南管）研究，台北市：學藝出版社
1982，台灣的南管，台北市：樂韻出版社
1987，泉州絃管（南管）指譜叢編，台北市：行政院文化建設委員會
1994，台灣的道教儀式與音樂，台北市：學藝出版社
1995，法器與鼓鑼在道教儀式中的功能，傳統藝術研究第一期，國立台北藝術大學傳統藝術研究所

2004，論中古時期的道教音樂及其發展，《2004國際宗教音樂學術研討會論文集》，第233-245頁，國立台灣藝術大學

1998，台灣傳統音樂手冊（藝文資源調查作業參考手冊之六），台北市：行政院文化建設委員會

2000，北管音樂概論，彰化市：彰化縣文化局

2005，北管藝師葉美景、王宋來、林水金生命史，宜蘭縣：國立傳統藝術中心

2005，台灣傳統音樂概論——歌樂篇，台北市：五南圖書出版公司

2005，論台灣偶戲音樂中的tio5-tiau3，宜蘭：國立傳統藝術中心

賴錫中撰，1990，台灣十三音之研究，台北市： 中國文化大學藝術研究所碩士論文

呂錘寬指導・台灣師大音研所音樂學組研究生整理，1993，師大音研所82年度田野採集——北港鎮、嘉義市之調查報告，音樂研究學報第三期，國立台灣師範大學音樂系

吳榮順

1994，布農族歌樂與樂器之美，南投市：南投縣文化局

1999，台灣原住民音樂之美，宜蘭：國立傳統藝術中心

2002，台灣南部客家八音紀實系列精選集，宜蘭縣：國立傳統藝術中心

2006，台灣傳統客家八音中的大吹與小吹：功能與美學，福州：閩台傳統音樂學術研討會論文集

林保堯主編

1995，布袋戲——李天祿藝師口述劇本集（10冊），台北市：教育部

1996，皮影戲——張德成藝師家傳劇本集（15冊），台北市：教育部

劉克浩撰，1996，泰雅族口簧琴音樂研究，台北市：國立台灣師範大學音樂研究所碩士論文

游庭亭撰，1997，桃園地區客家八音研究——以音樂文化文主，台北市：國立台北藝術大學傳統藝術研究所碩士論文

曾永義主持，江武昌協同主持

1997，布袋戲五洲園黃海岱技藝保存案八十五年成果報告書，宜蘭縣：國立傳統藝術中心

1998，布袋戲五洲園黃海岱技藝保存案第二年度工作成果報告書，宜蘭縣：國立傳統藝術中心
林明德主持，許國良協同主持
1997，布袋戲小西園許王技藝保存案八十五年成果報告書，宜蘭縣：國立傳統藝術中心
1998，布袋戲小西園許王技藝保存案八十六年成果報告書，宜蘭縣：國立傳統藝術中心
1999，布袋戲小西園許王技藝保存案八十七年成果報告書，宜蘭縣：國立傳統藝術中心
許常惠主持
1998，布農族弓琴技藝保存計畫成果報告書，宜蘭：國立傳統藝術中心
1998，泰雅族口簧琴技藝保存計畫成果報告書，宜蘭：國立傳統藝術中心
林峰雄主持，1999，布袋戲新興閣—鍾任壁技藝保存計畫報告書，宜蘭縣：國立傳統藝術中心
林麗紅．李國俊合著，2000，台灣高甲戲的發展（周水松先生紀念專輯），彰化：彰化文化局
鄭榮興著
2000，苗栗地區客家八音音樂發展史論述稿．田野日誌，苗栗縣文化局
2004，台灣客家音樂，台中市：晨星出版公司
邱火榮．邱婷編著，2000，北管牌子音樂曲集，宜蘭：國立傳統藝術中心
林伊文撰，2000，美濃的客家八音與傳統禮俗，台北市：國立台灣師範大學音樂系碩士論文
黃琬茹撰，2000，台灣鼓吹陣頭的音樂研究，台北市：國立台灣師範大學音樂系碩士論文
胡台麗．錢善華．賴朝財著，2001，排灣族的鼻笛與口笛，宜蘭：國立傳統藝術中心
潘汝端著，2001，北管鼓吹類音樂，宜蘭：國立傳統藝術中心
洪惟助主編，2002，崑曲辭典（上下冊），宜蘭：國立傳統藝術中心
杜潔明撰，2003，台南孔廟樂局—以成書院之研究，嘉義縣：南華大學美學與藝

術管理研究所碩士論文

㈡外文論著（含中文譯本）

日・片岡巖著，1921，台灣風俗誌，台灣日日新報社

日・林謙三撰 ，1962，東亞樂器考，北京：人民音樂出版社

日・黑澤隆朝著，1973，台灣高砂族の音樂，東京：雄山閣

張師勳著，1995，韓國樂器大觀，漢城：大學校出版部

Bruno Nettl原著・沈信一譯，1976，民族音樂的理論與方法，台北市：書評書目社

V.-Ch. Mahillon, 1909, Catalogue descriptif et analitique du musé instrumental du Conservatoire royal de musique de Bruxelles

Nelly Caron Dariouche Safvate, 1966, Iran, Paris: Buchet/Chastel

Tran Vav Khe, 1967, Viet-nam, Paris: Buchet/Chastel

Kurt et Ursula Reinhard, 1969, Turquie, Paris: Buchet/Chastel

Pièrre Landy 1970, Musique du Japon, Paris: Buchet/Chastel

Hugo Zemp, 1971 Musique Dan-La musique dans la pensée et la vie sociale d'une société africaine Paris: Mouton Éditeur

Curt Sachs, 1979, Handbuch der Musikinstrumentenkunde, Breitkopf & Härtel . Wiesbaden

Schéhérazade Qassim Hassan, 1980, Les Instruments de Musique en Irak et leur rôle dans la société traditionnelle, Paris:Mouton Éditeur

François-René Tranchefort, 1980, Les instruments de musique dans le monde, Paris: Seuil

André Schaeffner, 1980, Origine des instruments de musique, Paris: Mouton Editeur

B. Chaitanya Deva 1992, An Introduction to Indian Music Delhi: Publications Division

國家圖書館出版品預行編目資料

台灣傳統音樂概論・器樂篇／呂錘寬著.
一 初版. 一 臺北市：五南，2007 [民96]
面；　公分.
參考書目：面
ISBN 978-957-11-4705-5（平裝）

1.民俗音樂一臺灣　2.器樂

910.9232　　96004571

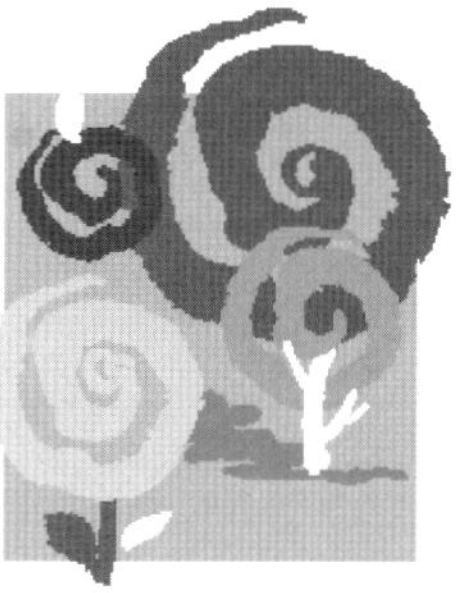

1XY2藝術系列

台灣傳統音樂概論

器樂篇

作　者一 呂錘寬(75.1)
發 行 人一 楊榮川
總 編 輯一 龐君豪
責任編輯一 陳姿穎
出 版 者一 五南圖書出版股份有限公司
地　址：106台北市大安區和平東路二段339號4樓
電　話：(02)2705-5066　傳　真：(02)2706-6100
網　址：http://www.wunan.com.tw
電子郵件：wunan@wunan.com.tw
劃撥帳號：01068953
戶　名：五南圖書出版股份有限公司

台中市駐區辦公室/台中市中區中山路6號
電　話：(04)2223-0891　傳　真：(04)2223-3549
高雄市駐區辦公室/高雄市新興區中山一路290號
電　話：(07)2358-702　傳　真：(07)2350-236

法律顧問　元貞聯合法律事務所　張澤平律師

出版日期　2007年5月初版一刷
　　　　　2011年8月初版二刷
定　價　新臺幣420元

Adaptation de Caroline Tresca

Célestin

d'après Véronique Briant et Philip Glineur

Je dis non aux jeux dangereux

d'après le scénario de Dominique Debar « Pas cap ! »

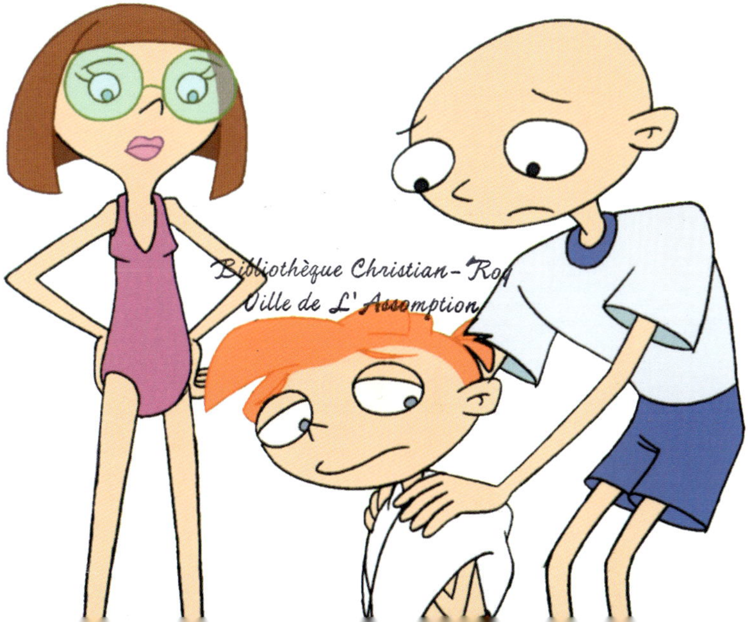

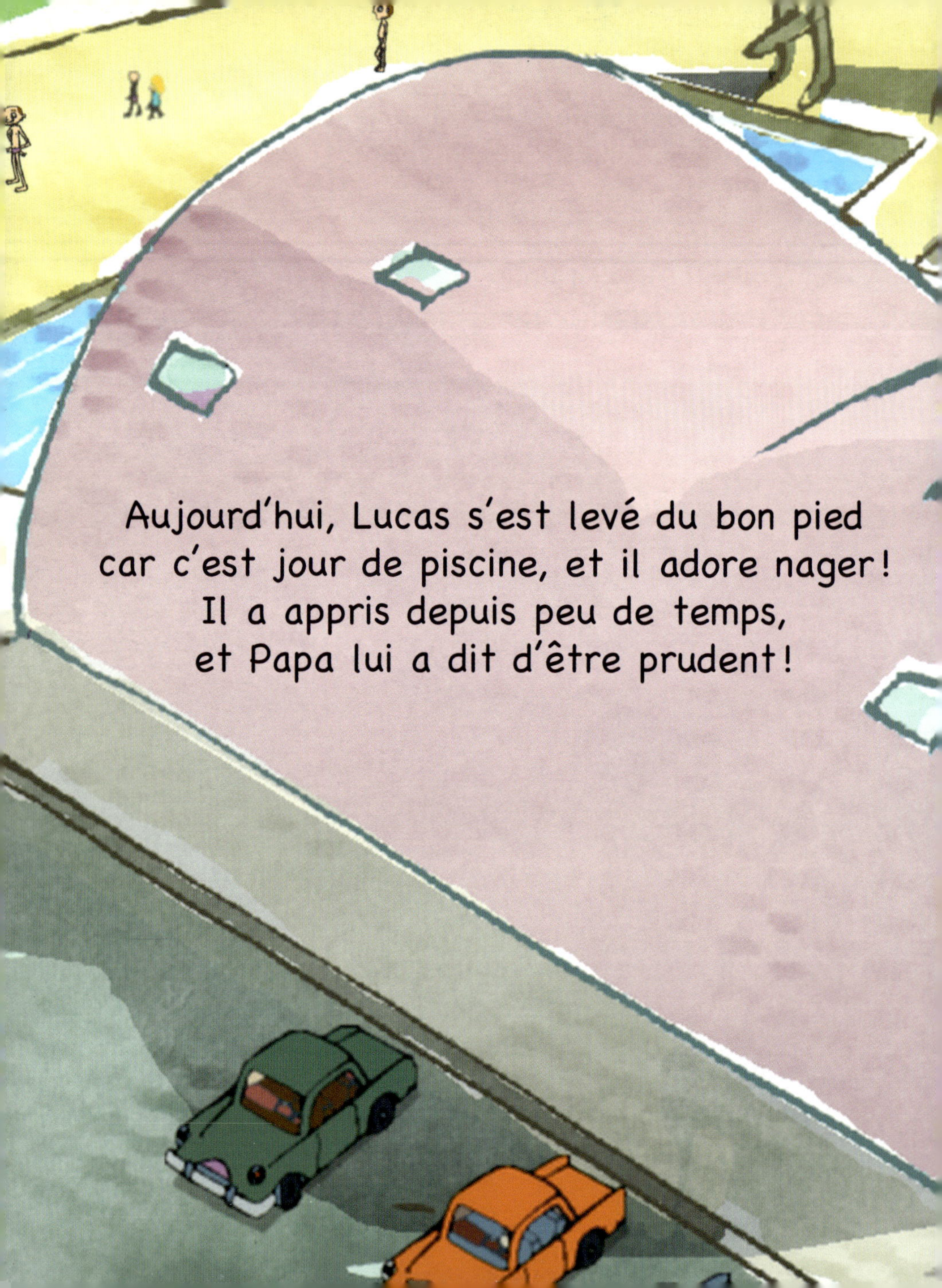

Aujourd'hui, Lucas s'est levé du bon pied
car c'est jour de piscine, et il adore nager !
Il a appris depuis peu de temps,
et Papa lui a dit d'être prudent !

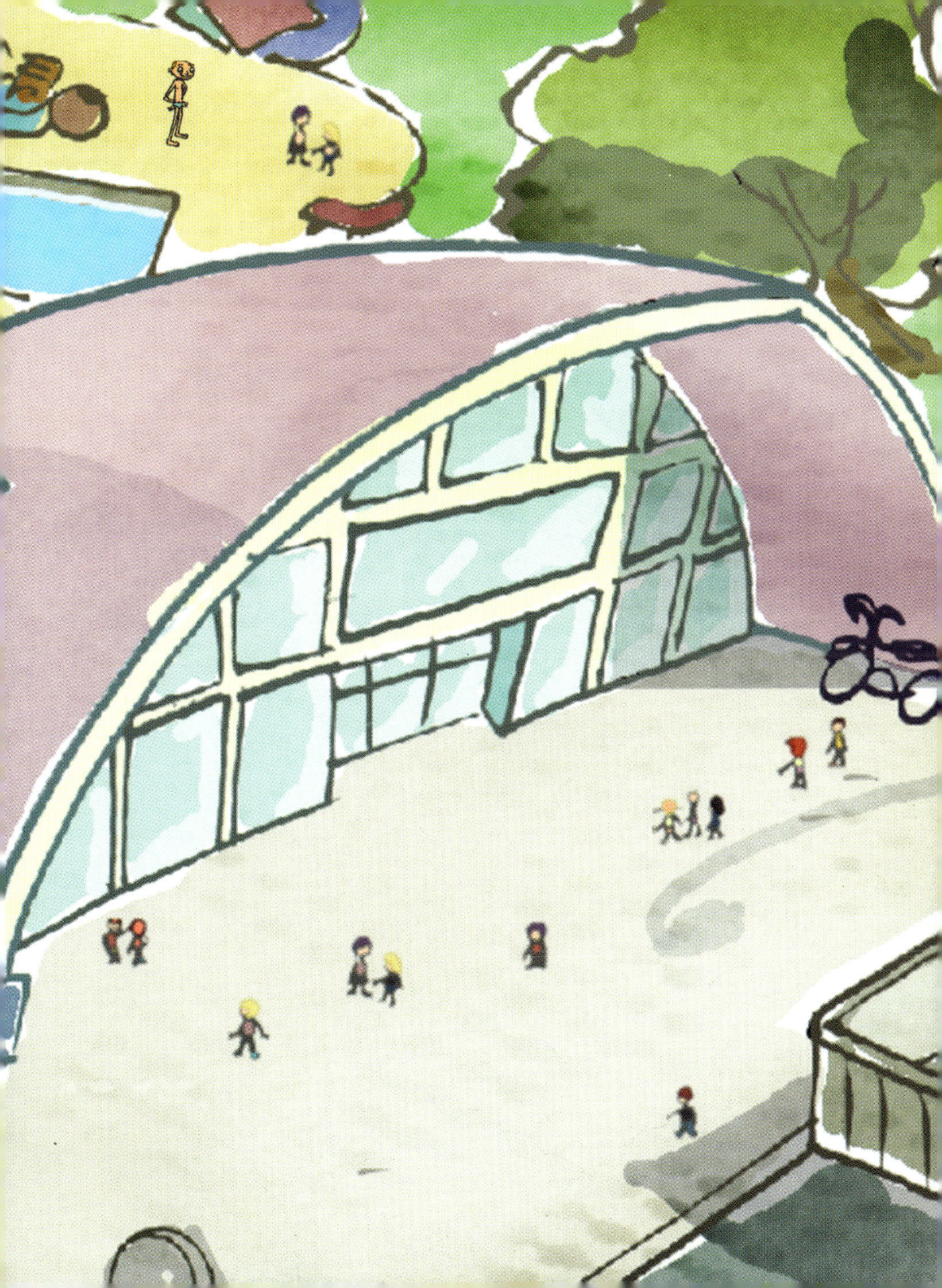

Les enfants
sont dans le vestiaire,
impatients de montrer
ce qu'ils savent faire...
– Hé! Lucas, je sais aller
sous l'eau pendant deux minutes!
dit Victor qui n'a jamais tort...
– Je ne te crois pas!
Seuls les plongeurs professionnels
peuvent faire ça! répond Lucas.
– On parie? Tope là!
Tu verras!

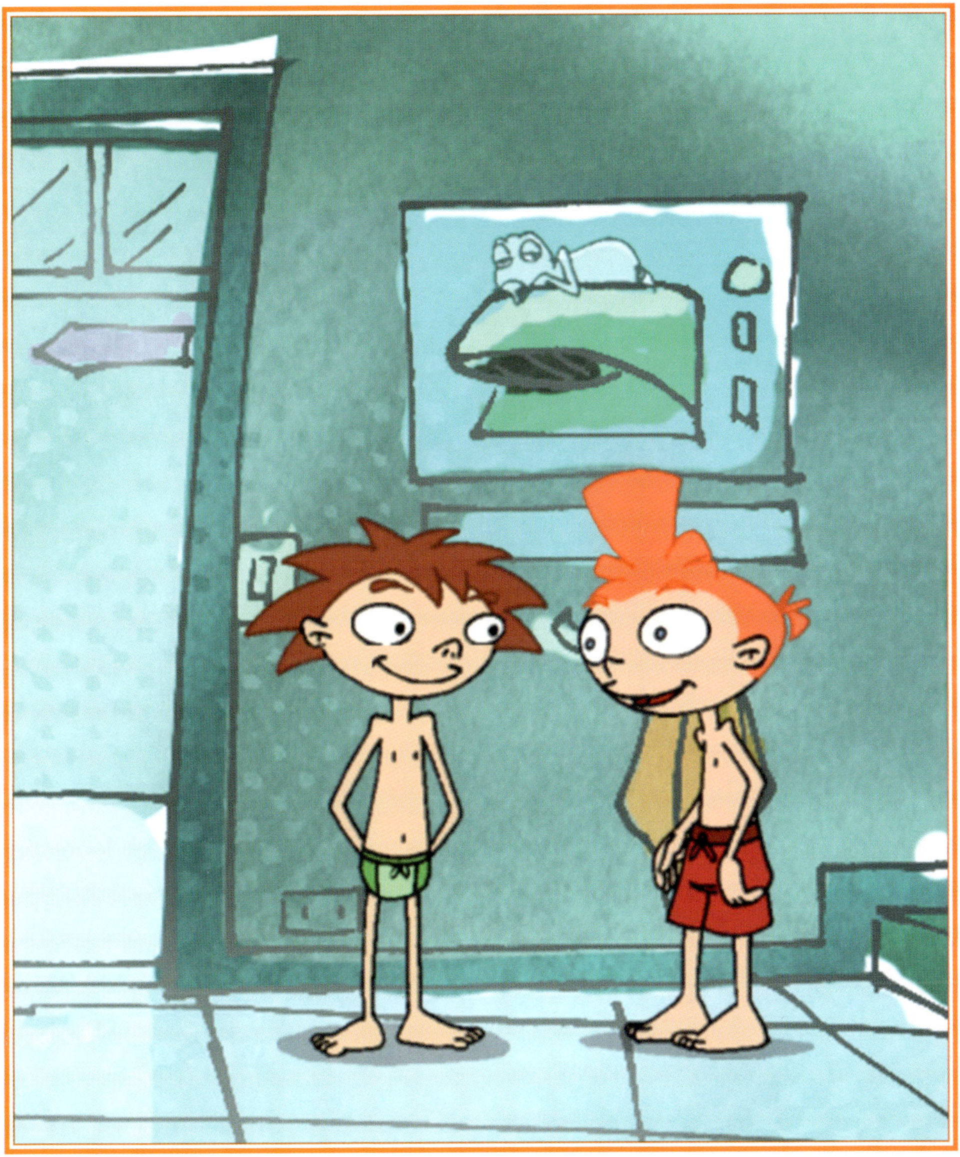

Les grands vont dans la piscine
de compétition avec le maître nageur.
Les plus jeunes suivent leur maîtresse
dans le petit bassin.
Victor, Emma, Lucas ont pied
et peuvent commencer à jouer.
Ce qu'ils préfèrent, c'est sauter
et s'éclabousser !

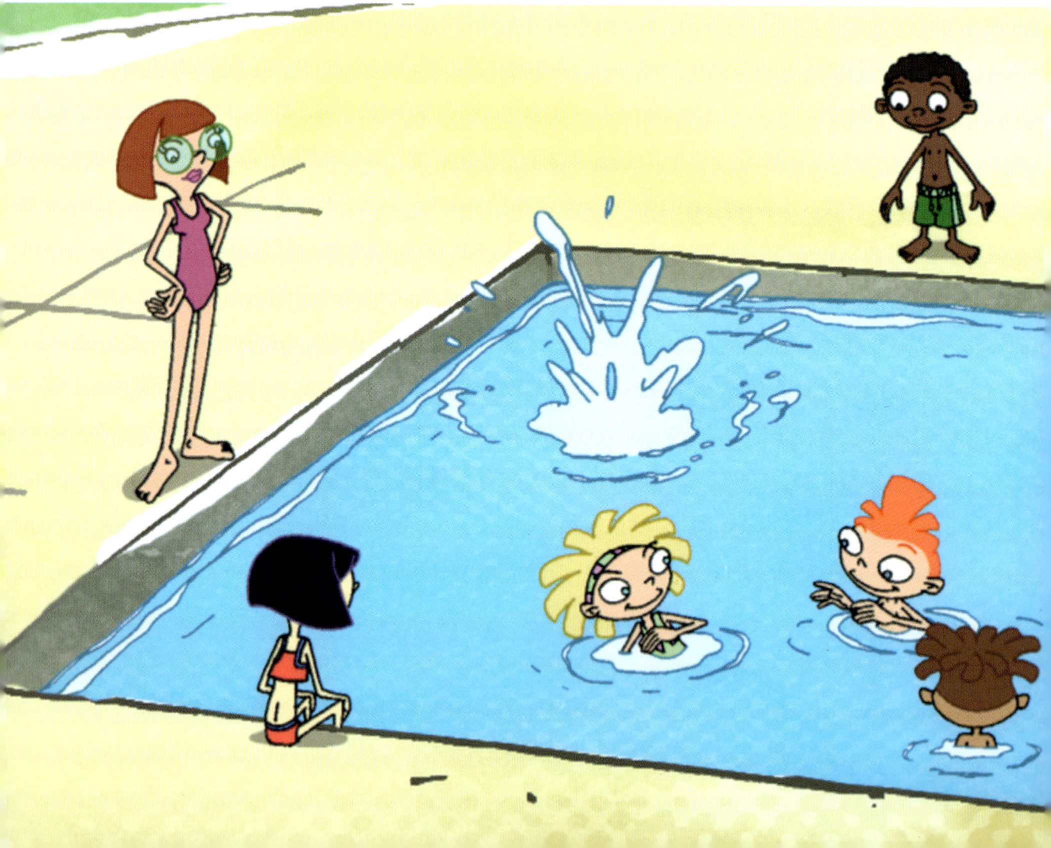

Huan ne se sent pas bien...
Elle reste sur le bord, loin de ses copains...

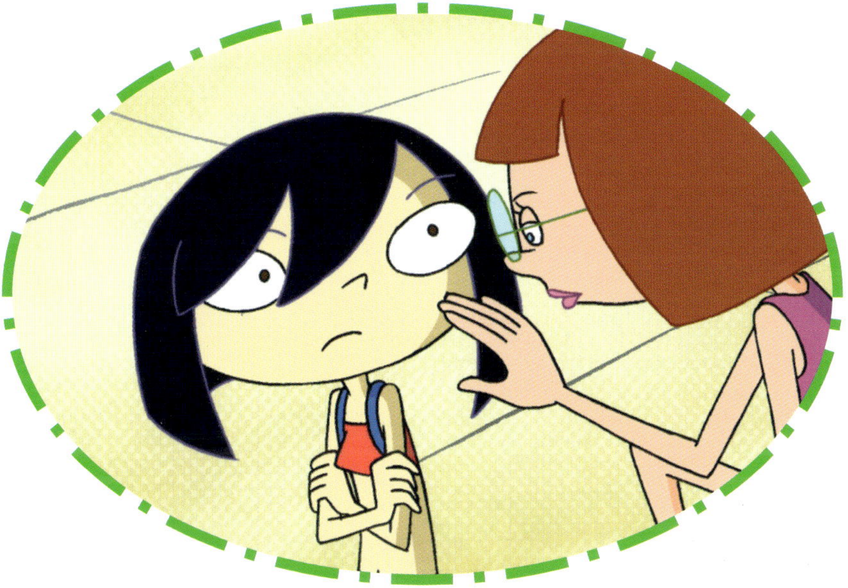

La maîtresse a un maillot rose bonbon
qui brille comme un néon.
Elle s'inquiète de voir Huan trembler
et l'accompagne à l'intérieur,
sans oublier de confier les autres enfants
au maître nageur.

Célestin s'est installé sur la chaise haute
de maître dormeur !
Il y fait des rêves de prairies
pleines de fleurs.

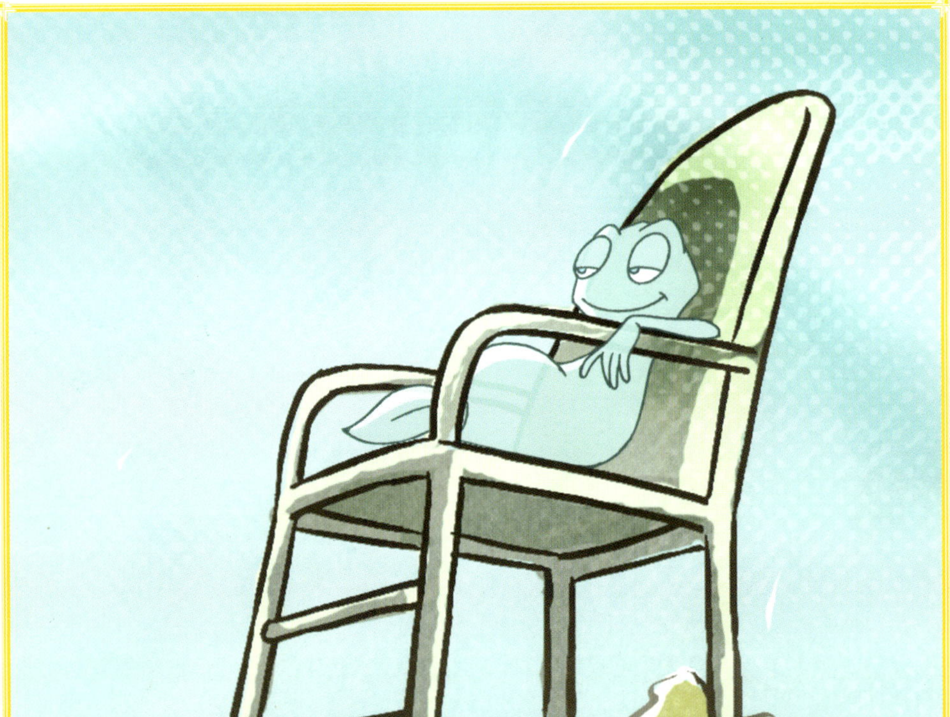

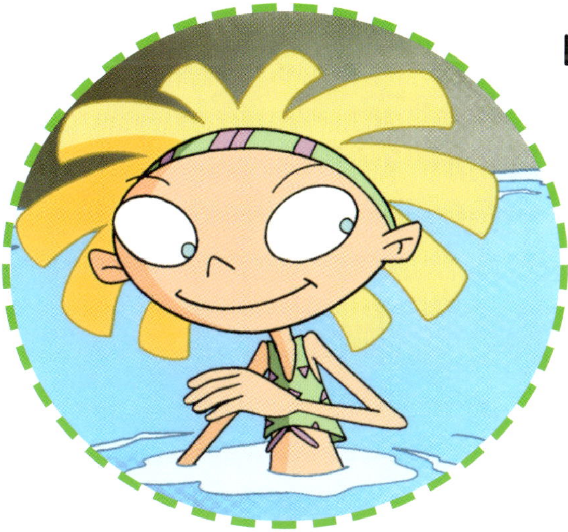

Les enfants jouent
à qui sautera
le plus loin.
Emma qui veut
toujours
dépasser Lucas
le surveille,
l'œil en coin!

Victor propose de chronométrer ses copains.
Il faut rester le plus longtemps sous l'eau
sans respirer!

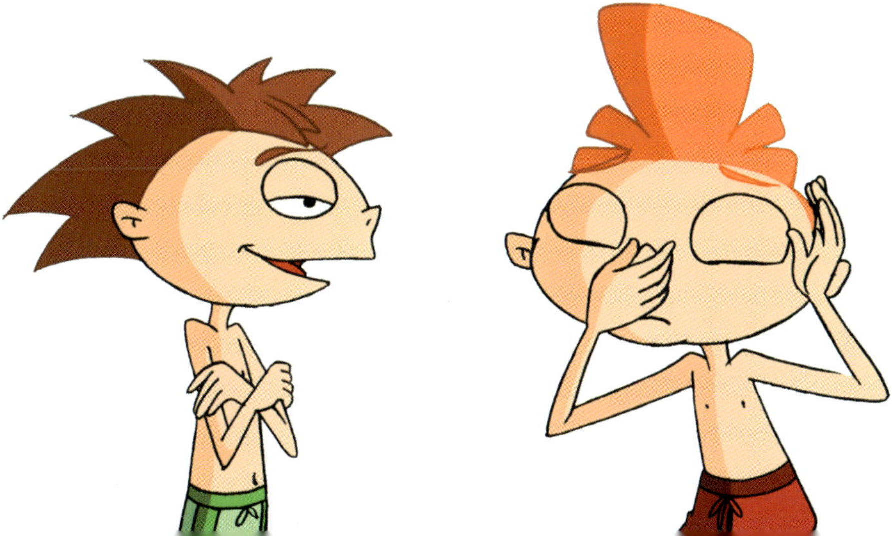

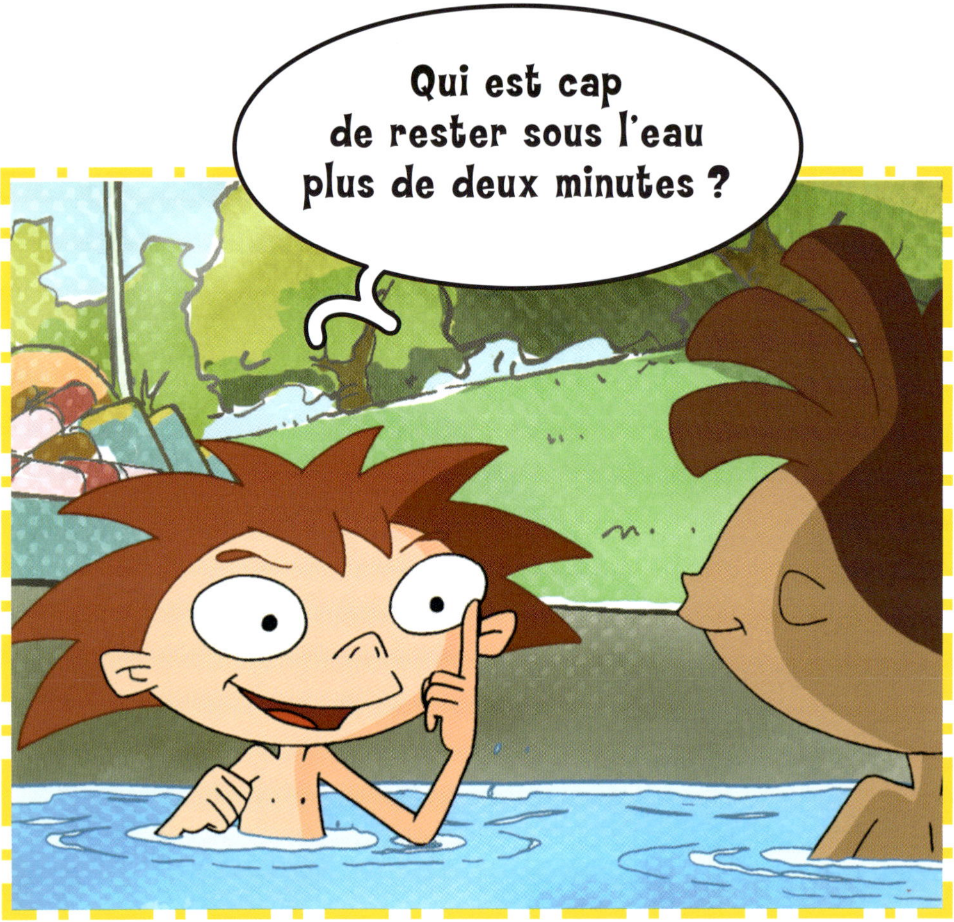

– Moi ! dit Lucas qui veut toujours crâner !
Il essaie, mais c'est beaucoup trop long
et il n'y arrive pas !

Emma, elle, refuse
car elle n'aime pas ça !

– J'ai peur d'aller sous l'eau.
dit-elle avec dans la voix des trémolos.
– Je vais t'aider
en tenant ta tête enfoncée,
répond Victor, très excité.
– Non, j'ai peur d'étouffer !

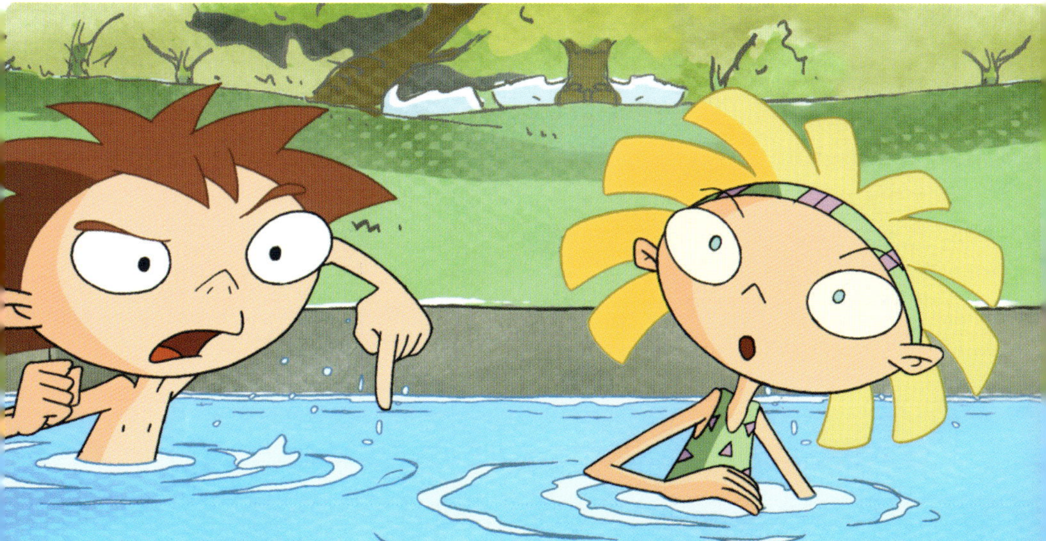

– Moi, je suis cap que tu me tiennes
la tête sous l'eau pour m'aider !
dit Lucas qui veut vraiment gagner.

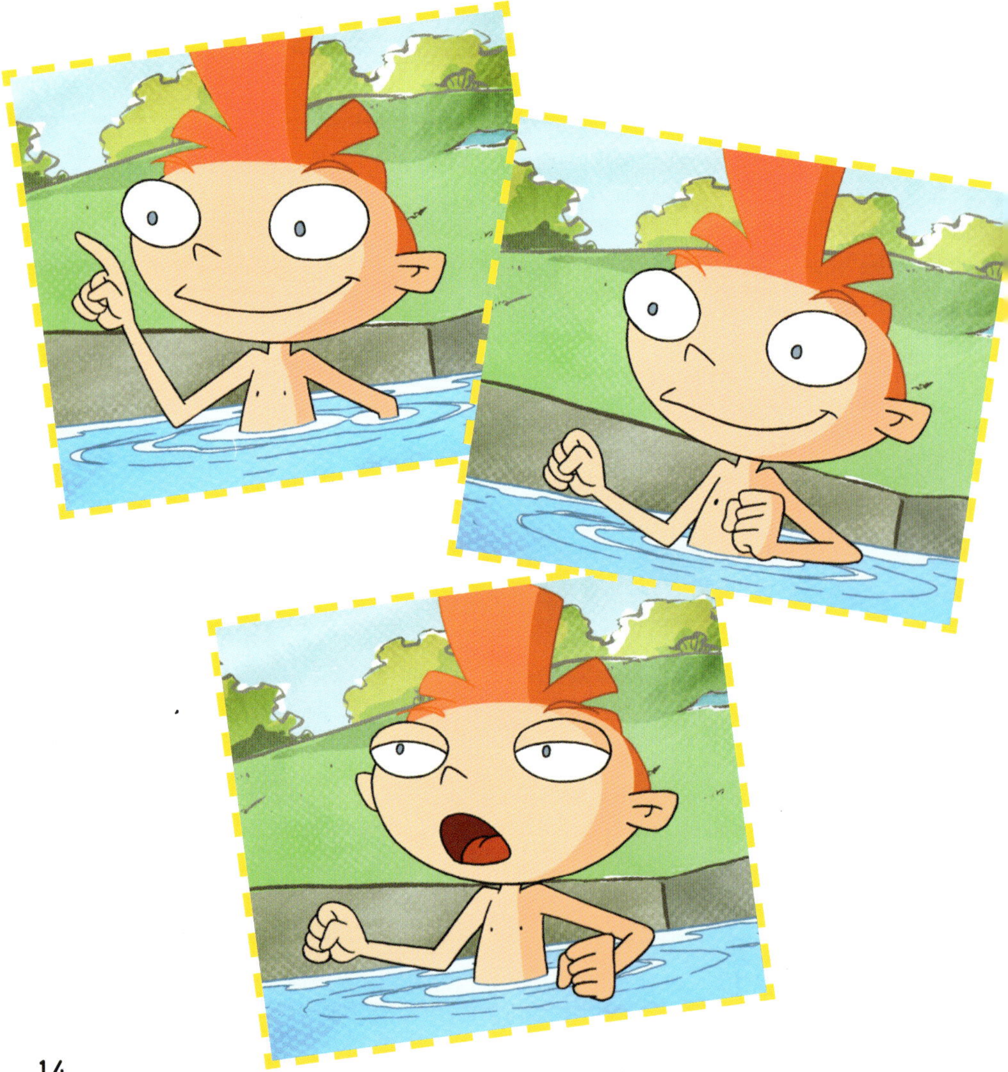

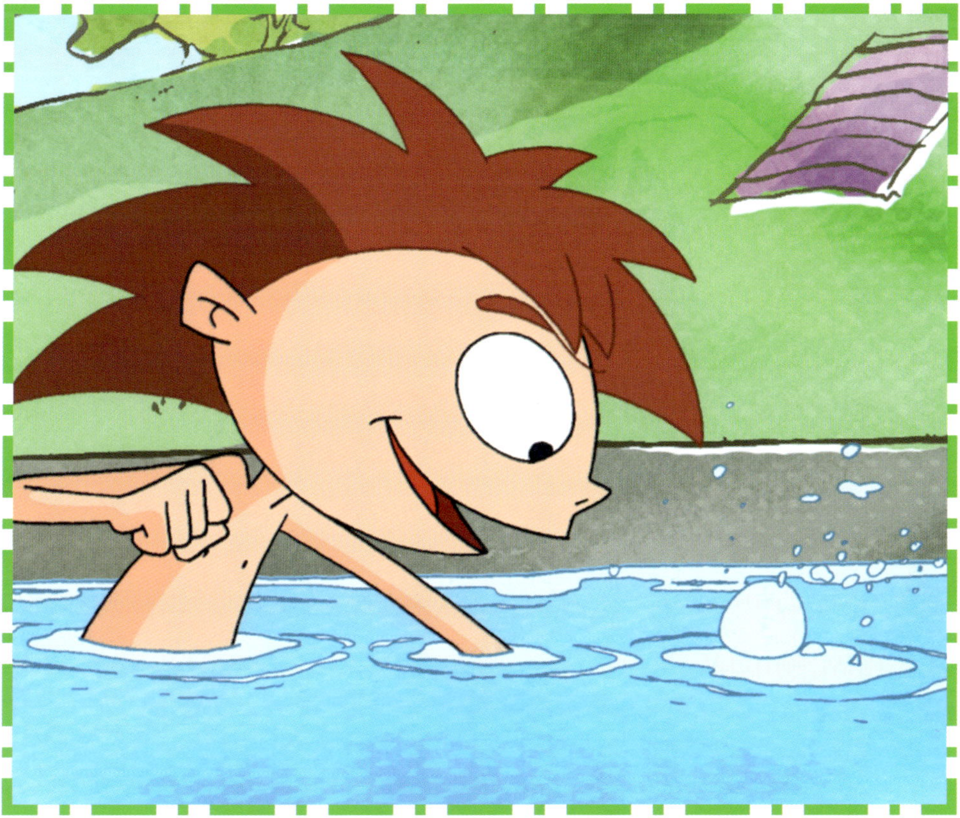

Le maître nageur ne quitte pas
les petits des yeux, mais ne voit pas
Victor tenir Lucas sous l'eau.
Il donne aux grands un cours de natation...
Aujourd'hui, il leur apprend la nage papillon.

Les petits sourient :
ils adorent ce jeu très rigolo...
Tout à coup,
Emma s'inquiète :
– Lâche-le !
Tu vois bien
qu'il a levé la main !

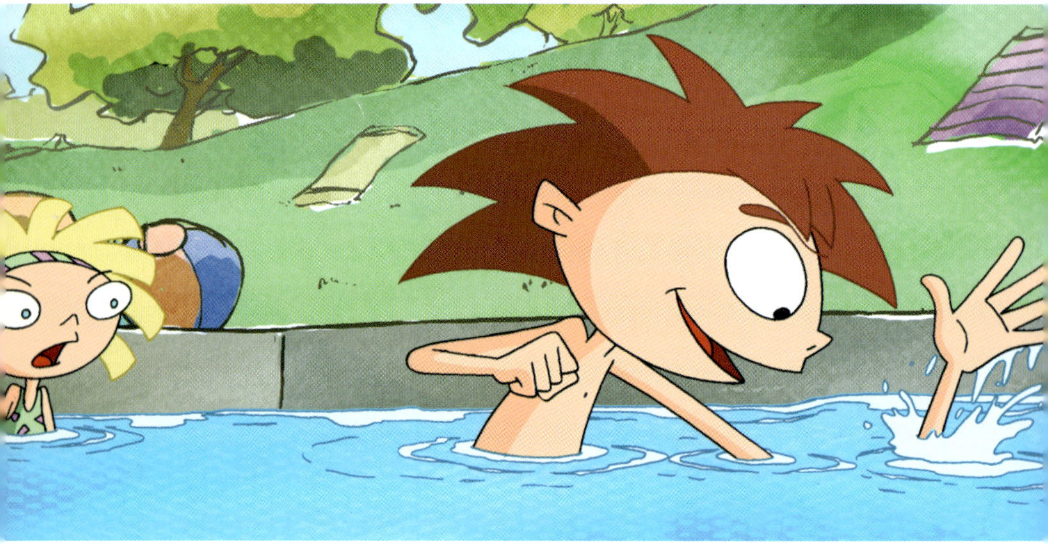

Mais Victor n'écoute rien,
ce qui n'est pas malin !

Les secondes paraissent si longues...
Trente... Trente-cinq...
Quarante... Quarante-cinq...

La main de Lucas
s'agite de plus en plus au-dessus de l'eau.
Célestin est réveillé
par les cris d'Emma qui hurle :

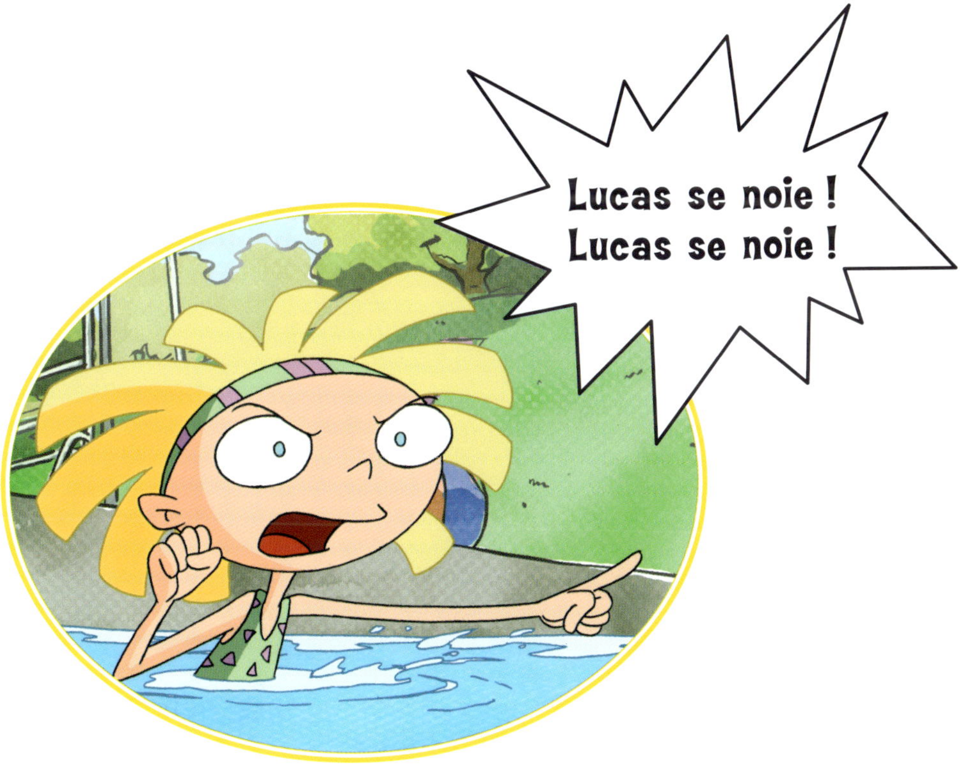

Célestin souffle dans son sifflet :
– Arrêtez ! Arrêtez ! dit-il, paniqué.
Victor enlève sa main
et la tête de Lucas remonte
d'un coup, comme un gros ballon rond.

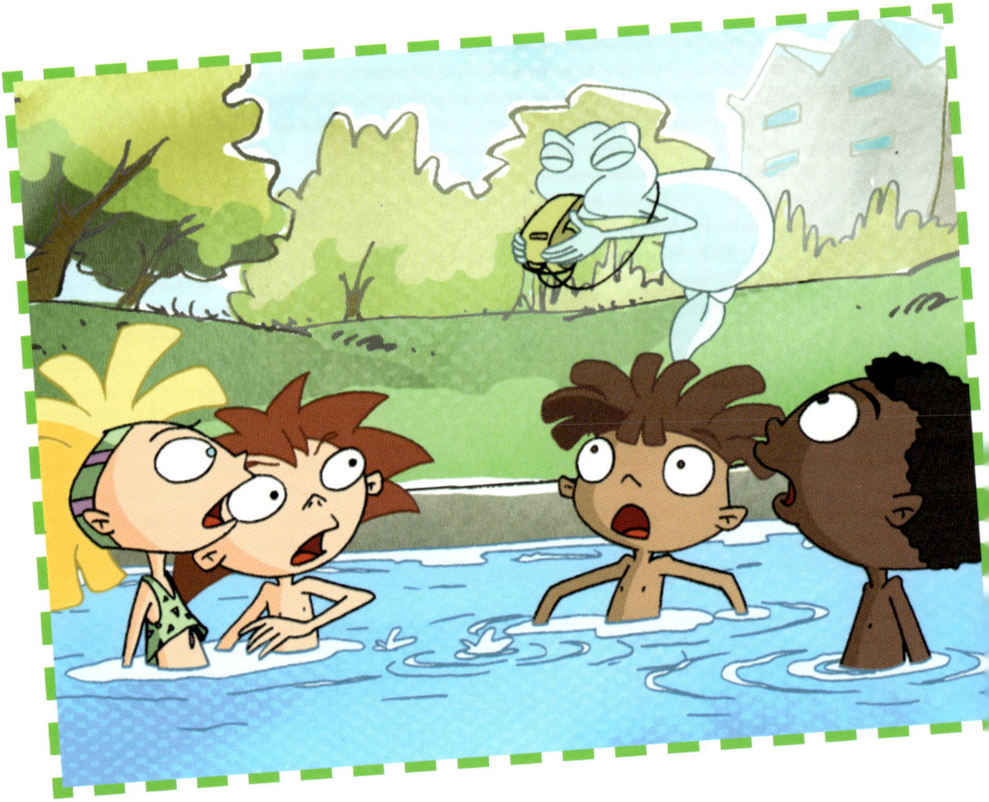

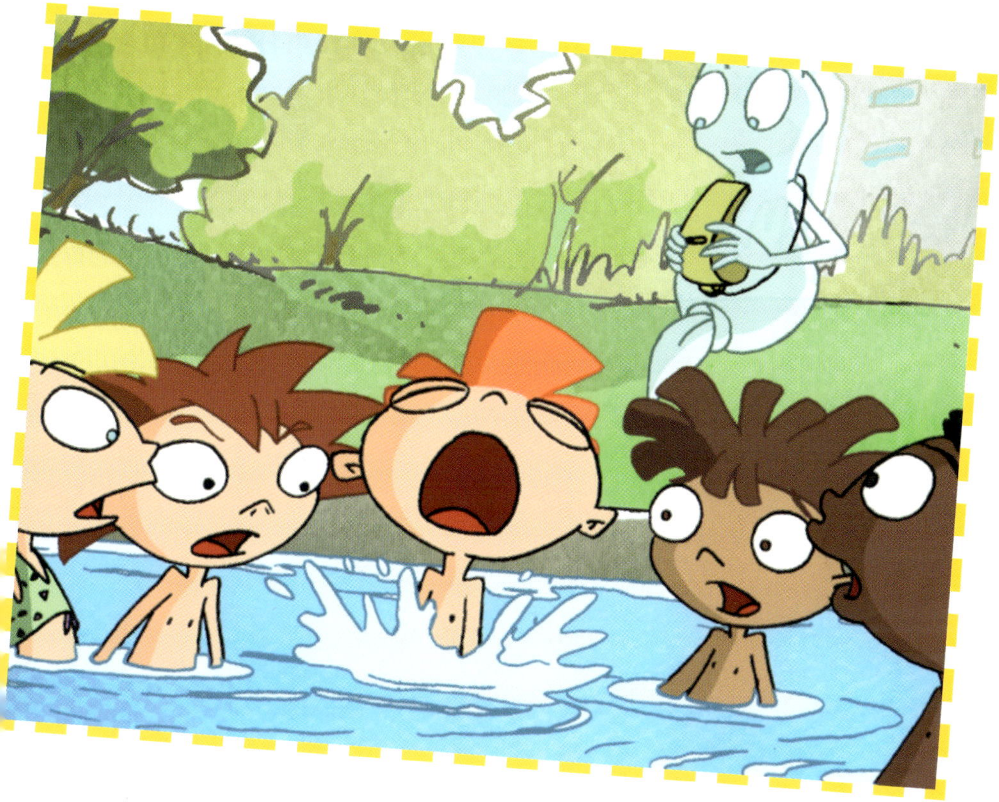

Il ouvre la bouche en grand
pour reprendre sa respiration.
Il tousse, il crache…
Il est tout rouge… puis tout blanc…
Et il n'a plus de voix !

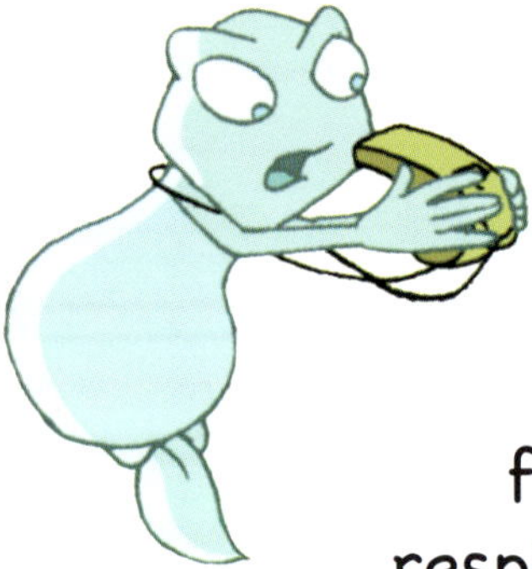

– Victor, quelle idée folle t'a traversé l'esprit ? dit Célestin, tout essoufflé. Ce concours idiot aurait pu mal finir ! On ne peut pas vivre sans respirer ! Tu le sais !

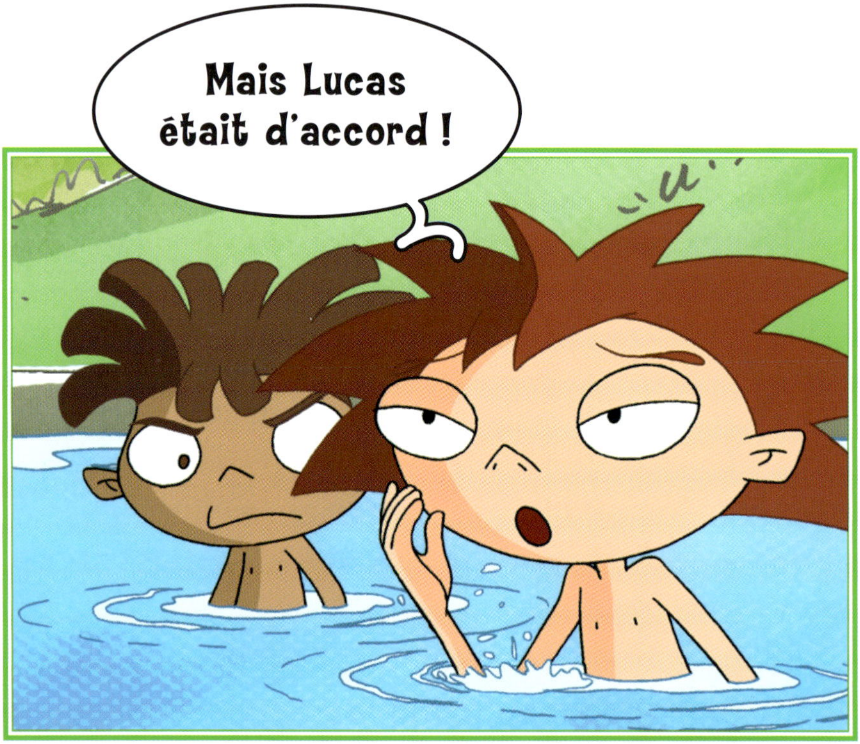

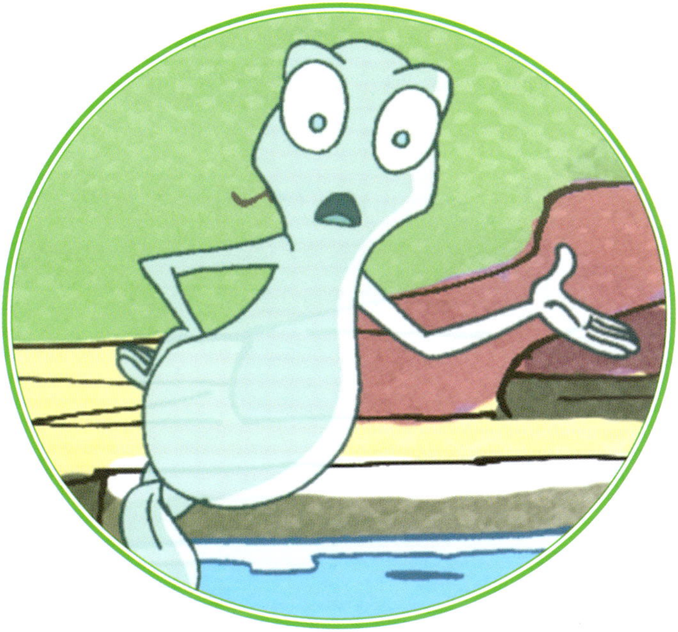

– Ce n'est pas une raison !
Et toi, Lucas,
tu dois apprendre à dire non !
C'est beaucoup plus courageux
d'être cap de dire non !
Il ne faut jamais
mettre sa vie en danger
pour une compétition !

Entre-temps, le maître nageur
est arrivé en courant.
Il est très mécontent.
– C'est un jeu dangereux !
On ne doit jamais s'accrocher à quelqu'un
ni le tenir sous l'eau !

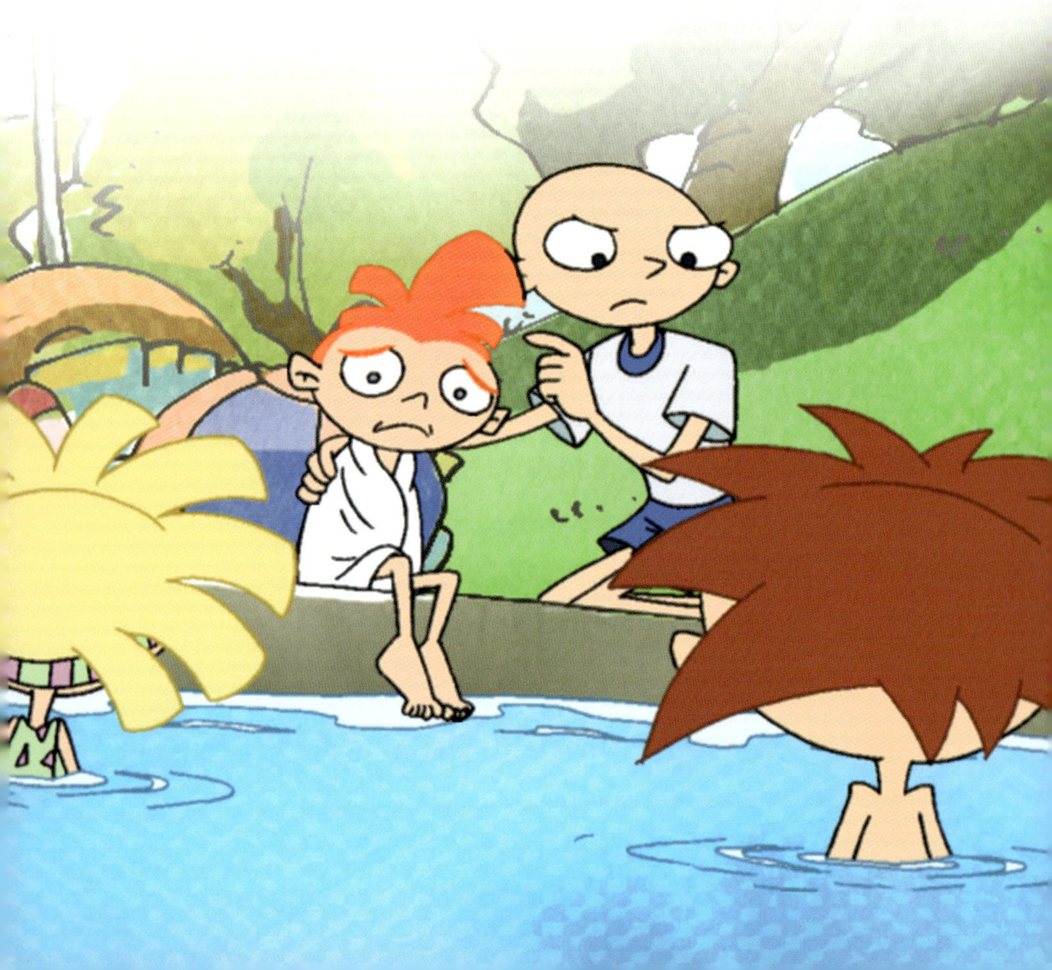

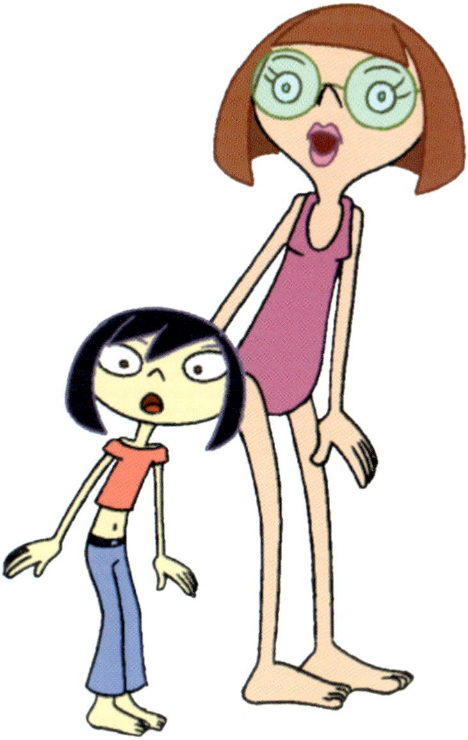

La maîtresse à la bouche berlingot
revient avec Huan
qu'elle avait emmenée au chaud.
Elle demande aux enfants de sortir
et de se rhabiller sans un mot.

Les enfants sortent de l'eau en rang.
Victor n'est pas très fier
et Lucas est fermé comme une pierre.
Il a eu si peur
que jamais il ne recommencera !

Il sent une petite main
qui se pose sur son bras,
c'est celle d'Emma.
– J'aurais dû t'empêcher d'accepter,
dit-elle, très ennuyée.
– C'est toi qui as eu raison,
tu as su lui dire non...
répond Lucas.

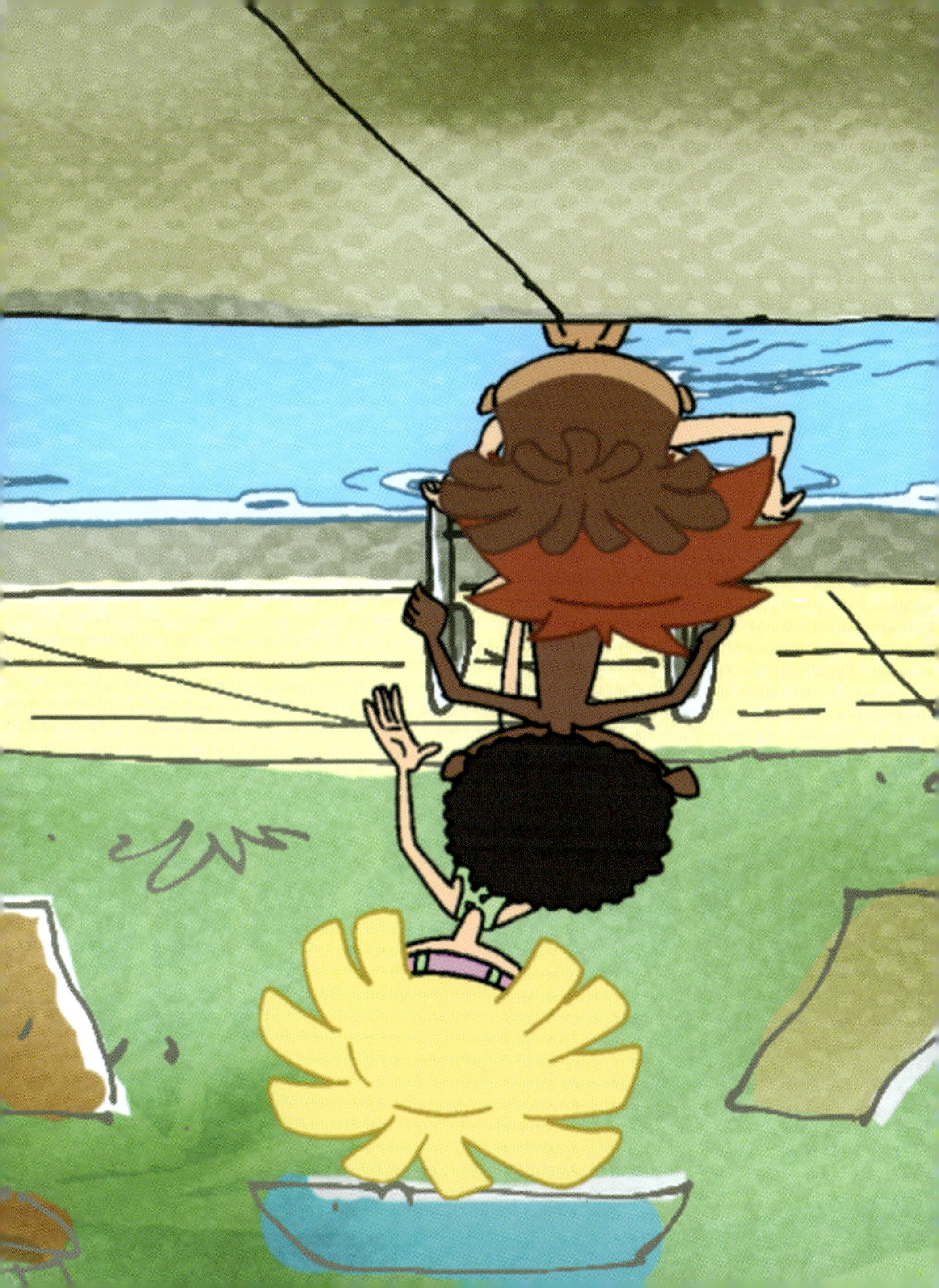

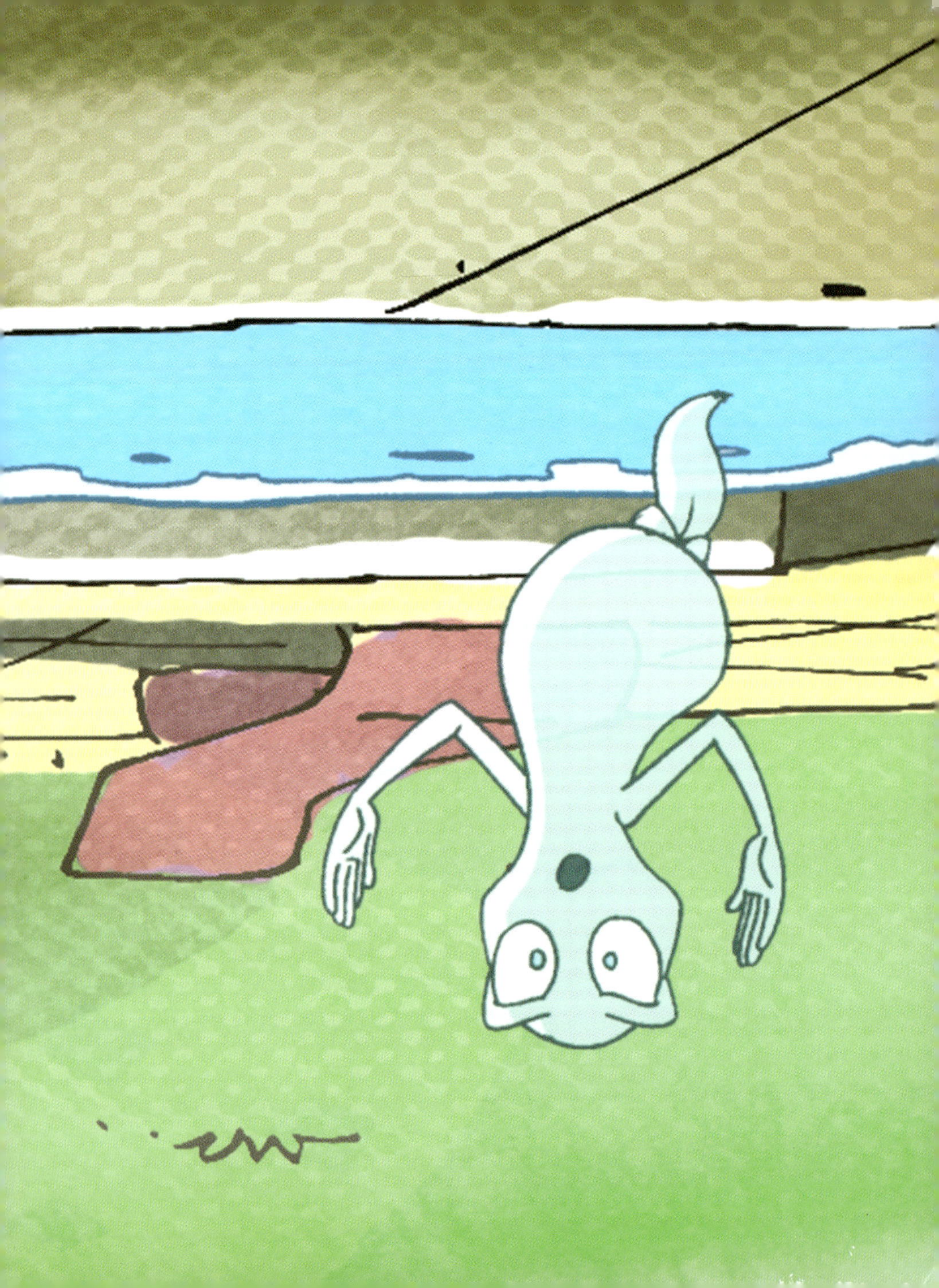

Célestin ne lui en veut pas.
Il sait que les enfants
ne se rendent pas compte
des dangers qui se cachent
dans les jeux.
C'est pour ça qu'il faut
écouter les conseils
des maîtres et des parents !
- Que d'émotions !!! dit Célestin,
rassuré d'avoir accompli
sa mission.

Il peut rêver à nouveau
de ses belles prairies
pleines de papillons...

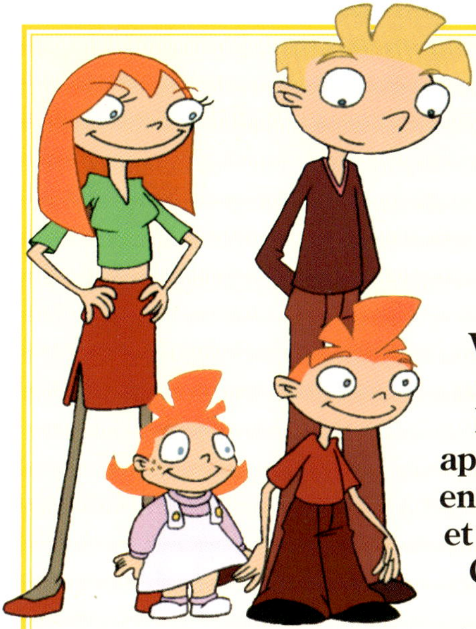

La page des parents, par Maryse Vaillant

Psychologue clinicienne et écrivain

Risques et défis de la vie

Vivre, c'est oser ; grandir, c'est se surpasser. Pour avancer, chacun doit apprendre à se connaître lui-même en explorant les limites du monde et les siennes. Comme l'expérimentation, la prise de risques est nécessaire à l'apprentissage. Ainsi, un climat d'émulation pousse les enfants à se dépasser, à se mesurer les uns aux autres. Mais comment éviter les risques inutiles d'une compétition stérile ? Comment les avertir des dangers de certains jeux où ils peuvent laisser leur vie ?

Quelques règles à connaître

1. L'imitation et l'émulation sont les bases de l'apprentissage : faire comme l'autre ; faire mieux que lui. Imiter les parents, se mesurer aux autres enfants.

2. Étape par étape, de nombreux défis permettent à l'enfant de montrer ce dont il est capable. Pour plaire, il se surpassera.

3. C'est ainsi qu'il progressera et gagnera en autonomie, les potentiels se transformant en capacités, en aptitudes, en résultats.

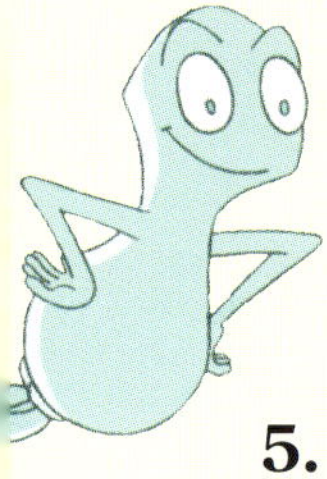

4. Or, l'enfant ne connaît pas ses limites. Ni celles de son corps et de sa santé, ni celles de ses actes et de la loi, ni celles de son cœur et de ses peines. Ses défis peuvent donc le mettre en danger.

5. Les parents sont là pour le protéger des autres et de lui-même. Marquer son territoire, lui en rappeler les limites. Toujours attentifs, disponibles et présents, ils l'appellent à la prudence sans l'empêcher d'explorer.

6. Ainsi, même seul, l'enfant entendra leur voix familière l'avertir des risques, lui rappeler la prudence. Affectueuse et exigeante, la voix des parents intériorisée l'invite à réfléchir avant d'agir et à se confier lorsqu'il doute ou qu'il souffre. Elle lui rappelle le cadre parental.

7. Un cadre trop flou peut amener l'enfant à explorer brutalement les limites de son monde. Rechercher des situations dangereuses, en proposer aux autres, prendre et faire prendre des risques inutiles.

8. Un cadre trop serré peut restreindre son désir d'expérimentation. Timoré, toujours à la traîne, l'enfant n'osera rien par lui-même et se fera piéger par ceux qui lui lanceront des défis.

9. À tout âge, un enfant peut être confronté à des défis. Défi courageux à relever, défi ludique à tester ou défi dangereux à refuser. Seul au moment de prendre sa décision, il importe que l'enfant ne se sente ni isolé ni livré à lui-même. Il doit savoir qu'il peut compter sur la bienveillance des siens.

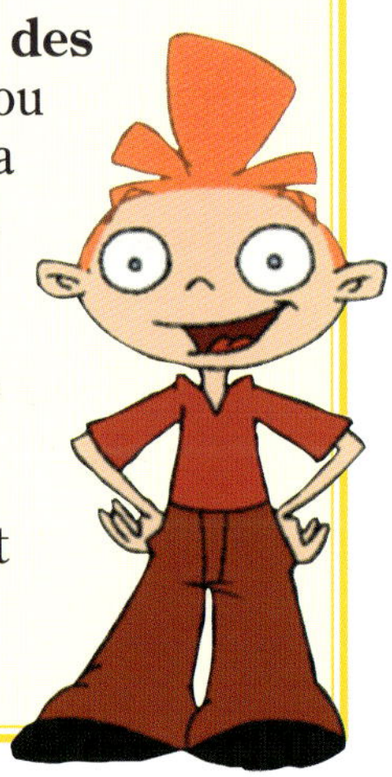

10. L'habitude d'exprimer ses désirs et ses doutes l'aidera à acquérir la juste confiance en lui qui lui permettra de ne pas se tromper. Et trouver de l'aide s'il se trompe.

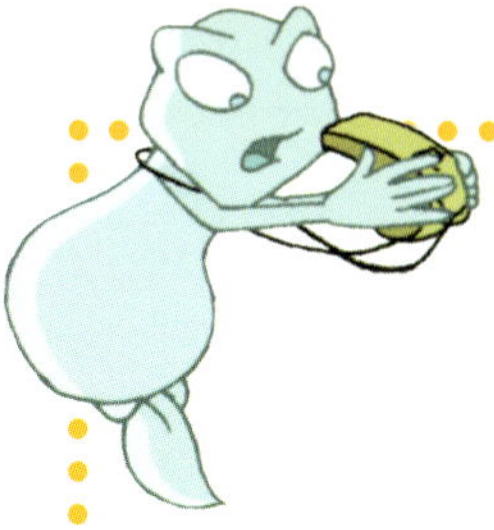

Petites astuces pratiques pour aider les parents

- Valorisez les qualités de votre enfant, il sera moins vulnérable aux comparaisons et moins manipulable.
- Favorisez les échanges en famille, discussions, bavardages, confidences. Aucun sujet n'est interdit : à ses parents, on peut parler de tout. Ainsi votre enfant ne gardera pas pour lui une expérience troublante.
- Soyez disponible lorsqu'il vous parle de sa journée, de ses copains, de ses découvertes. Si personne ne l'écoute, il prendra l'habitude de se taire.
- Écoutez ce qu'il dit : souvent l'enfant teste ses parents, il cherche à connaître leur avis, leurs réactions. Si vous ne réagissez pas, il pensera avoir votre accord.
- Aimez ce qu'il fait. Il a besoin de vous surprendre, de vous intéresser.
- Évitez de le comparer à d'autres enfants. Il aura moins besoin de prendre des risques pour prouver sa valeur.
- Révisez vos échelles de valeur. Soyez clair sur les exploits qui méritent votre admiration. Il saura ce qui est bien et ce qui l'est moins.

- Donnez-lui l'occasion de se valoriser par le don et la création : ce qu'il fait aura de la valeur à ses yeux en étant apprécié par vous et par d'autres. Il sera moins vulnérable aux défis idiots.

- Parlez des jeux stupides et de leurs conséquences funestes. Expliquez à votre enfant pourquoi ils sont dangereux.

- Ne le grondez pas si vous découvrez qu'il a essayé l'un de ces jeux. Expliquez-lui calmement qu'il se mettait en danger. Sans rien prouver pour autant. Sauf son incapacité à réfléchir et à s'opposer.

- Évoquez les situations où il doit refuser. Aidez-le à discerner ce qui est bon pour lui de ce qui peut lui faire du mal. Apprenez-lui à dire non. Admirez-le lorsqu'il refuse à bon escient.

- Rappelez-lui que vous tenez à lui, que vous veillez sur lui et qu'il doit veiller sur lui tout seul lorsque vous n'êtes pas là.

- Si vous avez vent de quelque chose, prenez l'initiative d'une réunion à l'école avec les enseignants et les autres parents pour débattre ensemble du problème. L'information est la première démarche de prévention.

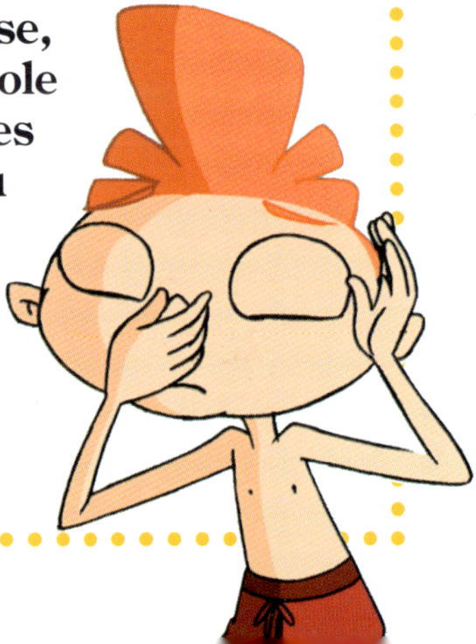

Accompagner l'enfant dans sa lecture,

par Anne Popet
Enseignante et auteure d'ouvrages pédagogiques

Comprendre l'histoire

Préciser où se déroule l'histoire et les circonstances. Nommer les principaux personnages. Expliquer quel défi lance Victor, comment réagit Lucas et les conséquences pour ce dernier. Indiquer qui lui vient en aide. Dire comment se termine l'histoire.

Échanger autour de l'histoire

- Victor commence par se vanter de rester deux minutes sous l'eau, met ses camarades au défi, maintient la tête de Lucas sous l'eau, mais ne tente jamais l'expérience. Emma veut toujours l'emporter sur Lucas (voir l'album *Jamais sans mon casque*), mais elle refuse la proposition de Victor de lui tenir la tête sous l'eau. Lucas, qui veut crâner et qui souhaite gagner à tout prix, accepte. Demander à l'enfant ce qu'il pense du comportement de chacun.
- Envisager ce qui aurait pu arriver si Emma n'avait pas crié et si Célestin n'avait pas sifflé (étouffement).
- Rappeler ce que dit Emma à Lucas (J'aurais dû t'empêcher d'accepter) et ce que répond Lucas (Tu as su dire non). Débattre à ce sujet, puis insister sur la nécessité d'intervenir quand on perçoit qu'un camarade se met en danger et sur le fait qu'il est plus courageux de dire non comme le souligne Célestin (auxiliaire du héros).

Approfondir

- Demander à l'enfant de donner son avis sur les propos de Célestin précisant que les enfants ne se rendent pas compte des dangers qui se cachent dans les jeux. L'amener à rappeler quelques recommandations qui lui ont été faites par des adultes (parents et enseignants) pour éviter qu'il se mette en danger. Les faire justifier.